D1666492

Schriftenreihe

Verfassungsrecht

in Forschung und Praxis

Band 54

ISSN 1616-9794

Verlag Dr. Kovač

Joel Güntert

Die materielle Verfassungsmäßigkeit von unilateralen Evakuierungsoperationen der Bundeswehr im Ausland

Verlag Dr. Kovač

Hamburg
2008

VERLAG DR. KOVAČ
FACHVERLAG FÜR WISSENSCHAFTLICHE LITERATUR

Leverkusenstr. 13 · 22761 Hamburg · Tel. 040 - 39 88 80-0 · Fax 040 - 39 88 80-55

E-Mail info@verlagdrkovac.de · Internet www.verlagdrkovac.de

Bibliografische Information der Deutschen Nationalbibliothek
Die Deutsche Nationalbibliothek verzeichnet diese Publikation
in der Deutschen Nationalbibliografie;
detaillierte bibliografische Daten sind im Internet
über http://dnb.d-nb.de abrufbar.

ISSN: 1616-9794
ISBN: 978-3-8300-3500-8

Zugl.: Dissertation, Universität zu Köln, 2007

© VERLAG DR. KOVAČ in Hamburg 2008

Vorwort

Die vorliegende Arbeit wurde von der Rechtswissenschaftlichen Fakultät der Universität zu Köln im Wintersemester 2007/2008 als Dissertation angenommen.

Stand der eingearbeiteten Literatur ist der 1. November 2007. Später erschienene Literatur konnte nicht mehr berücksichtigt werden.

Ein wesentliches Ziel vorliegender Dissertation war und ist es, die juristische Diskussion der verfassungsrechtlichen Problematik unilateraler Evakuierungsoperationen der Bundeswehr im Ausland wieder anzustoßen und erste mögliche Lösungsansätze aufzuzeigen. Im Gegensatz zu der vielfach oberflächlichen Beurteilung dieser Thematik soll diese Arbeit die Notwendigkeit weiterer Diskussion verdeutlichen.

Mein Dank gilt zunächst meinem geschätzten Doktorvater, Herr Prof. Dr. Otto Depenheuer, der mir überhaupt erst die Möglichkeit zur Promotion geboten hat. Ebenfalls danke ich dem Zweitberichterstatter, Herrn Prof. Dr. Arnulf Schmitt-Kammler, für die zügige Begutachtung der Arbeit.

Ganz herzlicher Dank gebührt auch meiner Familie und allen Freunden, die mich in der Zeit der Erstellung des Manuskripts tatkräftig unterstützt haben. Nicht zuletzt möchte ich mich bei meiner Freundin für ihre Geduld, vor allem aber für die stetige moralische Unterstützung in der nicht immer einfachen Zeit bedanken.

Gewidmet ist dieses Buch meiner Mutter, die mich immer wieder vielfältig unterstützt hat und der ich so viel verdanke.

Die materielle Verfassungsmäßigkeit von unilateralen Evakuierungsoperationen im Ausland durch die Bundeswehr

Gliederung

1

1. Teil:

Einleitung

Seit dem Ende des Zweiten Weltkrieges und später des Kalten Krieges sind alte Bedrohungsszenarien passé und neue, veränderte hinzugekommen. Gefahren für die Nationen und Völker dieser Erde gehen nun nicht mehr von dem ehemaligen, „bösen", Dritten Reich und damit der jetzigen Bundesrepublik Deutschland aus, ebenso wird das Gefahrenpotential nicht mehr in der ehemaligen Sowjetunion gesehen. Somit haben die alten Krisenszenarien zum Zeitpunkt des Millenniums-Wechsels erheblich an Aktualität verloren, auch wenn sie nicht völlig ad acta zu legen sind. Mit der abnehmenden Relevanz der alten Bedrohungen gingen allerdings auch neue einher. Spätestens mit den Anschlägen vom 11. September 2001 in New York und Washington, den Zugangriffen im Madrid vom 11. März 2004 und etlichen anderen weltweit[1] entstanden neue Gefahren, die nunmehr ganz anderer Natur sind: Gezielte, äußerst effektive und letale, Terroranschläge, überwiegend ausgeführt durch Selbstmordattentäter, zum allergrößten Teil auf unschuldige Zivilisten und, wie im Irak, sogar auf Gleichgesinnte. Der Schritt hin zu biologischen oder chemischen Großanschlägen ist noch nicht vollzogen worden, doch schwingt bei jedem Anschlag in der Öffentlichkeit und der Presse die Angst mit, welches Mittel die Terroristen verwendet haben könnten. Die Verunsicherung durch diese neuartige Bedrohung ist daher verständlicherweise groß[2]. Dies liegt daran, dass potentielle (Selbstmord-)Attentäter vielfach vor der Ausführung ihrer Tat nicht gefasst werden konnten und können. Sowohl die Nationalstaaten als auch die internationalen (Sicherheits-) Organisationen über-

---

[1] Siehe die kartographische Übersicht in: *FAZ* vom 12.9.2005, S. 2.
[2] Treffend die gedankliche Seite der Folgen des 11.9.2001 schildernd *Derrida*, in: Habermas/Derrida, Philosophie in Zeiten des Terrors: „Eines Tages wird man sagen: Der 11. September, das war die („gute") alte Zeit des letzten Krieges. Der gehörte noch zur Ordnung des Gigantischen: sichtbar und riesig! Welche Größe, welche Höhe! Seither gibt es weit Schlimmeres, alle möglichen Nanotechniken sind so viel mächtiger und unsichtbar, ungreifbar, man vermutet sie überall. In der Mikrologie konkurrieren sie mit Mikroben und Bakterien. Aber unser Unbewusstes ist dafür schon empfänglich, es weiß das schon, und das ist es, was Angst macht."

arbeiteten ihre Sicherheitskonzepte als Reaktion auf die neuen Bedrohungen[3]. In Folge des Wandels der Terrorszenarien und der Neuauflage der Sicherheitsstrategien verändert sich auch zunehmend die Bedeutung der Streitkräfte sowie der Polizeikräfte. Die USA nutzen ihre weltweit stationierten Truppen immer mehr, um bereits präemptiv Anschläge zu verhindern und „Frieden zu schaffen"[4]. In der Bundesrepublik Deutschland besteht insofern weitgehend Konsens darüber, dass die Streitkräfte und die Bundespolizei nicht in einer solch extensiven Weise im Ausland eingesetzt werden sollen und dürfen. Im Mittelpunkt der Diskussionen stehen dabei die Einsätze vorwiegend der Bundeswehr zur Abwehr terroristischer Bedrohungen im In- und Ausland[5]. Der Bundeswehr kommt damit neben der Aufgabe der klassischen Landesverteidigung auch vermehrt die Funktion zu, die Bundesrepublik vor Terrorangriffen jeglicher Art zu schützen. In diesem Zusammenhang sind die Streitkräfte weltweit im Einsatz, bis heute regelmäßig[6] unter einem Mandat der NATO, EU oder VN[7]. Auch die Bundespolizei wird inzwischen international eingesetzt, indem sie bei polizeilichen und nichtmilitärischen Aufgaben im Rahmen von internationalen Maßnahmen auf Ersuchen von VN, EU oder NATO Verantwortung übernimmt.

Die zahlreichen Auslandseinsätze zeigen bereits das gewandelte Aufgabenfeld der Streitkräfte und Polizei. Das unbestrittene Element einer Interventionsarmee wurde durch den Satz „Die Sicherheit der Bundesrepublik wird auch am Hindu-

---

[3] Die *USA* haben z.B. eine erhebliche Verschärfung und Veränderung ihrer Terrorismusbekämpfungsstrategie durchgeführt, vgl. die *National Security Strategy of the United States of America* (NSS) vom März 2006 und September 2002, abrufbar unter http://www.whitehouse.gov/nsc/nss/2006/ (Stand: Oktober 2007); für die EU die *Europäische Sicherheitsstrategie* (ESS) vom Dezember 2003, verabschiedet vom Europäischen Rat am 12.12.2003. Einen ausführlichen Vergleich dieser beiden Strategien (2002/2003) bietet *Müller-Kraenner*, in: *FR* vom 10.11.2003. Vgl. auch das *Weißbuch 2006*, Punkt 2.2 (S. 46).

[4] Vgl. die NSS 2002, S. 1: „We will extend the peace by encouraging free and open societies on every continent".

[5] Siehe zum Einsatz im Innern z.B. *Dreist*, NZWehrr 2004, 89 ff; *Fischer*, JZ 2004, 376 ff.; *Hirsch*, ZRP 2003, 378; *Lutze*, NZWehrr 2003, 101 ff.; *Soria*, DVBl. 2004, 597 ff.; zum Einsatz im Ausland *Blumenwitz*, ZRP 2002, 102 ff.; *Krings/Burkiczak*, DÖV 2002, 501 ff.; *Nowrot*, ZRP 2002, 370 f.

[6] Lediglich bei dem Einsatz in Kosovo ist bis heute umstritten, welche Rechtsgrundlage für diese Aktion einschlägig ist; vgl. z.B. *Klein*, FAZ vom 21.6.1999, 15; *Tomuschat*, in: Die Friedens-Warte 74/1999, 33 ff.; *Wilms*, ZRP 1999, 227 ff.

[7] Einen stets aktuellen Überblick über momentane Auslandseinsätze der Bundeswehr findet sich auf der Website des Bundesministerium der Verteidigung (BMVg) unter http://einsatz.bundeswehr.de.

kusch verteidigt"[8] verewigt und beflügelt die kritischen Stimmen, die eine völlige Umorientierung der Bundeswehr hin zu einer reinen Interventionsarmee befürchten[9]. Der Einsatz von Militär und Polizei wird daher seit kurzem, und solange der weltweite Terror weiter sein Unwesen treibt auch noch längerfristig, primär auf die Bekämpfung des Terrorismus und der damit verbundenen Neuorganisation der betroffenen Einsatzkräfte fokussiert. Beachtung finden zwar auch andere Einsätze der Bundeswehr wie Hilfsmaßnahmen bei nationalen und internationalen Katastrophen[10]. Doch bleiben solche Aktionen nur kurz im Blickfeld des tagespolitischen Geschehens und werden von dem allgegenwärtigen Thema des Internationalen Terrorismus verdrängt. Gerade solche Naturkatastrophen, aber auch die weltweiten Terroranschläge auf Urlaubsorte wie Djerba am 11.4. 2002[11] oder Bali vom 12.10.2002, führen nun eine neue Gefahr vor Augen, nämlich die Bedrohung, Verletzung und Tötung Deutscher im Ausland, welche zwar möglicherweise fernab des deutschen Staatsgebietes entsteht und wirkt, gleichzeitig aber auch (im schlimmsten Fall unzählige) deutsche Staatsbürger betreffen kann und bereits hat. Diesbezüglich stellt sich nunmehr besonders die Frage, inwiefern diesen Bürgern im Einklang mit dem deutschen Verfassungsrecht schnellstmöglich geholfen werden kann.

---

[8] So Verteidigungsminister *Struck* auf der Bundes-Pressekonferenz am 5.12.2002 anlässlich der Vorstellung der Konzeptionen zur Bundeswehrreform.
[9] Eine repräsentative Studie des Sozialwissenschaftlichen Instituts der Bundeswehr über das außenpolitische Denken der Deutschen ergab - doch etwas überraschend - ein überwiegend skeptisches Meinungsbild der Befragten, was Auslandseinsätze der Bundeswehr angeht. Das internationale Engagement der Streitkräfte zur Unterstützung anderer Länder wird angesichts nationaler sozialer Schwierigkeiten häufig als nachrangig bzw. sogar nicht wünschenswert betrachtet, s. *FAZ*, 13.3.2006, S. 10. Die Wahrnehmung von Auslandseinsätzen durch die Bevölkerung differiert somit erheblich von dem politischen Willen; *Glos*, Sten. Prot. der 240. Sitzung des BT vom 22.7.1994, 12. WP, S. 21176 (C).
[10] So z.B. in Ost-Timor 1999/2000; bei der Flutkatastrophe in Mosambik 2000, bei der Oder-Flutkatastrophe im Jahre 2002 und in Südost-Asien 2004/2005.
[11] Zu reiserechtlichen Aspekten von Terroranschlägen am Beispiel von Djerba siehe *Schmid*, NJW 2002, Heft 21 [Editorial]; *Schmid/Tonner*, RRa 2002, 113 ff.; zur Frage, ob der Reiseveranstalter den Anschlagsopfern ggf. Schmerzensgeld zu zahlen hat s. *LG Hannover* RRa 2004, 261 ff; *OLG Celle*, NJW 2005, 3647 ff.

4

A. Problemstellung

Die Bundeswehreinsätze „out of area"[12] waren und sind ein vieldiskutiertes Thema, das die Rechtswissenschaft über viele Jahre lang beschäftigt hat und auch noch beschäftigen wird[13]. Mit den Veränderungen der Einsatzkonzeptionen und der Streitkräftestrukturen wird der Diskussionsfaden diesbezüglich so schnell nicht abreißen. Die Thematik wurde aber für Verwendungen im Rahmen von kollektiven Sicherheitssystemen wie den VN durch das sog. „Streitkräfte-Urteil" des BVerfG vom 12.07.1994 weitestgehend entschärft[14]. Danach gelten Bundeswehr-Einsätze im Rahmen eines VN-Mandats gem. Art. 24 Abs. 2 GG als verfassungsrechtlich zulässig. Streitig ist nunmehr nicht mehr primär die rechtliche Seite des Einsatzes, sondern vielmehr die politische: Wo soll die Bundeswehr eingesetzt werden? Bedarf es dafür eines Mandats der EU/ NATO/ VN? Kann die Bundeswehr überhaupt noch Kapazitäten frei machen angesichts der bereits bestehenden internationalen Einsätze? Diese Fragen beherrschen den politischen Meinungsaustausch in Berlin[15].

Ein anderes, weniger diskutiertes Problem, betrifft die Thematik der Evakuierung bzw. Rettung deutscher und anderer (europäischer) Staatsangehöriger aus Krisengebieten im Falle akuter, lebensbedrohlicher Situationen wie beispielsweise bei Terroranschlägen. Dies ist zunächst in verschiedenen Konstellationen denkbar: Zum einen im Rahmen von VN, NATO, EU oder sonstigen zwischenstaatlichen (Militär-)Organisationen, die dem Einsatz ein Mandat erteilen, zum anderen aber könnten deutsche Einsatzkräfte auch unilateral, gleichsam auf eigene Faust, eingreifen. Dabei könnten entweder deutsche Staatsbürger, ausländische Bürger oder gar beide zusammen, Ziel eines Einsatzes sein. Schließlich muss die Einsatzart unterschieden werden: Handelt es sich hierbei um humanitäre Hilfsmaßnahmen wie Lebensmittel-Lieferungen, das Ausfliegen von Ver-

---

[12] Unter „out of area" und der damit zusammenhängenden Problematik wird im Allgemeinen der Einsatz der Streitkräfte außerhalb des NATO-Gebietes mit oder auch ohne VN-Mandat verstanden.
[13] Vgl. statt aller die Aufzählung bei *Günther*, Zum Einsatz der Bundeswehr, S. 329 Fn. 2.
[14] BVerfGE 90, 286 ff.
[15] Jüngstes Beispiel hierfür ist die nicht nur von der Opposition kritisierte Entsendung deutscher Truppen zur Wahlsicherung in den Kongo 2006 oder auch der Afghanistan-Einsatz 2007, vgl. auch zu den offenen Fragen des Einsatzes *Rühl*, FAZ vom 13.5.2006, S. 10.

5

wundeten oder aber um einen Einsatz, bei dem Gewalt angewendet oder Waffen benutzt werden? Diese Thematik stellt ein Spezialproblem des „out of area"-Einsatzes bzw. eine eigenständige, neue Fallgruppe dar, je nachdem ob multi- oder unilaterales Vorgehen vorliegt. Solche Evakuierungsoperationen unterscheiden sich von den bereits angesprochenen Einsätzen zur Bergung von Verletzten und den Rücktransporten von Verwundeten wie in Südost-Asien 2004/2005 nach dem verheerenden Seebeben signifikant durch die verschiedenen Zeitpunkte und der Intensität der Einsätze. Bei den letztgenannten Verwendungen der Einsatzkräfte ist die (Natur-) Katastrophe oder der Terroranschlag bereits eingetreten bzw. verübt worden und es geht lediglich darum, die Staatsbürger möglichst schnell nach Hause zu bringen und eventuell medizinisch zu versorgen. In der hier zu diskutierenden Fallkonstellation wird jedoch von einer noch existenten und bedrohlichen Notlage für ausländische Staatsangehörige in dem Zielstaat ausgegangen, wobei es sich um bürgerkriegsähnliche Zustände, durch Putsche destabilisierte Länder oder sonstige noch andauernde Katastrophen und Kämpfe handeln kann. In dieser Lage geraten die Ausländer zumeist in eine akute lebensbedrohliche Situation und bedürfen der Hilfe ihrer Heimatstaaten, die durch das Entsenden von Soldaten stets, im Gegensatz zu den rein humanitären Hilfsaktionen, ein gewaltsames Element beinhaltet[16].

Aus verfassungsrechtlicher Sicht dürfte der Einsatz unter der Ägide eines VN-Mandats aufgrund des „Streitkräfte-Urteils" des BVerfG kaum Probleme aufwerfen. Allerdings bleibt in aller Regel kaum Zeit für den Sicherheitsrat oder ähnliche Organe, ein Mandat zu erteilen, wenn Ausländer bereits in eine Notlage geraten sind und der jeweilige Staat eingreifen möchte, da die Bedrohung imminent ist und ein - auch zügiges - Zusammentreten des VN-Sicherheitsrates (als Beispiel) meist viel zu spät käme. Bereits die zeitliche Abfolge macht somit die mandatierte Evakuierung nicht zum Regelfall.

---

[16] Daher soll nachfolgend der Begriff Evakuierungsoperationen auch stets im Sinne der gewaltsamen, militärischen Aktion im klassischen Sinne verstanden werden und damit humanitäre Hilfsaktionen nicht erfasst sein.

Weitaus problematischer ist hingegen das unilaterale Vorgehen eines Staates zur Rettung seiner Staatsbürger. Diese Frage fristet in der deutschen Rechtswissenschaft weitestgehend ein Schattendasein[17] und dies ungeachtet der „in diesem Zusammenhang viele[n] Fragen"[18]. So ist bereits offen, auf welcher Rechtsgrundlage ein solcher Einsatz der Bundeswehr basieren könnte. Zwar finden sich Regelungen hinsichtlich der Einsätze der Bundeswehr in Art. 87a GG, doch ist insofern fraglich, ob die Voraussetzungen der jeweiligen Norm, insbesondere bei Art. 87a GG, vorliegen[19]. Handelt es sich beispielsweise um einen „Einsatz", der zur „Verteidigung" durchgeführt wird? Kann auch der Schutz deutscher und ausländischer Staatsbürger im Ausland unter dem Begriff „Verteidigung" subsumiert werden? Besteht möglicherweise gar eine Schutzpflicht des Staates gegenüber seinen Bürgern? Oder verdrängt Pragmatismus in Krisenfällen die verfassungsrechtlichen Regelungen? Es ist zudem denkbar, Art. 87a Abs.1 GG als Ermächtigung heranzuziehen; nicht ausgeschlossen scheint auch ein überverfassungsrechtlicher Rechtfertigungsgrund.

Zahlreiche Beispiele aus der internationalen Staatenpraxis belegen die zwar in der Öffentlichkeit wenig realisierte, aber doch überragende Bedeutung von solchen Einsätzen auf der ganzen Welt[20]. Auch bei der Bundeswehr wurde die Rettung von deutschen Staatsangehörigen aus Notlagen im Ausland mittlerweile als offizieller Streitkräfteauftrag eingeführt[21]. Angesichts der oben dargestellten Vielzahl von ungelösten und zum Teil umstrittenen Problemstellungen hinsichtlich des Themas Evakuierungsoperationen und der signifikanten, wenn auch nicht der Öffentlichkeit präsenten, Bedeutung dieser Einsätze der Bundeswehr in Zeiten des internationalen Terrorismus ist eine juristische Untersuchung angezeigt und überfällig.

---

[17] Zu den wenigen Veröffentlichungen zu diesem Spezialproblem siehe *Baldus*, Extraterritoriale Interventionen, S. 259 ff.; *Dau*, NZWehrr 1998, 89 ff.; *Epping*, AöR 124 (1999), 423 (426 ff.); *Franzke*, NZWehrr 1996, 189 ff.; *Kreß*, ZaöRV 57 (1997), 329 (349 ff.); *Peterhoff*, BWV 2000, 49 ff.; *Sigloch*, Auslandseinsätze, S. 121 ff. Vgl. auch die Zusammenstellung der offenen Rechtsfragen bei Evakuierungsoperationen bei *Dreist*, NZWehrr 2002, 133 (141).

[18] So *Kokott*, in: Sachs, GG, Art. 87a Rdnr. 24.

[19] Verneinend hinsichtlich eines Einsatzes „zur Verteidigung" i.S.d. Art 87a GG z.B. *Baldus*, in: von Mangoldt/Klein/Starck, GG, Art. 87a Rdnr. 51; *Epping*, AöR 124 (1999), 423 (440 ff.).

[20] Siehe dazu die sehr ausführliche Darstellung der internationalen Staatenpraxis bei *Ader*, Gewaltsame Rettungsaktionen, S. 97 ff.

B. Faktenlage

Zunächst gilt es, die für die Bearbeitung zu Grunde liegende Faktenlage zu analysieren. Einzugehen ist dabei auf diejenigen Rechtsnormen, die für die rechtliche Bewertung von Evakuierungsoperationen entscheidend sind sowie auf bisherige und zukünftig geplante Rechtsetzungsakte in diesem Bereich. Schließlich ist auch ein Blick auf bestehende Bündnisverpflichtungen zu werfen.

I. Relevante Rechtsnormen

Im Rahmen der Bewertung von Bundeswehr-Einsätzen liegt das Hauptaugenmerk auf Normen des Grundgesetzes (GG)[22]. Hierbei sticht naturgemäß Art. 87a GG hervor, der die wesentlichen Bestimmungen über die Streitkräfte enthält, doch werden im Rahmen dieser Untersuchung auch andere Normen des GG eine Rolle spielen, so u.a. Art. 24 GG für Einsätze in kollektiven Sicherheitssystemen oder auch Art 115a GG, der den Verteidigungsfall regelt. Aufgrund der internationalen Einsätze der Bundeswehr ist selbstverständlich auch internationales Recht zu berücksichtigen, soweit für die Frage der Verfassungsmäßigkeit von Evakuierungsoperationen von Bedeutung. Im Rahmen des europäischen Rechts gilt es zunächst festzuhalten, dass die einzelnen Staaten grundsätzlich immer noch selbst für die Verteidigung zuständig und verantwortlich sind[23]. Das heißt, die Europäische Union besitzt diesbezüglich keine „Kompetenz-Kompetenz", es hat demnach keine Übertragung von Hoheitsrechten stattgefunden. Dennoch sind bei militärischen Aktionen auch die Regelungen der Gemeinsamen Außen- und Sicherheitspolitik der EU (GASP) gem. den Art. 11-28 EU[24] zu berücksich-

---

[21] Siehe die *Verteidigungspolitischen Richtlinien*, erlassen von Verteidigungsminister *Struck* am 21.5.2003, Punkt 81.

[22] BGBl. I 1949, S. 1.

[23] Zwar gibt es schon sei Jahrzehnten Ideen und Konzepte für eine europäische Armee, doch sind diese Überlegungen nie auf Wohlwollen der Einzelstaaten gestoßen, da zum einen die politische Frage einer europäischen Einheit noch heute völlig unklar ist und zum anderen die Staaten wohl immer noch gewisse Vorbehalte haben, die nationale Sicherheit in die Hände einer politischen Institution zu legen. In absehbarer Zeit wird dieses Projekt daher kaum Erfolgschancen haben. Vgl. auch *Lang*, ZRP 2000, 268 ff.

[24] *Vertrag über die Europäische Union* vom 2.10.1997; BGBl. II 1998, S. 386.

tigen, jedenfalls soweit ein Einsatz im europäischen Rahmen stattfindet. Die Europäische Sicherheits- und Verteidigungspolitik (ESVP) ist Bestandteil der GASP[25] und Grundlage von einigen wenigen EU-Operationen im Ausland[26]. Allerdings soll bereits an dieser Stelle hervorgehoben werden, dass die Regelungen des EU und EG keine Ermächtigungsgrundlagen für die hier fraglichen Evakuierungsoperationen enthalten und somit die Bedeutung europäischer Normen im Rahmen dieser Untersuchung gering ist. Wichtiger als europäische Normen sind, insbesondere im Rahmen der inhaltlichen Bestimmung des Verteidigungsbegriffs, völkerrechtliche Rechtsgrundsätze und -grundlagen, deren Wirkung im innerstaatlichen Recht bereits durch Art. 25 GG hinreichend deutlich wird. Die zu berücksichtigenden Rechtsnormen entspringen daher im Ergebnis eher (noch) dem deutschen als dem europäischen Recht. Das Völkerrecht spielt nur eine Rolle bei der inhaltlichen Auslegung grundgesetzlicher Normen, nicht aber bei der Suche nach geeigneten Ermächtigungsgrundlagen, da hier keine völkerrechtliche Bearbeitung erfolgen soll.

II. Bündnisverpflichtungen

In diesem Zusammenhang müssen auch die Bündnisverpflichtungen der Bundesrepublik Deutschland Erwähnung finden. Zwar hat die Bundesrepublik keine Hoheitsrechte auf dem Gebiet der Verteidigung an internationale Organisationen übertragen, doch bestehen internationale Bündnisverpflichtungen, die für den Einsatz von Streitkräften oder auch Polizeikräften durchaus eine Bindungswirkung entfalten könnten. Hierbei ist zunächst Art. 5 NATO-Vertrag[27] von Bedeutung. Dieser regelt den Beistand der übrigen Vertragsstaaten bei einem bewaffneten Angriff auf einen oder mehrere Vertragsstaaten[28]. Hierin liegt eine völker-

---

[25] Art. 17 EU spricht noch vorsichtig von einer „[…] gemeinsamen Verteidigungspolitik, die zu einer gemeinsamen Verteidigung führen könnte […]". Dazu *Dietrich*, ZaöRV 66 (2006), 663 (665 ff.).
[26] Zur ESVP siehe u.a. *Dietrich*, ZaöRV 66 (2006), 663 ff.; *Epping*, NZWehrr 2002, 90 ff.; *Oppermann*, Europarecht, § 33 Rdnrn. 1, 18.
[27] BGBl. II 1955, S. 289.
[28] Art. 5 Abs. 1 NATO-Vertrag lautet: „Die Parteien vereinbaren, dass ein bewaffneter Angriff gegen eine oder mehrere von ihnen in Europa oder Nordamerika als ein Angriff gegen sie alle angesehen wird; sie vereinbaren daher, dass im Falle eines solchen bewaffneten Angriffs jede von ihnen in Ausübung des in Art. 51 der Satzung der Vereinten Nationen anerkannten Rechts der individuellen und

rechtliche Beistandspflicht für jede Partei, sofern es sich um einen bewaffneten Angriff handelt[29], so dass in einem solchen „Bündnisfall" also die Bundesrepublik unter Umständen zu einem Einsatz verpflichtet sein könnte. Ebenfalls von Bedeutung ist Art. V WEU-Vertrag[30], der eine nahezu identische Beistandspflicht verankert, jedoch geographisch beschränkt auf Europa[31]. Zwar ist die Laufzeit des WEU-Vertrages auf 50 Jahre beschränkt (Art. XII WEU-Vertrag), doch besteht die WEU formal noch weiter. Allerdings wurde im November 2000 auf dem Ministertreffen in Marseille der WEU nur noch Restfunktionen zugewiesen[32], da bereits durch den Vertrag von Nizza die Aufgaben der WEU in die EU überführt wurden (Art. 17 EU)[33]. Entscheidend ist aber das fortbleibende Bestehen von Art. V WEU-Vertrag[34] als allgemeingültiger Grundsatz. Über die GASP der Europäischen Union wurde bereits soeben hingewiesen. Die VN-Charta sieht keine mit den o.g. Bündnisfällen vergleichbare Verpflichtung vor, einzig vom Sicherheitsrat beschlossenen Maßnahmen bewirken dann gem. Art. 49 VN-Charta eine gegenseitige Beistandspflicht. Auch Art. 51 VN-Charta verdeutlicht nur das Selbstverteidigungsrecht, nicht hingegen eine Pflicht der anderen Staaten, im Falle eines bewaffneten Angriffs auf ein Mitglied, diesem helfend beizustehen.

Auf der Ebene der bilateralen Verträge bestehen zum Teil ebenfalls Übereinkommen[35], die allerdings in der Regel auf den NATO-Vertrag verweisen und

---

kollektiven Selbstverteidigung der Partei oder den Parteien, die angegriffen werden, Beistand leistet, indem jede von ihnen unverzüglich für sich und im Zusammenwirken mit den anderen Parteien die Maßnahmen, einschließlich der Anwendung von Waffengewalt, trifft, die sie für erforderlich erachtet, um die Sicherheit des nordatlantischen Gebiets wiederherzustellen und zu erhalten".

[29] Siehe *BVerwG* NJW 2006, 77 (97). Das Verhältnis der EU-Verteidigungspolitik zur NATO beleuchtet auch *Dietrich*, ZaöRV 66 (2006), 663 (680 f.).

[30] BGBl. II 1955, S. 256.

[31] Art. V WEU-Vertrag lautet: „Sollte einer der Hohen Vertragsschließenden Teile das Ziel eines bewaffneten Angriffs in Europa werden, so werden ihm die anderen Hohen Vertragsschließenden Teile im Einklang mit den Bestimmungen des Art. 51 der Satzungen der Vereinten Nationen alle in ihrer Macht stehende militärische und sonstige Hilfe und Unterstützung leisten".

[32] Siehe die WEU Council of Ministers, Marseille Declaration vom 13.11.2000. Vgl. zur WEU *Werner*, Die Grundrechtsbindung, S. 160 ff.

[33] Vgl. *Oppermann*, Europarecht, § 33 Rdnr. 7. Zum Verhältnis WEU/EU auch *Dietrich*, ZaöRV 66 (2006), 663 (675 ff.).

[34] WEU Council of Ministers, Marseille Declaration vom 13.11.2000, Punkt 1; vgl. *Werner*, Die Grundrechtsbindung, S. 208.

[35] Siehe zum Beispiel das Abkommen mit den Vereinigten Staaten von Amerika über gegenseitige Verteidigungshilfe vom 30.6.1955, BGBl. II S. 1049.

wegen der Bündnisverpflichtung in Art. 5 NATO-Vertrag weitestgehend ein antiquiertes Relikt der Nachkriegszeit sind. Bei der Entscheidung über militärische und polizeiliche Einsätze sind also im Ergebnis auch Bündnisverpflichtungen zu beachten.

III. Bisherige und geplante Rechtsetzungen/Entwicklungen

Im Bereich der für Evakuierungsoperationen relevanten Rechtsmaterie hat sich das Recht durch einige Rechtsetzungsakte nur partiell weiterentwickelt. Das für Bundeswehr-Einsätze geltende materielle Recht wurde in den letzten Jahrzehnten nicht verändert, die letzte Änderung des Art. 87a GG erfolgte im Rahmen der Einführung der Notstandsverfassung 1968[36]. Allerdings hat die jahrelange Diskussion um ein Entsendegesetz bzw. um die Partizipation des Bundestages bei Auslandseinsätzen der Streitkräfte mittlerweile zu einem legislativen Tätigwerden geführt: Das Parlamentsbeteiligungsgesetz (ParlBetG) vom 18.3. 2005[37] ist nunmehr in Kraft getreten. Bereits das BVerfG hatte dem Gesetzgeber auferlegt, eine gesetzliche Regelung bezüglich des Parlamentsvorbehalts herbeizuführen[38], nunmehr besteht daher (zumindest) eine einfach-gesetzliche Regelung des Parlamentsvorbehalts. Nichtsdestotrotz sind die Diskussionen bezüglich der Beteiligung des Bundestages nicht verstummt. Die Fragen, ob nicht auch eine Grundgesetzänderung sinnvoll sei, oder gar ein „Bundeswehraufgabengesetz"[39] parlamentarisch auf den Weg zu bringen, bleiben noch diskussionswürdig und werden im Verlaufe dieser Arbeit ebenfalls zu beantworten sein.

Die Bundesregierung reagierte auf die zahlreichen Rufe nach einer Überarbeitung der Verfassung und plant nunmehr eine Änderung des GG, insbesondere im Hinblick auf die Terrorabwehr in der Bundesrepublik, aber auch bezüglich des

---

[36] Gesetz vom 24.6.1968, BGBl. I S. 709.
[37] BGBl. I 2005, S. 775.
[38] Vgl. BVerfGE 90, 286 (389): „Es ist Sache des Gesetzgebers, die Form und das Ausmaß der parlamentarischen Mitwirkung näher auszugestalten".
[39] Vgl. z.B. *Dreist*, NZWehrr 2002, 133 (150); *Voss*, ZRP 2007, 78 (81). Auch *Burkiczak*, ZRP 2003, 82 ff.

Verteidigungsbegriffes im Allgemeinen[40]. Inwiefern auch Evakuierungsoperationen Teil der geplanten Neuregelung werden, ist zurzeit noch offen und bleibt
abzuwarten. Mehr im Fluss ist die Rechtsentwicklung im europäischen Rahmen.
Durch den langsamen, aber stetigen Aufbau der ESVP wird sich in diesem Bereich in den kommenden Jahren sicher einiges verändern, unabhängig von dem
Erfolg eines Verfassungsvertrages. Die europäischen Krisenkapazitäten werden
daher in Zukunft vermehrt zum Einsatz kommen und dabei mit Sicherheit auch
mittelfristig Evakuierungsoperationen übernehmen, bei denen deutsche Staatsbürger gerettet werden[41]. Allerdings ist auch dabei mit einer expliziten Regelung
im Sinne einer Ermächtigungsgrundlage für Rettungsaktionen durch eine Änderung der europäischen Verträge so schnell nicht zu rechnen.

---

[40] Siehe *Jung*, Interview in: FAZ vom 5.4.2006, S. 5; *FAZ* vom 21.9.2007, S. 2; *FAZ* vom 2.5.2006, S.
5; *Zypries*, FAZ vom 27.5.2006, S. 1 sowie dazu auch die Ausführungen später unter 2. Teil A. VII. 3.
b) ee) (1).
[41] Allein schon die erzielbaren Synergieeffekte durch zentral aufgebaute internationale Kommando-
stäbe und die daraus resultierende gemeinsame Verfügbarkeit unterschiedlicher Kapazitäten wie beispielsweise durch das Europäische Lufttransportkommando in Eindhoven zeigen die Vorteile solcher
Bestrebungen.

C. Beispiele aus der Staatenpraxis

Bevor die rechtliche Seite von Evakuierungsoperationen detailliert betrachtet wird, soll zunächst anhand von Beispielen aus der Staatenpraxis exemplarisch dargestellt werden, wie in der Praxis und Realität eine solche Evakuierungsoperation überhaupt durchgeführt wird. Dies geschieht insbesondere um zu konkretisieren, welche praktischen Fälle den vorliegenden Fallkonstellationen zugrunde liegen.

Zunächst ist Folgendes vorauszuschicken: Unilaterale Rettungsaktionen, wie sie hier untersucht werden, sind in der deutschen politischen Wirklichkeit eine Neuheit und dementsprechend äußerst rar in der deutschen Geschichte. Es gibt eigentlich nur einen „Musterfall" oder Präzedenzfall für eine Evakuierungsoperation: Der Bundeswehr-Einsatz in Albanien 1997[42]. Folglich bezieht sich die erschienene Literatur mit der entsprechenden Problematik stets auf diesen Fall. Doch haben die Ausführungen im Rahmen der Einleitung schon gezeigt, dass dies kein Einzelfall ist und bleiben wird, dementsprechend auch ein hoher Bedarf an Klarheit sowohl für die Beteiligten als auch die Justiz besteht. Wie sich zeigen wird, machen insbesondere die USA weitaus pragmatischer und häufiger von dieser militärischen Operationsmöglichkeit Gebrauch[43], was die Relevanz nur noch verdeutlicht. Wenn die Bundesrepublik bisher mit der Bundeswehr im Grunde nur ein einziges Mal gewaltsam evakuiert hat, so liegt dies zum einen an der nicht eindeutigen Rechtslage und der damit verbundenen politischen Zurückhaltung, zum anderen daran, dass entweder ausländische Partner die Evakuierung vorgenommen haben[44] oder Aktionen geringerer Intensität stattfanden[45].

---

[42] Dies betrifft Einsätze der Bundeswehr. Bereits am 18.10.1977 befreite der damalige BGS mit Hilfe seiner Spezialeinheit GSG 9 die Insassen des von Terroristen gekaperten Lufthansa-Flugzeugs „Landshut" auf dem Flugplatz von Mogadischu in Somalia. Hierbei hatte die somalische Regierung der Bundesregierung die Durchführung der Befreiungsaktion auf ihrem Hoheitsgebiet gestattet, so dass keine Intervention im völkerrechtlichen Sinne vorlag. Zu den Geschehnissen im Detail siehe AdG 1977, S. 21311 ff.

[43] Zu den Beispielen siehe unten 1. Teil C. III.

[44] Dazu sogleich unter 1. Teil C. III.

[45] Hierunter fallen alle anderen nicht-gewaltsamen Militäroperationen, bei denen allgemeinen die Rettung an sich im Vordergrund stand (Ausfliegen beispielsweise).

I. Die Rettungsaktion in Ruanda 1994

Erstmalig kam die Problematik einer Verwendung der Bundeswehr für Evakuierungsoperationen Mitte April 1994 auf: Während des Bürgerkriegs 1994 in Ruanda gerieten elf deutsche Staatsbürger und Mitarbeiter der Deutschen Welle in
Kigali in unmittelbare Lebensgefahr. Das Bundesministerium der Verteidigung
prüfte daraufhin im Auftrag der Bundesregierung die Möglichkeit einer Entsendung von Lufttransporteinheiten und Fallschirmjäger in die Hauptstadt. Bei
ihren Überlegungen ging die Bundesregierung davon aus, dass die Rettung der
deutschen Staatsangehörigen dem Völkerrecht entspreche und unter dem Gesichtspunkt der Schutzpflicht des Staates für in Lebensgefahr geratene Bürger
auch staatsrechtlich zulässig sei[46]. Diese Evakuierungsmaßnahme brauchte jedoch nicht weiter verfolgt werden, weil belgische Fallschirmjäger neben ihren
eigenen Staatsangehörigen auch Deutsche aus der Hauptstadt Kigali retteten[47].

II. Die Rettungsaktion in Tirana, Albanien 1997

Zu einem solchen unilateralen militärischen Einsatz der Bundeswehr kam es
dann aber am 14.3.1997 in Tirana, Albanien. Was war geschehen?[48]
Anfang März 1997 verschlechterte sich die Sicherheitslage rapide in Albanien,
ein Bürgerkrieg war nicht mehr aufzuhalten. Die Unruhen hatten sich vom Sü-
den aus in das ganze Land verbreitet, Waffenlager wurden geplündert, der Flughafen von Tirana war nicht mehr anfliegbar, die albanischen Sicherheitskräfte
befanden sich in Auflösung und die öffentliche Ordnung war weitgehend zu-
sammengebrochen. Das Auswärtige Amt hatte noch am 05.3.1997 allen deutschen Staatsangehörige empfohlen, das Land zu verlassen, am 11.3.1997 diese
Empfehlung dann in eine Aufforderung, das Land zu verlassen, umgewandelt.
Zu diesem Zeitpunkt war das Leben der ausländischen Staatsbürger erheblich

---

[46] Erklärung des Bundespresseamtes vom 16.4.1994, abgedruckt in: FAS vom 17.4.1994; Presseerklä-
rung des Bundesministerium der Verteidigung vom 18.4.1994.
[47] *FAS* vom 17.4.1994; *Welt am Sonntag* vom 17.4.1994; *Die Welt* vom 18.4.1994.
[48] Die Darstellung basiert auf *Feldmeyer*, in: FAZ vom 17.3.1997, S. 2; dem Antrag der Bundesregierung vom 18.3.1997, BT-Drs. 13/7233; sowie der Beschlussempfehlung und dem Antrag des Auswärtigen Ausschusses des Bundestages vom 19.3.1997, BT-Drs. 13/7265; vgl. auch *loyal* 5/1997, S. 8-13.

bedroht. Am 13.3.1997 erbat schließlich Präsident Berisha, der einer zwischenzeitlich gebildeten Übergangsregierung vorsaß, die Entsendung europäischer
Truppen und Polizeikräfte zur Wiederherstellung der inneren Sicherheit. Hierzu
kam es zunächst aber nicht[49]. Nachdem bereits Italien mit Zustimmung der albanischen Regierung erste Luftevakuierungen ausländischer Staatsbürger durchgeführt hatte und eine weitere Evakuierung auf dem Landwege durch beispielsweise die britische Botschaft wegen der schlechten Sicherheitslage abgebrochen
werden musste, entschlossen sich der deutsche Bundeskanzler, der Verteidi-
gungs- und Außenminister[50] am 14.3.1997 vormittags zu einem Einsatz deutscher Streitkräfte zur Evakuierung ausländischer und deutscher Staatsangehöriger - wenn nötig auch mit Waffengewalt[51]. Die Vorsitzenden aller Fraktionen,
sowie des Verteidigungs- und Auswärtigen Ausschusses stimmten dem Einsatz
vorab zu[52]. Zu den Einsatzkräften gehörten unter anderem Heeresflieger, beste-
hend aus fünf Transport-Hubschraubern und einem Rettungshubschrauber Typ
CH-53 sowie Kräften zur militärischen Eigensicherung (89 Soldaten)[53]. Die fünf
Hubschrauber landeten zwischen 15.43 und 16.07 Uhr in Tirana und nahmen
insgesamt 120 Menschen aus 22 Nationen (darunter nur 20 Deutsche) auf. Während des kurzen Aufenthalts kam es zu einem Schusswechsel zwischen den deutschen Soldaten und Albanern. Ein Hubschrauber wurde von einem Infanteriege-
schoß getroffen, ebenso ein Albaner, der aber lediglich einen Streifschuss erlitt.
Insgesamt fielen dem Vernehmen nach 250 Schuss auf deutscher Seite[54].

---

[49] Ein eng begrenztes VN-Mandat kam erst am 28.3.1997 zustande (SR-Resolution 1101).
[50] In der BT-Drs. 13/7233 ist insofern nur von der „Bundesregierung" die Rede.
[51] Der Einsatz bekam den Namen „Operation Libelle"; dazu loyal 5/1997, S. 8.
[52] So Bundesaußenminister Kinkel in der anschließenden Bundestagsdebatte, vgl. Sten. Prot. der 166.
Sitzung des BT vom 20.3.1997, 13. WP, S. 14969 ff.
[53] Ferner waren mittelbar beteiligt: Drei Transportflugzeuge C-160 Transall (24 Soldaten) sowie die
Fregatte Niedersachsen zur Unterstützung von See aus (210 Soldaten).
[54] Zum genauen Hergang siehe die - spannende - Schilderung bei Feldmeyer, FAZ vom 17.03.1997, S.
2. Erwähnenswert ist die darin dargestellte Stellungnahme von Bundesaußenminister Kinkel, der her-
vorhob, dass das Unternehmen nicht nur der Rettung der Deutschen gedient habe, sondern auch der
Möglichkeit, der Staatengemeinschaft Dankbarkeit zu erweisen. Hierbei erwähnte er explizit Belgien,
das 1994 in Ruanda bereits Deutsche gerettet hatte, s.o. Für die Deutschen hätte ein kleinerer Einsatz
ausgereicht.

Die Aktion wurde nachträglich vom Bundestag am 20.3.1997 mit großer Mehrheit gebilligt[55].

Zum ersten Mal überhaupt fand damit ein „out-of-area" Einsatz der Bundeswehr im nationalen Alleingang statt: Ein vorab speziell auf die Evakuierung bezogenes Einverständnis der albanischen Regierung lag ebenso wenig vor, wie ein VN -Mandat oder ein Einsatz im Rahmen der NATO. Daher ist es zutreffend, von einem „neuen Kapitel der Bundeswehrgeschichte" zu sprechen[56]. Anzumerken ist für die vorliegende Bearbeitung, dass bereits in der Debatte im Bundestag neben den zahlreichen positiven Stimmen auch erste kritische und skeptische Stimmen hinsichtlich der rechtlichen Grundlage und Zulässigkeit solcher Aktionen vernommen werden konnten[57]. Auffällig ist ferner die Vermeidung einer Festlegung auf eine Rechtsgrundlage der Operation in den offiziellen Stellungnahmen[58], der Billigungsantrag der Bundesregierung spricht nur allgemein davon, dass „Gefahr in Verzug" gewesen sei[59]. Der Rechtsausschuss des Bundestages hielt den Einsatz immerhin unter dem Gesichtspunkt der „staatlichen Nothilfe" für gerechtfertigt[60].

Dieser Präzedenzfall soll vorliegend gleichzeitig den Musterfall der hier zu untersuchenden Evakuierungsoperationen bilden. Selbstverständlich sind auch abgewandelte Einsatzmöglichkeiten denkbar, doch verdeutlicht dieser Fall recht gut die zu untersuchende Problematik.

---

[55] Die CDU/CSU, FDP und SPD stimmten mit überwältigender Mehrheit zu. Bei den Grünen gab es neben zahlreichen Ja-Stimmen eine Gegenstimme und sechs Enthaltungen, bei der Gruppe der PDS enthielten sich sieben Abgeordnete, die übrigen stimmten gegen den Billigungsantrag; Sten. Prot. der 166. Sitzung des BT vom 20.3.1997, 13. WP, S. 14989; *FAZ* vom 21.3.1997, S. 1.
[56] Vgl. *Feldmeyer*, FAZ vom 17.3.1997, S. 2; auch *Fastenrath*, FAZ vom 19.3.1997, S. 8.
[57] Vgl. z.B. die Abgeordneten *Brecht* (SPD), *Gysi* und *Heuer* (PDS), Sten. Prot. der 166. Sitzung des BT vom 20.3.1997, 13. WP, S. 14984; S. 14979; S. 14988.
[58] Siehe dazu *Kreß*, ZaöRV 57 (1997), 329 (330 Fn. 4).
[59] BT-Drs. 13/7233; weiteres Beispiel bei *Kreß*, ZaöRV 57 (1997), 329 (330 Fn. 4).
[60] Vgl. den Bericht des AA-BT, BT-Drs. 13/7265, S. 4 unter II.

III. Rettungsaktionen anderer Staaten

Solche Rettungsaktionen sind nicht nur in der deutschen militärischen Geschichte vorgenommen worden. Ganz im Gegenteil haben insbesondere die USA weitaus häufiger dem obigen Beispiel vergleichbare Aktionen durchgeführt, was die internationale Bedeutung dieser Einsätze unterstreicht. Im Folgenden wird eine Auswahl an internationalen Rettungsoperationen dargestellt[61]:

- Am 4.7.1976 befreiten israelische Armeeinheiten ca. 100 vornehmlich jüdische Geiseln aus einer gekaperten Air-France Maschine auf dem Flughafen Entebbe in Uganda und töteten dabei neben den Geiselnehmer auch ugandische Soldaten[62].

- 1990 und 1996 evakuierten die amerikanischen Streitkräfte Hunderte Ausländer aus dem hart umkämpften Monrovia in Liberia[63].

- 1990 evakuierten italienische und amerikanische Streitkräfte die in Mogadischu verbliebenen Ausländer. Während der Evakuierung fanden schwere Kämpfe in Zentrum von Mogadischu statt.

- 1991 wurden ca. 12.000 Ausländer von französischen und belgischen Truppen aus Kinshasa, Kongo evakuiert, während Banden die Stadt unsicher machten und Menschen töteten und verletzten.

- 1994 wurden deutsche Staatsangehörige aus Ruanda befreit (vgl. oben[64]).

- Ebenfalls im Sommer 1994 evakuierte die französische Marine im jemenitischen Sezessionskrieg aus Aden über 500 Ausländer[65].

- 1996 konnten französische Truppen Ausländer aus Bangui vor meuternden Armee-Einheiten durch die Nutzung von gepanzerten Fahrzeugen retten[66].

Hieraus lässt sich ablesen, dass nahezu in regelmäßigen Abständen solche Einsätze weltweit ausgeführt werden. In vielen der o.g. Fälle waren auch deutsche

---

[61] Die folgende Auswahl beruht auf der Übersicht in der Antwort der Bundesregierung BT-Drs. 13/6924, Frage 12, S. 5. Für eine ausführliche Darstellung siehe die bereits erwähnte Abhandlung bei *Ader*, Gewaltsame Rettungsaktionen, S. 97 ff sowie *Franzke*, Schutzaktionen, S. 33 ff.
[62] Siehe *Der Tagesspiegel* vom 6.7.1976, S. 1 und 5.
[63] Vgl. *Berliner Zeitung* vom 15.4.1996, S. 5; *FAZ* vom 15.4.1996, S. 7.
[64] Siehe unter 1. Teil C. I.
[65] Vgl. *FAZ* vom 7.5.1994, S. 1.
[66] Vgl. *Berliner Zeitung* vom 22.5.1996, S. 5; *FAZ* vom 24.5.1996, S. 7.

Staatsbürger Nutznießer dieser Rettungsaktionen. Die Bundesregierung musste sich dabei oft gar keine Gedanken bezüglich eines Einsatzes machen, da die europäischen bzw. amerikanischen Partner schon eingegriffen hatten[67].

IV. Vergleichbare Einsätze von Bundeswehr und Bundespolizei

In den meisten der oben geschilderten Fälle waren die Einsatzkräfte nicht nur bewaffnet, sondern auch (mehr oder weniger) heftig in Kämpfe verwickelt. Aus dem Kanon dieser Einsätze ragt aus deutscher Sicht nur der Einsatz in Albanien hervor. Doch ist und war die Bundeswehr in vielen vergleichbaren Fällen im Ausland tätig, ohne jedoch Waffengewalt anwenden zu müssen oder in Kämpfe einbezogen zu sein. Hierzu gehören alle humanitäre Hilfseinsätze oder auch Evakuierungsoperationen, in denen deutsche und ausländische Staatsbürger lediglich mit Hilfe der Luftwaffe ausgeflogen wurden, ohne dass sich die Besatzung wie in Albanien verteidigen musste.

Hierzu gehören folgende Einsätze aus neuerer Zeit[68]:

- 1998 evakuierte die Bundeswehr durch Lufttransportmaschinen deutsche und andere Staatsbürger aus der von einem Krieg erschütterten Region Eritrea und Äthiopien[69].

- Ende 1999/Anfang 2000 flog die Bundeswehr mit Transall-Maschinen Verletzte und Verwundete aus Ost-Timor im Rahmen der UN-Mission INTERFET (International Force East Timor) aus.

- Angesichts der verheerenden Flutkatastrophe in Mosambik wurden im März 2000 1.400 Personen in 110 Einsätzen aus dem Land evakuiert.

- Mit Hilfe der STRATMEDEVAC[70] und den medizinischen Kapazitäten dieser Luftfahrzeuge konnten Hilfseinsätze im April 2002 zum Rücktransport der durch

---

[67] Am deutlichsten wurde dies bei der Befreiungsaktion 1994 in Ruanda (vgl. soeben).

[68] Alle diese Beispiele sind der Informationsbroschüre des Bundesministerium der Verteidigung „Einsätze der Bundeswehr im Ausland", Stand August 2005, entnommen. Weitere Einsätze sind auf http://einsatz.bundeswehr.de dargestellt.

[69] Dazu auch *FAZ* vom 8.6.1998, S. 1.

[70] ~*Medizinische Notfallevakuierung aus der Luft*. Die Bundeswehr hält mehrere Flugzeuge zur sofortigen medizinischen Versorgung weltweit bereit, die wie eine moderne Klinik im Inneren ausgestattet sind und ständig zur kurzfristigen Verwendung einsetzbar sind.

die Terroranschläge in Djerba verletzten Deutschen organisiert werden[71], ebenso Rücktransporte von durch ein Busunglück im mexikanischen Puebla verletzten Deutschen.

- Im November 2004 beteiligte sich die Bundeswehr an der von der EU koordinierten Ausreise-Operation für ausländische Staatsangehörige in Abidjan, Elfenbeinküste und flog in zwei Transall-Maschinen Betroffene aus dem Land aus.

- Nach dem Seebeben in Südost-Asien Ende 2004/Anfang 2005 wurde die Bundeswehr wiederum zu Evakuierungsflügen eingesetzt.

-Jüngstes Beispiel einer vorbereiteten und fast ausgeführten Evakuierungsoperation ist die Stationierung von 200 Soldaten der Division Spezielle Operationen (DSO) auf dem Truppenübungsplatz Daaden/ Westerwald im Oktober 2005. Diese Einheit sollte notfalls Europäer aus den damaligen Bürgerkriegswirren in der Elfenbeinküste evakuieren. Hierzu kam es aber aufgrund der Beruhigung der Lage nicht, so dass im November 2005 die Alarmbereitschaft aufgehoben werden konnte[72].

- Im Sommer 2006 war die Bundeswehr im Rahmen einer EU-geführten, aber von den VN mandatierten, militärischen Operation zur Sicherung von demokratischen Wahlen im Kongo mit mehreren hundert Soldaten teilweise in Kinshasa, Kongo, teilweise in Gabun stationiert. Eine der Hauptaufgaben war dabei die Durchführung eventuell notwendiger Evakuierungsoperationen in Kinshasa und Umgebung[73].

Aber auch die Bundespolizei wurde, damals noch als Bundesgrenzschutz, im Ausland tätig. So ist sie schon seit langer Zeit für den Schutz der deutschen diplomatischen Vertretungen im Ausland gem. § 9 Abs. 1 Nr. 2 BPolG zuständig. Der bekannteste Auslandseinsatz der Bundespolizei war die Geiselbefreiung von Mogadischu 1977 (vgl. oben[74]). Danach wurde die Bundespolizei u.a. noch im Rahmen von VN-Polizeimissionen in Namibia 1989, Kambodscha 1992 bis

---

[71] Vgl. *FAS* vom 14.4.2002, S. 11.
[72] Siehe *loyal*, 3/2006, S. 17; *Der Spiegel*, 6/2006, S. 18.
[73] Siehe den Antrag der Bundesregierung, BT-Drs. 16/1507, S. 1 zu den völkerrechtlichen Grundlagen sowie S. 3 zu den Aufgaben im Rahmen des Einsatzes.
[74] Oben 1. Teil C.

1993, Westsahara 1993/1994 und Jugoslawien seit 1994 eingesetzt[75]. Mittlerweile ist die Bundespolizei auch im Irak zum Schutze der THW-Mitarbeiter vor Ort. Nach Angaben der Bundesregierung erfolgt der Einsatz auf Grundlage des § 8 Abs. 2 BPolG[76].

Fest steht jedenfalls, dass Evakuierungsoperationen bis heute, bis auf die Geiselbefreiung in Somalia 1977, nur von der Bundeswehr durchgeführt wurden: Dies liegt hauptsächlich darin begründet, dass die Bundeswehr weitaus bessere Lufttransportkapazitäten zur Verfügung stellen kann, da die Bundespolizei nur Hubschrauber verwendet und bei Auslandseinsätzen der nötige Lufttransport nur von der Bundeswehr mit ihren Transall-Flugzeugen geleistet werden kann. Doch schließt dies nicht aus, dass angesichts der bereits gesammelten Erfahrungen im Ausland in Zukunft auch die Bundespolizei für solche Einsätze herangezogen wird.

Als vorläufiges Ergebnis ergibt sich daher, dass die Bundeswehr schon seit vielen Jahren Evakuierungsoperationen durchführt, allerdings eher im Bereich humanitärer Hilfe, mithin ohne Einsatz von Gewalt. Rettungsaktionen wie in Albanien 1997 sind die große Ausnahme geblieben.

---

[75] Vgl. *Schultz*, Die Auslandsentsendung, S. 82 ff. Ein Überblick über internationale Polizeimissionen und sonstige Auslandseinsätze der Bundespolizei findet sich auf http://www.bundespolizei.de (Stand: November 2007).
[76] Antwort der Bundesregierung, BT-Drs. 15/2288.

D. Aktuelle und zukünftige Bedeutung

Die Bundeswehr und in geringerem Maße auch die Bundespolizei sind mittlerweile ein unverzichtbares Einsatzmittel der Bundesregierung und -republik zur Erfüllung ihrer internationalen Verpflichtungen sowohl im Rahmen von internationalen Organisationen wie VN, NATO, EU, OSZE als auch im Bereich der humanitären Katastrophenhilfe. Seit dem Ende der außenpolitisch und historisch motivierten Zurückhaltung bei Auslandseinsätzen[77], insbesondere der deutschen Streitkräfte, Anfang der 90er Jahre, ist die Bundeswehr nun ein fester Bestandteil eines umfassenden Ansatzes von Sicherheitspolitik. Dies schließt nunmehr auch Einsätze weit außerhalb Europas mit ein, um dadurch die Sicherheit der Bundesrepublik aufrechtzuerhalten[78]. Dieser Wandel der Aufgaben der deutschen Einsatzkräfte gehört inzwischen zur Normalität eines deutschen Soldaten, der mehr und mehr bereit sein muss, eine gewisse Zeit auch im Ausland zu dienen. Evakuierungsoperationen der vorbezeichneten Art gehören auch zu dem gewandelten Bild der Bundeswehr. Die aktuelle und zukünftige Bedeutung dieser Einsatzmöglichkeiten ist nicht zu unterschätzen und nicht mehr aus der politischen und militärischen Wirklichkeit wegzudenken.

I. Der weltweite Einsatz der Bundeswehr bis heute

Das weltweite Engagement der Bundeswehr hat sich nicht von heute auf morgen, sondern schrittweise entwickelt[79]. Von den humanitär begründeten und VN-mandatierten Einsätzen Anfang der 90er Jahre in Kambodscha oder Somalia, der wachsenden Einsatzbereitschaft nach dem „Streitkräfte-Urteil" 1994 vor allem in Bosnien, über Einsätze unter heftig diskutierter und zweifelhafter (völkerrechtlicher) Legitimationsgrundlage wie im Kosovo 1999 bis hin zur Teilnahme an

---

[77] Vgl. dazu *Philippi*, Bundeswehr-Auslandseinsätze, S. 59-81.
[78] Siehe auch die *Verteidigungspolitischen Richtlinien* vom 21.5.2003 Punkte 9-15. Grundlage ist dabei ein „weiter Verteidigungsbegriff, der sich geographisch nicht mehr eingrenzen lässt, sondern zur Wahrung unserer Sicherheit beiträgt, wo immer diese gefährdet ist" (Punkt 4); vgl. *Gramm*, NZWehrr 2005, 133 (134 f.).
[79] Vgl. *Biermann*, ZParl 2004, 607 f.; *Günther*, Zum Einsatz der Bundeswehr, S. 329 (330); vgl. auch die Übersicht bei *Hermsdörfer*, HuV 2004, 17 ff.

außer-europäischen Anti-Terror-Einsätzen wie „Enduring Freedom" ab 2001[80], dem Engagement bei ISAF[81] in Afghanistan sowie Einsätzen in Ost-Timor und Bunia, Kongo. Im November 2007 waren knapp 7.000 Soldaten weltweit in den verschiedensten Missionen der Bundeswehr dauerhaft im Ausland stationiert[82]. Auch in Zukunft wird die Einsatzwirklichkeit der Bundeswehr in aller Welt liegen und dabei auch die Verantwortung der Bundesrepublik weiterhin zunehmen[83]. Auch die (Bundes-) Polizei war im Oktober 2006 mit ca. 300 Polizisten weltweit präsent, ausnahmslos in NATO- oder EU-geführten und zum Teil auch mandatierten Polizeieinsätzen[84].

Die weltweite Präsenz des deutschen Militärs und der Polizei ist also gewaltig, verglichen mit der Lage noch vor ca. 15-20 Jahren. Dies hat auch Auswirkungen auf die Bereitschaft der Bundesregierung, Evakuierungsoperationen anzuordnen. Die Erfahrungen und das Selbstverständnis der Bundeswehr, dem weltweiten Frieden und der Bundesrepublik zu dienen, macht es umso wahrscheinlicher, dass die Führung der Streitkräfte und der Polizei zusammen mit der Politik weniger zögern wird, wenn es zukünftig um Rettungsoperationen im Ausland geht.

II. Der Aufbau von schnellen Eingreiftruppen für die Zukunft

Um solche Operationen zu erleichtern und insbesondere um erheblich schneller und flexibler reagieren zu können, ist die Politik nicht untätig geblieben. Auf europäischer Ebene wurde bereits oben die ESVP angesprochen. Im Rahmen des Europäischen Gipfels im Dezember 1999 in Helsinki wurde der Aufbau einer europäischen Eingreiftruppe („European Rapid Reaction Force", ERRF) beschlossen, die einen Umfang von 50.000-60.000 Soldaten haben und innerhalb von 60 Tagen einsetzbar sein soll[85]. Zu den Aufgaben dieser Truppe sollen auch

---

[80] Vgl. den Antrag der Bundesregierung vom 7.11.2001, BT-Drs. 14/7296.
[81] ~*International Security and Assistance Force*, eingerichtet durch die SR-Res. 1386 (2001).
[82] Die Einsatzzahlen sind auf http://www.bundeswehr.de (Stand: November 2007) zu finden.
[83] *Löwenstein*, FAZ vom 21.06.2005, S. 12.
[84] Diese Zahlen beruhen auf Angaben des Zentrums für internationale Friedenseinsätze, zu finden unter http://www.zif-berlin.org (Stand: April 2007); s. auch die Jahresberichte des Bundesgrenzschutzes, z.B. aus dem Jahr 2002, Teil II. 9. auf http://www.bundespolizei.de (Stand: November 2007).
[85] Schlussfolgerungen des Vorsitzes vom 11.12.1999, Nr. 28.

die sog. „Petersberg-Aufgaben" gehören, die mittlerweile in Art. 17 Abs. 2 EU inkorporiert wurden. Hierzu gehören auch „Rettungseinsätze". Wenn die ERRF vollständig aufgestellt worden ist, wäre es durchaus denkbar, diese Einheit zu Evakuierungsoperationen im Ausland einzusetzen, doch ist hierbei entscheidend, wie schnell die ERRF eingesetzt werden kann. Wenn, wie in der Regel, Rettungsaktionen sehr kurzfristig angeordnet werden müssen, könnte die notwendige Vorlaufzeit für die ERRF gegen ihren Einsatz sprechen; in diesem Fall würden die Staaten doch wieder auf ihre eigenen Kräfte zurückgreifen. Insofern wird der Einsatzschwerpunkt dieser militärischen Einheit wohl nicht primär bei Evakuierungsoperationen liegen. Geeigneter wäre vielmehr der Einsatz von sog. „battle groups" der EU, deren Aufstellung (im Rahmen des ERRF-Konzepts) in Form von 13 Einheiten mit jeweils 1500 Soldaten im November 2004 beschlossen wurde und sich bei der Aufgabenzuweisung im Wesentlichen ähnlich wie die ERRF an den „Petersberg-Aufgaben" in Art. 17 Abs. 2 EU orientiert[86], mit dem Unterschied, dass die „battle groups" bereits innerhalb von 5-10 Tagen einsatzbereit sein sollen und min. 30 (max. 120) Tage in einem Umkreis von 6000 km operieren könnten[87]. Aufgrund der wesentlich kürzeren Reaktionszeit eignen sich diese Spezialkräfte wesentlich besser für Evakuierungsoperationen, so dass mit ihrer Verwendung nach der, nunmehr erfolgten, Herstellung der vollen operationellen Einsetzbarkeit ab sofort zu rechnen ist[88].

Denkbar scheint auch eine Verwendung der im Rahmen der NATO-Sicherheitsstruktur aufgestellten „NATO Response Force" (NRF). Auf dem Prager Gipfel im September 2002 beschlossen[89], ist die NRF vom Umfang her kleiner (nur ca. 25.000 Soldaten bei Abschluss der Konstituierung im Oktober 2006) als die ERRF, dafür aber weitaus schneller einsetzbar, schon nach fünf Tagen, und

---

[86] *FAZ* vom 23.11.2004, S. 6; siehe auch die Schlusserklärung der „Military Capability Commitment Conference", Brüssel 22.11.2004, Punkt 9 ff. Zu den „battle-groups" auch *Kamp*, KAS-Analysen 15/2004.

[87] *Kamp*, KAS-Analysen 15/2004, S. 2 f. Vgl. auch *Weißbuch 2006*, Punkt 2.2 (S. 49, 52).

[88] Die EU forciert die Bildung solcher mobiler Spezialtruppen mit einigem Nachdruck, was mitunter zur Vermengung von Polizeikräften und Soldaten führt: So wurde im September 2004 zusätzlich eine europäische, paramilitärische Polizeieinheit geschaffen, deren Aufgaben sich nicht wesentlich von denen der „battle groups" unterscheiden. Die Bundesrepublik beteiligt sich aber gerade wegen der unklaren Trennung von Polizei und Streitkräften nicht an dieser Kampfeinheit; *FAZ* vom 18.9.2004, S. 1.

ebenfalls mit der Aufgabe versehen, wenn nötig, Zivilisten im Ausland zu evakuieren[90]. Zwischenzeitlich ist die NRF schon zum Teil operativ einsetzbar, so
dass ein baldiger Einsatz im Rahmen von Rettungsaktionen theoretisch denkbar
und auch praktisch durchführbar sein sollte. Allerdings überschneiden sich nunmehr die Kompetenzen der NRF mit denen der „battle groups", wodurch das
institutionelle Zusammenspiel dieser beiden Einheiten noch im Unklaren bleibt
und sich die Gefahr von Doppelstrukturen geriet, auch wenn dies offiziell vermieden werden soll[91].

Aber auch in Deutschland wird an der Verbesserung der operativen Verfügbarkeit von Einsatzkräften für spezielle, dringliche Kriseneinsätze gearbeitet. Die
jeweiligen Spezialeinheiten von Bundeswehr und Bundespolizei, KSK[92] und
GSG 9[93], existieren schon seit einigen Jahren bzw. Jahrzehnten und stehen den
Streitkräften bzw. der Polizei stets zur Verfügung. Über die Verwendung dieser
beiden Spezialeinheiten erfährt die Öffentlichkeit in der Regel nichts, da hierbei
ein besonderes Geheimhaltungsbedürfnis besteht. Zu den Aufgaben dieser Einheiten gehören auch die Rettung und Befreiung von Bürgern aus einem terroristischen Umfeld. Inzwischen gehen aber die Planungen bei der Bundespolizei
weiter: Die Bundesregierung bereitet den Aufbau einer Einheit der Bundespolizei vor, die speziell für den Einsatz in ausländischen Krisengebieten vorgesehen
ist. Diese Hundertschaften sind seit Anfang 2006 in Gifhorn stationiert und für
geschlossene Einsätze im Rahmen von Mandaten der EU und VN vorgesehen[94].
Auch eine solche Hundertschaft könnte in Zukunft Evakuierungsoperationen
übernehmen und dabei die Bundeswehr unterstützen bzw. entlasten, allerdings
wäre bei Festhalten der Verknüpfung mit mandatierten Einsätzen eine unilaterale
Verwendung ausgeschlossen; insofern bliebe es dann bei den „alten" Strukturen.

---

[89] Vgl. *Prague Summit Declaration* vom 21.11.2002, Nr. 4a.
[90] Vgl. dazu *Eitelhuber*, SWP-Aktuell 52 November 2002. Vgl. auch *Weißbuch 2006*, Punkt 2.1 (S.
42).
[91] Zu dem Verhältnis der NRF zur ERRF *Busse*, in: FAZ vom 8.12.2003, S. 8. Allgemein zum Verhältnis der NATO zur EU *Weißbuch 2006*, Punkt 2.3 (S. 53 ff.).
[92] Das *Kommando Spezialkräfte* ist in Calw stationiert und existiert seit 1996.
[93] Die *Grenzschutzgruppe 9* ist als Anti-Terror-Einheit des damaligen BGS gegründet worden und in
Sankt Augustin stationiert.

Die oben dargelegten Veränderungen hinsichtlich der weltweiten Einsätze von Bundeswehr und Bundespolizei werden also in neuerer Zeit durch regionale und deutsche Initiativen zur besseren und vor allem schnelleren Reaktionsmöglichkeit durch mobile, kurzfristig verfügbare Eingreiftruppen verstärkt. Bezogen auf Evakuierungsoperationen verdeutlicht dies den gestiegenen Stellenwert von Rettungsaktionen im Ausland und gleichzeitig die weitere Professionalisierung der Einsätze. Nicht zu verschweigen ist allerdings auch die Gefahr einer ausufernden Nutzung dieser militärischen und polizeilichen Möglichkeiten sowie der steigenden Gefahrenpotentiale für die eingesetzten Soldaten bzw. Polizisten. Inwiefern solche Befürchtungen berechtigt sind wird die Zukunft zeigen, insbesondere die weitere Entwicklung der europäischen Einsatzkräfte und ihre tatsächliche Verwendung muss abgewartet werden.

---

[94] *FAZ* vom 20.06.2005, S. 4; s. auch das Interview mit dem ehemaligen Bundesinnenminister *Schily* in: FAZ vom 25.08.2005, S. 4.

E. Eingrenzung des Untersuchungsgegenstandes

Die vorliegende Arbeit soll eine Grundlage für künftige Überlegungen in dieser Hinsicht sein. Unter der Prämisse, dass Evakuierungsoperationen bereits national und international zum Alltag gehören (in dem einen Land mehr, in dem anderen weniger), soll im Verlauf dieser Arbeit herausgearbeitet werden, inwiefern das deutsche Verfassungsrecht der Rechtmäßigkeit solcher Evakuierungsoperationen entgegensteht oder nicht. Dabei wird die Arbeit bewusst nur das materielle Verfassungsrecht abdecken. Dies hat vornehmlich folgende Gründe: Zum einen existieren nur wenige Abhandlungen im juristischen Schrifttum aus diesem Bereich, zum anderen ist die völkerrechtliche Beurteilung nicht so stiefmütterlich behandelt worden wie die Bewertung im deutschen Staatsrecht und daher bereits umfassend gewürdigt[95]. Schließlich würde die Behandlung der völkerrechtlichen Thematik solcher Rettungsaktionen deutscher Soldaten und Polizisten mindestens einen gleichen, wenn nicht sogar größeren, Umfang wie die rein verfassungsrechtliche Betrachtung erforderlich machen. Aus Gründen der Selbstbeschränkung und der Übersichtlichkeit wurde daher darauf verzichtet, die völkerrechtliche Seite solcher Aktionen zu behandeln[96].

Nicht untersucht werden ferner auch formelle Fragen der Evakuierungsoperationen, etwa inwiefern der Bundestag solchen Aktionen zuzustimmen hat und welches Organ für den Einsatz im konkreten Fall zuständig ist. Diese Thematik wirft kaum streitige Fragen auf, da allgemein Konsens über die Beteiligung des Bundestages herrscht und sich dies auch für den Fall der Evakuierungsoperatio-

---

[95] Aus dem älteren völkerrechtlichen Schrifttum allgemein siehe bspw. *Ader*, Gewaltsame Rettungsaktionen, S. 97 ff; *Beyerlin*, ZaöRV 37 (1977), 213 ff.; *Bowett*, Protection of Nationals Abroad, S. 39 ff.; *Reinhard*, JuS 1980, 436 ff.; *Schröder*, JZ 1977, 420 ff.; *Schweisfurth*, GYIL 1980, 159 ff.; *Strebel*, ZaöRV 37 (1977), 691 ff.; *Westerdiek*, AVR 21 (1983), 386 ff.; weitere Nachweise bei *von Lersner*, HuV 1999, 156 Fn. 3. Speziell zu Rettungsaktionen siehe *Franzke*, Schutzaktionen, S. 87 ff.

[96] Aus dem neueren Schrifttum, zum Teil am Beispiel des Albanien-Einsatzes, vgl. *Baldus,* Extraterritoriale Interventionen, 259 (261 ff.); *ders.,* in: von Mangoldt/Klein/Starck, GG, Art. 87a Rdnrn. 38, 40; *Blumenwitz*, NZWehrr 1988, 133 (143 f.); *Brunner*, Deutsche Soldaten im Ausland, S. 102 ff.; *Dörr*, Aus Politik und Zeitgeschichte 43 (2004); *Epping*, AöR 124 (1999), 423 (457 ff.); *Franzke*, NZWehrr 1996, 189 (193 ff.); *Günther*, Zum Einsatz der Bundeswehr, S. 329 (357 ff.); *Hermsdörfer*, BayVBL. 1998, 652 f.; *Kreß*, ZaöRV 57 (1997), 329 (331 ff.); *von Lersner*, HuV 1999, 156 ff.; *Peterhoff*, BWV 2000, 49 (53 ff.); *Riedel,* Der Einsatz deutscher Streitkräfte, S. 164 ff.; *Schopohl*, Der Außeneinsatz, S. 187 ff.

nen nicht durch das neue Parlamentsbeteiligungsgesetz[97] (ParlBetG) geändert hat. Aufgrund der Regelung in § 5 ParlBetG, die eine nachträgliche Zustimmung des Bundestages bei Rettungsaktionen der Bundeswehr vorsieht, und der relativ unproblematischen formellen Frage wurde davon abgesehen diese Thematik hier darzustellen[98]. Auch bleibt in dieser Arbeit die politische Frage des Einsatzes außen vor. Es soll vorliegend nur der rechtliche Aspekt von Rettungsaktionen untersucht und bewertet werden. Die Frage, wann und ob Einheiten zur Evakuierung eingesetzt werden sollen, ist und bleibt, selbst für die militärischen Befehlshaber, eine rein politische Entscheidung, die so viele unwägbaren Faktoren beinhaltet, dass eine pauschale und abstrakte Beantwortung an dieser Stelle nicht nur unmöglich sondern auch überflüssig wäre. Aus Gründen der erforderlichen Selbstbeschränkung ist ferner nicht versucht worden, die rechtlichen Aspekte von Auslandseinsätzen der Bundeswehr im Allgemeinen und Gesamten zu erörtern. Dies wurde bereits extensiv in der Rechtswissenschaft beleuchtet und diskutiert[99]. Die Untersuchung beschränkt sich auf die spezifische Frage der materiellen Verfassungsmäßigkeit von Evakuierungsoperationen. Zwar wird auch der Einsatz im Rahmen von kollektiven Sicherheitssystemen Erwähnung finden, doch bleibt dieser Punkt angesichts des Streitkräfte-Urteils des BVerfG weitgehend unerörtert. Gegenstand der Untersuchung ist vielmehr die unilaterale Evakuierung und nicht die multilaterale. Diese Konzentration auf Evakuierungsoperationen erfordert in manchen Bereichen im Ergebnis den Rückgriff auf die Literatur zu den oben erwähnten Auslandseinsätzen der Bundeswehr. Doch werden dabei an manchen Stellen bewusst umstrittene Fragen nicht in aller Ausführlichkeit behandelt, sofern diese nicht entscheidend sind für die Fallgruppe

---

[97] Parlamentsbeteiligungsgesetz vom 18.03.2005, BGBl. I S. 775.

[98] Allgemein zu formellen Fragen wie den Parlamentsvorbehalt und zum ParlBetG siehe *Arndt*, DÖV 2005, 908 ff.; *Biermann*, ZParl 2004, 607 ff.; *Blumenwitz*, BayVBl. 1994, 641 (679 ff.); *Dreist*, KritV 2004, 79 ff.; *Hermsdörfer*, DVP 2004, 183 ff.; *ders.*, DVP 2004, 441 ff.; *Hörchens*, Der Einsatz der Bundeswehr, S. 19 ff.; *Krajewski*, AVR 41 (2003), 419 ff.; *Kreß*, ZaöRV 37 (1997), 329 (355 ff.); *Nolte*, ZaöRV 54 (1994), 652 (674 ff.); *Nowrot*, NZWehr 2003, 65 (69 ff.); *Raap*, DVP 2002, 282 (283); *Riedel*, DÖV 1995, 135 (139 ff.); *Weiß*, NZWehrr 2005, 100 ff.; *Wiefelspütz*, NZWehrr 2003, 133 ff.; *ders., ZaöRV 64 (2004), 363 ff.; *ders.*, NVwZ 2005, 496 ff.

[99] Siehe dazu bspw. *Arndt*, DÖV 1992, 618 ff; *ders.*, NJW 1994, 2197 ff; *Bachmann*, MDR 1993, 397 ff.; *Bähr*, MDR 1994, 882 ff.; *Blumenwitz*, BayVBl. 1994, 641 ff und 678 ff.; *Fehn/Fehn*, Jura 1997, 621 ff.; *Gornig*, JZ 1993, 123 ff.; *Nolte*, ZaöRV 54 (1994), 653 ff.; *Riedel*, Der Einsatz deutscher Streitkräfte, S. 1 ff.; *Zimmer*, Einsätze der Bundeswehr, S. 1 ff.; weitere Nachweise bei *Günther*, Zum Einsatz der Bundeswehr, S. 329 Fn. 2.

der Rettungsaktionen oder aber bereits ausführlichst und unter allen denkbaren Aspekten juristisch abgehandelt worden sind. Ziel dieser Arbeit soll es vielmehr sein, nicht breit diskutierte Themen, sondern wenig behandelte Aspekte darzustellen, was auch bedeutet, dass die wehrverfassungsrechtliche Entwicklung nur soweit nötig angesprochen wird[100].

Sofern bereits oben auf Einsätze der Bundespolizei/vormals BGS hingewiesen wurde[101], so war damit intendiert, die der Bundesrepublik zur Verfügung stehenden Rettungskapazitäten anhand von praktischen Beispielen hervorzuheben. Auch verdeutlicht dies die Angleichung der zugewiesenen Aufgaben auf Seiten der Bundeswehr und der Bundespolizei in Bezug auf Evakuierungsoperationen. Eine weitergehende (verfassungs-) rechtliche Untersuchung der Rechtmäßigkeit von Auslandseinsätzen der Bundespolizei erfolgt an dieser Stelle nicht. Diesbezüglich liegt der Schwerpunkt der Diskussionen des Schrifttums im formellen Bereich, mithin bei der Frage nach der Kompetenz für eine einfach-gesetzliche Regelung von Einsätzen der Bundespolizei zur Rettung Deutscher im Ausland[102]. Vorliegend wird jedoch nur die materielle Verfassungsmäßigkeit von Auslandseinsätzen der Bundeswehr thematisiert.

---

[100] Hierfür eignen sich z.B. *Bartke*, Verteidigungsauftrag, S. 19 ff.; *Hautmann*, Wehrverfassung und Wehrordnung, S. 4 ff. besser.
[101] Siehe oben 1. Teil C. IV. und 1. Teil D.
[102] Rechtliche Grundlage für Evakuierungsoperationen der Bundespolizei im Ausland ist § 8 Abs. 2 BPolG. Die Verfassungsmäßigkeit dieser Norm verneinen bspw. *Fischer-Lescano*, AöR 2003, 52 (72 ff.); *Schultz*, Die Auslandssendung, S. 319 f. Dazu auch *Baldus*, Extraterritoriale Interventionen, S. 259 (286 ff.); *Heesen*, BGSG, § 8 Rdnrn. 1, 9 ff.; *Lisken/Denninger*, in: Lisken/Denninger, Hdb PolizeiR, C. Rdnr. 167 ff.; *Winkeler*, Multifunktionale Polizei des Bundes, S. 170 ff. Einen geschichtlichen Überblick gewährt *Schütte*, Die Polizei 11/2002, 309 ff.

F. Gang der Untersuchung und Literaturlage

Die Thematik der Rechtmäßigkeit von unilateralen Evakuierungsoperationen soll anhand der geltenden Verfassungsrechtslage untersucht werden. Die Arbeit beginnt in ihrem zweiten Teil mit der Untersuchung der Ermächtigungsgrundlagen für Evakuierungsoperationen der Bundeswehr. Dazu ist im Einzelnen herauszuarbeiten, ob die Voraussetzungen der in Frage kommenden Rechtsgrundlagen in der vorliegenden Fallkonstellation auch tatsächlich vorliegen[103]. Schwerpunkt hierbei bildet die Auseinandersetzung mit Art. 87a Abs. 2 GG, dessen Voraussetzungen ausführlich geprüft werden müssen[104]. Dabei werden auch Fragen der Schutzpflicht des deutschen Staates gegenüber seinen Staatsbürgern im Ausland aufgeworfen und im Anschluss daran der Verteidigungsbegriff im 21. Jahrhundert analysiert. In Betracht kommen als Ermächtigungsgrundlage aber auch andere Artikel des GG sowie ungeschriebenes Recht bzw. Gewohnheitsrecht.

Nachdem ein Ergebnis gefunden wurde, schließt die Arbeit endlich mit dem dritten Teil: In einem Resumée werden die Ergebnisse der Untersuchung zusammengefasst[105] und ein Ausblick über einige wichtige und relevante Fragestellungen geboten[106].

Die Literaturlage war für die Bearbeitung günstig: Zu der Thematik der Auslandseinsätze der Bundeswehr finden sich unzählige Aufsätze, Erläuterungen, Anmerkungen sowie Monographien in der juristischen Literatur. Diese sind sehr umfangreich und wurden, wie bereits ausgeführt, nur insoweit sich dies anbot bzw. notwendig war, berücksichtigt.

Aus der Rechtsprechung wurde nur wenig für die Bearbeitung herangezogen, dabei handelt es sich zumeist um das „Streitkräfte-Urteil" des BVerfG aus dem Jahre 1994, vereinzelt auch um die Rechtsprechung des BVerfG zu den staatlichen Schutzpflichten.

---

[103] Siehe unten 2. Teil A. I.-VII.
[104] Siehe unten 2. Teil A. VII. 3.
[105] Siehe unten 3. Teil A.
[106] Siehe unten 3. Teil B.

2. Teil:

Verfassungsmäßigkeit von Evakuierungsoperationen

In Anbetracht der soeben festgestellten politischen und militärischen Bedeutung von Evakuierungsoperationen weltweit soll nachfolgend untersucht werden, inwiefern die Bundeswehr solche Rettungsoperationen im Rahmen des materiellen Verfassungsrechts des GG durchführen konnte und kann. Die Verfassungsmäßigkeit solcher Einsätze setzt dabei voraus, dass eine Ermächtigungsgrundlage im GG oder aufgrund anderer verfassungsrechtlicher Grundsätze die Zulässigkeit der Evakuierungsoperationen begründet und dabei nicht andere Aufgabenzuweisungen des GG oder Grenzen der Ermächtigungsgrundlagen hinsichtlich der Streitkräfte dem entgegenstehen.

A. Die Zulässigkeit nach dem GG

Von größter Bedeutung für die verfassungsrechtliche Zulässigkeit von Evakuierungsoperationen sind primär die potentiellen Ermächtigungsnormen des GG, wobei grundsätzlich mehrere Normen die mögliche Einsatzgrundlage bilden könnten. Zu beachten sind dabei allerdings auch die Grenzen, welche durch verschiedene Aufgabenzuweisungen im GG gezogen werden[107].

I. Art 24 Abs. 2 GG als Ermächtigung für mandatierte Einsätze

Denkbar wäre es zunächst, die Ermächtigungsgrundlage für Evakuierungsoperationen in Art. 24 Abs. 2 GG zu sehen. Diese Vorschrift ermächtigt den Bund, sich zur Wahrung des Friedens einem System gegenseitiger kollektiver Sicherheit einzuordnen; Abs. 1 regelt die Übertragung von Hoheitsrechten auf solche zwischenstaatliche Einrichtungen. Zweck des Art. 24 GG ist die Konstituierung der verfassungsrechtlichen Voraussetzungen für militärisches Handeln der Bun-

---

[107] Gemeint sind insbesondere die Artt. 25, 26, 73 GG. Diese Normen stellen keine Ermächtigungsgrundlagen dar, sind aber ebenfalls zu berücksichtigen (dazu sogleich).

desrepublik Deutschland. Die „äußere Sicherheit" des Staates soll dabei durch Integration gewährleistet werden, indem man gleichzeitig die deutschen Hoheitsrechte einschränkt[108]. Insofern ist Art. 24 Abs. 2 GG eine Befugnisnorm, die Ermächtigungsgrundlage für Bundeswehr-Einsätze sein kann[109]. Die Verfassungsmäßigkeit von Auslandseinsätzen im Rahmen von NATO, VN und WEU hat das BVerfG in dem „Streitkräfte-Urteil" 1994 bestätigt, indem es jenen Art. 24 Abs. 2 GG als die einschlägige Ermächtigungsgrundlage heranzog[110]. Damit legte das Gericht den jahrzehntelangen Streit[111] über die Verfassungsmäßigkeit von multilateralen Auslandseinsätzen mit einem Schlag bei.

Die Konsequenzen für mögliche Einsatzszenarien, basierend auf diesem Urteil, sind folgende: Jedenfalls von Art. 24 Abs. 2 GG gedeckt sind Einsätze der Bundeswehr im Rahmen von supranationalen Sicherheitssystemen wie NATO, WEU, VN und nunmehr wohl auch EU[112]. Solange eine Mandatierung vorliegt, werden hierdurch auch „out-of-area"-Einsätze zum „peace-keeping" und „peace enforcement" erfasst. Schwieriger und umstritten wird die Thematik bereits dann, wenn es um selbständige, das heißt ohne operationelle Unterstützung durch andere Mitgliedsstaaten durchgeführte, militärische Unternehmungen der Bundeswehr auf Mandat eines kollektiven Systems wie den VN geht. In diesem Falle könnte durchaus fraglich sein, ob Art. 24 Abs. GG einen solchen Einsatz noch abdeckt, weil insofern nur ein Staat allein handelt und der Charakter einer internationalen Mission, auch wenn mandatiert, nicht bestimmend in den Vordergrund tritt[113]. Entsprechend der weiter oben bereits hervorgehobenen Prämisse

---

[108] *Röben*, ZaöRV 63 (2003), 585 (588).

[109] Vgl. *Röben*, ZaöRV 63 (2003), 585 (587 f.); *Schroeder*, JuS 1995, 398 (401); *Wiefelspütz*, AöR 132 (2007), 45 (83 ff.).

[110] BVerfGE 90, 286 (345 ff.). Bereits in Leitsatz 1 heißt es u.a.: „[Die Ermächtigung des Art. 24 Abs. 2 GG] bietet vielmehr auch die verfassungsrechtliche Grundlage für die Übernahme der mit der Zugehörigkeit zu einem solchen System typischerweise verbundenen Aufgaben und damit auch für einen Verwendung der Bundeswehr zu Einsätzen, die im Rahmen und nach den Regeln dieses Systems stattfinden". Dazu auch *Werner*, Die Grundrechtsbindung, S. 49 ff.

[111] Siehe dazu *Franzke*, NJW 1992, 3075 ff.

[112] In Verbindung mit Art. 23 GG. Auch die EU ist als ein kollektives Sicherheitssystem zu qualifizieren, da Titel V des EU-Vertrages ein eigenständiges System zur Krisenbewältigung sowie Friedenssicherung darstellt. Hierzu *Röben*, ZaöRV 63 (2003), 585 (590).

[113] *Schulze*, JR 1995, 98 (101 f.) verneint dies, weil die gegenseitige Kontrolle und Verflechtung, die eine gemeinschaftliche militärische Unternehmung einer solchen Organisation kennzeichne, fehle.

der nicht rechtzeitigen Mandatierung für eine Evakuierungsoperation seitens kollektiver Sicherheitssysteme bzw. internationaler Organisationen, kann diese Frage unentschieden bleiben, da hier nicht von einem VN-Mandat o.ä. ausgegangen werden soll. Allerdings kann schon einmal festgehalten werden, dass Rettungsaktionen, die mit Hilfe eines VN-Mandats o.ä. und nicht operationell exklusiv durch die Bundeswehr durchgeführt werden, gem. Art. 24 Abs. 2 GG im Grundsatz verfassungskonform sind. In diesem Zusammenhang sei hervorgehoben, dass Art. 24 Abs. 2 GG auch auf die Einsätze der Bundespolizei Anwendung findet, mit anderen Worten diese Vorschrift eine Kompetenznorm für die Bundespolizei darstellt[114].

Entscheidend ist demnach, ob auch Evakuierungsoperationen, die ohne ein Mandat erfolgen, mithin unilaterales Vorgehen, von Art. 24 Abs. 2 GG gedeckt sind. Angesichts des eindeutigen Wortlauts und der Interpretation des BVerfG ist dies ausgeschlossen: Sinn und Zweck dieser Norm soll ja gerade sein, militärische Maßnahmen in aller Regel nur im internationalen Verband zuzulassen, damit unilaterales Vorgehen weitestgehend ausgeschlossen bleibt. Unter Berücksichtigung des bewussten Verweises auf Systeme kollektiver Sicherheit liegt auch keine planwidrige Regelungslücke vor, die eventuell durch eine entsprechende Anwendung des Art. 24 Abs. 2 GG geschlossen werden könnte.

Als Ergebnis lässt sich somit feststellen: Art. 24 Abs. 2 GG ist keine Ermächtigungsgrundlage für unilaterale Operationen, wohl aber für VN- / NATO-mandatierte Rettungsaktionen der Bundeswehr (sowie der Bundespolizei).

II. Die Eingrenzungsfunktion des Art. 26 Abs. 1 GG

Für die Beurteilung der Verfassungsmäßigkeit von Evakuierungsoperationen muss auch Art. 26 Abs. 1 GG beachtet und berücksichtigt werden. Nach dieser

---

Entscheidend sei die Einordnung in die supranationalen Strukturen und die Einbringung eines eigenen Beitrags im Rahmen einer multinationalen Streitkraft.

[114] Dazu ausführlich *Schultz*, Die Auslandsentsendung, S. 307 ff. Dies ist nunmehr auch einfachgesetzlich in § 8 Abs. 1 BPolG geregelt.

Vorschrift sind „Handlungen, die geeignet sind und in der Absicht vorgenommen werden, das friedliche Zusammenleben der Völker zu stören, insbesondere
die Führung eines Angriffskrieges vorzubereiten" verfassungswidrig. Bei Art. 26
GG handelt es sich nicht nur um einen bloßen Programmsatz, sondern vielmehr
um eine unmittelbar verbindliche Grundsatznorm für die gesamte Rechtsordnung[115]. Dieser fundamentale Verfassungsgrundsatz soll einen Angriffskrieg und
generell jedweden Übergriff auf andere Staaten aus nationalem Eigeninteresse
als Mittel der Politik verhindern[116]. Die Norm verankert nicht nur die Anerkennung des völkerrechtlichen Aggressionsverbotes gem. Art. 2 Abs. 4 VN-
Charta[117], sondern gibt der deutschen Außenpolitik vor, das friedliche Zusammenleben der Völker zu suchen und dabei die Rechtsgüter „Frieden" und „Völ-
kerverständigung" zu beachten[118]. Diesem Verfassungsgebot unterfällt somit jede
bewaffnete, völkerrechtlich nicht gerechtfertigte Aggression, der Einsatz im
Ausland muss sich mithin primär und stets an Art. 26 Abs. 1 GG messen lassen.
Die Norm stellt im Ergebnis daher die absolute Grenze eines militärischen Aus-
landseinsatzes dar und muss somit bei jeder Aktion der Streitkräfte, auch bei
Evakuierungsoperationen, beachtet werden[119].

Es ist nun fraglich, inwiefern Evakuierungsoperationen gegen die Wertung des
Art. 26 Abs. 1 GG verstoßen (können). Ansatzpunkt zur Beurteilung dieser Frage ist zunächst das völkerrechtliche Aggressionsverbot, gegen welches der Einsatz verstoßen müsste (vgl. soeben). Dies führt zu der weiteren Problematik, wie
die Aggression definiert wird. Die Gewaltanwendung, wie sie in Art. 2 Abs. 4,
Art. 39 Abs. 1 VN-Charta vorausgesetzt wird, ist in der VN-Charta selbst nicht
definiert. Daher wird zur inhaltlichen Bestimmung die Aggressionsdefinition der
VN-Generalversammlung aus dem Jahre 1974 herangezogen[120]. Art. 3 a) dieser
Definition verbietet eindeutig und insbesondere den Einmarsch und Angriff von

---

[115] *Bachmann*, MDR 1993, 397; *Hernekamp*, in: von Münch/Kunig, GG, Art. 26 Rdnr. 1.
[116] *Wild*, DÖV 2000, 622 (623).
[117] *Hernekamp*, in: von Münch/Kunig, GG,. Art. 26 Rdnr. 6; *Pechstein*, Jura 1991, 461 (465); *Tomuschat*, in: Isensee/Kirchhof, HdbStR, § 172 Rdnr. 20.
[118] *Wild*, DÖV 2000, 622 (623). Zur Reichweite der Vorschrift und dem damit verbundenen Begriff
des Friedens vgl. *Schopohl*, Der Außeneinsatz, S. 124 f.
[119] Vgl. *von Bülow*, NZWehr 1984, 237 (245); *Günther*, Zum Einsatz der Bundeswehr, S. 329 (332).
[120] Resolution 3314 (XXIX) vom 14.12.1974, zitiert nach VN 1975, S. 120.

Streitkräften auf das Territorium eines Staates[121]. Wenn deutsche Einheiten bewaffnet im Ausland deutsche Staatsbürger retten, verletzen sie damit in aller Regel ebenjenen Art. 3 a) der Aggressionsdefinition, so dass sich ein Verstoß gegen das Gewaltverbot durchaus bejahen lässt. Allerdings ist zunächst die fehlende Verbindlichkeit dieser Definition zu berücksichtigen, da Resolutionen der Generalversammlung grundsätzlich nur deklaratorische Wirkung haben und ihnen somit nur indizielle Bedeutung zukommt[122]. Auch stellt Art. 6 klar, dass die Definition keinen Einfluss auf die nach der VN-Charta zulässige Gewaltanwendung hat. Entscheidend für Art. 26 Abs. 1 GG ist aber, ob die erforderliche subjektive Komponente vorliegt, wonach die Bundesrepublik nämlich in der Absicht handeln müsste, das friedliche Zusammenleben der Völker zu stören[123]. In dem Fall einer Evakuierungsoperation ist dies abwegig. Die Bundesregierung geht dabei in der Regel von der Rechtmäßigkeit ihrer Handlung aus, jedenfalls führt sie keine Rettungsaktion aus, um eine Aggression gegenüber dem Zielstaat herbeizuführen, noch um das friedliche Zusammenleben der Völker zu beeinträchtigen oder zu stören. Dies entspricht auch der *ratio* des Art. 26 Abs. 1 GG: Die Vorschrift verbietet nicht die Rettung der eigenen Staatsangehörigen im Ausland, sondern will den willkürlichen Angriff auf andere Staaten ohne Grund verhindern[124]. Die Verfassungswidrigkeit gem. Art. 26 Abs. 1 GG scheidet selbst dann aus, wenn die Handlung völkerrechtswidrig war, die Handelnden aber von einer Völkerrechtskonformität ausgegangen sind[125].

Für den Fall der Evakuierungsoperationen bedeutet dies, dass ein Verstoß gegen Art. 26 Abs. 1 GG selbstredend nicht ausgeschlossen werden kann. Daher dient diese Norm auch als stets zu berücksichtigende Grenze des Einsatzes. Doch ist

---

[121] Art. 3 lit. a) lautet im Original: „The invasion or attack by the armed forces of a State of the territory of a another State, of any military occupation, however temporary, resulting from such invasion or attack, or any annexation by the use of force of the territory of another State or part thereof;".
[122] Gem. Art. 10 ff. VN-Charta gibt die Generalversammlung nur „Empfehlungen" ab.
[123] Zur „Störungsabsicht" vgl. *Hernekamp*, in: von Münch/Kunig, GG, Art. 26 Rdnr. 19 f.; *Streinz*, in: Sachs, GG, Art. 26 Rdnr. 28 f. Zur Friedensstörung aus völkerrechtlicher Sicht siehe auch *Sigloch*, Auslandseinsätze, S. 136.
[124] Entscheidend ist dabei der historische Hintergrund. Aufgrund der noch frischen Erfahrung des 1. und 2. Weltkrieges und insbesondere der fürchterlichen Kriegszüge Hitlers wollten die Verfasser des Grundgesetzes dies ein für alle mal aus der politischen Wirklichkeit der neuen Bundesrepublik verbannen; ähnlich *Wild*, DÖV 2000, 622 (623).

die Bedeutung in der Praxis, insbesondere bei Betrachtung des Musterfalls Albanien 1997, äußerst gering. Bereits bei diesem Präzedenzfall ging die Bundesregierung von der völkerrechtlichen Rechtmäßigkeit aus[126], und auch für zukünftige Einsätze ist diesbezüglich nichts anderes zu erwarten.

Art. 26 Abs. 1 GG bildet daher eine verfassungsrechtliche Hürde und zugleich Grenze für den militärischen Einsatz im Ausland, stellt aber nicht auch eine Ermächtigungsgrundlage zur Disposition der Exekutive. Evakuierungsoperationen können somit nicht auf Art. 26 GG als Rechtsgrundlage gestützt werden.

III. Art. 25 GG als Verweis auf das Völkerrecht

Nichts anderes gilt schließlich im Hinblick auf Art. 25 GG. Dieser sagt lediglich aus, dass die „allgemeinen Regeln des Völkerrechts" Bestandteil des Bundesrechts sind. Streitkräfte dürfen demnach von der Bundesregierung nur dann eingesetzt werden, wenn dies nicht den allgemeinen Regeln des Völkerrechts widerspricht. Da zu den verpflichtenden allgemeinen Regeln des Völkerrechts neben dem Völkervertragsrecht, dem Völkergewohnheitsrecht[127] auch das Gewaltverbot und das Interventionsverbot gehört, ergeben sich letztlich ähnliche Probleme wie bei Art. 26 Abs. 1 GG, lediglich die subjektive Komponente fällt weg. Es ist also an dieser Stelle zu fragen, ob der Einsatz gegen die oben dargelegten völkerrechtlichen Grundsätze und Regelungen verstößt. Diese Frage wird im Rahmen der vorliegenden Untersuchung nicht weiter vertieft[128]. Abgesehen davon, dass die völkerrechtliche Beurteilung auch von der einzelnen, zu bewertenden Aktion abhängt, ist ebenso zu klären, ob überhaupt verfassungsrechtlich ein solcher Einsatz möglich ist. Denn wenn dies schon nicht der Fall sein sollte, spielt das völkerrechtliche Ergebnis keine Rolle mehr, da dadurch nicht eine eventuelle Verfassungswidrigkeit geheilt werden kann. Erst wenn also eine Ermächtigungsgrundlage nach dem deutschen Verfassungsrecht vorliegt,

---

[125] So auch *Oeter*, NZWehrr 2000, 89 (96).
[126] Siehe Außenminister *Kinkel* in der Aussprache im Bundestag am 20.3.1997, Sten. Prot. der 166. Sitzung des BT, 13. WP, S. 14970.
[127] *Pernice*, in: Dreier, GG, Art. 25 Rdnr. 19; *Rojahn*, in: von Münch/Kunig, GG, Art. 25 Rdnr. 6.

kann auf der folgenden Ebene die Vereinbarkeit mit dem Völkerrecht gem. Art. 25 GG beurteilt werden, umgekehrt begründet die völkerrechtliche Zulässigkeit nicht automatisch auch die verfassungsrechtliche Rechtmäßigkeit. Dies liegt darin, dass Art. 25 GG keinen selbständigen Kompetenztitel verleiht, sondern nur zusätzliche Anforderungen an das extraterritoriale Handeln der Bundeswehr aufstellt[129].

Art. 25 GG stellt somit ebenfalls keine verfassungsrechtliche Ermächtigungs-grundlage für Evakuierungsoperationen dar, sondern, wie Art. 26 Abs. 1 GG, nur eine Grenze für solche Einsätze.

IV. Art 73 Nr. 1 GG als reine Kompetenznorm

Art. 73 Nr. 1 GG weist die ausschließliche Gesetzgebungskompetenz über unter anderem die Verteidigung dem Bund zu. Fraglich ist, ob hierin auch eine Befugnis- bzw. Ermächtigungsnorm zu sehen ist. Unabhängig von der interpretatorischen Auslegung des Begriffs „Verteidigung", wird der Zweck der Norm in der Zuweisung der Wehrhoheit für die Bundesrepublik gesehen[130]. Zum damaligen Zeitpunkt (1954) sollte wegen der Wiederbewaffnung eine Kompetenz-grundlage für die Bündnisverteidigung geschaffen werden und somit einen deutschen Beitrag zur (letztlich gescheiterten) Europäischen Verteidigungsgemein-schaft (EVG) darstellen[131]. Die Norm stellt daher nach einhelliger Meinung lediglich ein Korrelat zu Art. 87a GG dar und begründet selbst keine Ermächti-gung für den Einsatz der Streitkräfte, sondern regelt allein Aufstellung und Organisation der Bundeswehr[132].

---

[128] Siehe oben 1. Teil. E.
[129] *Baldus*, Extraterritoriale Interventionen, S. 259 (276). Vgl. auch *Oeter*, NZWehrr 2000, 89 (94).
[130] *Bartke*, Verteidigungsauftrag, S. 40; vgl. auch BVerfGE 48, 127 (159 f.): „ [Mit Art. 73 Nr. 1 und Art. 87 a Abs. 1 Satz 1 GG] nimmt die Bundesrepublik Deutschland [...] die Wehrhoheit und die Ausübung militärischer Hoheitsrechte als Ausfluss ihrer Staatsgewalt in Anspruch".
[131] Historisch dazu die Sten. Protokolle der 17. Sitzung des 2. Deutschen Bundestages vom 26.02.1954, S. 556 ff.

Insofern kann aus dem Kompetenztitel „Verteidigung" des Bundes gem. Art. 73 Nr. 1 GG keine Ermächtigungsgrundlage für Evakuierungsoperationen hergeleitet werden.

V. Art. 32 Abs. 1 GG als Regelung nur der auswärtigen Beziehungen

Aufgrund der denknotwendigen Nähe zu dem Begriff der „auswärtigen Angelegenheiten" bei einem Auslandseinsatz der Streitkräfte wird in der Literatur zum Teil die Auffassung vertreten, eine Ermächtigung zu bewaffneten Auslandseinsätzen ergäbe sich mangels anderweitiger verfassungsrechtlicher Regelung aus Art. 32 Abs. 1 GG, ggf. auch aus Art. 73 Nr. 1 GG, weil solche Auslandseinsätze von den auswärtigen Angelegenheiten mit umfasst seien[133]. Die Entsendung deutscher Soldaten, sei es auch nur zu Evakuierungsoperationen, korrespondiert unmittelbar mit den auswärtigen Beziehungen des Bundes, in deren Rahmen der Staat aufgrund der ihm zugewiesenen verfassungsrechtlichen Kompetenzen Entscheidungen über die auswärtigen Angelegenheiten treffen und ausführen kann. Die auswärtigen Angelegenheiten betreffen den Verkehr des nach außen auftretenden Staates mit anderen Staaten, Staatenverbindungen und internationalen Organisationen[134]. Dieser Verkehr wird durch die Auslandsentsendung betroffen. Es erscheint somit nicht ausgeschlossen, dass Art. 32 Abs. 1 GG eine rechtliche Grundlage für Einsätze der Bundeswehr sein kann[135]. Primär regelt die als lex specialis zu Art. 30 GG konstruierte Vorschrift die Kompetenzverteilung zwischen Bund und Länder: Diese Abgrenzungsfrage ist

---

[132] *Bartke*, Verteidigungsauftrag, S. 77; *von Bülow*, Der Einsatz der Streitkräfte, S. 46 f.; *Ipsen*, in: Bonner Kommentar, Art. 87a Rdnr. 11 f.; *Kirchhof*, Verteidigungsauftrag, S. 797 (802 f.); *Schopohl*, Der Außeneinsatz, S. 67.

[133] *Coridass*, Der Auslandseinsatz, S. 52, der allerdings Art. 87a GG als Spezialregelung ansieht; *Roellecke*, Der Staat 1995, 415 (418) hält weder Art. 24 Abs. 2 GG noch Art. 87a GG für einschlägig, da ersterer den Einsatz ausländischer Streitkräfte im Inneren, letzterer den Einsatz inländischer Streitkräfte im Inneren regele. Daher müsse Art. 32 Abs. 1 und auch Art. 73 Nr. 1 GG als Ermächtigung genügen; *Sachau*, Wehrhoheit und Auswärtige Gewalt, S. 85 ff. und 169; *Klein*, ZaöRV 34 (1974), 429 (441) sieht die Wehrhoheit zwar auch als Teil der auswärtigen Gewalt, doch könne dies nicht die Verwendungsmöglichkeiten der Streitkräfte über die in der Verfassung vorgesehenen Fälle ausdehnen. Wohl auch *Stein*, Beteiligung an Friedenstruppen, S. 17 (26), obwohl unentschieden noch *ders.*, Landesverteidigung, S. 935 (944).

[134] *Jarass*, in: Jarass/Pieroth, GG, Art. 32 Rdnr. 1 f.; *Pieroth*, in: Jarass/Pieroth, Art. 73 Rdnr. 3 f.

[135] So ausdrücklich *Wiefelspütz*, AöR 132 (2007), 45 (88).

der eigentliche Regelungszweck der Norm. Vorzugswürdig und eher mit der *ratio* des Art. 32 Abs. 1 GG zu vereinbaren, ist allerdings die überwiegende Meinung, die in der Vorschrift keine Ermächtigungsgrundlage für einen bewaffneten Auslandseinsatz sieht[136]. Für die Legitimierung einer mit militärischer Gewalt im Ausland durchgeführten Rettungsaktion ist eine Norm, die lediglich die Kompetenzen zwischen Bund und Ländern in auswärtigen Angelegenheiten abgrenzen soll, nicht geeignet. Bereits dem Wortlaut nach lässt sich keine Referenz auf irgendwelche militärischen Eingriffe entnehmen, es wird vielmehr deutlich, dass nur geklärt werden sollte, wem die Kompetenzen zustehen. Auch aus systematischer Sicht ergibt sich nichts anderes: Die Norm ist in den 2. Abschnitt des GG aufgenommen worden, der gemäß seiner Überschrift das Verhältnis von Bund und Ländern regelt, womit systematisch eine Ermächtigung zur Gewaltanwendung in diesem Abschnitt völlig verfehlt wäre. Aber auch der Sinn und Zweck der Norm würde dadurch auf den Kopf gestellt, würde man eine selbständige Ermächtigungsgrundlage konstruieren. Es geht dem Art. 32 GG gerade nicht um militärische Befugnisse, sondern allein und ausschließlich um das Bund-Länder-Verhältnis. Dafür spricht auch, dass die in der Verfassung vorgesehenen Fälle der Verwendung von Bundesexekutivkräften begründete Ausnahmefälle sind[137]. Art. 32 Abs. 1 GG spricht zudem von „Pflege der Beziehungen zu auswärtigen Staaten". Es erscheint doch sehr merkwürdig, wenn darunter auch militärische Operationen auf dem auswärtigen Staatsgebiet gemeint sein sollten. Inwiefern das Entsenden von Militäreinheiten die Beziehungen des auswärtigen Staates zur Bundesrepublik „pflegen" kann oder soll, bleibt wohl das Geheimnis derjenigen, die eine Ermächtigung annehmen.

Nach alledem stellt auch Art. 32 Abs. 1 GG keine Ermächtigungsgrundlage für Evakuierungsoperationen dar[138].

---

[136] *Dau*, NZWehrr 1998, 89 (93); *Peterhoff*, BWV 2000, 49 (50); *Raap*, DVP 2002, 282 (284); *Riedel*, Der Einsatz deutscher Streitkräfte, S. 240. Die drei letztgenannten sehen in Art. 32 Abs. 1 GG (nur) die Ermächtigungsgrundlage für humanitäre Hilfsaktionen, sog. Sekundärverwendungen. Dazu *Kirchhof*, Verteidigungsauftrag, S. 797 (808 Fn. 52). Vgl. auch *Winkler*, DÖV 2006, 149 (157).

[137] *Schultz*, Die Auslandsentsendung, S. 306 für die Bundespolizei.

[138] *Sigloch*, Auslandseinsätze, S. 195; A.A. *Wiefelspütz*, AöR 132 (2007), 45 (89).

VI. Normcharakter des Art 87a Abs. 1 GG

Eine ausdrückliche Regelung für den Bereich der „Streitkräfte" enthält hingegen Art. 87a GG. Diese Norm wird allgemein als die „Schlüsselnorm" bzw. „Zentralnorm" der Wehrverfassung angesehen[139]. Das BVerfG hat in seinem „Streitkräfte-Urteil" die Frage der Bedeutung des Art. 87a GG elegant (und gewollt) umgangen, indem es für den damals vorliegenden Fall schlicht annahm, durch Art. 87a GG werde ein Einsatz der Bundeswehr im Rahmen von Systemen kollektiver Sicherheit „nicht ausgeschlossen"[140]. Dabei gilt es zu beachten, dass das Gericht in dem konkret zu entscheidenden Fall Art. 24 Abs. 2 GG als verfassungsrechtliche Grundlage für den multilateralen Einsatz heranzog, weil auch nur ein solcher Einsatz Gegenstand des Verfahrens war. Insofern war es aus Sicht des Gerichts nur konsequent, weil nicht erforderlich, die Analyse der Norm des Art. 87a GG nicht weiter zu vertiefen.

Nicht allgemein geklärt ist nun allerdings im Detail die Frage, welcher Absatz des Art. 87a GG tatsächlich die relevante Ermächtigungsnorm für den Einsatz der Bundeswehr im Ausland darstellt. Dabei kommen nur Absatz 1 und Absatz 2 als denkbare Möglichkeiten in Frage. Nach Art. 87a Abs. 1 Satz 1 GG stellt der Bund Streitkräfte zur Verteidigung auf. Satz 2 regelt die finanziellen Voraussetzungen[141] und scheidet daher offensichtlich als Einsatzermächtigung aus. Aber auch Abs. 2 könnte eine bzw. *die* Befugnisnorm darstellen; hiernach dürfen „außer zur Verteidigung [...] die Streitkräfte nur eingesetzt werden, soweit dieses Grundgesetz es ausdrücklich zulässt". Insofern gilt es daher zu bestimmen, wie weit der Regelungsbereich des Abs. 1 reicht und ob dieser die relevante Einsatznorm für den Einsatz der Bundeswehr zu Evakuierungsoperationen begründet.

---

[139] Vgl. nur *Depenheuer*, DVBl. 1997, 685 (687): „Art. 87a GG ist die verfassungsrechtliche Grundnorm für alle Einsätze der Streitkräfte, die autonom von deutschen Staatsorganen zur Landesverteidigung angeordnet werden, sei es allein oder im Rahmen herkömmlicher Verteidigungsallianzen". *Heun*, in: Dreier, GG, Art. 87a Rdnr. 7.
[140] BVerfGE 90, 286 (355 ff.).
[141] Er lautet: „Ihre zahlenmäßige Stärke und die Grundzüge ihrer Organisation müssen sich aus dem Haushaltsplan ergeben".

1. Regelungsbereich

Zunächst besteht insoweit Einigkeit, als dass Art. 87a Abs. 1 GG jedenfalls drei Normebenen enthält: Zum einen wird durch Abs. 1 eine Aufgabe des Staates konstituiert, nämlich die der Aufstellung von Streitkräften zur Verteidigung der Bundesrepublik Deutschland, insofern handelt es sich bei Art. 87a Abs. 1 Satz 1 GG um eine *Aufgabennorm*[142]. Des Weiteren wird durch Satz 1 die Kompetenzzuweisung vorgenommen: Durch die Regelung wird deutlich, dass nur der Bund das Recht hat, den verfassungsrechtlichen Auftrag, Streitkräfte aufzustellen, durchzuführen. Abs. 1 ist daher auch eine *Kompetenznorm*[143]. Endlich wird durch die systematische Stellung in Abschnitt VIII des GG („Die Ausführung der Bundesgesetze und die Bundesverwaltung") sowie den Wortlaut des Satz 1 deutlich, dass es sich insoweit bei der Norm auch um eine *Verwaltungskompetenznorm* handelt[144], da hierdurch die Streitkräfte als Einrichtung des Bundes ausgestaltet werden, dessen exekutivische Handhabe allein dem Bund obliegt. Problematisch und umstritten ist nun die Frage, ob Art. 87a Abs. 1 Satz 1 GG auch noch eine vierte Normebene zugrunde liegt, nämlich die einer konkreten *Befugnisnorm* für den Einsatz von Streitkräften in einer bestimmten Weise.

2. Die Diskussion um den Befugnisnormcharakter

Diese Streitfrage ist keineswegs eine unbedeutende juristische Randdiskussion[145]. Zwar ist zuzugeben, dass die praktischen Auswirkungen der Frage, ob nun Abs. 1 oder 2 die Einsatzermächtigung darstellt, eher gering sind, doch gilt es, im Rahmen der Dogmatik eine korrekte und vor allem überzeugende Lösung zu finden, damit der Regelungsinhalt des Abs. 1 eindeutig bestimmt wird und die „korrekte" Ermächtigungsgrundlage für den Einsatz der Bundeswehr ermit-

---

[142] *Grzeszick,* in: Friauf/Höfling, Berliner Kommentar, Art. 87a Rdnr. 2; *Limpert,* Auslandseinsatz der Bundeswehr, S. 20.
[143] *Dürig,* in: Maunz/Dürig, GG, Art. 87a Rdnr. 7 m.w.N.
[144] *Dau,* NZWehr 1998, 89 (92). Zur Frage, ob eine Verwaltungs- oder Exekutivkompetenz vorliegt siehe *Grzeszick,* in: Friauf/Höfling, Berliner Kommentar, Art. 87a Rdnr. 3.
[145] Anders *Grzeszick,* in: Friauf/Höfling, Berliner Kommentar, Art. 87a Rdnr. 5, der den Streit „auf sich beruhen" lassen will, da sich am Umfang der Handlungskompetenz nichts ändere.

telt werden kann. Zudem enthält Art. 87a Abs. 2 GG einen weitreichenden Ausdrücklichkeitsvorbehalt, während in Abs. 1 keinerlei Beschränkungen normiert
wurden. Auch aus der Sicht der Exekutive dürfte ein Interesse daran vorhanden
sein, die korrekte Norm bei dem Einsatz von Streitkräften anzuwenden, insofern
besteht im Ergebnis ein praktisches Bedürfnis des Meinungsstreits.

Verfolgt man die Äußerungen und Stimmen in der juristischen Literatur, so ist
auffallend, dass sich insbesondere in der jüngsten Zeit (ab ca. Mitte der 90-er
Jahre) vermehrt Autoren für die Qualifizierung des Art. 87a Abs. 1 Satz 1 GG
als Befugnisnorm aussprechen[146]. Doch favorisiert die Mehrzahl der Autoren
immer noch die Ansicht, eine Befugnisnorm könne Art. 87a Abs. 1 Satz 1 GG
nicht begründen[147]. Schließlich wird auch vereinzelt die Ansicht vertreten, der
Auslandseinsatz deutscher Streitkräfte werde im GG nicht ausdrücklich geregelt,
sondern vorausgesetzt[148], demnach wären weder Abs. 1 noch Abs. 2 einschlägig.
Letztgenannter Ansicht ist darin zuzustimmen, dass Art. 87a GG tatsächlich
nicht von einem Einsatz der Streitkräfte im Ausland spricht. Insofern ist die
Grundannahme, das GG regele nicht ausdrücklich den Auslandseinsatz der
Streitkräfte, nicht falsch. Doch hieraus zu folgern, der Auslandseinsatz werde
quasi stillschweigend vorausgesetzt und Art. 87a GG sei gar nicht erforderlich

---

[146] So z.B. *Kirchhof*, Verteidigungsauftrag, S. 797 (804 ff.); *ders.*, in: Isensee/Kirchhof, HdbStR, § 84
Rdnr. 49; ihm folgend: *Dau*, NZWehrr 1998, 89 (92); *Fink*, JZ 1999, 1016 (1018); *Gramm*, NZWehrr
2005, 133; *Heyde, Kirchhof*, in: Frowein/Stein, Rechtliche Aspekte, S. 44, 80, 86; *Hillgruber,* in:
Umbach/Clemens, GG, Art. 87a Rdnr. 10; *Isensee/Randelzhofer*, in: Dau/Wöhrmann, Dokumentation,
S. 545; *Kind*, DÖV 1993, 139 (145); *Lutze*, NZWehrr 2003, 101 (107); *Peterhoff*, BWV 2000, 49 (50);
Wiefelspütz, ZaöRV 65 (2005), 819 (821 f.); *ders.* NWVBl. 2006, 41 (42); wohl auch *Raap*, DVP
2002, 282.
[147] Siehe z.B. *Baldus*, in: von Mangoldt/Klein/Starck, GG, Art. 87a Rdnr. 13; *von Bülow*, Der Einsatz
der Streitkräfte, S. 47; *ders.*, NZWehrr 1984, 237 (241); *Depenheuer*, DVBl. 1997, 685 (686 f.);
Fiebig, Einsatz im Innern, S. 210 Fn. 2; *Henneke/Ruge*, in: Schmidt-Bleibtreu/Klein, GG, Art. 87a
Rdnr. 1, 3; *Heun*, in: Dreier, GG, Art. 87a Rdnr. 16; *Hömig*, in: Seifert/Hömig, GG, Art. 87a Rdnr. 1;
Ipsen, in: Bonner Kommentar, GG, Art. 87a Rdnrn. 9, 12; *Oldiges*, Wehrrecht und Zivil-
verteidigungsrecht, § 23 Rdnr. 12; *Riedel*, Der Einsatz deutscher Streitkräfte, S. 60; *Schopohl*, Der
Außeneinsatz, S. 67; *Stein*, Diskussionsbeitrag, in: Frowein/Stein, Rechtliche Aspekte, S. 94 f.
[148] Vgl. *Kokott*, in: Sachs, GG, Art. 87a Rdnr. 9; dem folgend: *Günther*, Zum Einsatz der Bundeswehr,
S. 329 (333). Nach dieser Auffassung sind Auslandseinsätze der Bundeswehr, solange sie nicht gegen
Art. 26 GG verstoßen, bereits vom telos des Art. 87a GG gedeckt und somit ohne spezielle Ermächtigungsnorm verfassungsrechtlich zulässig. *Kirchhof*, in: Verteidigungsauftrag, S. 797 (805) entnimmt der Formulierung des Abs. 2 „außer zur Verteidigung" ebenfalls, dass der Einsatz nicht geregelt, sondern schon vorausgesetzt wird, ist aber weiter der Ansicht, hierdurch werde schlicht die
Einsatzermächtigung des Abs. 1 Satz 1 in einem Vorbehalt aufgenommen.

als Einsatzermächtigung, ist keinesfalls zwingend und überzeugt nicht. Würde sich der Auslandseinsatz nur nach Art. 26 GG richten, so wären den Einsätzen keine Grenzen gesetzt, es bestünde vielmehr die Gefahr, dass die Streitkräfte zum Spielball der Exekutive gemacht werden: Die rechtliche Grundlage für einen Auslandseinsatz wäre in diesem Falle in ungeschriebenem Verfassungsrecht zu sehen. Eine derart extensive Auslegung erscheint angesichts des Regelungsinhalts des Art. 87a GG nicht erforderlich. Der Verfassungsgesetzgeber hat gerade durch die Normierung der Wehrverfassung und insbesondere des Art. 87a GG die rechtliche Grundlage für Einsätze der Bundeswehr im Allgemeinen schaffen wollen. Der Verweis auf ungeschriebenes Verfassungsrecht widerspricht daher der Intention der Verfassungsänderung.

Es ist daher angebracht, das Verhältnis zwischen Art. 87a Abs. 1 und Abs. 2 GG dogmatisch zu beleuchten, um herauszufinden, welche Norm nun die exakte Ermächtigungsgrundlage für den Streitkräfte-Einsatz bei Evakuierungsoperationen darstellt.

a) Argumente der Befürworter einer Befugnisnorm

Ein ganz wesentliches Argument der Befürworter einer Befugnisnorm ist gleichzeitig ein historisches: Der Abs. 2 des Art. 87a GG wurde erst am 24.06.1968 im Rahmen der sog. „Notstandsverfassung" dem jetzigen Abs. 1 hinzugefügt[149]. Art. 87a GG a.f. wurde wortgleich zu dem jetzigen Art. 87a Abs. 1 GG. Die Argumentation lautet daher, wenn nun aber Art. 87a GG a. F. keine ausreichende Ermächtigungsgrundlage böte, sondern erst der 1968 eingefügte Abs. 2 die Einsatzbefugnis erteilte, so hätten die zur Verteidigung aufgestellten Streitkräfte in den Jahren 1956 bis 1968 zu diesem Zweck mangels verfassungsrechtlicher Ermächtigung nicht eingesetzt werden dürfen, mithin ihren Verfassungsauftrag nicht erfüllen können[150]. Da dies ein widersinniges und unhaltbares Ergebnis sei, müsse konsequenterweise Abs. 1 als frühere und aktuell heranzuziehende Er-

---

[149] BGBl. I 1968, S. 709.
[150] *Hillgruber,* in: Umbach/Clemens, GG, Art. 87a Rdnr. 10; *Fink,* JZ 1999, 1016 (1018).

mächtigungsgrundlage verstanden werden. Dafür spreche auch die sprachliche Fassung des Art. 87a Abs. 2 GG: „Außer zur Verteidigung" deute darauf hin, dass Abs. 2 die Befugnis zum Einsatz nicht selbst normiere, sondern in Abs. 1 voraussetze. Insofern sei Abs. 2 lediglich eine Ergänzung der Regelung des ersten Absatzes - gewissermaßen eine zusätzliche Statuierung eines Verfassungsvorbehalts[151]- und zwar für andere Aufgaben, die genuin nicht zur Verteidigung gehörten[152]. Das Verhältnis der beiden Normen wird nach dieser Ansicht durch eine Art „Regel-Ergänzungs-Verhältnis" gebildet: Abs. 1 stelle die generelle Norm für den originären Einsatz der Streitkräfte dar, während Abs. 2 ergänzende Ausnahmen zu sonstigen Aufgabengebieten regele[153]. Zudem impliziere auch der Zweck der Norm, dass nicht lediglich die Aufstellung der Streitkräfte in Art. 87a Abs. 1 GG festgelegt werden sollte, sondern die Einsatzbefugnis in diesem Auftrag mit enthalten sei; mit anderen Worten impliziere der Aufstellungszweck denselben Verwendungszweck[154]. Als historisch-systematisches Argument wird zudem angeführt, dem Gesetzgeber seien die Handlungsbefugnisse der Streitkräfte bei Einführung des Art. 87a GG bewusst gewesen und indem gleichzeitig mit der Grundgesetzänderung auch die Grundrechtsbindung des Art. 1 Abs. 3 GG auf die „vollziehende Gewalt" - mithin auch die Streitkräfte - bezogen wurde, habe der Gesetzgeber also die wesentlichen verfassungsrechtlichen Befugnisschranken auch auf die Streitkräfte erstrecken wollen[155]. Dem stehe auch nicht entgegen, dass Abschnitt VIII des GG prinzipiell nur Verwaltungszuständigkeiten zwischen Bund und Ländern aufteile, denn dieser Abschnitt enthielte schon damals Normen wie Art. 91 GG a.F., die materielle Befugnisse verliehen[156].

---

[151] *Dau*, NZWehrr 1998, 89 (92).
[152] So *Dau*, NZWehrr 1998, 89 (92); *Isensee/Randelzhofer*, in: Dau/Wöhrmann, Dokumentation, S. 545; *Peterhoff*, BWV 2000, 49 (50). Welche Aufgaben Abs. 2 abdeckt, wird unterschiedlich beurteilt: *Wiefelspütz*, ZaöRV 65 (2005), 819 (821 f.) erstreckt den Regelungsbereich auf den Einsatz im Innern; *Kirchhof*, Verteidigungsauftrag, S. 797 (808) will alle nichtmilitärischen Einsätze, insbesondere polizeilichen Aufgaben, dem Abs. 2 zuordnen.
[153] *Kirchhof*, Verteidigungsauftrag, S. 797 (808), *Peterhoff*, BWV 2000, 49 (50).
[154] *Kirchhof*, Verteidigungsauftrag, S. 797 (804); *Lutze*, NZWehrr 2003, 101 (107).
[155] *Kirchhof*, Verteidigungsauftrag, S. 797 (804 f.).
[156] *Kirchhof*, Verteidigungsauftrag, S. 797 (805).

Wenn aber nun Art. 87a GG a.f. bereits damals Befugnisnorm gewesen sei, so könne nicht einleuchten, warum dies, bei identischem Wortlaut des heutigen Art. 87a Abs. 1 GG, nun nicht mehr gelten solle[157].

Dieser Ansicht zufolge stellt Art. 87a Abs. 1 Satz 1 GG im Ergebnis eine Befugnisnorm dar, die geeignet wäre, Evakuierungsoperationen im Ausland eine verfassungsrechtliche Ermächtigungsgrundlage zu Grunde zu legen.

b) Argumente der Gegner einer Befugnisnorm

Die Gegner der „Befugnisnorm-Theorie" ziehen ein gewichtiges Wortlaut-Argument zugunsten ihrer These, Art. 87a Abs. 1 Satz 1 GG stelle keine Befugnisnorm dar, heran: Nur Art. 87a Abs. 2 GG erwähnt expressis verbis das Wort „Einsatz", während Abs. 1 vom Wortlaut her keinerlei Aussagen über Einsätze oder ähnliche Verwendungen treffe, sondern schlicht und ergreifend die Aufstellung der Streitkräfte regele[158]. Es ergebe sich daher bereits aus der Formulierung des GG, dass nur Art. 87a Abs. 2 GG eine einsatzregelnde Funktion haben sollte. Ferner wird dem sprachlichen Argument der Gegenmeinung, „außer zur Verteidigung" impliziere eine vorhergehende Regelung (in Abs. 1), entgegengehalten, dass diese Formulierung im GG doch gerade so zu verstehen sei, dass die Streitkräfte natürlich *auch und gerade* zur Verteidigung eingesetzt werden dürften[159]. Insofern stütze diese Lesart des Abs. 2 keineswegs die Gegenauffassung, da dieser sprachliche Rückschluss kaum zwingend sei. Nach der überwiegenden Auffassung, die eine Befugnisnorm ablehnt, handele es sich bei Abs. 1 um eine reine Kompetenznorm, die als logisches Komplement zu Art. 73 Nr. 1 GG die Verwaltungszuständigkeit für die Aufstellung der Streitkräfte regele. Der Abs. 2 konkretisiere dann in einem nächsten Schritt, wann die durch Abs. 1 aufgestellten Streitkräfte eingesetzt werden dürften[160]. Dies ergebe sich

---

[157] *Lerche,* Diskussionsbeitrag, in: Frowein/Stein, Rechtliche Aspekte, S. 44.

[158] Vgl. *Baldus,* in: von Mangoldt/Klein/Starck, GG, Art. 87a Rdnr. 13; *Lutze,* NZWehrr 2003, 101 (107).

[159] *Lutze,* NZWehrr 2003, 101 (107).

[160] So beispielsweise *von Bülow,* Der Einsatz der Streitkräfte, S. 47 f.; *Ipsen,* in: Bonner Kommentar, GG, Art. 87a Rdnrn. 9, 12; *Oldiges,* Wehrrecht und Zivilverteidigungsrecht, § 23 Rdnr. 12.

auch aus den Berichten im Zuge des Rechtsetzungsverfahrens, wonach Art. 87a Abs. 1 Satz 1 GG lediglich als Kompetenzvorschrift ausgestaltet werden sollte[161]. Im Hinblick auf die Ansicht der Gegenseite, bei Ablehnung der Eigenschaft als Befugnisnorm komme man für die Zeit von 1956-1968 zu untragbaren Ergebnissen (s.o.), wird dies zurückgewiesen: In den fraglichen 12 Jahren habe es sehr wohl eine Einsatzermächtigung gegeben, nämlich Art. 87a GG a.F. Diese Vorschrift habe in dem fraglichen Zeitraum als konstitutive Ermächtigungsnorm gedient[162], der „neue" Abs. 2 nach der Novellierung der Wehrverfassung im Jahre 1968 dann aber den Bedeutungsgehalt des Abs. 1 übernommen und daher als jüngere Spezialnorm die Regelung in Abs. 1 verdrängt[163].

Dieser Gegenauffassung zufolge stellt Art. 87a Abs. 1 Satz 1 GG keine Befugnisnorm dar, sondern aus oben genannten Gründen nur Art. 87a Abs. 2 GG. Insofern würde dies die relevante Bezugsnorm bei Evakuierungsoperationen darstellen.

c) Art. 87a Abs. 1 GG keine Befugnisnorm

Es ist nunmehr zu klären, welche der beiden Ansichten die überzeugenderen Argumente vorbringen kann bzw. ob sich unter Umständen auch noch eine andere Lösungsmöglichkeit als die Entscheidung zugunsten einer Meinung ergibt. Überzeugen vermag jedenfalls nicht das sprachliche Argument der Befürworter einer Befugnisnorm, aus der Gesetzesformulierung ergebe sich, dass hierdurch der Einsatz zur Verteidigung nicht selbst normiert sei. Der Wendung „außer zur Verteidigung" kann diese Interpretation nicht entnommen werden, sie stellt eine rein ergebnisorientierte Auslegung dar, die im allgemeinen Sprachgebrauch keine Stütze findet. So wird das Wort „außer" in dem oben genannten Zusammenhang von der Mehrzahl der Deutsch-Sprechenden lediglich als Synonym für

---

[161] Vgl. Bericht des BT-RA, BT-Drs. V/2873, S. 13.

[162] *Heun*, in: Dreier, GG, Art. 87a Rdnr. 16.

[163] *Baldus*, in: von Mangoldt/Klein/Starck, GG, Art. 87a Rdnr. 13; *Fiebig*, Einsatz im Innern, S. 210 Fn. 2; *Lutze*, NZWehrr 2003, 101 (107).

„noch dazu, darüber hinaus, neben" verstanden werden[164]. Genau dieses Verständnis, nämlich, dass Verteidigung auch und sowieso erlaubt sein soll und lediglich darüber hinaus gehende Verwendungen einer ausdrücklichen, grundgesetzlichen Normierung bedürfen, bildet die Grundlage für die Interpretation des Art. 87a Abs. 2 GG.

Neben dem sprachlichen Befund sind insbesondere der Wortlaut und die Systematik eindeutig. Allein Abs. 2 erwähnt überhaupt den „Einsatz", damit korrespondiert die systematische Regelung des Art. 87a GG, in Abs. 1 die Kompetenz festzulegen (so auch der Wortlaut des Satz 1) und in Abs. 2 dann genauer zu konkretisieren, in welchen Fällen der Einsatz erfolgen darf. Die Annahme, Abs. 2 regele andere Aufgaben, geht fehl. Ob es sich bei Art. 87a Abs. 2 GG nur um eine Regelung für den Einsatz im Innern handelt[165] kann hier offen bleiben, da auch die diejenigen, die dies annehmen, bis auf wenige Ausnahmen[166], Abs. 2 dogmatisch als Befugnisnorm grundsätzlich anerkennen. Auch polizeiliche bzw. nichtmilitärische Aufgaben, wie oben dargelegt, werden von Abs. 2 nicht abgedeckt, hierfür existieren unter anderem in Art. 87a Abs. 3 und 4 GG Sonderregelungen; Abs. 2 enthält nur einen Verfassungsvorbehalt für Einsätze, die nicht als „Verteidigung" anzusehen sind. Insofern vermag die Befugnisnorm-Theorie nicht zu überzeugen.

Nicht von der Hand zu weisen ist aber das historische Argument der Befürworter eines Befugnisnormcharakters. Es stellt tatsächlich einen gewissen Widerspruch dar, wenn man Art. 87a Abs. 2 GG als Ermächtigungsgrundlage heranzieht, weil diese Norm ja erst 1968 eingefügt wurde und somit ca. ein Jahrzehnt lang die Bundeswehr unter Umständen ohne materielle Rechtsgrundlage operiert hätte. Die Literatur löst diesen Widerspruch zum Teil durch das Heranziehen von Art. 87a GG a.F. auf[167] (vgl. oben). Dies vermag jedoch nicht vollständig zu überzeu-

---

[164] Dtv-Wörterbuch der deutschen Sprache, Stichwort „außer".

[165] Vgl. dazu nur *Fiebig*, Einsatz im Innern, S. 102.

[166] Z.B. *Wiefelspütz*, ZaöRV 65 (2005), 819 (821 f.).

[167] So *Heun*, in: Dreier, GG, Art. 87a Rdnr. 16 in Fn. 71.

gen. Art. 87a GG a.F. enthielt nämlich lediglich die Wehretatkontrolle[168] und ist insoweit nur mit Art. 87a Abs. 1 *Satz 2* GG identisch, aus der Regelung des Haushaltes lässt sich aber kaum eine Befugnisnorm für Einsätze der Streitkräfte herauslesen. Daraus schließen nun Teile der Literatur, mangels gesetzlicher Ermächtigung hätte die Bundeswehr gar nicht ihren verfassungsmäßigen Auftrag erfüllen können. Auch wenn man Art. 87a GG a.F. nicht als Befugnisnorm für die Zeit zwischen 1956-1968 ansieht, sondern von einer fehlenden verfassungsrechtlichen Regelung jedenfalls für Auslandseinsätze ausgeht[169], so führt dies nicht automatisch zu der befürchteten Konsequenz der mangelnden Auftragserfüllung. Ein Streitkräfte-Einsatz war und ist stets (nur) im Einklang mit dem Völkerrecht möglich, auch hätten Bündnisverpflichtungen zu Auslandseinsätzen führen können. Der Gesetzgeber wollte 1956 lediglich den defensiven Charakter der Bundeswehr durch die Formulierung „zur Verteidigung" deutlich machen, aus den Gesetzesmaterialien ergibt sich aber nicht ein eventueller genereller Verzicht auf Auslandseinsätze. Eine geographische Fixierung der Verteidigungsaufgaben der Streitkräfte wird selbst von den Befürwortern nicht behauptet[170] und verdeutlicht die auch schon 1956 grundsätzlich denkbare Möglichkeit eines Verteidigungseinsatzes im Ausland, etwa im Rahmen eines Beistands im Bündnisgebiet. Auch wenn man also Art. 87a GG a.F. als Befugnisnorm für den Zeitraum 1956-1968 ablehnt, ist dadurch nicht bereits die mangelnde Erfüllbarkeit der verfassungsrechtlichen Aufgaben der Streitkräfte in der fraglichen Zeit die logische Konsequenz. Insofern überzeugt dieses Argument nicht. Spätestens mit der Wehrnovelle von 1968 wurde dann aber in Art. 87a Abs. 2 GG eine verfassungsrechtliche Normierung des Einsatzes der Streitkräfte getroffen, denn es ist nicht davon auszugehen, dass, soweit man eine mangelnde Regelung für Auslandseinsätze annimmt, der Gesetzgeber diese rechtliche Lage weiter aufrecht erhalten wollte. Selbst wenn man aber Art. 87a GG a.F. als die damalige Befugnisnorm ansieht, lässt sich nunmehr, das heißt vielmehr ab dem Jahre 1968, trotzdem (nur) Art. 87a Abs. 2 GG als relevante Norm heranziehen. Es

---

[168] Art. 87a GG a.F. lautete: „Die zahlenmäßige Stärke der vom Bund zur Verteidigung aufgestellten Streitkräfte und die Grundzüge ihrer Organisation müssen sich aus dem Haushaltsplan ergeben".
[169] So *Stein*, Schutz der Handelsflotte, S. 487 (497).
[170] Vgl. *Hillgruber*, in: Umbach/Clemens, GG, Art. 87a Rdnr. 8 f.

handelt sich nämlich hierbei um eine jüngere Vorschrift, die spezieller gefasst wurde (indem sie den „Einsatz" explizit aufführt) und somit die unzulängliche Rechtslage des Art. 87a GG a.f. beseitigen sollte. Der Gesetzgeber schuf hierdurch eine explizite, wenn auch begrifflich nicht sehr eindeutige, Regelung über den Streitkräfte-Einsatz, was auch vor dem Hintergrund der politischen Lage 1968 in der BRD zu sehen ist.

Der Vorteil der Ansicht, die Abs. 2 als lex specialis-Regelung seit 1968 sieht[171], besteht darin, dass bei Heranziehung dieses Ansatzes sowohl Abs. 1 als auch Abs. 2 als Befugnisnormen charakterisiert werden könnten[172] und das Verhältnis der beiden Vorschriften zueinander in der Form aufgelöst wird, dass Abs. 2 als spezielle Norm vorgeht. Insofern handelt es sich um eine pragmatische, vermittelnde Ansicht.

Die aus dogmatischer Sicht besseren Argumente sprechen jedoch nach wie vor gegen die These, bei Art. 87a Abs. 1 Satz 1 GG handele es sich um eine Befugnisnorm. Diese kann nur in Art. 87a Abs. 2 GG gesehen werden.

3. Ergebnis: Keine Ermächtigungsgrundlage für Evakuierungen

Art 87a Abs. 1 Satz 1 GG stellt keine Ermächtigungsgrundlage für unilaterale Evakuierungsoperationen der Bundeswehr im Ausland dar, weil Abs. 1 nicht als Befugnisnorm zu charakterisieren ist.

VII. Art 87a Abs. 2 GG als entscheidende Ermächtigungsgrundlage

Nachdem nun Art. 87a Abs. 1 Satz 1 GG als Befugnisnorm und damit als Ermächtigungsgrundlage für Evakuierungsoperationen ausscheidet, ist der Blick auf Abs. 2 zu richten. Im Rahmen des Art. 87a Abs. 2 GG werden viele kontroversen Diskussionen geführt, die oftmals verschiedenste Verästelungen aufwie-

---

[171] Insbesondere *Baldus,* in: von Mangoldt/Klein/Starck, GG, Art. 87a Rdnr. 13; *Lutze,* NZWehrr 2003, 101 (107).

sen und von unterschiedlichsten Vorstellungen der Streitkräfte-Einsätze geprägt sind. Hierzu ist bereits umfangreich publiziert worden, insbesondere unter dem Stichwort „Auslandseinsatz der Bundeswehr"[173]. Dabei ist zu beachten, dass unter diesem Aspekt alle den Auslandseinsatz betreffende rechtlichen Fragen, zum Teil weitgehend in allgemeiner Form, vertieft wurden. Die Besonderheiten des hier zu untersuchenden Falles, also die Bearbeitung des Art. 87a Abs. 2 GG speziell im Hinblick auf unilaterale Evakuierungsoperationen, sind jedoch noch nicht ausreichend geklärt[174]. In dem Zusammenhang bringen es diese Besonderheiten mit sich, dass einzelne, üblicherweise ausführlich diskutierte, Problemstellungen im Rahmen der vorliegenden Untersuchung unproblematisch sind bzw. kürzer behandelt werden können, umgekehrt bedarf es bei manchen Themen aufgrund der Eigenheit des Untersuchungsgegenstandes vertiefter Begutachtung.

1. Geschichtlicher Hintergrund der Einfügung des Art. 87a Abs. 2 GG

Art. 87a Abs. 2 GG in seiner jetzigen Fassung wurde erst im Jahre 1968 durch die sog. Notstandsnovelle[175] in das GG inkorporiert. Dem waren erhebliche grundgesetzgeberische Aktivitäten von immenser staatspolitischer Bedeutung vorausgegangen[176].

Nach der Entmilitarisierung Deutschlands 1945 wurden zunächst durch die Alliierten alle militärischen Verbände und Einheiten aufgelöst und dabei das Ziel verfolgt, eine Wiederbewaffnung Deutschlands zu verhindern. Die inhaltliche Übereinstimmung der Siegermächte in der Deutschlandpolitik währte jedoch nicht lange: Bereits 1948 kam es in Frankfurt zu einer Sechsmächtekonferenz, an der die Sowjetunion, nachdem die Londoner Außenministerkonferenz 1947

---

[172] So schon *Lutze*, NZWehrr 2003, 101 (107).
[173] So beispielsweise der Titel der Arbeiten von *Coridass, Limpert, Schopohl, Schultz* jeweils mit Nuancierungen in der Überschrift.
[174] Zu den offenen Fragen hierbei siehe *Dreist*, NZWehrr 2002, 133 (141).
[175] 17. Gesetz zur Änderung des GG vom 24.6.1968, BGBl. I S. 709.
[176] Einen sehr ausführlichen Überblick der geschichtlichen Entwicklung der Wehrverfassung bietet *Bartke*, Verteidigungsauftrag, S. 19 ff. Zur Entstehungsgeschichte speziell des Art. 87a Abs. 2 siehe *Hopfauf*, ZRP 1993, 321 ff. Vgl. auch *Wieland*, NZWehrr 2006, 133 ff.

bereits gescheitert war, nicht teilnahm. Nachdem auch der Brüsseler Vertrag von 1948 die Sowjetunion außen vor ließ, wurden die Gegensätze zwischen West und Ost besonders augenfällig und eine gemeinsame Deutschlandpolitik in weiter Ferne. Um dem Auftrag der Londoner Sechsmächtekonferenz, einen neuen (West-)Staat, die Bundesrepublik Deutschland, zu gründen, nachzukommen, riefen die Ministerpräsidenten 1948 den sog. „Konvent von Herrenchiemsee" ein. Dort wurde aber eine eventuelle Wiederbewaffnung nicht diskutiert, anders hingegen im Parlamentarischen Rat 1949: Hier diskutierte man bereits die Struktur einer zukünftigen deutschen Wehrverfassung und zwar für einen Wehrbeitrag innerhalb eines internationalen Systems kollektiver Sicherheit[177]. Art. 24 Abs. 2 GG heutiger Fassung beispielsweise wurde bereits durch den Parlamentarischen Rat für das spätere Grundgesetz normiert. Insgesamt schuf man aber auch 1949 noch keine Gesetzgebungskompetenz für die Errichtung einer Wehrverfassung, denn dies hätte zum damaligen Zeitpunkt noch den Zielen der Besatzungsmächte widersprochen[178]. Erst außenpolitische Ereignisse wie der NATO-Vertrag 1949, die Korea-Krise 1950 sowie der Streit um die Europäische Verteidigungsgemeinschaft (EVG) 1952 führten zu vermehrten Forderungen (auch seitens den USA) nach einem deutschen Verteidigungsbeitrag innerhalb der Bündnisse. Aufgrund innenpolitischer Widerstände[179] gegen die Wiederbewaffnung bedurfte es veränderter Mehrheitsverhältnisse nach der Bundestagswahl 1953, bis die neue Bundesregierung unter Bundeskanzler Adenauer eine Neuausrichtung des Wehrwesens durch die 1. Wehrnovelle von 1954[180] beschließen konnte. Wesentlich an dieser Novelle war die Änderung des Art. 73 Nr. 1 GG, der nunmehr dem Bund die ausschließliche Gesetzgebungskompetenz für die Verteidigung zuwies. Dies stellte den ersten, verfassungsrechtlichen Schritt zu einer deutschen Wehrhoheit dar[181]. Durch diese Grundgesetzänderung erhielt der Bund folglich die Wehrhoheit, doch fehlte immer noch eine Wehrverfassung, die ihren Namen verdiente. Diese war mittlerweile auch dringend erforderlich, denn zwischenzeit-

---

[177] *Bartke,* Verteidigungsauftrag, S. 27 f.
[178] *Riedel,* Der Einsatz deutscher Streitkräfte, S. 11.
[179] Vgl. dazu die Verfahren vor dem BVerfG: BVerfGE 1 (396 ff.); 2 (143 ff.); *Wieland,* NZWehrr 2006, 133 f.
[180] Gesetz vom 26.03.1954, BGBl. I S. 45.
[181] Vgl. *Hautmann,* Wehrverfassung und Wehrordnung, S. 14 f.

lich hatte sich die Bundesrepublik 1955 der NATO angeschlossen und war inzwischen nahezu vollständig souverän. Hindernisse für eine Wehrverfassung bestanden somit - jedenfalls außenpolitisch - nicht mehr und so wurde dann mit einer deutlichen Mehrheit die sog. 2. Wehrnovelle 1956 vom Bundestag angenommen[182]. Art. 87a GG wurde eingefügt und regelte die Kompetenz des Bundes, Streitkräfte zur Verteidigung aufzustellen (vgl. auch oben), gleichzeitig wurde hierdurch der Wehretat einer speziellen Kontrolle auch durch das Parlament unterworfen[183].

Die vorläufig letzte Änderung des Art. 87a GG erfolgte sodann durch die Notstandsgesetzgebung im Jahre 1968[184], als unter anderem der heutige Art. 87a Abs. 2 GG in die Verfassung aufgenommen wurde (s.o.). Rechtstechnisch ersetzte dabei unstreitig[185] der Abs. 2 den durch die 2. Wehrnovelle eingefügten und durch die Notstandsgesetzgebung wieder aufgehobenen Art. 143 GG, der den Vorbehalt des verfassungsändernden Gesetzgebers bei Einsätzen der Bundeswehr im Falle des inneren Notstandes regelte[186].

2. Regelungsbereich

Der Regelungsbereich des Art. 87a Abs. 2 GG ist seit Jahrzehnten diskutiert worden, noch heute bestehen einige streitige Ansichten, die dem Regelungsbereich des Abs. 2 ganz unterschiedliche Reichweiten einräumen wollen. Ältere Stimmen in der Literatur sehen die Streitkräfte gar als „vierte Gewalt" an, die nicht der Exekutive zuzuordnen seien, sondern einen selbständigen Organismus darstellten[187]. Als Konsequenz dieser Auffassung würden Streitkräfte-Einsätze generell nicht dem Grundgesetz unterfallen, da dieses gem. Art. 1 Abs. 3 GG nur

---

[182] 7. Gesetz zur Änderung des GG vom 19.03.1956, BGBl. I S. 111.
[183] Weitere Änderungen betrafen Art. 1 Abs. 3, 12, 36, 49, 60, 96 Abs. 3, 137 Abs. 1; eingefügt wurden die Art. 17a, 45a, 45b, 59a, 65a, 96a und 143.
[184] Vgl. zum Gesetzgebungsverfahren umfangreich *Bartke*, Verteidigungsauftrag, S. 51 ff.
[185] Vgl. statt aller *Ipsen*, in: Bonner Kommentar, Art. 87a, I.
[186] Art. 143 GG a.F. lautete: „Die Voraussetzungen, unter denen es zulässig wird, die Streitkräfte im Falle eines inneren Notstandes in Anspruch zu nehmen, können nur durch ein Gesetz geregelt werden, das die Erfordernisse des Artikels 79 erfüllt".
[187] Übersicht bei *Hautmann*, Wehrverfassung und Wehrordnung, S. 31 ff.

die drei klassischen Gewalten kennt und bindet, und zwangsläufig auch der Regelungsbereich vorliegend nicht eröffnet sein.

Es stellt sich mithin die Frage nach dem Zweck der Norm. Kann Art. 87a Abs. 2 GG grundsätzlich von seiner verfassungstechnischen Konstruktion her eine Ermächtigungsgrundlage für die hier in Frage stehenden Einsätze der Bundeswehr sein? Was soll Abs. 2 eigentlich regeln? In diesem Zusammenhang, quasi als Spezialproblem mit hohem Konfliktpotential, wird in der juristischen Literatur seit nicht allzu langer Zeit die Frage diskutiert, ob Abs. 2 sogar nur den Bundeswehr-Einsatz im Innern regele[188], ergo Außeneinsätze auch nicht nach Abs. 2 legitimiert wären, unter Umständen sogar also noch heute nicht vom GG (mit Ausnahme von Art. 25 und Art. 26 GG) rechtlich gedeckt wären. Aus dem Ganzen wird somit deutlich, wie wichtig die Bestimmung des Regelungsbereichs des Art. 87a Abs. 2 GG ist. An dieser Stelle findet eine Art „Weichenstellung" statt, denn weitere grundgesetzliche Befugnisnormen für den Auslandseinsatz sind nicht ersichtlich, so dass man gegebenenfalls zu dem - wenig zufrieden stellenden - Ergebnis käme, dass sich die Streitkräfte bei jedem unilateralen Einsatz, der nicht prima facie schon durch die Art. 25, 26 GG erfasst wird, auf verfassungsrechtlich „dünnem Eis" bewegten[189].

a) Die Bundeswehr als Teil der drei Staatsgewalten

Der Versuch, die Streitkräfte als Militärgewalt dem klassischen System der dreigeteilten Staatsgewalten zu entziehen und als eigenständige, vierte Gewalt zu deklarieren, wurde bereits 1870 unternommen. Man fügte den drei herkömmlichen Gewalten die Funktion des Staates, sich zu wehren, hinzu und zwar sowohl gegen innere als auch gegen äußere Angreifer[190]. Die Streitkräfte seien kein bloß dienendes Werkzeug der Politik, sondern müssten „in lebendiger Verbindung mit der Verfassung" stehen und hierzu als selbständige Gewalt behandelt werden[191]. Ferner wurde behauptet, der militärische Organismus dulde keine unmit-

---

[188] Siehe dazu die Ausführungen unter 2. Teil VII. 2. c).
[189] Zu den Aussagen der Art. 25, 26 GG siehe bereits oben 2. Teil A. II./III.
[190] *Frantz,* Die Naturlehre des Staates, S. 228.
[191] *Frantz,* Die Naturlehre des Staates, S. 258.

telbare Einwirkung anderer staatlicher Verwaltungsorgane und stünde dem „behördenmäßigen Organismus" wie eine selbständige Körperschaft gegenüber[192]. Weitere Ansichten gingen zwar von der Dreiteilung der Gewalten aus, ordneten die Streitkräfte auch in dieses System ein, lösten sie jedoch im Kriegsfalle aus der Exekutive heraus und erhoben sie zu einem selbständigem Organismus mit einer eigenen Ordnung; oder es wurden die Kriegsführung und das militärische Kommando als Ausnahmefälle angesehen, in denen der Staat aus dem Bereich seiner Rechtsordnung heraustrete und somit außerhalb der Verwaltung handele[193]. Es wird zudem auf die Zeit von 1914-1945 verwiesen, in der die Militärgewalt aufgrund ihrer exponierten Stellung im Staatsleben (insbesondere die Wehrmacht) aus der Exekutive herausgehoben gewesen sei und nicht neben den drei Staatsgewalten gestanden, sondern gleichsam über ihnen „geschwebt" habe[194]. Aber auch in der Zeit nach dem Zweiten Weltkrieg ist diese Auffassung nicht völlig aus der Diskussion verschwunden: Dabei differenzierte man teilweise bei den Staatsgewalten nach dem politischen Gewicht und kam dabei zu dem Ergebnis, dass die Streitkräfte die „vierte und letztes Endes entscheidende Gewalt im modernen Staate" sei, da es eine „unpolitische Wehrmacht" nicht mehr gebe, weil alle Phasen des modernen Krieges politisch bestimmt seien[195].

Diese Bestrebungen konnten sich aber nicht durchsetzen. Es entspricht heute nahezu allgemeiner und gefestigter Meinung, dass die Einordnung als vierte Gewalt im GG keine Stütze findet und die Streitkräfte der exekutiven Gewalt zuzuordnen sind[196]. Hierfür spricht schon die Systematik des Art. 87a GG: Diese für die Streitkräfte maßgebliche Verfassungsnorm wurde in den VIII. Abschnitt des GG, der die Ausführung der Bundesgesetze regelt, aufgenommen und dokumentiert somit die Einbindung der Streitkräfte in die exekutivrechtlichen Normen des GG[197]. Zudem wurde mit der 2. Wehrnovelle 1956 Art. 1 Abs. 3 GG dergestalt geändert, dass das Wort „Verwaltung" durch den Begriff „vollziehende Gewalt" ersetzt wurde. Bedenkt man diesbezüglich den oben bereits er-

---

[192] *Hänel,* Deutsches Staatsrecht, S. 478.
[193] Nachweise bei *Hautmann,* Wehrverfassung und Wehrordnung, S. 33 f.
[194] Nachweise bei *Hautmann,* Wehrverfassung und Wehrordnung, S. 34.
[195] *Koellreutter,* Staatslehre im Umriss, S. 122.
[196] Vgl. *Schopohl,* Der Außeneinsatz, S. 59; *Schultz,* Die Auslandsentsendung, S. 113 f.

wähnten Zweck der Verfassungsänderung, nämlich den Aufbau von Streitkräftestrukturen, wird die Intention des Gesetzgebers hinsichtlich der Änderung des
Art. 1 Abs. 3 GG deutlich: Es sollten, jedenfalls als Nebenziel, Zweifel an der
Grundrechtsbindung der neuen Bundeswehr beseitigt und die Einordnung derselben als Teil der „vollziehenden Gewalt" sichergestellt werden[198]. Auch die
Zuweisung des militärischen Oberbefehls in Friedenszeiten an den Bundesminister der Verteidigung (Art. 65a GG) und im Verteidigungsfall an den Bundeskanzler (Art. 115b GG) sind ein klares Indiz für den exekutiven Charakter der
Streitkräfte[199]. Schließlich ergibt sich diese Einordnung auch schon aus dem Verteidigungsauftrag: Die Streitkräfte dienen primär der Landesverteidigung gegenüber Angreifern von außen und sind damit prinzipiell nichts anderes als ein Aus-
führungsorgan der Exekutive, das nicht etwa selbständig oder gar außerhalb des
GG steht[200].

Die Einordnung der Bundeswehr als vierte Staatsgewalt lässt sich im Ergebnis
somit nicht plausibel begründen. Als Teil der Exekutive unterliegt sie der vollen
Bindung des GG und daher auch dem Regelungsbereich des Art. 87a Abs. 2 GG.

b) Zweck der Norm

Der Regelungsbereich des Art. 87a Abs. 2 GG lässt sich nur durch Bestimmung
des Normzwecks definieren. Erschwert wird dies durch die durchaus verun-
glückte systematische Einordnung des Art. 87a GG in den VIII. Abschnitt[201].
Dieser Abschnitt regelt nur die Ausführung der Bundesgesetze, die Fülle an Re-
gelungsbereichen des Art. 87a GG umfasst aber auch thematisch völlig abweichende Gebiete, die teils dem Haushaltsrecht, dem Verteidigungsfall und dem in-

---

[197] *von Bülow*, Der Einsatz der Streitkräfte, S. 37; *Kirchhof*, in: Isensee/Kirchhof, HdbStR, § 84 Rdnr.
7.
[198] Vgl. *Hautmann*, Wehrverfassung und Wehrordnung, S. 25; *Kirchhof*, in: Isensee/Kirchhof,
HdbStR, § 84 Rdnr. 7. Zur Grundrechtsbindung der Bundeswehr aufgrund von Art. 1 Abs. 3 GG siehe
Werner, Die Grundrechtsbindung, S. 62, 78 ff, 123.
[199] *Hörchens*, Der Einsatz der Bundeswehr, S. 22; *Schultz*, Die Auslandsentsendung, S. 113 f. Siehe
auch BVerwGE 46, 55 (58).
[200] Ähnlich *Schopohl*, Der Außeneinsatz, S. 59.
[201] Allgemeine Meinung, vgl. nur *Kokott*, in: Sachs, GG, Art. 87a Rdnr. 2.

neren Notstand zuzuordnen wären. Wenn der Gesetzgeber in dieser Norm trotzdem den Einsatz der Streitkräfte als bewaffnetes Machtinstrument des Bundes
umfassend regelte, so kann daraus nur geschlossen werden, dass Art. 87a GG
bewusst systemwidrig zu einer grundlegenden Verfassungsnorm der Militärgewalt[202] gemacht werden sollte. Die systematische Stellung des Art. 87a Abs. 2
GG mit seinen unterschiedlichen Regelungsmaterien steht der Bedeutung der
Norm daher nicht entgegen. Fest steht nach oben Dargelegtem[203] jedenfalls die
Befugnisnorm-Eigenschaft des Art. 87a Abs. 2 GG[204]. Fraglich ist nunmehr aber
immer noch, wozu dann die Norm eine Befugnis verleiht, mithin die Frage nach
dem Regelungsbereich.

Nach Abs. 2 darf der Einsatz der Streitkräfte „außer zur Verteidigung" nur erfol-
gen, sofern das GG diesen „ausdrücklich zulässt". Damit wird als erste Grundaussage der defensive Charakter der Streitkräfte festgeschrieben. Zusammen mit
der Regelung des Art. 87a Abs. 1 GG, der eine Aufstellung nur zum Zwecke der
Verteidigung zulässt, wird der Einsatz der Streitkräfte dem Grunde nach auf die
Verteidigung beschränkt. Die zweite Grundaussage ist die, dass ein Einsatz zur
Verteidigung keiner weiteren ausdrücklichen Zulassung durch das GG bedarf[205].
Liegt also ein Einsatz vor, der unter dem Begriff der „Verteidigung" zu subsumieren ist, so stellt Art. 87a Abs. 2 GG prinzipiell die unmittelbare Ermächtigungsgrundlage dar. In diesem Falle erfolgt der Einsatz aber nicht fern jeder
verfassungsrechtlicher Bindung: Auch die Streitkräfte sind gem. Art. 1 Abs. 3
GG an die Grundrechte gebunden (siehe oben). Zudem bildet Art. 26 Abs. 1 GG,
das Verbot des Angriffskrieges, eine äußerste Grenze, die auch einem, ansonsten

---

[202] So z.B. *Heun*, in: Dreier, GG, Art. 87a Rdnr. 7; *Ipsen*, in: Bonner Kommentar, Art. 87a Rdnr. 8.
[203] Siehe unter 2. Teil A. VI. 2.
[204] A.A. *Winkler*, DÖV 2006, 149 (151 f.), nach der sich die Bedeutung des Art. 87a Abs. 2 GG mangels Ermächtigungswirkung der Norm in einer bloßen Aufgabenzuweisung erschöpfe. Überrasch-
enderweise weist *Winkler* an anderer Stelle (S. 156) auch Art. 87a Abs. 1 GG als Befugnisnorm zurück, indem sie die Funktion des Abs. 1 Satz 1 ebenfalls nur als Aufgabenabgrenzung ansieht. Schließlich will *Winkler* bei Einsätzen auf Art. 115a ff., Art. 24 Abs. 2 GG zurückgreifen, im Einzelfall sogar
auf den „Grundsatz staatlicher Souveränität" (!), vgl. S. 157.
[205] *Baldus*, in: von Mangoldt/Klein/Starck, GG, Art. 87a Rdnr. 28; *Hernekamp*, in: von Münch/Kunig,
GG, Art. 87a, Rdnr. 3.

zulässigen, Einsatz entgegenstehen würde[206]. In Art. 87a Abs. 2 GG wird ein Verfassungsvorbehalt dem Wortlaut nach also nur für die Einsätze konstituiert, die nicht zur Verteidigung erfolgen und ist zudem an die Bedingung der „ausdrücklichen" Zulässigkeit im GG geknüpft. Eine solche ausdrückliche Zulässigkeit besteht insbesondere bei eigens normierten Einsätzen der Bundeswehr im Innern, das heißt im Bundesgebiet. Für den Fall des inneren Notstandes normieren der Art. 35 Abs. 2, Abs. 3 sowie die Abs. 3 und 4 des Art. 87a GG besondere Einsatzermächtigungen für die Bundeswehr bei besonderen Gefahrensituationen zur Unterstützung der Polizei. Diese enumerative Aufzählung der verfassungsrechtlich zulässigen ausdrücklichen Verwendungen ist dem Prinzip der Trennung von Polizei und Militär geschuldet[207]. Nach Art. 91 GG ist grundsätzlich die Polizei zuständig für die Aufrechterhaltung der inneren Sicherheit und Ordnung. Durch die explizite Regelung des militärischen Einsatzes in den o.g. Artikeln wird das Trennungsprinzip aufrechterhalten und in rechtsstaatlich korrekter Weise im Rahmen des GG normiert. Aus Abs. 2 lässt sich damit die Auslegungsregel entnehmen, dass verteidigungsfremde Einsätze der Bundeswehr die Ausnahme bilden, während der Einsatz zur Verteidigung die Regel darstellt[208].

Die Rechtsprechung des BVerfG hat bisher nicht zur weiteren Aufklärung hinsichtlich des Regelungsbereiches des Art. 87a Abs. 2 GG beigetragen. In dem bereits erwähnten „Streitkräfte-Urteil" aus dem Jahre 1994 gelang es dem Zweiten Senat, die Norm des Art. 87a Abs. 2 GG weitestgehend zu umschiffen, indem man auf wenigen Seiten deutlich machte, dass Art. 87a GG der Anwendung des Art. 24 Abs. 2 GG als verfassungsrechtliche Grundlage für den Einsatz der Streitkräfte im Rahmen eines Systems gegenseitiger kollektiver Sicherheit nicht entgegen stehe[209]. Somit ersparte man sich die Auseinandersetzung mit der konkreten Reichweite der Vorschrift. Gleichzeitig erwuchs dem Art. 87a Abs. 2 GG

---

[206] Vgl. *Schopohl*, Der Außeneinsatz, S. 64 f., der den Aufstellungs- und Verwendungszweck des Art. 87a GG auch als verfassungsrechtlich gebotenes „Korrelat" zu Art. 26 Abs. 1 GG ansieht. Vgl. auch *Ipsen*, in: Bonner Kommentar, Art. 87a Rdnr. 29.
[207] Vgl. *Hernekamp*, in: von Münch/Kunig, GG, Art. 87a Rdnr. 14.
[208] So *Baldus*, in: von Mangoldt/Klein/Starck, GG, Art. 87a Rdnr. 29; *von Bülow*, Der Einsatz der Streitkräfte, S. 52; *Kokott*, in: Sachs, GG, Art. 87a Rdnr. 11, die ansonsten konträre Ansichten zu *Baldus* vertritt, spricht von einem „Regel-Ausnahme-Verhältnis".
[209] BVerfGE 90, 286 (355 f.). Kritisch dazu *Heun*, JZ 1994, 1073 ff.

jedenfalls für den Einsatz im Rahmen von Systemen kollektiver Sicherheit rechtliche Konkurrenz durch Art. 24 Abs. 2 GG. Aufgrund der Begrenzung der vorliegenden Untersuchung auf unilaterale Einsätze kann aber auch Art. 24 Abs. 2
GG keine weitere Ermächtigungsgrundlage in diesem Fall begründen[210]. Eine
Stellungnahme des höchsten deutschen Gerichts zu den vielen streitig diskutierten Fragen zu Art. 87a Abs. 2 GG ist somit unterblieben. Dessen Regelungsbereich bleibt damit der wissenschaftlichen Diskussion überlassen, was unter
anderem zu der Frage, ob Art. 87a Abs. 2 nur für Inneneinsätze gilt, führte.

c) Geltung nur im Innern?

Der Verfassungsvorbehalt des Art. 87a Abs. 2 GG erstreckt sich somit auf die
oben dargelegten verteidigungsfremden Einsätze der Streitkräfte. Hierbei handelt
es sich in der Regel um Einsätze im Innern. In diesem Zusammenhang ist nunmehr fraglich und umstritten, ob Art. 87a Abs. 2 GG lediglich den Einsatz im
Innern regelt oder aber auch auf Auslandseinsätze der Streitkräfte anzuwenden
ist, mithin abschließend sämtliche Einsatzformen regeln soll. Je nach Ansicht
entstünde ein enger oder weiter Regelungsbereich des Art. 87a Abs. 2 GG. Folgt
man letzterer Ansicht[211], müsste eine ausdrückliche Ermächtigung im GG gegeben sein, sofern es sich um einen Einsatz außerhalb des Verteidigungs-Zwecks
im Ausland handelt. Jeder Auslandseinsatz müsste sich dann an den Schranken
des Art. 87a Abs. 2 GG messen lassen. Für Evakuierungsoperationen würde dies
bedeuten, dass alle Voraussetzungen des Art. 87a Abs. 2 GG vorliegen und somit geprüft werden müssten. Befürwortet man die erste Auffassung[212], so führt

---

[210] Siehe bereits oben unter 2. Teil A. I.
[211] So etwa *Doehring*, in: Isensee/Kirchhof, HdbStR, § 177 Rdnr. 25; *Hopfauf*, ZRP 1993, 321 (324);
Isensee/Randelzhofer, Gegenäußerung der CDU/CSU-Fraktion, in: Dau/Wöhrmann, Dokumentation,
S. 542 ff.; *Isensee*, Bundeswehr als Krisenfeuerwehr, S. 210 (215f.); *Kersting*, NZWehrr 1983, 64 (71
ff.); *Kirchhof*, in: Isensee/Kirchhof, HdbStR, § 84 Rdnr. 57; *Kokott*; in: Sachs, GG, Art. 87a Rdnr. 13;
Oeter, NZWehrr 2000, 89 (92 f.); *Pechstein*, Jura 1991, 461 (466 f.); *Randelzhofer*, in: Maunz/Dürig,
GG, Art. 24 Rdnr. 63 ff; *Stein*, Beteiligung an Friedenstruppen, S. 17 (22 ff.), *ders.*, Landesverteidigung, S. 935 (941 ff.); *ders.*, Schutz der Handelsflotte, S. 487 (496 ff.); *Thalmair*, ZRP 1993,
201 (202 ff.); *Wiefelspütz*, ZaöRV 65 (2005), 819 (822); *Winkler*, DÖV 2006, 149 (152 f.); ebenso
Bothe, Herdegen, Rudolf, Krüger-Sprengel, Steinberger, Diskussionsbeiträge, in: Frowein/Stein,
Rechtliche Aspekte, S. 68, 50, 67 f., 55, 57, 53, 56.
[212] Siehe *Bachmann*, MDR 1993, 397 ff.; *Bähr*, ZRP 1994, 97 ff.; *Baldus*, in: von Man-
goldt/Klein/Starck, GG, Art 87a, Rdnr. 30 ff.; *von Bülow*, NZWehrr 1984, 237 (240); *Coridass, Der*

dies zu dem Ergebnis, dass Auslandseinsätze zulässig sind, soweit sie nicht gegen Art. 25, 26 GG verstoßen, da insoweit der Verfassungsvorbehalt des Art. 87a Abs. 2 GG nur für Inneneinsätze gilt und Auslandseinsätze allgemein keine spezielle Regelung erfahren haben sollen[213]. Dabei stellt sich aber die Frage, auf welcher (grund-) rechtlichen Basis die seit Jahrzehnten durchgeführten Einsätze im Ausland, mithin auch Evakuierungsoperationen, legitimiert wären (dazu sogleich). In diesem Falle wäre die grundgesetzliche Rechtslage schnell geklärt; die Zulässigkeit von Evakuierungsoperationen hinge dann von der völkerrechtlichen Beurteilung ab.

Die unterschiedlichen Schlussfolgerungen hinsichtlich der Regelungsweite des Art. 87a Abs. 2 GG erfordern eine Auseinandersetzung mit dieser streitigen Frage.

Eine dritte Ansicht unterscheidet die Regelungsbereiche der Abs. 1 und 2 von Art. 87a GG nicht territorial im Sinne eines Inlands-/Auslandseinsatzes, sondern grenzt den Anwendungsbereich *funktional* ab; demnach regele Abs. 1 die Wahrnehmung des „originären", militärischen Verteidigungsauftrages, während hingegen Abs. 2 nur alle sonstigen, mithin atypischen Einsätze der Streitkräfte wie polizeiliche Aufgaben im staatsinternen Bereich unter einen Verfassungsvorbehalt stelle[214]. Im Ergebnis kommt diese Ansicht der oben geschilderten Auffassung, Art. 87a Abs. 2 GG betreffe nur den Einsatz im Innern, weitestgehend nahe, weist aber im Unterschied dazu militärische Aufgaben im Innern dem Abs. 1 zu[215]. Diese funktionale Betrachtungsweise knüpft also generell bei militärischen Einsätzen der Streitkräfte an Art. 87a Abs. 1 GG an, was aber nur dann gelingen kann, wenn dieser eine Befugnisnorm darstellt. Konsequenterweise

---

Auslandseinsatz, S. 46; *Epping*, AöR 124 (1999), 423 (435); *Fehn/Fehn*, Jura 1997, 621; *Fibich*, ZRP 1993, 5 (6); *Gornig*, JZ 1993, 123 (124); *Günther*, Zum Einsatz der Bundeswehr, S. 329 (336); *Heun*, in: Dreier, GG; Art. 87a, Rdnr. 16; *Klein*, ZaöRV 34 (1974), 429 (432); *Oldiges*, Wehrrecht und Zivilverteidigungsrecht, § 23 Rdnr. 23; *Pieper/Miedeck*, JA 1992, 244 (245); *Riedel*, Der Einsatz deutscher Streitkräfte, S. 61; *Schopohl*, Der Außeneinsatz, S. 130; *Schultz*, Die Auslandsentsendung, S. 150; *Wieland*, DVBl. 1991, 1174 (1179), *Zimmer*, Einsätze der Bundeswehr, S. 49 ff; ebenso *Kind, Lerche, Tomuschat, Wolfrum*, Diskussionsbeiträge, in: Frowein/Stein, Rechtliche Aspekte, S. 54 f., 44 f., 45 f. Eine erschöpfende Darstellung weiterer Literatur bietet *Schopohl*, Der Außeneinsatz, S. 187 ff. Fn. 54.
[213] Siehe *Schultz*, Die Auslandsentsendung, S. 146.
[214] Vgl. *Hillgruber*, in: Umbach/Clemens, GG, Art. 87a Rdnr. 48; *Kirchhof*, Verteidigungsauftrag, S. 797 (808); *Isensee/Randelzhofer*, in: Dau/Wöhrmann, Dokumentation, S. 545.

finden sich die Vertreter der funktionalen Betrachtung des Art. 87a Abs. 2 GG auch als Vertreter des Befugnisnorm-Charakters des Abs. 1 wieder[216]. Mit der herrschenden Meinung wurde jedoch hier Art. 87a Abs. 1 GG nicht als Befugnisnorm charakterisiert[217], was zur Folge hat, dass eine funktionale Betrachtungsweise vorliegend denklogisch nicht vertretbar ist, da sonst weder Abs. 1 noch Abs. 2 militärische Maßnahmen erlauben würden.

Aufgrund der abweichenden verfassungsrechtlichen Anforderungen für Evakuierungsoperationen (nur Art. 25 und Art. 26 GG als Grenze oder aber auch Art. 87a Abs. 2 GG) je nach Auffassung, bedarf es einer Auseinandersetzung mit den unterschiedlichen Ansichten, die eine territoriale Abgrenzung vornehmen.

Die These des ausschließlichen Inlandsbezuges des Art. 87a Abs. 2 GG ist, wie schon früh herausgearbeitet wurde[218], keineswegs eine Ansicht aus neuerer Zeit. Zwar wird verschiedentlich suggeriert, diese These sei erst Anfang der 90er Jahre vorgetragen worden[219] und insofern eine jüngere Meinung, doch wurden schon kurz nach der Grundgesetzänderung 1968 und in den darauf folgenden Jahren in ähnlicher Form bei Art. 87a Abs. 2 Beschränkungen des Regelungsbereichs auf Inneneinsätze vorgebracht[220]. Angesichts der kraftvollen Darstellung der These durch einzelne Befürworter, was sich durch mehrere Veröffentlichungen manifestierte, und der zum Teil sehr positiven Annahme dieser Ansicht in der Literatur[221], kann durchaus von einer zunehmenden Verbreitung bzw. Popularität in der juristischen Literatur gesprochen werden. Die Zahl der Befürworter der These ist jedenfalls im Vergleich zu der Situation zurzeit der abermaligen,

---

[215] Vgl. *Kirchhof*, Verteidigungsauftrag, S. 797 (808 Fn. 49).

[216] Vgl. oben unter 2. Teil A. VI. 2. a).

[217] Oben 2. Teil A. VI. 2. c).

[218] *Bähr*, Verfassungsmäßigkeit des Einsatzes, S. 53 ff.

[219] Vgl. *Schultz*, Die Auslandsentsendung, S. 146, wonach es sich bei der Anwendung nach Innen um eine „verbreitete Auffassung in der Literatur, die auf T. Stein zurückgeht" handele. Dazu *Stein*, Beteiligung an Friedenstruppen, S. 17 (22 ff.).

[220] Vertiefend dazu *Bähr*, Verfassungsmäßigkeit des Einsatzes, S. 54 f.

[221] Vgl. die oben zitierten Diskussionsbeiträge bei *Frowein/Stein*, Rechtliche Aspekte.

öffentlichen Diskussion Anfang der 90er Jahre[222] sprunghaft gestiegen. Doch führte die erneute, aber ausführliche Präsentation zu jener Zeit auch dazu, dass weitere, d.h. neue, überzeugende Argumente, die diese Ansicht stützten, in den „jüngeren" Veröffentlichungen kaum mehr vorgebracht werden (konnten). Unübersehbar handelt es sich bei dem vorliegenden Meinungsstreit um ein bereits viel- und wohl auch ausdiskutiertes Problem, das aber angesichts der Staatspraxis in Bezug auf Auslandseinsätze der Bundeswehr an Aktualität nichts verloren hat. An dieser Stelle soll daher eine bis ins Detail gehende Darstellung außen vor bleiben[223]. Da es nichtsdestotrotz einer Entscheidung für den vorliegenden Fall bedarf, werden die Kernargumente beider Seiten im Überblick dargestellt und einer Lösung, auch unter Berücksichtigung der „Streitkräfte"-Entscheidung, zugeführt.

aa) Argumente für die Geltung nur im Innern

Die Verfechter der These, Art. 87a Abs. 2 GG beziehe sich auf Inneneinsätze, führen primär die Entstehungsgeschichte der Norm, die Systematik, eine teleologische Auslegung sowie den Wortlaut als Belege an.

(1) Entstehungsgeschichte

Das Hauptargument dieser Auffassung basiert auf einer historischen Auslegung des Art. 87a Abs. 2 GG. Wie bereits oben ausgeführt, sollte Art. 87a Abs. 2 GG nach allgemeiner Auffassung den durch die Wehrnovelle 1956 eingeführten und 1968 wieder gestrichenen Art. 143 GG a. F. ersetzen: Dieser regelte unbestritten die Verwendung der Streitkräfte im Falle eines inneren Notstandes. Mangels sichtbarer Anhaltspunkte für einen entsprechenden gesetzgeberischen Willen, könne nicht von einem Bedeutungszuwachs bei Inkorporation des Art. 143 GG

---

[222] Gemeint ist das Vertreten dieser Position durch *Stein* in mehreren Beiträgen (siehe die Beispiele in den vorherigen Fußnoten). Erst hernach mehrten sich die befürwortenden Stimmen in der Literatur (siehe dazu ebenfalls die obigen Fußnoten).
[223] Ausführlichere Darstellungen bei *Bähr*, Verfassungsmäßigkeit des Einsatzes, S. 57 ff.; *Dau/Wöhrmann*, Dokumentation, S. 28 ff., 430 ff., 492 ff., 542 ff.

a. F. in den Art. 87a GG ausgegangen werden; vielmehr sei der Regelungsgehalt gleich geblieben[224]. Art. 87a Abs. 2 GG könne somit als Konsequenz hieraus ebenfalls nur den Einsatz im Innern betreffen. Bereits die kontroverse Diskussion um die Einfügung der Notstandsverfassung, die sich nur um die Bedingungen des Einsatzes der Streitkräfte im damals aktuellen Fall des inneren Notstandes drehte, mache den Charakter einer ausschließlich nach innen gerichteten Norm deutlich, weil bei den Gesetzesberatungen eindeutig der innenpolitische Aspekt im Vordergrund gestanden habe[225]. In diesem Zusammenhang sei ein Auslandseinsatz der Streitkräfte überhaupt kein Thema gewesen, zum einen weil Regelungszweck gerade die Verhinderung von Einsätzen der Bundeswehr im Innern ohne ausdrückliche Ermächtigung gewesen sei und zum anderen weil zum damaligen Zeitpunkt der Gesetzgeber nicht ansatzweise an militärische Auslandseinsätze gedacht habe[226]. Ein Auseinanderfallen von Verteidigungs- und Bündnisfall sei undenkbar gewesen[227], so dass gar kein Bedürfnis für Regelungen außerhalb von Bündnisaktionen bestanden habe. Die Novellierung des Art. 87a Abs. 2 GG habe nur dem Zweck gedient, die im „Generalvertrag" den drei Mächten vorbehaltenen Notstandsrechte zum Schutz ihrer in der Bundesrepublik stationierten Streitkräfte abzulösen[228]. Schließlich könnten noch die Gesetzesmaterialien zur Begründung dieser Auffassung herangezogen werden: In der Entwurfsvorlage des Rechtsausschusses des Deutschen Bundestages hieß es am 15.3.1968 noch: „*Im Innern* dürfen die Streitkräfte nur eingesetzt werden, soweit dieses Grundgesetz es zulässt"[229]. Zwar sei zuzugeben, dass auf Antrag eines Abgeordneten der Art. 87a Abs. 2 GG seine jetzige Fassung bis auf eine geringe Abänderung erhielt[230], die wörtliche Begrenzung „Im Innern" mithin weggefallen sei. Doch hätten dagegen im Rechtsausschuss keine inhaltlichen Bedenken bestanden, die vorgenommene Korrektur sei rein sprachlicher Art gewesen. Eine

---

[224] Vgl. *Hopfauf*, ZRP 1993, 321 (324); *Oeter*, NZWehrr 2000, 89 (93).
[225] Vgl. *Kokott*, in: Sachs, GG, Art. 87a Rdnr. 12; *Lang*, Internationale Einsätze, S. 89; *Wiefelspütz*, AöR 132 (2007), 45 (51).
[226] *Hopfauf*, ZRP 1993, 321 (324); *Gramm*, NZWehrr 2005, 133 (136).
[227] So ausdrücklich *Arndt*, DÖV 1992, 618 (620).
[228] Dazu *Stein*, Landesverteidigung, S. 935 (942) mit weiteren Fundstellen im Zusammenhang mit dem Generalvertrag und den Erklärungen der drei Mächte.
[229] Kurzprotokoll der 76. Sitzung des RA-BT vom 15.03.1968, Anlage 3, S. 4 f. Hervorhebung nicht im Original. Vgl. auch *Limpert*, Auslandseinsatz der Bundeswehr, S. 22 f.

weitere Diskussion dazu habe nicht stattgefunden. Daher könne man nicht davon ausgehen, dass der Ausschuss von dem ursprünglichen Entwurf ohne Diskussion in dem Sinne abweichen wollte, dass nunmehr nicht der Inneneinsatz erfasst werde, sondern auch der Außeneinsatz allgemein[231].

(2) Systematik

Aus systematischer Sicht wird zunächst auf die Stellung der Norm im VIII. Kapitel des GG verwiesen. Dieses regelt unter der Überschrift „Ausführung von Bundesgesetzen und die Bundesverwaltung" die Abgrenzung der Befugnisse von Bund und Ländern untereinander, beinhaltet somit eine Kompetenznorm. Wenn der Gesetzgeber Art. 87a Abs. 2 GG hier verortet hat, dann könne dies nur bedeuten, dass diese Norm ebenfalls nur den Einsatz der Streitkräfte im innerstaatlichen Verhältnis zwischen Bund und Ländern regele, nicht aber Außeneinsätze der Streitkräfte[232]. Dies werde auch bestätigt durch die Abs. 3 und 4 des Art. 87a GG, da diese sich unstreitig allein auf die innerstaatlichen Einsätze der Streitkräfte beziehen und dieser systematische Zusammenhang zwischen Abs. 2 und Abs. 3 und 4 dafür spreche, dass auch Art. 87a Abs. 2 GG ausschließlich auf den Einsatz der Streitkräfte im Innern gerichtet sei[233]. Die Norm des Art. 87a Abs. 2 GG sei allein als Zuständigkeitsverteilung zwischen den Polizeibehörden der Länder und der Bundeswehr im inneren Notstand zu sehen[234]. Wenn der Gesetzgeber auch den Außeneinsatz hätte regeln wollen, dann hätte er die Norm zu Art. 26 GG gestellt[235].

---

[230] Siehe Anlage 1 zum Protokoll des RA-BT vom 01.04.1968, S. 4.

[231] *Isensee/Randelzhofer*, in: Dau/Wöhrmann, Dokumentation, S. 548; *Limpert*, Auslandseinsatz der Bundeswehr, S. 23.

[232] *Kokott*, in: Sachs, GG, Art. 87a Rdnr. 10; *Pechstein*, Jura 1991, 461 (463); *Stein*, Schutz der Handelsflotte, S. 487 (498).

[233] *Isensee/Randelzhofer*, in: Dau/Wöhrmann, Dokumentation, S. 545; *Randelzhofer*, in: Maunz/Dürig, GG, Art. 24 Abs. 2 Rdnr. 67; *Thalmair*, ZRP 1993, 201 (202).

[234] *Kokott*, in: Sachs, GG, Art. 87a Rdnr. 10; *Thalmair*, ZRP 1993, 201 (202).

[235] So *Kokott*, in: Sachs, GG, Art. 87a Rdnr. 10.

(3) Teleologische Auslegung

Auch unter Berücksichtigung von Sinn und Zweck der Regelung kommt diese Ansicht zu dem Ergebnis, dass nur Inneneinsätze von Abs. 2 erfasst sein könnten. Die Regelungsintention des Gesetzgebers 1968 sei dahin gegangen, den inneren Notstand verfassungsrechtlich zu regeln und dabei die Streitkräfte vor Missbrauch, z.b. bei der Bekämpfung von inneren Unruhen, zu schützen, indem Art. 87a Abs. 2 GG als „ultima ratio" den nach innen gerichteten Einsatz unter einen besonderen Verfassungsvorbehalt stellte[236]. Ein Außeneinsatz der Streitkräfte sei verfassungsrechtlich weitaus unproblematischer als ein Einsatz im Staate selbst, gerade weil die Streitkräfte keinen innenpolitischen Machtfaktor darstellen dürften und ein solcher Innen-Einsatz den Verfassungsstaat an empfindlicher Stelle berühre, nämlich an der Freiheit des gesellschaftlichen und staatlichen Lebens[237]. Bei einem Außeneinsatz würden diese innerstaatlichen Strukturen jedoch nicht berührt. Dies spreche dafür, dass der Gesetzgeber nur den Inneneinsatz habe regeln wollen. Weiter wird argumentiert, die Verteidigung nach außen sei eben die Grundfunktion der Streitkräfte, während der Einsatz im Innern lediglich eine Ausnahme darstelle und deshalb nur dieser einer ausdrücklichen Regelung bedürfe[238]. Der Sinn und Zweck der Regelung erschließe sich somit nur bei Zugrundelegen dieser Auffassung.

(4) Wortlaut

Auch der Wortlaut bzw. -sinn wird gelegentlich als Beleg herangezogen. Dabei könne der Formulierung „Außer zur Verteidigung" keine die gegenteilige Auffassung stützende Interpretation in der Weise entnommen werden, dass hierdurch auch Auslandseinsätze erfasst würden, da der Wortlaut insofern nicht ein-

---

[236] *Hopfauf*, ZRP 1993, 321 (323); *Isensee*, Bundeswehr als Krisenfeuerwehr, S. 210 (215); *Kersting*, NZWehrr 1983, 64 (73); *Lang*, Internationale Einsätze, S. 89; *Mössner*, Bundeswehr in blauen Helmen, S. 97 (106); *Wiefelspütz*, AöR 132 (2007), 45 (52).
[237] Vgl. *Isensee*, Bundeswehr als Krisenfeuerwehr, S. 210 (215).
[238] *Kokott*, in: Sachs, GG, Art. 87a Rdnr. 11.

deutig sei[239]. Jedoch müsse die politische Lage 1968 berücksichtigt werden: Aus Sicht des Jahres 1968 hätte sich die Verteidigung wohl weitestgehend auf dem Territorium der Bundesrepublik und damit im Innern abgespielt[240]. Ein Verteidigungseinsatz außerhalb des deutschen Staatsgebiets habe man sich nicht vorstellen können. Unter Berücksichtigung dieser Vorstellung kann man nach dieser Auffassung den Wortlaut nur bezogen auf den Einsatz im Innern verstehen. So wird die Formulierung „Außer zur Verteidigung" folgerichtig in der Weise verstanden, dass der Einsatz der Streitkräfte zur Verteidigung vorausgesetzt, in dieser Vorschrift selbst aber nicht geregelt sei[241]. Auch das Wortlautargument lässt sich nach dieser Ansicht nur zugunsten des Inneneinsatzes heranziehen.

bb) Argumente für die Geltung auch nach Außen

Die - überwiegende - Gegenansicht wendet Art. 87a Abs. 2 GG auch auf Auslandseinsätze an. Danach stellt diese Norm den Auslands-, ebenso wie den Inneneinsatz unter den Vorbehalt der ausdrücklichen Zulassung im GG. Zu diesem Befund werden (in der Reihenfolge der Bedeutung) der Wortlaut der Norm, teleologische Erwägungen sowie historische und systematische Auslegungen herangezogen.

(1) Wortlaut

Bereits der Wortlaut lasse eine hinreichende Interpretation im Sinne der hier dargestellten Ansicht zu: Art. 87a Abs. 2 GG stelle eine offene Vorschrift dar, aus der eine Reduktion bezüglich der Anwendbarkeit nur auf Inneneinsätze nicht

---

[239] *Isensee/Randelzhofer*, in: Dau/Wöhrmann, Dokumentation, S. 544; vgl. auch *Stein*, Landesverteidigung, S. 935 (943).

[240] *Stein*, Schutz der Handelsflotte, S. 487 (498); vgl. auch dessen Diskussionsbeitrag in *Frowein/Stein*, Rechtliche Aspekte, S. 65: „Wo wird denn Verteidigung stattfinden? Doch weitgehend irgendwo in einem Streifen 50-150 km westlich der innerdeutschen Grenze [...] Das muss man doch als Faktum mit in die Auslegung des Art. 87a GG hinein nehmen."

[241] So insbesondere *Stein*, Beteiligung an Friedenstruppen, S. 17 (25); *Wiefelspütz*, AöR 132 (2007), 45 (50).

herausgelesen werden könne[242]. Zum einen ließen sich Einsätze zur Verteidigung nicht auf den Inlandsbereich beschränken, vielmehr müsse dort verteidigt werden, wo es erforderlich sei, ohne das Einsatzspektrum der Streitkräfte unnötig einzuengen[243]. Zum anderen spreche Art. 87a Abs. 2 GG neutral von Einsätzen zur Verteidigung, ohne weitere geographische Eingrenzung. Es würden dabei gerade nicht nahe liegende Vorbehalte wie „im Bundesgebiet" oder „im Innern" verwendet, was nur den Schluss zulasse, dass jeder Einsatz geregelt werden sollte, unabhängig vom tatsächlichen Einsatzort[244]. Die Norm mache daher keinen Unterschied zwischen innerem und äußerem Einsatz, weil sie außerhalb der Verteidigung jeden Streitkräfteeinsatz unter einen Verfassungsvorbehalt stellen wollte[245]. Selbst wenn man dem Wortlaut der Norm keine ausreichenden Hinweise für eine bestimmte Auffassung entnehmen könne, so würde der grammatikalische Befund bei mangelnder Ergiebigkeit der anderen Auslegungsmethoden gegen eine Einschränkung sprechen[246].

(2) Teleologische Auslegung

Sinn und Zweck der Regelung sei es gewesen, eine möglichst umfassende Normierung aller Einsätze der Streitkräfte im GG zu verankern: Wenn schon ein Einsatz im Innern besonderen Vorbehalten unterliege, dann dürfe nichts anderes für Auslandseinsätze gelten, da diese außenpolitisch höchst brisanten Einsätze, abgesehen von der Schranke des Art. 26 GG, nicht verfassungsrechtlich ungeregelt in das Belieben der Regierung bzw. der Exekutive gestellt werden dürften[247]. Aufgrund der mangelnden Bestimmtheit des Art. 26 GG - das Verbot eines Angriffskrieges sei nicht geeignet, Einsätze der Streitkräfte begrifflich zu begrenzen

---

[242] *Bachmann*, MDR 1993, 397; *Baldus*, in: von Mangoldt/Klein/Starck, GG, Art. 87a Rdnr. 31; *Schmidt-Jortzig*, in: Dau/Wöhrmann, Dokumentation, S. 29.

[243] Vgl. *Bähr*, Verfassungsmäßigkeit des Einsatzes, S. 63; *Franzke*, NJW 1992, 3075 (3076); *Gornig*, JZ 1993, 123 (124); *Pieper/Miedeck*, JA 1992, 244 (245).

[244] *Bothe*, in: Dau/Wöhrmann, Dokumentation, S. 16; *Dürig*, in: Maunz/Dürig, GG, Art. 87a Rdnrn. 26, 38; *Epping*, AöR 124 (1999), 423 (430).

[245] So *Oldiges*, Wehrrecht und Zivilverteidigungsrecht, § 23 Rdnr. 23.

[246] *Fiebig*, Einsatz im Innern, S. 103.

[247] *Bachmann*, MDR 1993, 397; *Bähr*, ZRP 1994, 97 (98); *Fibich*, ZRP 1993, 5 (6); *Schpohl*, Der Außeneinsatz, S. 130; *Tomuschat*, Diskussionsbeitrag, in: Frowein/Stein, Rechtliche Aspekte, S. 46. Vgl. auch *Arndt,* in: Dau/Wöhrmann, Dokumentation, S. 724.

- bestünde damit die Gefahr jener Entscheidungsfreiheit des Inhabers der Befehls- und Kommandogewalt, was letztlich diesen zur autonomen Verwendung der Streitkräfte zu außenpolitischen Zwecken ermächtigen würde[248]. Gerade aber das Auftreten von militärischen Einheiten bedürfe einer strengen Funktionsbindung, was das GG durch Festlegung auf den Verteidigungszweck gewährleiste[249]. Weiter wird auf einen angeblichen Wertungswiderspruch verwiesen, wenn man für Einsätze im Rahmen von Systemen gegenseitiger kollektiver Sicherheit das Erfordernis einer expliziten Ermächtigung im GG (Art. 24 Abs. 2 GG) aufstelle, national beschlossene Einsätze aber dann keinem ausdrücklichen Vorbehalt außer Art. 26 GG unterliegen sollten[250]. Zudem sei es möglicherweise Zweckrichtung der Bestimmung, jedenfalls auch Inneneinsätze der Streitkräfte einer verfassungsrechtlichen Beschränkung zu unterwerfen, doch sei es bei dieser Auslegung teleologisch nicht ausgeschlossen, auch Begrenzungen von Auslandseinsätzen als zusätzliche Zweckrichtung heranzuziehen und somit nicht angezeigt, eine Reduktion der *ratio legis* der Norm vorzunehmen[251]. Im Übrigen widerspreche die gegenteilige Auslegung der *ratio* der Art. 87a bzw. Art. 26 GG, weil unter Berücksichtigung der deutschen Geschichte und der Präambel des GG der Wille des Verfassungsgebers ersichtlich dahin gehe, Streitkräfte lediglich zur Verteidigung der Bundesrepublik (auch im Ausland) gegen Angriffe von außen einzusetzen[252].

(3) Entstehungsgeschichte

Den Befürwortern der „weiten" Auslegung zufolge, lasse sich aus der Entstehungsgeschichte sehr wohl eine Regelung über den Auslandseinsatz herleiten. Verwiesen wird dabei insbesondere auf den Bericht des Rechtsausschusses des Bundestages vom 9.5.1968[253], dessen Vorschlag Grundlage für die abschließende

---

[248] Vgl. *Epping*, AöR 124 (1999), 423 (434); *Gornig*, JZ 1993, 123 (124); *Heun*, in: Dreier, GG, Art. 87a Rdnr. 16; *ders.*, JZ 1994, 1073; *Oldiges*, Wehrrecht und Zivilverteidigungsrecht, § 23 Rdnr. 23.
[249] *Tomuschat*, in: Bonner Kommentar, Art. 24 Rdnr. 185.
[250] So *Epping*, AöR 124 (1999), 423 (435).
[251] *Bothe*, in: Dau/Wöhrmann, Dokumentation, S. 574 f.
[252] Vgl. *Bachmann*, MDR 1993, 397; *Pieper/Miedeck*, JA 1992, 244 (245); *Wieland*, DVBl. 1991, 1174 (1179).
[253] RA-BT, BT-Drs. V/2873, S. 12 f.

Beratung im Bundestag war und daher besonders wertvolle Auslegungshilfen biete. In diesem Bericht schlägt der Ausschuss wörtlich vor, „die Bestimmungen über den Einsatz der Streitkräfte [...] *in einem Artikel zusammenzufassen*. Hierfür eignet sich Art. 87a. Dabei sollte *auch* einbezogen werden die Regelung über den Einsatz der Streitkräfte im Innern"[254]. Weiter heißt es in dem Bericht: „Die Bestimmung behält die Zuweisung von Vollzugsbefugnissen an die Streitkräfte außer zur Verteidigung einer ausdrücklichen Regelung im Grundgesetz vor. Dadurch soll *eine Ableitung ungeschriebener Zuständigkeiten aus der Natur der Sache ausgeschlossen werden*, nicht dagegen Befugnisse, die sich aus einem Wortzusammenhang mit der Verteidigungskompetenz ergeben"[255]. Durch die Absicht des Verfassungsgebers, die Bestimmungen in einem Artikel zusammenzufassen habe man eine Gesamtregelung aller Einsätze schaffen wollen, in die „auch" Regelungen über den Einsatz der Streitkräfte im Innern einbezogen werden sollten[256]. Wenn aber Art. 87a Abs. 2 GG eine Grundnorm sein soll, so müsse dieser Ansicht zufolge auch der Verfassungsvorbehalt umfassend und abschließend zu verstehen sein. Indem klargestellt wurde, dass die Ableitung ungeschriebener Zuständigkeiten aus der Natur der Sache ausgeschlossen sei, habe man gerade nicht eine Begrenzung des Verfassungsvorbehalts auf Inneneinsätze vornehmen wollen, sondern geschriebene, mithin im GG ausdrücklich formulierte, Zulassungen für alle Nicht-Verteidigungseinsätze vorausgesetzt[257]. Diese Ausführungen des Rechtsausschusses legten nahe, dass 1968 doch schon der Außeneinsatz bedacht wurde, auch wenn er nicht primäres Regelungsziel der Verfassungsänderung gewesen sei. Hierfür spreche auch die Regelung in Art. 96 Abs. 2 GG a.F. Diese Norm regelte die Wehrstrafgerichtsbarkeit im Ausland und wurde 1968 im Zuge der Änderungen des Art. 87a GG in Art. 96 GG umbenannt. Dies zeige, dass der Gesetzgeber durchaus den Auslandeinsatz der Streitkräfte im Auge gehabt habe[258]. Aber auch wenn man der Gegenansicht mit ihrem Argument, der Außeneinsatz sei gar nicht Thema der Diskussionen gewesen,

---

[254] Hervorhebungen nicht im Original.
[255] RA-BT, BT-Drs. V/2873, S. 13; Hervorhebungen des Verf.
[256] *Bähr*, Verfassungsmäßigkeit des Einsatzes, S. 67 f.; *Baldus*, in: von Mangoldt/Klein/Starck, GG, Art. 87a Rdnr. 31; *von Bülow*, Der Einsatz der Streitkräfte, S. 57 f.; *Fibich*, ZRP 1993, 5 (6); vgl. wiederum hierzu *Arndt*, NJW 1994, 2197 (2198); *ders.*, DÖV 1992, 618 (619).
[257] Vgl. *Becker*, in: Dau/Wöhrmann, Dokumentation, S. 432; *Epping*, AöR 124 (1999), 423 (433).

folge, so schließe dies nicht automatisch aus, dass Einsätze der Streitkräfte im Ausland nicht von dem Vorbehalt in Art. 87a Abs. 2 GG erfasst seien; dies werde bereits durch o.g. Wortlaut des Abschlussberichts deutlich[259]. Im Hinblick auf die historisch gewollte Funktion des Art. 87a Abs. 2 als „Ersatznorm" für Art. 143 GG a.f. wird dies nicht abgestritten, jedoch sei Art. 87a Abs. 2 GG nicht lediglich inhaltsgleich an die Stelle des Art. 143 GG a.f. getreten, denn dann hätte es keiner Veränderung des Wortlautes der Norm bedurft[260].

(4) Systematik

Auch das systematische Argument der Gegenmeinung könne nicht überzeugen. Man sei sich heute einig, dass die Inkorporation der Regelungen in Art. 87a Abs. 2 GG missglückt und systemwidrig sei[261]. Folglich lasse sich aus der Systematik kaum etwas Stichhaltiges für die Interpretation der Norm herauslesen. Vereinzelt wird die systematische Stellung des Art. 87a Abs. 2 GG im VIII. Abschnitt des GG auch als Argument für die „weite" Auslegung herangezogen: Dieser Abschnitt betreffe Zweige der Exekutive („Auswärtiger Dienst"), die unzweifelhaft im Ausland tätig würden, was gegen eine bloß innerstaatliche Wirkung von Art. 87a Abs. 2 GG spreche[262].

cc) Keine Beschränkung der Norm nur auf Einsätze im Innern

Entscheidend ist nun, welche dieser beiden Ansichten die besseren Argumente vorbringen kann und daher eher zu überzeugen vermag. Hierzu sollen die einzelnen Auslegungsergebnisse ebenso bewertet werden wie die Stellungnahme des BVerfG im „Streitkräfte-Urteil".

---

[258] *Gornig,* JZ 1993, 123 (124); *Schultz,* Die Auslandsentsendung, S. 152.

[259] Vgl. *Bothe,* in: Dau/Wöhrmann, Dokumentation, S. 16; *Epping,* AöR 124 (1999), 423 (433).

[260] So *Pieper/Miedeck,* JA 1992, 244 (245).

[261] Siehe bereits oben 2. Teil A. VII. 2. b) sowie *Dürig,* in: Maunz/Dürig, GG, Art. 87a Rdnr. 3; *Hautmann,* Wehrverfassung und Wehrordnung, S. 26.

[262] So *Emde,* NZWehrr 1992, 133.

(1) Die Ergebnisse der Auslegungsmethoden

Nach der „engen" Ansicht, die nur den Inneneinsatz von dem Verfassungsvorbehalt des Art. 87a Abs. 2 GG erfasst sieht, müsste sich resümierend die Norm wie folgt lesen: „*Im Bundesgebiet* dürfen Streitkräfte außer zur Verteidigung nur eingesetzt werden, soweit das Grundgesetz es ausdrücklich zulässt"[263]. Der tatsächliche Wortlaut der Norm unterstützt diese Auslegung aber in keinster Weise. Mit der Formulierung „Außer zur Verteidigung" wird schon grammatikalisch (bewusst oder nicht) ein offener Begriff gewählt, der zunächst einen weiten Interpretationsspielraum zulässt, vom reinen Wortlaut her spricht daher mehr für eine „weite" Auslegung. Demnach wären Auslandseinsätze von Art. 87a Abs. 2 GG ebenso erfasst wie Inneneinsätze. Dabei gilt es im Rahmen der juristischen Auslegung zu beachten, dass der Wortsinn stets die äußerste Grenze erlaubter Auslegung markiert, mithin eine über den Gesetzeswortlaut hinausgehende Interpretation nicht erfolgen darf[264]. Aus der Sicht der „weiten" Auslegung wäre damit das Ergebnis vorgegeben, allerdings ist der Wortlaut der Norm aufgrund seiner Offenheit gerade nicht eindeutig, da zwar möglicherweise die Norm nicht, wie soeben dargestellt, nur als eine Regelung „im Bundesgebiet" gelesen werden darf, umgekehrt sich aber aus Art. 87a Abs. 2 GG keine weitere Begrenzung entnehmen lässt. Insofern wird auch die Grenze erlaubter Auslegung nicht überschritten. Nicht haltbar ist dagegen die Wortlautauslegung, „außer zur Verteidigung" regele selbst nicht die Verteidigung, sondern setze sie voraus. Diese Interpretation kann nur dann Sinn machen, wenn man bereits in Art. 87a Abs. 1 Satz 1 GG eine Befugnisnorm sieht, was aber nach den obigen Feststellungen ausscheidet. Im Übrigen entspricht es dem allgemeinen Sprachgebrauch, der Formulierung eine zusätzliche, nicht ersetzende Aufgabe zu entnehmen[265]. Für eine „weite" Auslegung spricht in diesem Zusammenhang auch die nachvollziehbare Argumentation, Verteidigung lasse sich nicht auf das Inland beschränken. Unabhängig von der Frage, was tatsächlich genau unter „Verteidigung" zu

---

[263] So auch explizit *Pechstein*, Jura 1991, 461 (467).
[264] BVerfGE 71, 108 (115); auch BVerfGE 59, 330 (334), wonach einem dem Wortlaut nach eindeutigen Gesetz nicht ein entgegengesetzter Sinn verliehen werden darf. Kritisch zur Bindung des Verfassungswortlauts aber *Depenheuer*, Der Wortlaut als Grenze, S. 53 ff.

verstehen ist, dienen die Streitkräfte unstreitig zur Verteidigung der Bundesrepublik Deutschland, einer Verteidigung bedarf es aber auch nach außen hin. Würde man dies nur unter die Schranke der Art. 25 und Art. 26 GG stellen, widerspräche dies eindeutig der rein defensiv ausgestalteten Aufgabenzuweisung an die Streitkräfte. Die Meinung, die einen reinen Innenbezug annimmt, erkennt entweder eine fehlende Regelung im GG und wendet Art. 26 GG und das Völkerrecht als Grenze an[266] oder sieht den Auslandseinsatz dann mangels eigener Regelung explizit als von Art. 32 Abs. 1 GG mit umfasst an[267]. Diese kaum überzeugende Lösung wird selbst von Vertretern der „engen" Auslegung als unbefriedigend bezeichnet[268]. Angesichts des dieser Interpretation widersprechenden Wortlautes von Art. 87a Abs. 2 GG vermag daher ein reiner Innenbezug nicht zu überzeugen.

Die teleologische Auslegung dieser problematischen Norm muss sicherlich stets den politischen Hintergrund der Verfassungsänderung 1968 berücksichtigen. Regelungszweck der Notstandsverfassung war unstreitig der Einsatz öffentlicher Gewalt im Inland. Gleichfalls soll der Annahme nicht widersprochen werden, Art. 87a Abs. 2 GG habe auch (möglicherweise sogar hauptsächlich) den Inneneinsatz regeln wollen. Dies schließt aber eine gleichzeitige Regelung per se nicht aus. Zwar ist der „engen" Ansicht zuzugeben, dass ein Einsatz im Innern durchaus verfassungsrechtlich und auch politisch aufgrund der damit verbundenen historischen Erfahrungen und Gefahren höchst problematisch ist, doch gilt dies für Auslandseinsätzen nicht minder. Abgesehen von außenpolitischen Implikationen stellt sich in diesem Falle genauso wie bei einem Inneneinsatz die Frage nach der verfassungsmäßigen Rechtfertigung eines solchen Einsatzes. Auch die Streitkräfte sind als Teil der Exekutive an Recht und Gesetz gebunden, Art. 20 Abs. 3 GG: Zusammen mit dem Friedensgebot des GG und der Aufgabe der Streitkräfte - Verteidigung der Bundesrepublik - bedeutet dies, dass auch ein Auslandseinsatz den Anforderungen der Verfassung entsprechen muss und möglichst restriktiv gehandhabt werden soll. Folgt man aber der „engen" Auslegung,

---

[265] Siehe bereits oben unter 2. Teil, A. VI. 2. c).
[266] So z.B. *Kokott*, in: Sachs, GG, Art. 87a Rdnr. 13; *Pechstein*, Jura 1991, 461 (467).
[267] So *Stein*, Beteiligung an Friedenstruppen, S. 17 (26). Zu Art. 32 GG als Ermächtigungsgrundlage siehe bereits oben unter 2. Teil A. V.
[268] *Hopfauf*, ZRP 1993, 321 (324).

wäre dieses Ziel obsolet, denn unterhalb der Schwelle des Angriffskrieges bzw. des völkerrechtlichen Verbots ließen sich zahlreiche Einsätze der Streitkräfte vorstellen, die aber durchaus nicht defensiver Art wären[269]. Insofern ist ein Außeneinsatz angesichts der vagen Formulierung des Art. 26 GG durchaus verfassungsrechtlich so präzise wie nötig zu regeln.

Ein auf den ersten Blick starkes Argument für die Vertreter der „engen" Auslegung ist unzweifelhaft die Historie. Im Grunde basiert die Reduktion des Inhalts von Art. 87a Abs. 2 GG auf Inneneinsätze größtenteils auf der Grundlage der Entstehungsgeschichte[270]. Dieser ist auch einiges abzugewinnen, da tatsächlich einige Formulierungen in den Materialien zur Gesetzgebung den Schluss auf einen reinen Innenbezug zulassen. Allerdings ist in diesem Zusammenhang darauf hinzuweisen, dass Art. 143 GG a.F. zwar in Art. 87a GG aufging, doch nicht ohne weiteres in Gänze in Abs. 2. Die Regelungen aus Art. 143 GG a.F. über Einsätze der Streitkräfte im „inneren Notstand" wurden auf Abs. 4 übertragen, die Verwendung im „Verteidigungsfall" und Spannungsfall auf Abs. 3. Art. 87a Abs. 2 GG nahm somit nur einen Teilaspekt des alten Art. 143 GG in sich auf[271]. Insoweit ist die Berufung auf die „Ersatzfunktion" des Abs. 2 für Art. 143 GG a.F. nur begrenzt möglich. Die entstehungsgeschichtliche Argumentation der Befürworter der „weiten" Auslegung, man habe „auch" den Inneneinsatz regeln wollen, spricht im Gegenzug aber wiederum eher für die Erfassung auch von Auslandseinsätzen. Auch wenn dagegen eingewendet wird, diese Formulierung dürfe nicht speziell auf Art. 87a Abs. 2 bezogen werden, sondern eher auf Art. 87a GG insgesamt[272], so mag dies zwar richtig sein, bedeutet aber gleichzeitig auch, dass sich die Aussage eben auch und gerade auf Abs. 2 bezieht, der aber sowohl den Innen- als auch den Außeneinsatz regelt[273]. Die Gegenüberstellung der genetischen Argumentationslinien der beiden Ansichten vermag insgesamt

---

[269] Hierunter fallen beispielsweise gewaltsame militärische Einsätze, die zwar mandatiert sind, dennoch aber in keiner Weise der Verteidigung der Bundesrepublik dienen und daher nicht mehr „defensiv" genannt werden könnten.

[270] So bereits *Bothe*, Diskussionsbeitrag, in: Frowein/Stein, Rechtliche Aspekte, S. 48; vgl. auch *Kreß*, ZaöRV 57 (1997), 329 (351 Fn. 88).

[271] Darauf weist zu Recht *Becker*, in: Dau/Wöhrmann, Dokumentation, S. 431 hin.

[272] Vgl. *Isensee/Randelzhofer*, in: Dau/Wöhrmann, Dokumentation, S. 547.

[273] Ebenso *Bothe*, in: Dau/Wöhrmann, Dokumentation, S. 575.

kaum ein klares Bild über die damaligen Vorstellungen des Gesetzgebers herzustellen. Die Materialien sind zum Teil nicht widerspruchsfrei, mindestens aber undeutlich, eine überzeugende Begründung aus der Entstehungsgeschichte kann daher weder die „enge" noch die „weite" Betrachtungsweise leisten. Hierbei ist zudem die Rechtsprechung des BVerfG zu der Bedeutung von historischen Auslegungen zu berücksichtigen, wonach Gesetzesmaterialien nur insofern herangezogen werden können, als sie auf einen „objektiven Sinngehalt" schließen lassen und ein durch die anderen Auslegungsmethoden gefundenes Ergebnis bestätigen[274]. Ob die historische Interpretation des Art. 87a Abs. 2 GG diesen Erfordernissen der Rechtsprechung standhalten kann, ist doch mehr als zweifelhaft. Einen „objektiven Sinngehalt" beanspruchen beide Ansichten mit teilweise guten Argumenten jeweils für sich und ein unstreitiger objektiver Sinngehalt jedenfalls nicht feststellbar. Ferner kann die historische Auslegung nicht zur Bestätigung eines durch andere Auslegungsmethoden gefundenes Ergebnis zweifelsfrei herangezogen werden. Selbst wenn man dies annimmt, würde aufgrund des Wortlautes und der teleologischen Auslegung die „weite" Auslegung Vorrang verdienen. Das Rekurrieren auf die Historie ist insofern auch mit Bedacht vorzunehmen, als sich die Verfassung wandelt und weiterentwickelt und somit die heutige politische Lage eine ganz andere darstellt als zur Zeit der Notstandsgesetzgebung[275]. Bei völliger Änderung des politischen Umfelds - Auslandseinsätze sind nunmehr ständiger Teil des politischen Alltags[276] - erscheint es doch fraglich, ob es Sinn macht, sich an der Entstehungsgeschichte einer nunmehr mehreren Jahrzehnten alten Norm festzuklammern und dabei die veränderten Realitäten im politischen Leben auszublenden.

---

[274] Vgl. BVerfGE 1, 299 (312); 11, 126 (130); auch 62, 1 (45 ff.). Für die stärkere Berücksichtigung subjektiv-historischer Interpretationselemente plädiert hingegen *Depenheuer*, DVBl. 1987, 809 (812).

[275] Ähnlich *Doehring*, Diskussionsbeitrag, in: Frowein/Stein, Rechtliche Aspekte, S. 60, der Bedenken an dem Rückgriff auf die Entstehungsgeschichte nach 40 Jahren, in denen sich die Verfassung weiterentwickelt habe, äußert. Auch nach *Zippelius*, Juristische Methodenlehre, S. 44 ist dem Wandel der Vorstellungen Rechnung zu tragen.

[276] *Hirsch*, ZRP 1994, 120; *Klein, Lerche,* Diskussionsbeiträge, in: Frowein/Stein, Rechtliche Aspekte, S. 44, 62 weisen zu Recht auf die Staatspraxis der vergangenen Jahrzehnte hin, die Art. 87a Abs. 2 im „weiten" Sinne interpretierte. Es sei nicht unproblematisch bzw. widersprüchlich, wenn nunmehr diese Auffassung, um Hindernissen für Auslandseinsätze aus dem Weg zu gehen, allmählich in ihr Gegenteil verkehrt werde.

Nach alledem bietet die historische Auslegung aufgrund der Vielzahl der Unklarheiten und der fragwürdigen heutigen Relevanz keine vernünftige Argumentationshilfe.

Die Systematik bietet eindeutig keine Grundlage für die Beschränkung der Norm auf Inneneinsätze. Hierfür ist die Aussagekraft völlig unzureichend, insofern als die missglückte Stellung der Norm nahezu unstreitig und zu Recht angenommen wird und sie gleichzeitig eine Grundnorm für die Einsätze der Streitkräfte darstellen sollte. In diesem Falle stellt die Systematik im Ergebnis keine heranzuziehende Möglichkeit der Verfassungsinterpretation dar, da sie sich als unergiebig und untauglich für eine solche Interpretation des Art. 87a Abs. 2 GG erweist[277].

(2) Die Aussagen im „Streitkräfte-Urteil"

Fraglich ist, ob und ggf. welche Rückschlüsse aus dem „Streitkräfte-Urteil" des BVerfG in Bezug auf den Regelungsbereich des Art. 87a Abs. 2 GG zu ziehen sind. Das Gericht hat selbst expressis verbis festgestellt, die „mannigfachen Meinungsverschiedenheiten" zu Art. 87a GG bedürften in „den vorliegenden Verfahren keiner Entscheidung"[278], weil Art. 87a GG jedenfalls nicht Einsätzen im Rahmen von gegenseitigen kollektiven Sicherheitssystemen entgegenstehe. Wenn das Gericht hierüber keine Entscheidung beabsichtigte, bestehen drei Interpretationsmöglichkeiten der (kurzen) gerichtlichen Ausführungen zu Art. 87a GG: Entweder man zieht hieraus den Rückschluss, dass Art. 87a Abs. 2 GG gleichermaßen Innen- und Auslandseinsätze erfasst[279], oder, zweitens, man entnimmt den Aussagen genau das Gegenteil, nämlich nur einen Innenvorbehalt[280], oder, drittens, man begnügt sich mit der Feststellung des Gerichts, den Mei-

---

[277] So auch *Bähr*, Verfassungsmäßigkeit des Einsatzes, S. 60; *ders.*, ZRP 1994, 97 (98); *Epping*, AöR 124 (1999), 423 (432); vgl. auch *Schmidt-Jortzig*, in: Dau/Wöhrmann, Dokumentation, S. 30.

[278] BVerfGE 90, 286 (355).

[279] Vgl. *Baldus*, in: von Mangoldt/Klein/Starck, GG, Art. 87a Rdnr. 34; *ders.*, Extraterritoriale Interventionen, S. 259 (277); *Heun*, in: Dreier, GG, Art. 87a Rdnr. 16; *Schultz*, Die Auslandsentsendung, S. 150 ff.

[280] So *Hernekamp*, in: von Münch/Kunig, GG, Art. 87a Rdnr. 12; *Lang*, Internationale Einsätze, S. 90; *Limpert*, Auslandseinsatz der Bundeswehr, S. 21; *Schulze*, JR 1995, 98 (102).

nungsstreit nicht entscheiden zu wollen und erkennt daher auch keine konkreten Hinweise weder für die eine noch für die andere Auffassung[281]. Tatsächlich geht das Gericht in seinen Ausführungen zu Art. 87a Abs. 2 GG nur auf die Historie der Norm ein, indem es darlegt, der Gesetzgeber habe durch die Notstandsverfassung „nunmehr auch die Voraussetzungen" regeln wollen, „unter denen die Streitkräfte im Falle eines inneren Notstandes" eingesetzt werden dürften[282]. Dies sei auch durch die Motive belegt, denn maßgeblich sei dem Rechtsausschuss das Ziel gewesen, „die Möglichkeiten für einen Einsatz der Bundeswehr im Innern durch das Gebot strikter Texttreue zu begrenzen"[283]. Diese Passagen werten die Befürworter der „engen" Auffassung als Bestätigung ihrer These. Doch bleiben hierbei Fragen offen; insbesondere diejenige, ob der Zweite Senat damit tatsächlich eine Andeutung zu dem Regelungsbereich des Abs. 2 machen wollte oder ob er nicht vielmehr schlicht hieraus die Annahme, der Gesetzgeber habe durch diese Regelung nicht den Einsatz in kollektiven Sicherheitssystemen verhindern oder begrenzen wollen, ableitete. Diese Aussage bedeutet inhaltlich etwas ganz anderes, als eine versteckte Stellungnahme zu obiger Streitfrage hineinzulesen. Bedenken an dem angeblichen Bezug auf reine Inneneinsätze bestehen aber auch insoweit, als doch unerklärlich bleibt, warum der Senat solch eine ausführliche Begründung im Rahmen von Art. 24 Abs. 2 GG präsentiert, wenn es der Ansicht gewesen wäre, Art. 87a Abs. 2 beziehe sich nur auf den Inneneinsatz. Denn in diesem Falle wäre ein Einsatz im Rahmen des Völkerrechts ja bereits ohne weiteres zulässig gewesen[284]. Zu Recht wird auch verschiedentlich auf die damit folgenden Unstimmigkeiten in dem Verhältnis des Art. 24 Abs. 2 zu Art. 87a Abs. 2 GG hingewiesen: Wenn ein Einsatz im Rahmen von gegenseitigen kollektiven Sicherheitssystemen nur unter der Voraussetzung des Art. 24 GG zulässig wäre, so erscheint es doch merkwürdig, ja sogar widersinnig, wenn alle anderen, autonomen, Auslandseinsätze nur der Schranke des Art. 26 GG unterfallen sollten[285]. Einsätze im multilateralen Rahmen stellen in der Regel aufgrund der gegenseitigen Unterstützung und Risikoteilung die weitaus ungefährlichere Va-

[281] Vgl. dazu *Epping*, AöR 124 (1999), 423 (427 f.); auch *Kreß*, ICLQ 44 (1995), 414 (420).
[282] BVerfGE 90, 286 (356).
[283] BVerfGE 90, 286 (357).
[284] So auch *Baldus*, in: von Mangoldt/Klein/Starck, GG, Art. 87a Rdnr. 34.
[285] Vgl. *Schultz*, Die Auslandsentsendung, S. 151.

riante eines Auslandsengagements dar. Es widerspricht der verfassungsrechtlichen Grundstellung der Streitkräfte, wenn diese zu weitaus gefährlicheren unilateralen Einsätzen ohne weitere verfassungsrechtliche Schranke - außer dem Verbot des Angriffskrieges und der Völkerrechtskonformität - herangezogen werden könnten. Insgesamt kann somit der Entscheidung des Gerichts jedenfalls im Ergebnis nicht eine Annäherung an die „enge" Auslegung unterstellt werden. Hierfür ist anzuführen, dass eine Interpretation zugunsten der „weiten" Auslegung mangels eindeutiger Anhaltspunkte in dem Urteil nicht unproblematisch wäre, vielmehr anzuerkennen ist, dass der Senat eben keine Entscheidung in dieser Frage treffen und nicht ein Präjudiz bezüglich einer bestimmten Auslegung liefern wollte. Aber auch wenn man eine Präferenz für die „enge" Auslegung unterstellt, so führt dies kaum weiter, da angesichts des expliziten Verzichts auf eine Klärung dieser Frage keine Art „obiter dictum" entstanden ist und somit die unterschiedlichen Ansichten bis zur endgültigen, verbindlichen Entscheidung des Gerichts weiter vertreten werden können[286]. Zusammenfassend kann somit festgehalten werden: Das Urteil des BVerfG trägt nicht hinreichend zur Interpretation des Regelungsbereiches des Art. 87a Abs. 2 GG bei, weil es explizit keine Entscheidung trifft und auch keine entsprechenden Hinweise für die jeweiligen Ansichten erkennbar sind. Aufgrund der oben dargelegten, inhaltlich überzeugenderen Argumente ist somit der „weiten" Auslegung den Vorzug zu geben.

dd) Ergebnis: Auch Außeneinsätze erfasst

Die Antwort auf die oben gestellte Frage, ob Art. 87a Abs. 2 GG nur im Innern gilt, lautet daher im Ergebnis: Der Regelungsbereich des Art. 87a Abs. 2 GG umfasst entgegen anderer Ansicht sowohl den Innen- als auch den Außeneinsatz der Streitkräfte. Um die Rechtmäßigkeit von Evakuierungsoperationen im Ausland beurteilen zu können, stellt Art. 87a Abs. 2 GG somit die geeignete Ermächtigungsgrundlage dar.

---

[286] *Kreß*, ZaöRV 57 (1997), 329 (350) argumentiert ähnlich, indem er, selbst wenn das Gericht einen Schritt zugunsten der Begrenzung auf Binneneinsätze getan hätte, diesen Schritt für „noch umkehrbar" hält.

Zu untersuchen ist daher im Folgenden, ob die Voraussetzungen der Norm solche Evakuierungsoperationen zulassen.

3. Voraussetzungen einer Evakuierungsoperation

Wenn allein Art. 87a Abs. 2 GG als materielle Rechtsgrundlage für Evakuierungsoperationen der Streitkräfte in Frage kommt, so bedarf es gemäß dem Wortlaut der Norm zur Bejahung der Verfassungsmäßigkeit eines „Einsatz[es]", der ausschließlich „zur Verteidigung" erfolgt. Im Anschluss an die breit diskutierte Frage der reinen Innenwirkung oder auch Außenwirkung (siehe soeben) von Art. 87a Abs. 2 GG erstaunt nicht, dass auch bezüglich dieser beiden Begriffe in der Literatur keine Einigkeit herrscht. Sowohl der „Einsatz" als auch die „Verteidigung" werden vom GG nicht näher konkretisiert und damit der gerichtlichen und wissenschaftlichen Ausprägung in all ihren Facetten überlassen[287]. Dies führte unter anderem dazu, dass auch politische Entwicklungen der letzten Jahrzehnte Einfluss auf das Normverständnis hatten und haben[288]. Parallel zu der oben beschriebenen Thematik der Innen- und Außenwirkung der Norm, führt auch ein Blick auf die höchstrichterliche Jurisprudenz zu keiner eindeutigen Klärung, denn das BVerfG hat in seinem „Streitkräfte-Urteil" die Auslegung der Begriffe „Einsatz" und „Verteidigung" mangels Entscheidungserheblichkeit offen gelassen und die Diskussionen im Schrifttum dadurch nicht beendet[289]. Inwiefern dem Urteil Tendenzen oder Hinweise entnommen werden können oder nicht, dazu soll auch im Folgenden Stellung genommen werden. Um die Rechtmäßigkeit von Evakuierungsoperationen im Ausland beurteilen zu können, bedarf es also einer Auseinandersetzung mit den beiden Voraussetzungen des Art. 87a Abs. 2 GG.

---

[287] *Bothe*, Diskussionsbeitrag, in: Frowein/Stein, Rechtliche Aspekte, S. 68 f. spricht in diesem Zusammenhang von einem „Basteln mit dem Einsatzbegriff"; bei *Bähr*, Verfassungsmäßigkeit des Einsatzes, S. 142 wird gar von „Manipulation am Einsatzbegriff" gesprochen.
[288] Man denke nur an das Bedrohungsszenario und das damit einhergehende Verständnis von Streitkräfte-Einsätzen zur Verteidigung beispielsweise Anfang 1970 und im Zeitalter des Terrorismus nach den Anschlägen vom 11.09.2001.
[289] Vgl. BVerfGE 90, 286 (355).

a) „Einsatz"

Zunächst soll der Frage nachgegangen werden, ob die Streitkräfte bei einer Evakuierungsoperation „eingesetzt" werden i.S.d. Art. 87a Abs. 2 GG[290]. Dabei kann
zum einen die juristische Literatur herangezogen werden, deren Bandbreite von
einem „engen" bis zu einem „weiten" Einsatzbegriff reicht, Einigkeit besteht in
dieser Hinsicht jedenfalls kaum. Ferner ist die Staatspraxis der letzten Jahrzehnte
aufschlussreich, weil hierdurch die politische Komponente des Einsatzbegriffs
deutlich wird. Schließlich könnten auch dem „Streitkräfte-Urteil" des BVerfG
Anhaltspunkte für die Frage des „einsetzen" entnommen werden. An dieser Stelle ist zudem auf Folgendes hinzuweisen: Da sich die Ergebnisse für den vorliegenden Fall, wie sich zeigen wird, nur geringfügig unterscheiden, soll auf eine
vertiefte Darstellung der Problematik - insbesondere der tiefen Verästelung innerhalb einzelner Ansichten - hier verzichtet und lediglich die vertretenen Ansichten in der gebotenen Genauigkeit aber eben auch Kürze dargelegt werden.
Für eine genauere Analyse auch bezüglich Auslandseinsätze im Allgemeinen
eignen sich daher andere Werke besser[291].
In der Literatur tritt vielfach der Begriff der „Verwendung" der Streitkräfte
auf[292]. Dieser ist ebenfalls nicht definiert und könnte sprachlich als Synonym für
„Einsatz" angesehen werden. Trotz dieser Deutungsmöglichkeit geht das verfassungsrechtliche Schrifttum aber zumeist davon aus, dass die „Verwendung" diejenige Inanspruchnahme der Streitkräfte darstellt, die nicht „Einsatz" i.S.d. Art.

---

[290] Nicht nur Art. 87a Abs. 2 GG spricht von „einsetzen": Auch in den Art. 35 Abs. 3; 87a Abs. 4; 91 Abs. 2; 115f Abs. 1 Ziff. 1 GG handelt es sich um ein „einsetzen" entweder der Bundeswehr oder der Bundespolizei.

[291] Siehe zum Beispiel die systematische Darstellung bei *Bähr*, Verfassungsmäßigkeit des Einsatzes, S. 121 ff; *Fiebig*, Einsatz im Innern, S. 106 ff.; *Zimmer*, Einsätze der Bundeswehr, S. 52 ff. *Becker*, in: Dau/Wöhrmann, Dokumentation, S. 415 ff. untersucht den Begriff „Einsatz" nach der juristischen Auslegungslehre. *Schultz*, Die Auslandsentsendung, S. 154 ff. bezieht die Bundespolizei in die begriff-liche Klärung mit ein. Ansonsten finden sich verhältnismäßig wenige Monographien bzw. Aufsätze, die sich in aller Ausführlichkeit dieser Thematik widmen. In der Regel werden die wichtigsten Ansich-ten kurz dargelegt und sich sodann einer Meinung angeschlossen. Hieran wird bereits deutlich, dass der Schwerpunkt der Frage der Verfassungsmäßigkeit im Rahmen von Auslandseinsätzen der Streit-kräfte nicht bei dem Begriff „Einsatz" zu problematisieren ist.

[292] Vgl. bei *Lang*, Internationale Einsätze, S. 78; Schriftlicher Bericht des RA-BT vom 9.5.1968, BT-Drs. V/2873, S. 12 f.

87a Abs. 2 GG ist[293] und daher beispielsweise für reine humanitäre Hilfsaktionen wie Lebensmittelhilfen etc. benutzt werden kann[294]. Jedenfalls im Hinblick auf diese Interpretationsweise sollte daher der Begriff „Verwendung" mit Vorsicht benutzt werden, wobei aber allein schon aus stilistischen Gründen ein Heranziehen des Terminus bei den Definitionen nicht ganz vermieden werden kann[295].

aa) Vielfältige Definitionsversuche

In der juristischen Literatur wird seit langem versucht, den Begriff „Einsatz" zu definieren bzw. zu umschreiben, um etwas mehr Klarheit über die Rechtmäßigkeit der Entsendung der Streitkräfte nicht nur zu Evakuierungsoperationen sondern ganz allgemein im Ausland zu erreichen. Doch haben diese Versuche kaum zu der angestrebten Verdeutlichung geführt; im Gegenteil wurde der Begriff „Einsatz" nahezu vollständig verwässert und der Gesetzgeber hat bis heute eine Klarstellung im GG vermieden.

(1) Das Parlamentsbeteiligungsgesetz (ParlBetG)

Allerdings ist im Laufe der einfach-gesetzlichen Regelung des Parlamentsvorbehalts bei Auslandseinsätzen der Streitkräfte nunmehr tatsächlich eine Legaldefinition zumindest des Einsatzes „bewaffneter" Streitkräfte erfolgt: So liegt nach § 2 Abs. 1 ParlBetG[296] ein Einsatz bewaffneter Streitkräfte vor, *„wenn Soldatinnen oder Soldaten der Bundeswehr in bewaffnete Unternehmungen einbezogen sind oder eine Einbeziehung in eine bewaffnete Unternehmung zu erwarten ist".* Diese Begriffsbestimmung des § 2 Abs. 1 ParlBetG stellt also auf eine bewaffnete Unternehmung ab und bezieht sich somit auf die Umstände des militärischen Einsatzes, was insofern auf eine restriktive Interpretation des Einsatzbeg-

---

[293] So *Schultz*, Die Auslandsentsendung, S. 154 mit Nachweisen zur Gegenansicht auf S. 157.

[294] Vgl. dazu *Mössner*, Bundeswehr in blauen Helmen, S. 97 (106); *Winkler*, DÖV 2006, 149 (150).

[295] Soweit diese Arbeit das Wort „Verwendung" im Rahmen der Definitionsversuche integriert, geschieht dies neutral, d.h. ohne die soeben dargestellten Implikationen. Sofern die Hilfseinsätze gemeint sind, wird dies kenntlich gemacht.

[296] BGBl. I 2005, S. 775.

riffs schließen lässt. Es werden dabei kriegsähnliche bzw. gewaltsame Umstände in den Vordergrund gerückt. Doch führt dies bei der Interpretation der verfassungsrechtlichen Voraussetzungen des Art. 87a Abs. 2 GG kaum weiter, da der Gesetzgeber durch diese Norm keineswegs eine einfach-gesetzliche Regelung des Einsatzbegriffs in Art. 87a Abs. 2 GG treffen wollte, sondern lediglich der Aufforderung des BVerfG, den Parlamentsvorbehalt gesetzlich auszugestalten[297], nachkam. Der Regelung ist möglicherweise der gesetzgeberische Wille einer Definition zu entnehmen, eine verbindliche Wirkung entfaltet die Begriffsbestimmung aber nicht. Auch inhaltlich vermag § 2 Abs. 1 ParlBetG keine hinreichende Klärung herbeizuführen, weil ja nur der Einsatz „bewaffneter" Streitkräfte geregelt wird, dies aber zum einen gerade nicht in Art. 87a Abs. 2 GG als Voraussetzung aufgeführt ist und zum anderen eben streitig ist, ob ein „einsetzen" i.S.d. Art. 87a Abs. 2 GG überhaupt durch das Merkmal der Bewaffnung charakterisiert wird. Die Begriffsbestimmung des ParlBetG bezieht sich somit (nur) auf eine spezielle Einsatzkonstellation, in der die Streitkräfte in bewaffnete Unternehmungen einbezogen sind, für diesen Fall gilt dann der Parlamentsvorbehalt. Sie ist aber nicht geeignet, zu bestimmen, wann überhaupt ein „einsetzen" nach dem GG vorliegt. § 2 Abs. 1 ParlBetG beantwortet demnach nur die Frage, ob z.B. für Evakuierungsoperationen je nach Art der Unternehmungen eine formelle Billigung des Bundestages erforderlich ist[298], nicht aber ob dies einen Einsatz i.S.d. Art. 87a Abs. 2 GG begründet. Dies kann das ParlBetG allein schon deshalb nicht bewerkstelligen, weil ein solcher Einsatz nur an der verfassungsrechtlichen Ermächtigungsgrundlage gemessen werden kann und einfach-gesetzliche Ausgestaltungen verfassungsrechtliche Hürden nicht überwinden können. Aufgrund der recht diffusen Legaldefinition - genügt das Vorliegen der Bewaffnung oder erst der Waffeneinsatz? Wann sind die Streitkräfte in bewaffnete Unternehmungen einbezogen? Muss dies unmittelbar geschehen? - kommt man nicht umhin, zur weiteren Aufklärung auf die juristischen Definitionen des Einsatzbegriffs zurückzugreifen und damit sozusagen das Pferd von

---

[297] Siehe BVerfGE 90, 286 (390); vgl. auch BVerfGE 108, 34 (42 f.).

[298] Diese Frage im Übrigen bezüglich der Operation Libelle 1997 in Albanien wegen der fehlenden Verstrickung mit Krieg und dem polizeilichen Charakter des Einsatzes verneinend *Wiefelspütz*, NVwZ 2005, 496 (497), anders noch *ders.*, NZWehr 2003, 133 (142); a. A. aber die Bundesregierung sowie der Bundestag, BT-Drs. 13/7233 sowie BT-Sten. Prot. S. 14 989 D (Beschluss).

hinten aufzuzäumen[299]. Die Begriffsbestimmung des § 2 Abs. 1 ParlBetG trägt somit nicht entscheidend zur Interpretation eines Einsatzes i.S.d. Art. 87a Abs. 2 GG bei, aus ihr kann lediglich der gesetzgeberische Wille entnommen werden, Einsätze bewaffneter Streitkräfte mit bewaffneten Unternehmungen gleichzusetzen.

(2) Das juristische Schrifttum

In der verfassungsrechtlichen Literatur wird auf die verschiedensten Kriterien abgestellt[300]. Am weitesten geht sicherlich diejenige Ansicht, die auf *Art. 2 Abs. 4 VN-Charta* abstellt und daher jede Androhung oder Anwendung von Gewalt, die mit den Zielen der UN-Charta unvereinbar ist, als „Einsatz" qualifiziert[301]. Diese Ansicht sieht den Begriff der „Verteidigung" in Art. 87a Abs. 2 GG durch das Völkerrecht inhaltlich konkretisiert und bezieht daher aus systematischen Gründen auch den „Einsatz" auf völkerrechtliche Regelungen wie eben Art. 2 Abs. 4 VN-Charta. Einen weiten Anwendungsbereich wird dem „Einsatz" auch dann eingeräumt, wenn man ihn mit „Verwendung" gleichsetzt (siehe bereits oben)[302]; in diesem Falle wären auch die zahlreichen Hilfsaktionen der Streitkräfte „Einsatz" i.S.d. Ar. 87a Abs. 2 GG. Ferner wird im Schrifttum bereits dann ein „Einsatz" bejaht, wenn die Streitkräfte im Rahmen der Aktionen Waffen tragen bzw. verwenden, es wird mithin dadurch auf das Kriterium der *Bewaffnung* abgestellt[303]. Danach seien nur die klassischen Aufgaben der Armee, die einen bewaffneten Militäreinsatz oder einen Kampfeinsatz unter Verwendung von Waffen bzw. schon ein Tragen derselben voraussetzten, ein „Einsatz". Jedoch wird auch von der Mehrzahl der Vertreter dieser Auffassung die Bewaffnung nur als eines von mehreren Kriterien angesehen, nicht hingegen als aus-

---

[299] Vgl. auch *Weiß*, NZWehrr 2005, 100 (104).

[300] Sehr ausführlich dazu *Bähr*, Verfassungsmäßigkeit des Einsatzes, S. 122 ff.

[301] *Giegerich*, ZaöRV 49 (1989), 1 (24 f.).

[302] *Bähr*, ZRP 1994, 97 (100); *Deiseroth*, NJ 1993, 145 (148); *Kersting*, NZWehrr 1983, 64 (69).

[303] *Franzke*, NJW 1992, 3075 (3076); *Klein*, ZaöRV 34 (1974), 429 (435); *Limpert*, Auslandseinsatz der Bundeswehr, S. 16; *Pieper/Miedeck*, JA 1992, 244 f.; dagegen: *Baldus*, Extraterritoriale Interventionen, S. 259 (280); *Emde*, NZWehrr 1992, 133 (141 f.); *Gornig*, JZ 1993, 123 (125); *Tomuschat*, in: Bonner Kommentar, Art. 24 Rdnr. 186.

schließliches[304]. Eine weitere Auffassung zieht das *militärische Element* als entscheidendes Merkmal heran: So soll ein „Einsatz" dann gegeben sein, wenn unabhängig von der Frage der Bewaffnung der Tätigkeit der Streitkräfte mit ihren Mitteln, spezifischen Vorgehensweise und Zielsetzung militärische Elemente zugrunde liegen, die Truppen mithin für militärische Vorhaben verwendet würden[305]. Bei dem militärischen Einsatzbegriff verstehe man unter „Einsatz" die Vorbereitung und Durchführung von Kampfeinsätzen[306]. Die Lehre von der *funktionsgerechten Verwendung* hingegen stellt darauf ab, ob die Streitkräfte im Rahmen der militärischen Befehlsgewalt und/oder gemäß ihren militärischen Führungsgrundsätzen verwendet werden, wobei es nicht darauf ankomme, ob Waffengewalt ausgeschlossen worden oder allein zur Selbstverteidigung vorgesehen sei[307]. Einer Anknüpfung an das Polizei- und Ordnungsrecht ähnelnd, wird in neuerer Zeit auch auf das Kriterium der *Gefahrenabwehr* abgestellt: Danach soll ein „Einsatz" dann vorliegen, wenn die Streitkräfte ziel- und zweckgerichtet zur Abwehr einer konkreten gegenwärtigen Gefahr für die öffentliche Sicherheit und Ordnung in Anspruch genommen werden[308]. Dies ergebe sich daraus, dass die Abwehr einer Gefahr für die öffentliche Sicherheit das verbindende Merkmal aller das Tätigwerden der Streitkräfte regelnden grundgesetzlichen Eingriffsermächtigungen (Art. 87a 2-4, Art. 35 Abs. 2-3 GG) darstelle und diese Normen alle an wie auch immer geartete Gefahrentatbestände anknüpften. Weitere, vereinzelt vertretene, Ansichten stellen auf die Inanspruchnahme der Bundeswehr in politischen Krisen oder Konflikten[309], auf das Zur-Verfügung-Stellen des mili-

---

[304] Vgl. nur *Dürig,* in: Maunz/Dürig, GG, Art. 87a Rdnr. 32; *Hernekamp,* in: von Münch/Kunig, GG, Art. 87a Rdnr. 13; *Pieper/Miedeck,* JA 1992, 244 (245).

[305] *Bothe,* in: Dau/Wöhrmann, Dokumentation, S. 389, 631; *Coridass,* Der Auslandseinsatz, S. 80 ff.; *Nölle,* Verwendung im Ausland, S. 52 f; *Schopohl,* Der Außeneinsatz, S. 132 f.; vgl. auch *Winkler,* DÖV 2006, 149 (150): „militärische Organisationsstruktur"; *Jochum,* JuS 2006, 511 (512); dagegen: *Beckert,* NZWehrr 1984, 9 (11); *Ipsen,* in: Bonner Kommentar, Art. 87a Rdnr. 31.

[306] So die Definition in der Zentralen Dienstvorschrift der Bundeswehr, ZDv 1/50, abgedruckt in: VMBl. 1962, S. 490.

[307] So insbesondere *Stein,* Schutz der Handelsflotte, S. 487 (493 f.); *Stein,* Beteiligung an Friedenstruppen, S. 17 (22); ähnlich *Kirchhof,* in: Isensee/Kirchhof, HdbStR, § 84 Rdnr. 55; *Randelzhofer,* in: Maunz/Dürig, GG, Art. 24 Abs. 2, Rdnr. 62 Fn. 126; *Schmidt-Jortzig,* DÖV 2002, 773 (776).

[308] *Bähr,* Verfassungsmäßigkeit des Einsatzes, S. 139, 142; *ders.,* ZRP 1994, 97 (100 f.); *Lang,* Internationale Einsätze, S. 87; Auf den Einsatzzweck der Gefahrenabwehr neben anderen Kriterien abstellend auch *Schultz,* Die Auslandsentsendung, S. 178, 179

[309] Vgl. *Bartke,* Verteidigungsauftrag, S. 146 ff.

tärischen Know-hows[310] oder im Rahmen einer zweistufigen Beurteilung auf die Art der Verwendung und die besondere Situation[311] ab. Die herrschende Meinung hingegen hält einen „Einsatz" dann für gegeben, wenn die Streitkräfte als Mittel der vollziehenden Gewalt tätig werden und hoheitliche Befugnisse wahrnehmen, mithin *hoheitlich als Teil der vollziehenden Gewalt* agieren, dessen obrigkeitliches Vorgehen von Zwangsbefugnissen und Eingriffsermächtigungen geprägt sei[312]. Die Vielfältigkeit des Meinungsstands in dieser Frage verdeutlicht, wie schwierig die genaue Bestimmung des Begriffs „Einsatz" sein kann, zumal immer weitere Verfeinerungen und Nuancen entwickelt werden, um den zahlreichen bereits bestehenden Begründungsversuchen eigene hinzuzufügen, was dann häufig dazu führt, dass eine simple Definition nicht mehr ausreicht und die Interpretationen immer umfangreicher und ideenreicher werden[313]. Ob damit nicht der grundgesetzgeberische Wille auf der Strecke bleibt bzw. an Berücksichtigung verliert ist fraglich. Konträr zu den juristischen Überlegungen stellt sich aber nun die Analyse der deutschen Staatspraxis dar.

(3) Die deutsche Staatspraxis

Beim Betrachten der politischen Rechtfertigungsversuche für einen Auslandseinsatz der Bundeswehr wird schnell deutlich, dass auch die Politik keine kohärente Auslegung des Einsatzbegriffs vertrat und vertritt, sie vielmehr je nach politischem Wille argumentativ einen Einsatz i.S.d. Art. 87a Abs. 2 GG zu begrün-

---

[310] Vgl. *Riedel*, Der Einsatz deutscher Streitkräfte, S. 210 f.

[311] *Mössner*, Bundeswehr in blauen Helmen, S. 97 (107).

[312] Vgl. *Bachmann*, MDR 1993, 397 (398); *Baldus*, in: von Mangoldt/Klein/Starck, GG, Art. 87a Rdnr. 36; *Beckert*, NZWehrr 1984, 9 (12); *Blumenwitz*, NZWehrr 1988, 133 (141); *Brunner*, Deutsche Soldaten im Ausland, S. 53; *von Bülow*, NZWehrr 1984, 237 (240); *Dürig*, in: Maunz/Dürig, GG, Art. 87a Rdnr. 32; *Fibich*, ZRP 1993, 5 (6); *Gornig*, JZ 1993, 123 (126); *Henneke/Ruge*, in: Schmidt-Bleibtreu/Klein, GG, Art. 87a Rdnr. 5; *Heun*, in: Dreier, GG, Art. 87a Rdnr. 15; *Hömig*, in: Seifert/Hömig, GG, Art. 87a Rdnr. 6; *Kokott*, in: Sachs, GG, Art. 87a Rdnr. 15; *Oeter*, NZWehrr 2000, 89 (97); *Steinkamm*, Diskussionsbeitrag, in: Schwarz/Steinkamm, Rechtliche und politische Probleme, S. 98; *Wiefelspütz*, NZWehrr 2003, 45 (57); 133 (136); *Wild*, DÖV 2000, 622 (624); *Winkler*, DÖV 2006, 149 (150); vgl. auch BT-Drs. V/2873, S. 13; *Lutze*, NZWehrr 2001, 117 (119 f.) sieht das Charakteristikum in einer Regelungs- oder Eingriffsqualität und kommt damit der hoheitlichen Verwendung sehr nahe. Kritisch: *Bothe*, Diskussionsbeitrag, in: Schwarz/Steinkamm, Rechtliche und politische Probleme, S. 106.

[313] Als Beispiel aus der jüngeren Zeit sei nur *Schultz*, Die Auslandsentsendung, S. 179 genannt, der nach einer Analyse der bisherigen Ansätze eine eigene Definition präsentiert.

den oder - je nach gewünschtem Ergebnis - abzulehnen versuchte[314]. Bis zum „Streitkräfte-Urteil" des BVerfG im Jahre 1994 und der damit verbundenen verfassungsrechtlichen „Aufwertung" des Art. 24 Abs. 2 GG zu einer umfassenden Einsatznorm für Bündnisaktionen, wurde stets Art. 87a Abs. 2 GG als einschlägige Ermächtigungsnorm herangezogen und geprüft, ob der „Einsatz" auch „zur Verteidigung" erfolgte. Da „peace-keeping" zu dieser Zeit nicht als „Verteidigung" gesehen wurde, konnten die Einsätze der Streitkräfte nur gerechtfertigt werden, wenn man sie als schlichte „Verwendung" ansah und jedenfalls dadurch die Voraussetzungen bzw. Beschränkungen des Art. 87a Abs. 2 GG nicht vorlagen[315]. Dieser - angeblich - eng begrenzte verfassungsrechtliche Rahmen hatte einen erheblichen Anteil an der politischen Auslegungsvielfalt der letzten Jahrzehnte, was den Einsatzbegriff angeht. Mal wurde auf die Bewaffnung abgestellt[316], dann überwog die Auffassung, es komme auf die Verwendung der Streitkräfte zur Ausübung und Unterstützung von Gewalt zur Durchsetzung einer Position an[317] und schließlich wurde in jüngerer Zeit als entscheidender Prüfungspunkt eine Verwicklung deutscher Soldaten in Kampfhandlungen geprüft[318], aber auch - entsprechend der herrschenden Meinung im Schrifttum - das Kriterium der Verwendung als Mittel der vollziehenden Gewalt herangezogen[319]. Aus alledem lässt sich somit keine genauere Eingrenzung von „Einsatz" vornehmen, doch wird deutlich, dass sich die Meßlatte nach oben verschoben hat, d.h. nunmehr der Begriff „Einsatz" durchaus nicht bereits bei jeder beliebigen Verwendung der Streitkräfte gegeben ist, sondern sich auf besondere Fälle reduzieren lässt. Insbesondere lassen sich nunmehr humanitäre Hilfsaktionen, Überwachungsflüge oder auch das Ausfliegen von Menschen in Not ohne Soldaten an Bord durchaus als im Einklang mit dem Verfassungsrecht stehend deklarieren, weil diese Verwendungen - zumindest aus Sicht der Bundesregierung - nicht die Qualität eines „Einsatzes" erreichen und daher nicht von Art. 87a Abs. 2 GG

---

[314] So auch *Fiebig*, Einsatz im Innern, S. 110.

[315] Einen instruktiven Überblick bezüglich der geschichtlichen Entwicklung der politischen Argumentation seit dem Ende der siebziger Jahre bietet *Bähr*, Verfassungsmäßigkeit des Einsatzes, S. 128 ff.

[316] Vgl. *Bähr*, Verfassungsmäßigkeit des Einsatzes, S. 128 f.

[317] Vgl. *Bähr*, Verfassungsmäßigkeit des Einsatzes, S. 130.

[318] Vgl. Kabinettsbeschluss vom 21.04.1993, in: Bulletin Nr. 32 vom 23.04.1993, S. 280.

[319] Vgl. Antwort des Parlamentarischen Staatssekretärs *Wilz*, in: BT-Drs. 12/6650, Frage 11.

gedeckt sein müssen[320]. Werden die Truppen von der Bundesregierung in einen bewaffneten Kampfeinsatz, d.h. eine Verwicklung in Gewalt, geschickt, dürfte nach alledem auch gemäß deutscher Staatspraxis ein „Einsatz" i.S.d. Art. 87a Abs. 2 GG gegeben sein. Problematisch ist dies nur, wenn kein multilateraler Einsatz vorliegt und es sich um unbewaffnete bzw. rein humanitäre Aktionen handelt. Der teilweise sehr kreative Versuch der Politik, immer mehr Auslandseinsätze verfassungsrechtlich legitimieren zu können und dabei die Zurückhaltung der vergangenen Jahrzehnte aufzugeben, ist nicht nur auf das „Streitkräfte-Urteil" zurückzuführen, sondern auch das Resultat internationalen Drucks auf die Bundesregierung, auch militärisch ihren Beitrag zur Erhaltung und Förderung des Friedens in aller Welt zu leisten.

(4) Das „Streitkräfte-Urteil" des BVerfG

Das BVerfG hat in seinem „Streitkräfte-Urteil", wie bereits hervorgehoben, keine Definition für einen „Einsatz" geliefert und den Streit damit offen gelassen. Doch findet sich an anderer Stelle des Urteils ein Hinweis auf eine begriffliche Erläuterung, der möglicherweise weiter führt. Im Rahmen der Erläuterung des der Wehrverfassung zugrunde liegenden Prinzips der konstitutiven Zustimmung des Bundestages für alle bewaffneten Einsätze der Bundeswehr im Ausland (Parlamentsvorbehalt) stellt das Gericht klar, dass es keiner Zustimmung des Bundestages bedarf, wenn Personal der Bundeswehr für Hilfsdienste und Hilfeleistungen im Ausland verwendet werden, sofern „die Soldaten dabei nicht in bewaffnete Unternehmungen einbezogen sind"[321]. Daraus folgt zunächst, dass auch Hilfseinsätze einen „Einsatz" i.S.d. Art. 87a Abs. 2 GG darstellen können, und zwar dann wenn die eingesetzten Soldaten in „bewaffnete Unternehmungen" einbezogen werden. Dies entspricht jedenfalls nicht der herrschenden Mei-

---

[320] So werden seit Anfang der neunziger Jahre Sanitätssoldaten im Ausland eingesetzt ohne auf Art. 87a Abs. 2 GG als Rechtsgrundlage zurückzugreifen, z.B. die Entsendung nach Somalia 1993, die als humanitäre Maßnahme und nicht als Kampfeinsatz angesehen wurde. Seit dem Streitkräfte-Urteil basieren diese Einsätze nun in der Regel auf Art. 24 Abs. 2 GG, da es sich zumeist um VN-Missionen handelt. Ähnlich verhält es sich mit (VN-) Beobachtermissionen. Dazu auch *Werner*, Die Grundrechtsbindung, S. 46 ff.
[321] Siehe BVerfGE 90, 286 (388). Vgl. auch BVerfGE 108, 34 (43).

nung im Schrifttum, die ja gerade das Wort „Verwendung" für humanitäre und damit verfassungsrechtlich unproblematische Einsätze der Streitkräfte benutzt[322]. Weiteres hierzu lässt sich dem Urteil allerdings nicht entnehmen, so dass diese Frage offen bleibt. Ebenso macht der Zweite Senat nicht deutlich, was er unter „bewaffnete Unternehmungen" bzw. die Verwicklung darin versteht. Berücksichtigt man die Situation, die das Gericht vor Auge hatte, nämlich die Verwendung von Personal der Bundeswehr zu Hilfsdiensten, so kann man sicher davon ausgehen, dass die eingesetzten (Sanitäts-) Soldaten, wenn überhaupt, die Bewaffnung nur zur Selbstverteidigung mit sich führen und nicht gezielt eine Beteiligung an Kampfeinsätzen suchen. Daher dürften bewaffnete und gewaltsame Aktionen von Angreifern und sonstigen Dritten den beschriebenen Einbezug in „bewaffnete Unternehmungen" darstellen[323]. Dieses Ergebnis deckt sich nun weitestgehend mit derjenigen Regierungs-Auffassung, die als Unterscheidungskriterium auf eine Verwicklung in Kampfeinsätze verweist (siehe soeben) und ebenfalls mit dem nunmehr geltenden § 2 Abs. 1 ParlBetG. All das legt den Schluss nahe, das Gericht stelle bei der Frage nach dem „Einsatz" auf diese Termini ab[324]. Um einen zwingenden Schluss handelt es sich hierbei aber nicht, denn die Urteilsbegründung behandelt systematisch gesehen an dieser Stelle den Parlamentsvorbehalt und Gegenstand des Parlamentsvorbehalts ist nach eigener Aussage des Gerichts nur der Einsatz *bewaffneter* Streitkräfte[325]. Insofern liegt es nur nahe, dass auch bei den nicht zustimmungsbedürftigen Hilfsdiensten wiederum auf das Kriterium der „bewaffneten Unternehmungen" Bezug genommen wird. Es ist daher fraglich, ob diese Formulierung allgemein geeignet ist, eine höchstrichterliche Definition des Einsatzbegriffs zu gerieren, weil sie in Bezug auf den Parlamentsvorbehalt ergangen ist und bei der Behandlung des Art. 87a Abs. 2 GG gerade absichtlich offen gelassen wurde[326]. Doch mag dies sicherlich ein Anhaltspunkt zur Ergründung der Rechtsauffassung des Senats sein. Als

---

[322] Vgl. dazu unter 2. Teil A. VII. 3. a).

[323] Ebenso *Schultz,* Die Auslandsentsendung, S. 170 f.

[324] So *Epping*, AöR 124 (1999), 423 (428).

[325] Vgl. BVerfGE 90, 286 (387). Einen kurzen Überblick über die verschiedenen Deutungsmöglichkeiten dieser Formulierung bietet *Wiefelspütz*, NZWehr 2003, 133 (137).

[326] Eine mangelnde hinreichende Differenzierung zwischen dem „Einsatz" des Art. 87a Abs. 2 GG und des Einsatzes „bewaffneter Streitkräfte" im Rahmen des Parlamentsvorbehaltes beklagt auch *Wiefelspütz*, NZWehrr 2003, 133 (137).

conclusio kann daher auch dem „Streitkräfte-Urteil" ein Ansatz zur begrifflichen Bestimmung von „Einsatz" i.S.d. Art. 87a Abs. 2 GG entnommen werden, keinesfalls aber eine höchstrichterliche Vorgabe.

bb) Evakuierungsoperationen als „Einsatz"?

Es stellt sich nunmehr die Frage, ob Evakuierungsoperationen unter dem Begriff „Einsatz" i.S.d. Art. 87a Abs. 2 GG subsumiert werden können. Hierzu bedarf es im Hinblick auf die soeben dargelegten Definitionen des Begriffs zunächst einer präziseren Klärung, wie eine solche Evakuierungsoperation überhaupt durchgeführt wird, da ansonsten alle Kriterien mangels Konkretisierung versagen. Als mustergültige Operation, die sich wohl so oder in ähnlicher Weise wiederholen würde, kann der Präzedenzfall Albanien 1997 („Operation Libelle") bezeichnet werden: Dabei wurden mehrere Hubschrauber eingesetzt, die mit zahlreichen bewaffneten Soldaten besetzt waren. Diese gaben nach dem Aufsetzen auf albanischem Boden etliche Schüsse ab und verletzten dabei einen Albaner leicht. Nach dem Aufnehmen mehrerer Personen verließen die Hubschrauber Tirana innerhalb kürzester Zeit wieder[327]. Ganz ähnlich verlief die Rettung deutscher Staatsbürger 1994 in Ruanda durch belgische Soldaten und zahlreiche weitere vergleichbare, von ausländischen Streitkräften durchgeführte Rettungsaktionen[328]. Eine Evakuierungsoperation[329] ist daher in aller Regel geprägt von einem möglichst kurzweiligen, gut geplanten Eingriff der Soldaten, bei dem diese Schusswaffen tragen, um sich vor Angreifern zu schützen (Eigensicherung) oder gar um die zu befreienden Personen mit Hilfe ihrer Bewaffnung befreien zu können[330].

---

[327] Für eine ausführlichere Schilderung siehe oben 1. Teil C. II.
[328] Vgl. die Darstellung oben 1. Teil C. I. und III.
[329] Zur Klarstellung sei hervorgehoben, dass der Begriff „Evakuierungsoperationen" hier nicht im Sinne der oben dargestellten „Verwendung" zu sehen ist, da es sich z. B. beim „Ausfliegen" oder sonstigen vergleichbaren Aktionen um Einsätze anderer Qualität handelt, für die Art. 87a Abs. 2 GG nicht herangezogen wird.
[330] Vgl. *Werner*, Die Grundrechtsbindung, S. 229.

(1) Einsatz gemäß § 2 ParlBetG

Betrachtet man nun die Regelung des § 2 Abs. 1 ParlBetG näher, so kann ungeachtet der fehlenden Verbindlichkeit der Normierung für die Frage, ob ein „Einsatz" i.S.d. Art. 87a Abs. 2 GG vorliegt, das Vorliegen der Voraussetzungen unzweifelhaft bejaht werden. In dem Fall Albanien 1997 wurden die Streitkräfte unmittelbar nach dem Aufsetzen in Tirana in einen Schusswechsel verwickelt, mithin in „bewaffnete Unternehmungen" einbezogen. Die Tatsache, dass dabei Dritte in den Schusswechsel involviert waren, ist für die Beurteilung, ob „bewaffnete Unternehmungen" gegeben sind, unerheblich[331]. Losgelöst von dem Albanien-Einsatz besteht selbstverständlich auch die Möglichkeit einer Aktion, die nicht in einem Schusswechsel oder Ähnlichem mündet. Ob dies unter die „bewaffneten Unternehmungen" des ParlBetG fällt, ist mangels einer genaueren Definition wiederum offen. Auch wenn sich sowohl eine befürwortende als auch eine ablehnende Auffassung begründen ließe, stellt § 2 Abs. 1 ParlBetG jedoch auch auf eine „zu erwartende" Einbeziehung in die „bewaffneten Unternehmungen" ab. Dies meint sicher nicht den Fall, dass die Soldaten nach einer Alarmierung doch nicht gebraucht werden, sondern denjenigen, bei dem mit gewaltsamen Widerstand gerechnet wurde (gewissermaßen aus einer ex-post-Betrachtung), dieser aber aus den unterschiedlichsten Gründen ausblieb. Selbst wenn eine Evakuierungsoperation mit bewaffneten Soldaten ausgeführt wird und diese nicht unmittelbar in ein Feuergefecht gedrängt werden, so wird auch bei diesen Einsätzen angesichts des ihr zugrunde liegenden Sachverhalts, dem meistens eine Gefahrensituation in einem oftmals unkontrollierten Umfeld zugrunde liegt, in der Regel ein Einbeziehen in bewaffnete Unternehmungen vorab nicht auszuschließen sein, bzw. sogar „erwartet" werden. Daher sind Evakuierungsoperationen auch bei Zugrundelegung der Formulierung in § 2 Abs. 1 ParlBetG ein „Einsatz".

---

[331] Vgl. *Schultz,* Die Auslandsentsendung, S. 171.

(2) Einsatz gemäß der Ansichten im Schrifttum

Wendet man sich nun dem juristischen Schrifttum zu, so begegnet man einer vereinzelt gebliebenen Ansicht[332], die, anknüpfend an die „Systematik des Verfassungsgerichtsurteils" - gemeint ist das „Streitkräfte-Urteil" - , Verwendungen von Personal der Bundeswehr für humanitäre Interventionen (=Evakuierungsoperationen im Sinne dieser Arbeit) nicht als militärische Einsätze qualifiziert sondern als „Hilfsdienste und Hilfsleistungen" im Ausland einordnet, was zur Entbehrlichkeit des Art. 87a Abs. 2 GG führen würde. Dafür spreche, dass diese Aufgaben grundsätzlich auch durch den BGS (jetzt: die Bundespolizei) bewältigt werden könnten; der Schwerpunkt der Interventionsproblematik liege vielmehr auf der völkerrechtlichen Seite[333]. Diese Auffassung vermag aus mehreren Gründen nicht zu überzeugen: Die Annahme, es handele sich lediglich um „Hilfsdienste", ist mittlerweile durch die Rettungsaktion bewaffneter Soldaten in Albanien 1997 nicht mehr haltbar, da die Grund-Voraussetzung für einen „Hilfsdienst" in der Abwesenheit von „bewaffneten Unternehmungen" zu sehen ist, was aber gerade in Albanien der Fall war und auch stets erneut vorkommen kann[334]. Jedenfalls ist bei Evakuierungsoperationen stets mit der Verwicklung in Kampfhandlungen zu rechnen, so dass die Einordnung als „Hilfsleistung" abzulehnen ist. Des Weiteren greift auch das Argument, eine solche Aktion könne auch der BGS bzw. die Bundespolizei durchführen, zu kurz, denn dies mag zwar zutreffen, doch trägt es in keiner Weise zur Klärung der Frage, ob ein „Einsatz" vorliegt oder nicht, bei. Geht es um eine Nutzung der Streitkräfte und nicht der Bundespolizei kann insbesondere aufgrund der militärischen Komponente und der Begrenzung durch Art. 87a Abs. 2 GG nicht einfach darauf verwiesen werden, dass der Einsatz ja auch von der Bundespolizei hätte ausgeführt werden können[335]. Schließlich kann dem Argument, diese Einordnung als „Hilfsdienste"

---

[332] *Blumenwitz*, BayVBl. 1994, 678 (679).

[333] *Blumenwitz*, BayVBl. 1994, 678 (679). Dieser Ansicht folgt, soweit ersichtlich, niemand.

[334] *Blumenwitz* ist allerdings zu Gute zu halten, dass sein Beitrag aus dem Jahr 1994 stammt und insoweit nur die Aktion in Ruanda 1994 als Szenario herangezogen wird. Deutsche Streitkräfte waren zum damaligen Zeitpunkt noch nie unilateral militärisch vorgegangen und eine Rettungsaktion vergleichbar der „Operation Libelle" (noch) nicht vorstellbar.

[335] Die Frage, ob es sich bei dem Albanien-Einsatz nicht um eine begrenzte, auch von der GSG 9 durchführbare Polizeiaktion, handelte, wirft auch *Fastenrath*, FAZ vom 19.03.1997, S. 8 auf, kommt

ergebe sich aus der Systematik des „Streitkräfte-Urteils", nicht gefolgt werden. Der vom Gericht etablierte Parlamentsvorbehalt erfasst expressis verbis[336] nur dann auch „Hilfsdienste" nicht, wenn die Soldaten *nicht* in bewaffnete Unternehmungen einbezogen sind, was aber bei der Verwendung von Waffengewalt gerade vorliegt[337].

Konzentriert man sich nun auf die aus der Literatur vorgeschlagenen Definitionen, so muss an dieser Stelle die Ansicht, welche Art. 2 Abs. 4 UN-Charta als Maßstab heranzieht, aufgrund der hier nicht vorgenommenen völkerrechtlichen Bewertung außen vor bleiben. Doch dürfte abgesehen davon diese Auffassung wegen ihrer Weite und der damit verbundenen Unschärfe kaum geeignet sein, einen „Einsatz" hinreichend zu definieren[338]. Versteht man „Einsatz" und „Verwendung" quasi als Synonyme, so wären Evakuierungsoperationen zweifelsohne Art. 87a Abs. 2 GG bzw. dem dort verwendeten Begriff „Einsatz" zuzuordnen. Auch die Befürworter des Kriteriums der Bewaffnung kommen zu diesem Ergebnis: Evakuierungsoperationen werden regelmäßig, wie in Albanien 1997, durch bewaffnete Teile der Streitkräfte ausgeführt, sei es zum Selbstschutz oder zur eigentlichen Rettung der bedrohten Personen. Hierbei spielen wiederum die besonderen Umstände des Einsatzgebietes eine Rolle, die zumeist eine Bewaffnung erzwingen. Sollte dagegen eine Operation ohne Bewaffnung erfolgen, wäre nach dieser Ansicht kein „Einsatz" gegeben. Die hier behandelten Evakuierungsoperationen sind jedoch ohne Bewaffnung kaum vorstellbar, zudem würden solche Aktionen in aller Regel dann „Hilfsdienste" bzw. „Verwendungen" im engen Sinne darstellen und somit nicht unter Art. 87a Abs. 2 GG fallen[339]. Ein „Einsatz" liegt ferner dann vor, wenn man die Existenz eines militärischen Elements fordert, da bei Rettungsaktionen der hier einschlägigen Form die Truppen

---

aber unter Verweis auf das Urteil des BVerfG aufgrund der „bewaffneten Unternehmung" in Tirana zu einer Bejahung eines Einsatzes i.S.d. Art. 87a Abs. 2 GG.
[336] Vgl. BVerfGE 90, 286 (388).
[337] So bereits *Baldus*, Extraterritoriale Interventionen, S. 259 (280).
[338] Diese Ansicht hat auch seit ihrer öffentlichen Verbreitung, soweit ersichtlich, keine weiteren Anhänger gefunden, so dass hier eine Nichtberücksichtigung verkraftbar erscheint.
[339] Gegen diese Ansicht spricht im Übrigen auch die Entstehungsgeschichte: Im sog. „Höcherl"-Entwurf vom Januar 1963 war noch eine Unterscheidung zwischen bewaffneten und unbewaffneten Ein-

aufgrund eines militärischen Befehls gerade in ihrer Art und Weise des Vorgehens als Streitkräfte-Mitglieder aktiv werden und aufgrund ihrer Bewaffnung und Einsatzplanung auch für einen eventuellen Kampfeinsatz gerüstet und vorbereitet sind. Es handelt sich dabei auch aus der Sicht eines fiktiven objektiven Dritten um einen militärischen Einsatz, nichts anderes gilt, zieht man das Kriterium der funktionsgerechten Verwendung heran. Die eingesetzte Teileinheit agiert gemäß dem militärischen Befehlsstrang und handelt aufgrund von typischen militärischen Führungsgrundsätzen, mit anderen Worten entsprechend ihrer Funktion als Teil der Streitkräfte und aufgrund von Einsatzbefehlen, die zumeist vom Bundesminister der Verteidigung kommen werden. Knüpft man an die Abwehr einer gegenwärtigen Gefahr für die öffentliche Sicherheit an, so erschließt sich ein „Einsatz" nicht auf den ersten Blick für den Fall der Rettung deutscher Staatsangehöriger aus dem fernen Ausland. Doch ist Schutzgut der öffentlichen Sicherheit auch ein Individualrechtsgut des Einzelnen wie das Recht auf Leben und körperliche Unversehrtheit gem. Art. 2 Abs. 2 GG[340]. Die Operation wendet dabei im Erfolgsfall Gefahren für Leib und Leben und Gesundheit der Opfer ab und wird daher ziel- und zweckgerichtet zur Gefahrenabwehr im Ausland eingesetzt[341]. Auch in diesem Falle ist daher ein „Einsatz" zu bejahen. Unstreitig werden die Streitkräfte im Rahmen von Evakuierungsoperationen mit ihrem militärischen „Know-how", in einer politischen Krise sowie nach dem „dualen" Ansatz[342] i.S.d. Art. 87a Abs. 2 GG „eingesetzt". Endlich gelangt die herrschende Meinung ebenfalls zu diesem Ergebnis. Der die Evakuierungsoperation durchführende Truppenteil handelt eben aufgrund der militärischen Befehlsgewalt und des Einsatzbefehls als staatliches Vollzugsorgan, mithin hoheitlich als Teil der Exekutive[343]. Die Einheit führt lediglich im Auftrag der Bundesregierung, der Exekutive, eine Aktion aus, welche dem Staat zugerechnet werden kann und aufgrund der Zwangs- und Eingriffsbefugnisse auch den Geretteten Deutschen gegenüber hoheitliches Verwaltungshandeln darstellt. Dem

---

sätzen vorgesehen (vgl. BT-Drs. IV/891, S. 4 und 16); dies wurde aber im weiteren Verlauf der parlamentarischen Beratungen aufgeben, vgl. nur BT-Drs. IV/3494.

[340] Vgl. *Schenke*, POR, Rdnr. 53 ff.

[341] Die Frage der Schutzpflicht des Staates wird dabei nicht präjudiziert, dazu später 2. Teil A. VII. 3. b) bb) (2).

[342] Vgl. *Mössner*, Bundeswehr in blauen Helmen, S. 97 (107).

wird nun entgegengehalten, Tätigkeiten militärischer Einheiten im Ausland seien jedenfalls gegenüber den dortigen Bewohnern nur dann Ausübung hoheitlicher Gewalt, wenn der ausländische Staat seine Zustimmung gegeben und damit eine Rechtsgrundlage geschaffen habe, ansonsten handele es sich um eine „Faktizität" begrenzt durch das Völkerrecht, nicht aber um Ausübung deutscher Hoheitsgewalt[344]. Sofern also eine Zustimmung des betroffenen Staates vorliegt, existiert eine Rechtsgrundlage für Evakuierungsoperationen und es liegt auch nach dieser Ansicht hoheitliches Handeln vor. Fehlt diese, ist es überzeugender, auf den Einsatzzweck der Rettungsaktion abzustellen: Dieser besteht darin, die deutschen Staatsbürger aus ihrer Notlage zu befreien, wobei wiederum wohl auch diese kritische Auffassung das hoheitliche Handeln nicht bestreitet. Sofern die Aktion der Streitkräfte auch Auswirkungen auf Staatsangehörige des Ziellandes hat, stellt dies allenfalls ein Nebenzweck dar, der es aber nicht rechtfertigt, der ganzen Operation einen hoheitlichen Charakter abzusprechen. Folgt man der herrschenden Meinung, sind Evakuierungsoperationen gleichfalls „Einsatz" i.S.d. Art. 87a Abs. 2 GG.

Aus der dargelegten Untersuchung folgt, dass nach allen hier vorgestellten und vertretbaren Ansichten in der Literatur, Evakuierungsoperationen als „Einsatz" bezeichnet werden können[345].

(3) Einsatz nach der Staatspraxis und dem „Streitkräfte-Urteil"

Zu einem abweichenden Ergebnis kommt man auch nicht unter Berücksichtigung der Staatspraxis sowie der Rechtsprechung des BVerfG. Aufgrund des bewaffneten, militärischen Charakters von bisherigen Rettungsaktionen wird wohl auch die Bundesregierung kaum auf humanitäre „Hilfsaktionen" verweisen können, zumal Kampfhandlungen oftmals erfolgen werden bzw. durchaus im

---

[343] So im Ergebnis *Grzeszick,* in: Friauf/Höfling, Berliner Kommentar, Art. 87a Rdnr. 21.

[344] So *Bothe,* Diskussionsbeitrag, in: Schwarz/Steinkamm, Rechtliche und politische Probleme, S. 106 f., der das Kriterium der Ausübung hoheitlicher Gewalt daher als „nicht handhabbar" bezeichnet; ablehnend auch *Schopohl,* Der Außeneinsatz, S. 131.

[345] Vgl. *Baldus,* in: von Mangoldt/Klein/Starck, GG, Art. 87a Rdnr. 39; *Burkiczak,* ZRP 2003, 82 (83); *Coridass,* Der Auslandseinsatz, S. 126; *Epping,* AöR 124 (1999), 423 (428); *Fastenrath,* FAZ vom 19.03.1997, S. 8; *Franzke,* NZWehrr 1996, 189 (191); *Kreß,* ZaöRV 57 (1997), 329 (350); *Peterhoff,* BWV 2000, 49 (51); *Schultz,* Die Auslandsentsendung, S. 279.

Bereich des Möglichen liegen. Insofern ist auch nach deutscher Staatspraxis in aller Regel ein „Einsatz" gegeben. Sofern das „Streitkräfte-Urteil" des BVerfG und die darin geprägte Formel der Einbeziehung in „bewaffnete Unternehmungen" als Maßstab favorisiert wird, kann im Grunde auf die obigen Ausführungen zu § 2 Abs. 1 ParlBetG verwiesen werden.

cc) Ergebnis: Evakuierungsoperationen als Einsatz

Trotz unzähliger Definitionsversuche aus Literatur, Rechtsprechung, Exekutive und Legislative lässt sich somit nach obiger Analyse festhalten: Evakuierungsoperationen in der hier verstandenen Form fallen unter den Begriff „Einsatz" i.S.d. Art. 87a Abs. 2 GG[346].

---

[346] Äußerst knapp, aber im Ergebnis ebenso *Sigloch*, Auslandseinsätze, S. 123.

b) Verteidigung

Steht also die Qualifizierung von Evakuierungsoperationen als „Einsatz" i.S.d. Art. 87a Abs. 2 GG fest, so bedarf es im Anschluss daran einer Beantwortung der Frage, ob dieser „Einsatz" nach den Voraussetzungen des Art. 87a Abs. 2 GG auch „zur Verteidigung" erfolgt. Wann „Verteidigung" vorliegt, lässt sich Art. 87a Abs. 2 GG nicht entnehmen. Das GG verwendet den Begriff „Verteidigung" allerdings mehrfach, zum Teil auch (nur) als Wortbestandteil einer anderen Zuordnung, die mit „Verteidigung" in einer bestimmten Weise zusammen hängt[347]. Eine Definition oder genauere Begriffsbestimmung lässt sich auch der im GG geregelten Fälle der „Verteidigung" nicht entnehmen. Damit wird die weitere begriffliche Klärung wiederum der rechtswissenschaftlichen Diskussion und Interpretation überlassen. Das BVerfG verfuhr in seinem „Streitkräfte-Urteil" genauso wie bei dem Begriff „Einsatz" - eine Klärung des Begriffs wurde zurückgestellt[348]. Somit bedarf es zur Klärung der Verfassungsmäßigkeit von Evakuierungsoperationen der Auslegung des Begriffs der „Verteidigung".

In dieser Hinsicht stößt man in der Literatur auf unzählige Interpretationsversuche, deren Ausmaße der Diskussion um den „Einsatz" ähneln, aber weit darüber hinausgehen[349]. Hinzu kommen vermehrt Stimmen aus Literatur[350] und Politik[351],

---

[347] Art. 12a Abs. 3 Satz 1, 17a Abs. 2, 45a Abs. 3, 73 Nr. 1, 79 Abs. 1 Satz 2, 80a Abs. 1 Satz 1, 87a Abs. 1 Satz 1 und Abs. 2, 87b Abs. 2 Satz 1 - „Verteidigung"; Art. 87a Abs. 3 Satz 1 - „Verteidigungsauftrag"; Art. 12a Abs. 3 Satz 1, Abs. 4 Satz 1, Abs. 5 Satz 1, Abs. 6 Satz 1 und 2, 53a Abs. 2 Satz 1, 80a Abs. 1 Satz 1, 87a Abs. 3 Satz 1, 96 Abs. 2 Satz 2 sowie der gesamte Abschnitt Xa., 115a ff. - „Verteidigungsfall"; Art. 45a Abs. 1 und 2 - „Ausschuss für Verteidigung; Art. 65a Abs. 1 - „Bundesminister der Verteidigung".
[348] Vgl. BVerfGE 90, 286 (355). Vgl. jetzt aber die Bewertung des *BVerwG*, NJW 2006, 77 (80 f.).
[349] Vgl. nur die umfangreichen Darstellungen bei *Bähr*, Verfassungsmäßigkeit des Einsatzes, S. 71 ff.; *von Bülow*, Der Einsatz der Streitkräfte, S. 62 ff.; *Coridass,* Der Auslandseinsatz, S. 18 ff.; *Schopohl*, Der Außeneinsatz, S. 68 ff.; eine Auslegung nach der klassischen juristischen Hermeneutik nimmt *Becker*, in: Dau/Wöhrmann, Dokumentation, S. 420 ff. vor; aus jüngerer Zeit sehr ausführlich *Fiebig*, Einsatz im Innern, S. 210 ff.; *Schultz,* Die Auslandsentsendung, S. 180 ff.; *Zimmer*, Einsätze der Bundeswehr, S. 70 ff.
[350] Siehe nur *Gramm*, NZWehrr 2005, 133 (139 ff.); *Kutscha*, KJ 2004, 228 (233); *ders.*, NVwZ 2004, 801 (804), *Wieland*, Äußere Sicherheit, S. 81 (87, 89).
[351] Eine Neu-Definition des Verteidigungsbegriffs fordert der Bundesminister der Verteidigung *Jung*, Interview in: FAZ vom 2.5.2006, S. 5; kritische Reaktionen darauf auch aus den eigenen Reihen in *FAZ* vom 4.5.2006, S. 5. Vgl. auch die *Verteidigungspolitischen Richtlinien*, erlassen von Verteidigungsminister *Struck* am 21.5.2003, Punkt 5.

die eine völlige Neuinterpretation jenseits der bisherigen, etablierten Theorien fordern bzw. deutliche Kritik an der heutigen Auslegung von „Verteidigung" üben[352]. Im Rahmen der hier vorzunehmenden Untersuchung von Evakuierungsoperationen im Ausland durch die Streitkräfte bedarf es einer Erörterung der unterschiedlichen Theorien von „Verteidigung" und deren Auswirkungen auf die Rettungsaktionen. Angesichts der nahezu unüberschaubaren Anzahl von Veröffentlichungen bezüglich der Auslegung der „Verteidigung" und der seit Jahrzehnten streitig und erschöpfend geführten Diskussion um die „richtige" Auslegung, soll bei der folgenden Darstellung weniger dieser Meinungsstreit im Vordergrund stehen, als vielmehr die Anwendung auf den hier zu beurteilenden Spezialfall[353]. Diesbezüglich ist die „Theorie der Personalverteidigung" durch den Staat[354] näher zu untersuchen sowie angesichts der aktuellen politischen Diskussion und möglichen Verfassungsänderung aufzuzeigen, ob und inwiefern der Begriff der „Verteidigung" möglicherweise neu ausgelegt werden müsste bzw. welche Interpretation dem Sinn und Zweck des Begriffs am ehesten gerecht wird.

aa) Definitionsversuche des Verteidigungsbegriffs

Die Bestimmung der Bedeutung von „Verteidigung" beginnt, sofern die Verfassung wie hier keine Legaldefinition beinhaltet, mit der Auslegung des Wortlauts. Lässt man die Bereiche, in denen das Wort „Verteidigung" ebenfalls vorkommen kann, wie Sport, gerichtliche Verhandlung etc., außen vor, so ist der kleinste gemeinsame Nenner aller sprachwissenschaftlichen Definitionen die „Abwehr eines Angriffs"[355]. Diese Auslegung macht zweierlei klar: Zum einen wird eine

---

[352] Diese streitige Diskussion widerlegt die Einschätzung von *Pieper/Miedeck*, JA 1992, 244, die behaupten, es bestehe „weitestgehend Einigkeit" über den Inhalt des Begriffs der „Verteidigung".

[353] Aus diesem Grunde werden die vertretenen Ansichten zwar gründlich bewertet, allerdings stets nur im Hinblick auf Evakuierungsoperationen und nicht in einer extensiven Weise, die alle juristischen Auslegungsmethoden berücksichtigen würde. Dazu wird auf die oben genannten Werke verwiesen.

[354] Begriff von Verf. Soweit ersichtlich, jedenfalls im Zusammenhang mit Evakuierungsoperationen, geht dieser Begründungsstrang der Unterscheidung von Territorial- und Personalverteidigung in Verbindung mit der darin existenten Schutzpflicht des Staates für seine Bürger auf *Depenheuer*, DVBl. 1997, 685 (687 f.) zurück.

[355] Vgl. Duden, Universalwörterbuch, Stichwort „Verteidigung"; Meyers Enzyklopädisches Lexikon, S. 521; dtv-Wörterbuch der deutschen Sprache, Stichwort „verteidigen".

Verteidigungs*handlung* in irgendeiner Form bestimmt, mit der ein Verteidigungs*objekt* geschützt werden soll[356]. Wie diese Schutzhandlung konkret ausgestaltet ist und wer oder was das Schutzobjekt darstellt, wird dadurch nicht weiter konkretisiert und bedarf daher der Präzisierung im Einzelfall. Zum anderen hebt diese Interpretation den Verteidigungs*zweck* bzw. das Verteidigungs*ziel* hervor: Die Abwehr des gegen das Verteidigungsobjekt geführten Angriffs[357]. Fraglich ist dann, wann ein „Angriff" vorliegt. Darunter wird aus militärischer Sicht „die die Initiative ergreifende Kampfart, mit der meistens der Stärkere eine Entscheidung herbeiführen will"[358] oder „die Gefechtsart mit dem Ziel, den Gegner möglichst überraschend zu treffen und entscheidend zu schlagen"[359] verstanden. Aber auch eine „von Menschen drohende Verletzung rechtlich geschützter Interessen" oder schlicht „Aggression" kann hierunter subsumiert werden[360]. Diese Definitionen vermögen aber nicht das Angriffssubjekt und die Angriffsart weiter zu bestimmen. Selbst wenn man also unter Berücksichtigung der Streitkräfte als Anknüpfungspunkt „Verteidigung" als „alle mit dem Ziel der Abwehr eines Angriffs vorgenommenen Verteidigungsmaßnahmen, die sich gegen von einem Angreifer aus einer bestimmten Angriffsrichtung stammende und gegen das Verteidigungsobjekt gerichtete Maßnahmen mit Angriffscharakter wenden"[361] definiert, bleibt die Reichweite des Begriffs zu weit und damit zu unbestimmt: Weder konkretisiert eine solche Begriffsbestimmung den Angreifer und die Angriffsart noch das Verteidigungsobjekt. Bei einer solchen Interpretation würden unzählige Situationen, insbesondere beispielsweise solche des Ordnungsrechts, die gerade in den Kompetenzbereich der Polizei fallen, ohne Schwierigkeiten als „Verteidigung" subsumierbar sein. Dies kann nicht der gewollte Regelungszweck sein. Unter diesen Umständen würde nämlich die kompetenzrechtliche Trennung zwischen Polizei und Streitkräfte vermengt und aufgehoben.

---

[356] Vgl. *Schopohl*, Der Außeneinsatz, S. 87: „Schutzobjekt".
[357] *Bähr*, ZRP 1994, 97 (99) - „Verteidigungsziel"; *Fiebig*, Einsatz im Innern, S. 213 -„Verteidigungszweck".
[358] So in Meyers Enzyklopädisches Lexikon, Bd. 2, S. 216.
[359] So Brockhaus, Enzyklopädie in zwanzig Bänden, Stichwort „Angriff".
[360] Vgl. *Schultz,* Die Auslandsentsendung, S. 187.
[361] *Fiebig*, Einsatz im Innern, S. 215.

95

Der Wortlaut allein führt mangels konkretisierender Merkmale und der damit drohenden unvertretbaren Weite somit nicht zu einer tauglichen Interpretationsmöglichkeit des Begriffs der „Verteidigung"[362].

Lässt sich aus dem Wortlaut kein eindeutiges Ergebnis entnehmen, so führt kein Weg daran vorbei, den Inhalt der „Verteidigung" anhand der juristischen Auslegungskriterien zu bestimmen[363]. Dies ist deshalb möglich, weil es sich bei dem Begriff „Verteidigung" um einen „terminus technicus"[364] handelt, dessen Inhalt und Konkretisierung durch wertende Betrachtung und Interpretation zu erfolgen hat. Vereinzelt wurde hiergegen eingewendet, „Verteidigung" stelle materiell gar kein Rechtsbegriff dar, weil er inhaltlich so offen sei, dass er den Anforderungen, die an einen Rechtsbegriff zu stellen seien, nicht erfüllen könne[365]. Aufgrund mangelnder Einigkeit hinsichtlich der Subsumierung bestimmter Handlungen als Angriffshandlungen, könne die Entscheidung, wann eine Aggression vorliege, keine rechtliche, sondern nur eine politische Entscheidung sein, wobei der Begriff „Verteidigung" deshalb kein Rechtsbegriff sei, weil er inhaltlich der politischen Vorentscheidung über den Angriff folgen müsste und damit weder eine gerichtliche Entscheidung noch eine Ermessensentscheidung zuließe[366]. Diese Auffassung überzeugt schon deshalb nicht, weil die Prämisse, die Bestimmung des Angriffs sei eine politische Entscheidung und daher nicht rechtlich überprüfbar, teilweise nicht nachvollziehbar ist: Zwar ist der Auffassung in dem Punkt nicht zu widersprechen, wenn sie den Angriff oder die Aggression als politische Entscheidung sieht und auch die Wechselseitigkeit der Begriffspaare Angriff/Verteidigung hervorhebt. Doch lassen sich ein Angriff, und damit auch die folgende Verteidigung, durchaus im Rahmen der juristischen Ausle-

---

[362] Vgl. *Schultz*, Die Auslandsentsendung, S. 189, der als Ergebnis der grammatischen Betrachtung als Definition lediglich „wertneutral die Abwehr eines Angriffs" bezeichnet; *Fiebig*, Einsatz im Innern, S. 215; siehe auch *Baldus*; Extraterritoriale Interventionen, S. 259 (280), nach dem das „Angriffsobjekt" nicht zu bestimmen sei.
[363] Zu den Auslegungsmethoden *Zippelius*, Juristische Methodenlehre, S. 42 ff.
[364] So *Schultz*, Die Auslandsentsendung, S. 180; *Fiebig*, Einsatz im Innern, S. 211 sieht darin einen „unbestimmten Rechtsbegriff".
[365] *Beckert*, NZWehrr 1984, 9 (15/22). Dem zustimmend *Schopohl*, Der Außeneinsatz, S. 89, für den der Verteidigungsbegriff im Zusammenhang mit Art. 87a Abs. 2 GG ausschließlich „militärisch-funktionale" Bedeutung hat und daher eine „spezifische Streitkräftefunktion" sowie eine „bestimmte Art der Kampf- und Kriegführung" kennzeichne.

gung bestimmen und präzisieren[367], wie auch die folgenden Ausführungen belegen werden. Eine juristische Legaldefinition mag sicherlich nach dem soeben Gesagten schwer fallen, doch ist die Bestimmung im rechtlichen Sinne nicht völlig konturenlos oder schwammig, so dass gleich die Negierung der Eigenschaft als Rechtsbegriff notwendig wäre. Es ist ja gerade charakteristisch für auslegungsbedürftige unbestimmte Rechtsbegriffe, dass sie in ihrer Weite scheinbar schwierig zu fassen sind und trotzdem einer Auslegung zugänglich sind. Welcher Angriff im Einzelnen die „Verteidigung" auszulösen vermag, ist dabei juristisch durchaus feststell- und realisierbar. Bei dem Begriff „Verteidigung" kann also, entgegen der oben dargelegten Ansicht, von einem Rechtsbegriff gesprochen werden[368].

Der Rechtsbegriff der „Verteidigung" wird in Art. 79 Abs. 1 Satz 2 GG in der Weise konkretisiert, dass darin die „Verteidigung der Bundesrepublik" im Zusammenhang mit völkerrechtlichen Verträgen aufgeführt ist. Dies trägt aber nicht weiter zur inhaltlichen Bestimmung der Reichweite der „Verteidigung" bei, denn es stellt eine Selbstverständlichkeit dar, wenn das Staatsgebiet der Bundesrepublik Deutschland als Schutzobjekt und gleichzeitig als Schutzauftrag der Streitkräfte im GG bezeichnet wird[369]. Es ist ureigenste Aufgabe der Streitkräfte, die Bundesrepublik Deutschland zu verteidigen und ihre Existenz sicherzustellen. Zudem ist der Aussagehalt des Art. 79 Abs. 1 Satz 2 GG in Bezug auf die Reichweite von „Verteidigung" auch deshalb dürftig, weil hierin eben nur das Verteidigungsobjekt festgelegt wird, nicht aber die Art und Mittel der Verteidigungshandlung, der Umfang der Verteidigung, geschweige denn das Angriffsziel bzw. die Reichweite eines Einsatzes zur Verteidigung[370]. Insofern stellt Art. 79 Abs. 1 Satz 2 GG lediglich die unterste Grenze der „Verteidigung" dar, indem die Norm das Verteidigungsobjekt bezeichnet. Weitere Aussagen werden hierin nicht getroffen, was zu einer Ungeeignetheit der Bestimmung als Defini-

---

[366] *Beckert*, NZWehrr 1984, 9 (15).

[367] So auch *Fiebig*, Einsatz im Innern, S. 211.

[368] Siehe *Bähr*, Verfassungsmäßigkeit des Einsatzes, S. 71; *Coridass,* Der Auslandseinsatz, S. 17 Fn. 1; vgl. auch *Gramm*, NZWehrr 2005, 133 (135).

[369] *Baldus*, Extraterritoriale Interventionen, S. 259 (280).

tion für „Verteidigung" i.S.d. Art. 87a Abs. 2 GG führt. Schließlich ist auch die ratio legis des Art. 79 Abs. 1 Satz 2 GG eine ganz andere: Durch diese Norm soll nicht eine Aussage zur Verteidigungsart oder dem Verteidigungsobjekt getroffen werden, sondern lediglich eine Ausnahme des in Abs. 1 Satz 1 geregelten Textänderungsgebots bei gewissen völkerrechtlichen Verträgen statuiert werden[371]. Zu Recht wird auch darauf hingewiesen, dass die in Satz 2 genannten völkerrechtlichen Verträge, insbesondere die vierte Variante „Verteidigung der Bundesrepublik", im Zusammenhang mit der Einordnung in Bündnissysteme zu sehen sind und daher weit über den eigentlichen Bedeutungsinhalt der Verteidigung hinausgehen[372].

Zur Beantwortung der Frage, ob ein Fall der „Verteidigung" auch dann vorliegt, wenn nicht das Staatsgebiet, sondern deutsche - oder gar fremde - Staatsangehörige im Ausland Opfer eines Angriffs oder einer ähnlichen lebensbedrohlichen Lage werden, bedarf es daher mangels Vorhandensein einer entsprechenden Definition im GG einer Auseinandersetzung mit den verschiedenen, von der Literatur aufgestellten Theorien bezüglich des Begriffs der „Verteidigung". Die Bandbreite der unterschiedlichen Auffassungen ist sehr weit, entsprechend variieren auch die Systematisierungsversuche in der Literatur[373]. Aus diesem Grund soll vorliegend die Darstellung entsprechend der jeweils zugeschriebenen Reichweite des Begriffs „Verteidigung" mit der „engsten" Auffassung beginnen und schrittweise die „weiteste" Ansicht erreichen[374].

---

[370] Die innerstaatlichen Folgen bei einem Angriff auf das Bundesgebiet regelt zum Beispiel Art. 115a GG und nicht Art. 79 Abs. 1 Satz 2 GG.

[371] Vgl. dazu *Bryde*, in: von Münch/Kunig, Art. 79 Rdnrn. 5, 15, 19.

[372] Vgl. *Schultz*, Die Auslandsentsendung, S. 210; *Pieroth*, in: Jarass/Pieroth, Art. 79 Rdnr. 4.

[373] Als Beispiele seien hier nur erwähnt *Bähr*, Verfassungsmäßigkeit des Einsatzes, S. 73 ff., der fünf unterschiedliche Auffassungen ausmacht; *Fiebig*, Einsatz im Innern, S. 216 ff. führt min. sechs Meinungen mit Abstufungen an. Vgl. nur die aufgeführten Meinungen innerhalb der „weiten" Auslegung bei *Schopohl*, Der Außeneinsatz, S. 68-75, der selber nur in eine „weite" und eine „enge" Auslegung unterteilt. Ebenso *Riedel,* Der Einsatz deutscher Streitkräfte, S. 99 ff. Vgl. auch das Meinungsbild bei *Wiefelspütz*, AöR 132 (2007), 45 (55 ff.).

[374] Dabei wird der Übersichtlichkeit halber einer Einordnung in vier Gruppen gefolgt, innerhalb derer aber weitere Differenzierungen getroffen werden können. Bei den o.g. vier Ansichten handelt es sich um eine in der Literatur anerkannte und häufig verwendete Differenzierung, siehe z.B. *Kreß, ZaöRV*

(1) Die These von der Kongruenz mit dem „Verteidigungsfall"

Setzt man bei der Reichweite der Theorien an, so kann sicherlich diejenige Auffassung als „engste" aufgefasst werden, die „Verteidigung" i.S.d. Art. 87a Abs. 2 GG weitestgehend mit dem „Verteidigungsfall" des Art. 115a Abs. 1 GG[375] gleichsetzt und im Hinblick auf Art. 79 Abs. 1 Satz 2 GG allein das *Bundesgebiet* als Verteidigungsobjekt ansieht[376].

Bei den vorliegend diskutierten Evakuierungsoperationen befinden sich die zu rettenden Menschen im Ausland in einer für sie lebensbedrohlichen Lage. Eine Bedrohung des deutschen Staatsgebietes liegt dadurch aber nicht vor, so dass bei Anwendung dieser These mangels Verteidigungsfall keine „Verteidigung" gegeben wäre[377].

(a) Argumentation der Befürworter

Die Befürworter dieser engen Auffassung setzen zunächst den Begriff „Verteidigung" des Art. 87a Abs. 2 GG inhaltlich mit dem Begriff „Verteidigungsfall" in Art. 115a GG gleich, indem sie argumentieren, eine grammatikalische Analyse der determinativen Zusammensetzung Verteidigungsfall ergebe, dass auf das Grundwort „Fall" ein Bestimmungswort, hier „Verteidigung", folge und daher der Begriff korrekterweise auch in „Fall der Verteidigung" zerlegt werden kön-

---

57 (1997), 329 (351). Sofern *Fiebig*, Einsatz im Innern, S. 216 ff. (wohl) von sechs Meinungen ausgeht, wird auch noch an adäquater Stelle auf die hier fehlenden Thesen einzugehen sein.

[375] Art. 115a Abs. 1 Satz 1 GG lautet: „Die Feststellung, dass das Bundesgebiet mit Waffengewalt angegriffen wird oder ein solcher Angriff unmittelbar droht (Verteidigungsfall), trifft der Bundestag mit Zustimmung des Bundesrats".

[376] Dieser Ansicht sind *Arndt*, DÖV 1992, 618 ff.; *Bähr*, Verfassungsmäßigkeit des Einsatzes, S. 90 ff., 118; *ders.*, ZRP 1994, 97 (99 f.); *Bartke*, Verteidigungsauftrag, S. 67 ff., 234; *Bock*, Diskussionsbeitrag, in: Schwarz/Steinkamm, Rechtliche und politische Probleme, S. 74; *Brunkow*, Rechtliche Probleme, S. 32; *Coridass,* Der Auslandseinsatz, S. 42 ff.; *Deiseroth*, NJ 1993, 145 (149); *Dürig*, in: Maunz/Dürig, GG, Art. 87a Rdnrn. 22 ff., 39 Fn. 1; *Emde*, NZWehr 1992, 133 (134); *Feser*, ZRP 1993, 351; *Fuchs*, Die Entscheidung, S. 296 f.; *Hömig*, in: Hömig, GG, Art. 87a Rdnr. 5; *Kutscha*, NVwZ 2004, 801 (803 f.); *Rieder*, Entscheidung über Krieg und Frieden, S. 348; *Wieland*, Äußere Sicherheit, S. 81 (84); wohl auch *Brunner*, ZRP 1991, 133 (134); *Wilkesmann*, NVwZ 2002, 1316 (1320).

[377] So als Vertreter der These von der Kongruenz mit dem Verteidigungsfall *Coridass,* Der Auslandseinsatz, S. 126.

ne[378]. Zudem bestehe ein unmittelbarer Zusammenhang der beiden Normen allein schon deshalb, weil der gleiche Begriff in der gleichen Verfassung, auch wenn er an verschiedenen Stellen erscheint, einheitlich auszulegen sei und eine einmal getroffene Legaldefinition wie bei „Verteidigungsfall" die für jeden Fall maßgebliche Begriffsbestimmung sei[379]. Ein solches Verständnis entspreche auch dem allgemeinen Sprachgebrauch, wonach dieser Begriff militärische Maßnahmen aller Art meine, „die auf die Abwehr gegnerischer Angriffe gerichtet sind"[380].

Ein wesentlicher Eckpfeiler dieser Argumentation ist die Entstehungsgeschichte und allgemeiner die historische Auslegung. Der Gesetzgeber habe im Rahmen der Verfassungsänderung den Regelungsgehalt des Art. 59a GG a.F.[381] in Art. 115a GG als dessen Nachfolgevorschrift übernehmen wollen, damit der Einsatz der Streitkräfte auch weiterhin an die Zustimmung des Parlaments gebunden sei[382]. Man habe die Wehrverfassung nicht inhaltlich ändern, sondern nur durch eine Neuregelung in Art. 115a GG die Voraussetzungen eines Verteidigungseinsatzes neben die Umstellung der innerstaatlichen Rechtsordnung bei drohender Gefahr von außen stellen wollen[383]. Zum Zeitpunkt der Einfügung des Art. 87a Abs. 2 GG sei es außerdem schlicht unvorstellbar gewesen, dass Bünd-

---

[378] So *Coridass,* Der Auslandseinsatz, S. 38, der meint, anderenfalls müsse auch konsequenterweise zum Beispiel die „Regierung des Bundes" in Art. 55 Abs. 1 GG etwas anderes sein als die „Bundesregierung" in Art. 35 Abs. 3 GG, Art. 62 GG. Dieser Schluss ist aber nicht zwingend, wie *Schopohl,* Der Außeneinsatz, S. 101 anhand von Gegenbeispielen ohne determinative Funktion, wie „Verteidigungsminister" und „Bundesminister für Verteidigung" oder „Verteidigungsausschuss" und „Ausschuss für Verteidigung" nachweist.
[379] *Arndt,* DÖV 1992, 618 (619); *Emde,* NZWehrr 1992, 133 (134).
[380] *Kutscha,* NVwZ 2004, 801 (804). Dabei verweist *Kutscha* auf die Brockhaus-Definition von „Verteidigung". Über die mangelnde Aussagefähigkeit einer Heranziehung der enzyklopädischen Definition siehe bereits oben 2. Teil VII. 3. b) aa).
[381] Art. 59a GG a.F. wurde eingefügt durch Gesetz vom 19.3.1956 (BGBl. I S. 111) und aufgehoben durch Gesetz vom 24.6.1968 (BGBl. I S. 709) und lautete in Abs. 1: „ (1) Die Feststellung, dass der Verteidigungsfall eingetreten ist, trifft der Bundestag. Sein Beschluss wird vom Bundespräsidenten verkündet". Die weiteren Absätze regelten den folgenden, innerstaatlichen Verfahrensgang; siehe den Abdruck bei *Bartke,* Verteidigungsauftrag, S. 47.
[382] *Bähr,* Verfassungsmäßigkeit des Einsatzes, S. 106 f., 118; *ders.,* ZRP 1994, 97 (99); *Coridass,* Der Auslandseinsatz, S. 37; *Rieder,* Entscheidung über Krieg und Frieden, S. 337.
[383] *Bähr,* Verfassungsmäßigkeit des Einsatzes, S. 118 spricht daher von einer „Doppelfunktion" des Art. 115a GG.

nisfall und Verteidigungsfall einmal auseinander fallen könnten[384]. Demzufolge habe stets nur die Verteidigung des Bundesgebiets im Vordergrund gestanden. Zuweilen werden auch die Beratungen des Rechtsausschusses des Deutschen Bundestages zur Notstandsverfassung zu Gunsten dieser engen Auffassung herangezogen, zentrale Bedeutung kommt dabei einem Ausschlussantrag zu, der fast wörtlich dem heutigen Art. 87a Abs. 2 GG entspricht[385] und in dem der Formulierungsvorschlag lautete: „Außer zur *Landes*verteidigung". Der Ausschuss änderte schließlich zwar die Formulierung in „Außer zur Verteidigung" um, doch seien damit keine inhaltliche Bedenken verknüpft gewesen; der Ausschuss habe lediglich aus formalen Gründen, um die Terminologie des GG einheitlich zu belassen, einer weiteren Abänderung zugestimmt[386]. Hieraus entnimmt nun diese Auffassung die unmittelbare inhaltliche Verknüpfung des Verteidigungsbegriffs mit der nationalen Landesverteidigung und wähnt die Entstehungsgeschichte auf ihrer Seite. Zum Teil wird der Regelung des Art. 115a GG nicht nur eine Definition von „Verteidigung" entnommen, sondern die Verflechtung der Norm mit Art. 87a Abs. 2 derart eng ausgelegt, dass ein Streitkräfteeinsatz „zur Verteidigung" nur nach vorheriger Feststellung des „Verteidigungsfalls" verfassungsmäßig sein könne. Im Ergebnis wird dadurch nicht nur das Verteidigungsobjekt auf das Bundesgebiet beschränkt, sondern auch als konstitutive Voraussetzung jeden Einsatzes ein Parlamentsbeschluss für nötig gehalten[387]. Letzteres kann für die Begriffsbestimmung vorliegend außen vor bleiben, da dies eine zweite Ebene darstellt, die erst im Anschluss an die Frage, was unter „Verteidigung" zu verstehen sein kann, zu problematisieren ist. Inwiefern tatsächlich ein Parlamentsbeschluss erforderlich wäre, wenn ein „Verteidigungsfall" vorläge, ist

---

[384] *Arndt*, DÖV 1992, 618 (620). Diese Aussage stößt vielfach auf Widerstand: *Wiefelspütz*, ZaöRV 65 (2005), 819 (825 Fn. 42) bezeichnet sie als „definitiv falsch und geradezu irreführend"; ähnlich *Kriele*, ZRP 1994, 103 (104); *Schopohl*, Der Außeneinsatz, S. 94 und *Kind*, DÖV 1993, 139 (140 f.) halten die subjektive Vorstellung der am Gesetzgebungsverfahren Beteiligten bei der Auslegung einer Bestimmung unter Hinweis auf die ständige Rechtsprechung des BVerfG für nicht verwertbar.
[385] Vgl. Protokoll der Ausschusssitzung vom 1.4.1968, Anlage 1 S. 4 zu Protokoll Nr. 79 des Rechtsausschusses des 5. Deutschen Bundestages. Sog. „Matthöfer-Antrag".
[386] *Bähr*, Verfassungsmäßigkeit des Einsatzes, S. 91; *Deiseroth*, NJ 1993, 145 (149).
[387] *Dürig,* in: Maunz/Dürig, GG, Art. 87a Rdnr. 39 Fn. 1; *Fuchs*, Die Entscheidung, S. 243 ff.; *Rieder*, Entscheidung über Krieg und Frieden, S. 337 ff.; vgl. auch *Bähr*, Verfassungsmäßigkeit des Einsatzes, S. 92 ff; *Versteyl*, in: von Münch/Kunig, GG, Art. 115a Rdnr. 8.

aber nicht Gegenstand der vorliegenden Bearbeitung[388]. Dieser Ansicht zufolge ist somit der Begriff „Verteidigungsfall" identisch oder jedenfalls inhaltlich gleichzusetzen mit „Verteidigung" i.S.d. Art. 87a Abs. 2 GG.

(b) Kritische Auseinandersetzung

Die These von der Kongruenz mit dem „Verteidigungsfall" stößt seit Jahrzehnten zu Recht auf erhebliche Kritik in der juristischen Literatur[389].

(aa) Keine Bedeutungsidentität des Wortlauts

Einwände bestehen schon gegen den Ausgangspunkt des vertretenen Ansatzes: Die beiden fraglichen Begriffe sind allein schon deshalb nicht inhaltsgleich, weil sie einen unterschiedlichen Wortlaut haben und dies den Schluss nahe legt, dass der Gesetzgeber den gewählten Formulierungen auch einen entsprechenden abweichenden Regelungszweck zuweisen wollte, denn warum sollte man zwei verschiedene Begriffe gesetzestechnisch verwenden (wohlgemerkt gleichzeitig im Rahmen derselben GG-Novelle), wenn dadurch aber Bedeutungsidentität beabsichtigt wäre?[390]. Dies wird auch durch Art. 87a GG selbst bestätigt: Während die Hauptaufgabe der Streitkräfte in Abs. 2 in der „Verteidigung" liegt, regelt Abs. 3 die zusätzlichen Aufgaben der Streitkräfte im Innern im „Verteidigungsfall". Die Begriffe werden also selbst innerhalb des Art. 87a GG nebeneinander verwendet, was eine unterschiedliche Bedeutung signalisiert[391]. Selbst bei Wortgleichheit kann nicht automatisch auf Sinngleichheit geschlossen wer-

---

[388] Siehe auch *Bähr*, Verfassungsmäßigkeit des Einsatzes, S. 118 f., der insofern zwischen „verfahrensrechtlich" und „materiell" unterscheidet. Freilich muss dem Parlamentsbeschluss auch die materielle Bestimmung des „Verteidigungsfalles" vorausgehen, so dass die beiden Ebenen eng miteinander verbunden sind, eine Klärung des Begriffs „Verteidigung" aber nichtsdestotrotz stattfinden kann, ohne formelle Fragen zu beantworten, nicht aber umgekehrt.
[389] Vgl. nur die heftigen Kritiken bei *Kreß*, ICLQ 44 (1995), 414 (419): „This position is manifestly erroneous..."; *Tomuschat*, in: Bonner Kommentar, Art. 24 Rdnr. 172. Vgl. die ausführliche Behandlung bei *Schopohl*, Der Außeneinsatz, S. 100 ff. Trotzdem wird diese Ansicht auch noch in jüngster Zeit vertreten, siehe *Kutscha*, NVwZ 2004, 801 (803 f.).
[390] Ähnlich *Ipsen*, Einsatz der Bundeswehr, S. 615 (617); *Wieland*, DVBl. 1991, 1174 (1179).

den, da insbesondere die Norm und die Funktion des Begriffs innerhalb dieser Vorschrift zu berücksichtigen ist[392]. Würde man nun, wie die Vertreter der Gleichsetzungs-These, die Verteidigungsbegriffe inhaltlich vermengen, so wäre dies im Ergebnis nicht anderes als ein Tatbestandsmerkmal des Art. 115a GG in Art. 87a Abs. 2 GG hineinzuinterpretieren und somit den Wortsinn der Norm in einer verfassungsrechtlich bedenklichen Weise zu ändern[393]. Eine passende und prägnante, und vor allem richtige, Kurzformel lautet: „Der Verteidigungsfall ist ein Fall der Verteidigung, aber nicht jeder Fall der Verteidigung ist ein Verteidigungsfall"[394]. Das Wortlautargument vermag daher mangels Begriffsidentität nicht zu überzeugen.

(bb) Unterschiedliche Regelungszwecke

Betrachtet man zudem den Regelungszweck der beiden Verteidigungsbegriffe, so wird schnell klar, welche unterschiedliche Situation bzw. Vorstellung dem jeweiligen Begriff zugrunde liegt und weshalb auch eine Gleichsetzung nicht geboten ist. Kennzeichnend für den „Verteidigungsfall" ist eine konkrete *Lage* bzw. Situation, in der die Bundesrepublik von einem äußeren Angreifer bedroht wird und deshalb das innerstaatliche Entscheidungsgebilde der Situation angepasst werden muss[395]. Bei einer „Verteidigung" hingegen werden die Streitkräfte in ihrer militärischen Funktion eingesetzt, um dem Angriff zu begegnen; dabei handelt es sich um eine staatliche Reaktion, mithin um eine *aktive Handlung* und nicht lediglich um eine Lage, in der Entscheidungen getroffen werden müssen[396]. Die Situationen, die dem jeweiligen Begriff zugrunde liegen, sind demnach grundverschieden und müssen auch dementsprechend behandelt wer-

---

[391]*Baldus*, in: von Mangoldt/Klein/Starck, GG, Art. 87a Rdnr. 43; *Fibich*, ZRP 1993, 5 (7); *Ipsen*, DÖV 1971, 583 (586); *Kirchhof,*. in: Isensee/Kirchhof, HdbStR, § 84 Rdnr. 49; *Kokott*, in: Sachs, GG, Art. 87a Rdnr. 20; *Wiefelspütz*, ZaöRV 65 (2005), 819 (25).
[392] Vgl. BVerfGE 6, 32 (38).
[393] *Blumenwitz*, NZWehrr 1988, 133 (135 f.); *Riedel*, Der Einsatz deutscher Streitkräfte, S. 64; vgl. *Giegerich*, ZaöRV 49 (1989), 1 (27); *Schultz*, Die Auslandsentsendung, S. 202 spricht von „begrifflicher Vergewaltigung".
[394] *Schultz*, Die Auslandsentsendung, S. 201.
[395] Das folgende Verfahren regeln sodann die Art. 115a-115l, 87a Abs. 3, 4 GG.
[396] *von Bülow*, NZWehrr 1984, 237 (249); *Riedel*, Der Einsatz deutscher Streitkräfte, S. 65; *Schopohl*, Der Außeneinsatz, S. 100. Vgl. auch *Herzog*, in: Maunz/Dürig, GG, Art. 115a Rdnr. 18.

den. Auch ein Blick auf die Systematik führt zu demselben Ergebnis. Art. 115a GG und dem „Verteidigungsfall" wurde durch die Implementierung der Notstandsverfassung 1968 ein eigener Abschnitt X a. im GG unter eben jenem Titel „Verteidigungsfall" gewidmet und bezieht sich daher auf eine spezielle Lage, die auch besondere Regelungen bezüglich innerstaatlicher Kompetenzen erfordert[397]. Die Stellung des Art. 87a (Abs. 2) GG außerhalb dieses Abschnitts verdeutlicht erneut, weshalb die Norm gerade der Wehrverfassung zugeschlagen wurde und nicht der Notstandsverfassung: Den beiden Normen kamen und kommen unterschiedliche Regelungszwecke zu[398]. Mit der Implementierung der Notstandsverfassung wurden neue Aufgaben für die Streitkräfte im Falle eines Notstandes hinzugefügt, keineswegs aber sollten nunmehr, etwa durch das Erfordernis des „Verteidigungsfalls", diese Aufgaben verkürzt werden. Gegen eine solche stillschweigende Beschränkung auf den „Verteidigungsfall" in Art. 87a Abs. 2 GG spricht auch die ausdrückliche Regelung bei Nebenaufgaben der Streitkräfte in Art. 87a Abs. 3 GG[399]. Es dürfte vielmehr umgekehrt dadurch deutlich gemacht worden sein, dass ein Bezug auf den „Verteidigungsfall" parallel zu den Notstandsregelungen des Art. 115a GG nur bei innerstaatlichen Regelungen durch Art. 87a Abs. 3 GG verfassungsrechtlich normiert werden sollte. Dies führt auch über zu einem der Hauptargumente gegen die Kongruenz: Der Regelungszweck des Art. 115a GG. Dieser Norm kommt die Aufgabe zu, in Fällen des äußeren Notstandes, die innere Rechtsordnung umzustellen, weil eine drohende oder bereits eingetretene Gefahr für die Funktionsfähigkeit der staatlichen Ordnung besteht[400]. Sie sagt aber nichts darüber aus, ob und wie auf diese Gefahrenlage reagiert werden kann oder soll. Dies wird durch die Regelungen in Art. 24 Abs.

---

[397] *Doehring*, in: Isensee/Kirchhof, HdbStR, § 177 Rdnr. 24.

[398] Vgl. *Doehring*, in: Isensee/Kirchhof, HdbStR, § 177 Rdnr. 24; *Pechstein*, Jura 1991, 461 (465); *Riedel*, Der Einsatz deutscher Streitkräfte, S. 65; *Wiefelspütz*, AöR 132 (2007), 45 (56 f.).

[399] *Grzeszick*, in: Friauf/Höfling, Berliner Kommentar, Art. 87a Rdnr. 22; *Ipsen*, Einsatz der Bundeswehr, S. 615 (617).

[400] *Ipsen*, DÖV 1971, 583 (585 f.); *ders.*, Einsatz der Bundeswehr, S. 615 (618); *Riedel*, Der Einsatz deutscher Streitkräfte, S. 68 f.; *Schopohl*, Der Außeneinsatz, S. 103; *Schultz*, Die Auslandsentsendung, S. 202; *Stein*, Landesverteidigung, S. 935 (940); *Versteyl*, in: von Münch/Kunig, GG, Art. 115a Rdnr. 8. A.A. *Bähr*, Verfassungsmäßigkeit des Einsatzes, S. 95 ff., 102; *Fuchs*, Die Entscheidung, S. 253 ff.; *Rieder*, Entscheidung über Krieg und Frieden, S. 337 ff.

2, 26, 87a Abs. 2 GG sichergestellt[401]. Beschränkt sich mithin die Funktion des Art. 115a GG auf die soeben festgestellte Modifizierung der innerstaatlichen Rechtsordnung, so lässt sich hieraus auch keine inhaltliche Beschränkung des Verteidigungsbegriffs in Art. 87a Abs. 2 GG, erst recht nicht eine Gleichsetzung der beiden relevanten Begriffe, begründen. Dem steht der Regelungszweck des Art. 115a GG eindeutig entgegen.

(cc) Die Wiederbewaffnung im historischen Kontext

Eine rein national fokussierte Sichtweise wird auch nicht bei Heranziehung der Entstehungsgeschichte und des historischen Kontexts der Neu-Regelung plausibler. Letzterer war zur Zeit der Wiederbewaffnung der deutschen Streitkräfte geprägt von den alliierten Forderungen, die zukünftige Bundeswehr könne sich nur neu konstituieren, wenn die Bereitschaft bestand, sich in westliche Militärbündnisse integrieren zu lassen. Das Interesse der Westalliierten an einer Wiederbewaffnung der Bundesrepublik bezog sich daher nicht primär auf den Eigenschutz Deutschlands, sondern auf einen Beitrag zum Schutz der westlichen Militärallianzen[402]. Zunächst sollte dieser Beitrag bezüglich der Europäischen Verteidigungsgemeinschaft (EVG) 1954 geleistet werden[403], nach dem Scheitern der Gründungsverträge rückte der deutsche Anteil für NATO-Truppen in den Vordergrund[404]. Unter dieser Prämisse wurde die Wiederbewaffnung nicht (nur) unter einer nationalen Sichtweise diskutiert, sondern stets (auch) im Hinblick auf die zukünftige Eingliederung der deutschen Streitkräfte in westliche Militärbündnisse. Hieraus verbietet es sich nahezu, den Verteidigungsbegriff rein national auszulegen, wie es die Vertreter der Kongruenz-These praktizieren. Dieser historische Hintergrund ist nicht mit einer territorialen Begrenzung des Verteidigungsbegriffs auf das Bundesgebiet in Einklang zu bringen, er macht im Ge-

---

[401] So auch *von Bülow*, NZWehrr 1984, 237 (250); *Riedel,* Der Einsatz deutscher Streitkräfte, S. 69; Vgl. auch *Herzog*, in: Maunz/Dürig, GG, Art. 115a Rdnr. 8 ff.; *Klein*, ZaöRV 34 (1974), 429 (438).
[402] *Mössner*, Bundeswehr in blauen Helmen, S. 97 (103); *Wieland*, NZWehrr 2006, 133; vgl. auch *Bartke*, Verteidigungsauftrag, S. 30 ff.
[403] Zur Diskussion dazu vgl. Deutscher Bundestag, 1. Wahlperiode, Sten. Protokoll, 219. Sitzung vom 18.6.1952, S. 9624 ff.
[404] Siehe dazu oben unter 2. Teil. A. VII. 1.

genteil klar, dass mindestens auch die Bündnisverteidigung hierunter zu subsumieren ist. Damit wird auch deutlich, dass der Begriff „Verteidigungsfall" ungeeignet ist zur Auslegung von „Verteidigung" i.S.d. Art. 87a Abs. 2 GG, da ansonsten der geschichtliche Hintergrund vollkommen ignoriert würde. Nur diese Sichtweise wird den zahlreichen Bündnisverpflichtungen der Bundesrepublik im Rahmen von NATO, WEU, VN etc. gerecht, denn hätte der Gesetzgeber unter „Verteidigung" nur das Bundesgebiet verstehen wollen, so hätte sich dieser evident in völligen Widerspruch zu den bereits damals bestehenden und bekannten Bündnisverpflichtungen[405] gestellt[406].

(dd) Keine deckungsgleiche Nachfolge des Art. 59a GG a.F.

Der Hinweis[407] auf die Konstituierung des Art. 115a GG als Nachfolgevorschrift des Art. 59a GG a.F. und der damit einhergehenden - angeblich notwendigen - Feststellung des Verteidigungsfalls bei jedem Einsatz zur „Verteidigung", also auch nach Art. 87a Abs. 2 GG, überzeugt nicht. Der Rückschluss auf den Verteidigungsbegriff des Art. 87a Abs. 2 GG ist aufgrund der unterschiedlichen Regelungszwecke der Normen, wie bereits festgestellt, nicht zulässig. Die Ersetzung des alten Art. 59a GG mit Art. 115a GG übertrug nicht eine generelle Begrenzung des Verteidigungsbegriffs auf das Bundesgebiet weiter auf Art. 87a Abs. 2 GG. Die anderenfalls daraus zu ziehende Konsequenz, die kollektive Selbstverteidigung, die keinem individuellen Schutz diente, sei „Deutschland fortan - auch im Rahmen der NATO bzw. der WEU - verboten"[408] befremdet. Es ist geradezu „conditio sine qua non" beispielsweise des NATO-Vertrages, dass die Bundesrepublik im Falle eines Angriffs auf ihr Staatsgebiet mit der Hilfe der anderen Bündnispartner rechnen kann, auch wenn diese nicht unmittelbar in

---

[405] Siehe dazu oben unter 1. Teil B. II.
[406] *Boldt*, ZRP 1992, 218 (220); *Henneke/Ruge*, in: Schmidt-Bleibtreu/Klein, GG, Art. 87a Rdnr. 5; *Kind*, DÖV 1993, 139 (143); *Kriele*, ZRP 1994, 103 (104); *Riedel*, Der Einsatz deutscher Streitkräfte, S. 70; *Schopohl*, Der Außeneinsatz, S. 103; *Tomuschat*, in: Bonner Kommentar, Art. 24 Rdnr. 172; *Wieland*, DVBl. 1991, 1174 (1179).
[407] *Bähr*, Verfassungsmäßigkeit des Einsatzes, S. 111 f.
[408] So *Bähr*, Verfassungsmäßigkeit des Einsatzes, S. 112, der von einer unbewussten verfassungsrechtlichen Lücke im Jahre 1968 ausgeht, die Bundesrepublik daher für „teilweise bündnisunfähig" hält und eine Verfassungsänderung als erforderlich bezeichnet.

ihrer territorialen Integrität betroffen sind[409]; umgekehrt muss daher genau dasselbe gelten. Die Bundesrepublik kann sich dem nicht entziehen, indem sie auf verfassungsrechtliche Schwierigkeiten hinweist und aus dem Bündnis nur das Beistandsrecht beansprucht, nicht aber die Beistandspflicht erfüllen will[410]. Dies kann dem Gesetzgeber des Jahres 1968 nicht unterstellt werden, ebenso muss diesem die gerade beschriebene Konsequenz auch klar gewesen sein, so dass, selbst wenn man von einer „Lücke"[411] der Verfassung ausginge, diese wohl kaum unbewusst zustande gekommen sein dürfte. Dafür spricht auch die Einbeziehung und damit verfassungsrechtliche Anerkennung des NATO-Bündnisses im Rahmen des gleichzeitig beschlossenen Art. 80a Abs. 3 GG[412].

(ee) Die mangelnde Ergiebigkeit der Entstehungsgeschichte

Nicht nur der historische Kontext, auch die Entstehungsgeschichte der Norm legt eine Inkongruenz der Begriffe „Verteidigung" und „Verteidigungsfall" nahe. In den Materialien zur Notstandsgesetzgebung 1968, genauer: den Regierungsentwürfen zur Neufassung des Art. 115a GG, wurde lange Zeit statt des Begriffs „Verteidigungsfall" die Formel „Zustand äußerer Gefahr" verwendet und im Hinblick auf die weitreichenden innerstaatlichen Rechtsfolgen dieses Zustandes eine parlamentarische Kontrolle gefordert[413]. Auch der Rechtsausschuss des Bundestages unterschied noch in der 4. Legislaturperiode zwischen dem „Verteidigungsfall" in Art. 59a GG sowie dem „Zustand äußerer Gefahr" (Abschnitt Xa des GG)[414]. Die Ersetzung der Formulierung „Zustand äußerer Gefahr" durch den Ausdruck „Verteidigungsfall" erfolgte danach zwar ebenfalls

---

[409] Vgl. nur die Ausrufung des Bündnisfalles durch die NATO nach den Angriffen auf die Vereinigten Staaten vom 11.9.2001.

[410] Ähnlich *Riedel,* Der Einsatz deutscher Streitkräfte, S. 70; vgl. auch *Tomuschat,* in: Bonner Kommentar, Art. 24 Rdnr. 172: „Eine solche Schlussfolgerung, die dem Grundgesetz geradezu eine schizophrene Bewusstseinslage unterstellt, steht mit der Grundregel von der logischen Einheit der Verfassung im Widerspruch".

[411] *Bähr,* Verfassungsmäßigkeit des Einsatzes, S. 112. Dagegen: *Kriele,* ZRP 1994, 103 (104).

[412] *Boldt,* ZRP 1992, 218 (220); *Schultz,* Die Auslandsentsendung, S. 205.

[413] Vgl. den 2. Regierungsentwurf (BT-Drs. IV/891) und 3. Regierungsentwurf (BT-Drs. V/1879); auch *Burmester,* NZWehrr 1993, 133 (135 f.); *Kind,* DÖV 1993, 139 (141).

[414] Vgl. *Riedel,* Der Einsatz deutscher Streitkräfte, S. 68; BT-Drs. IV/3494.

vom Rechtsausschuss[415], doch können den Materialien keine Anhaltspunkte dafür entnommen werden, dass hierdurch in irgendeiner Form die Verteidigungsaufgaben der Streitkräfte näher bestimmt oder gar eingegrenzt werden sollten. Zwar ist zuzugeben, dass die Abänderung sprachlich verwirrend ist, da anders als bei „Zustand äußerer Gefahr" der Begriff des „Verteidigungsfall[s]" stets ein reaktives Verhalten impliziert[416], doch war durch den Austausch der Begrifflichkeiten nicht zugleich auch eine inhaltliche Abänderung gewollt, sondern es sollte lediglich einer extensiven Interpretation der Situation, in der der Notstand mit all seinen Folgen ausgerufen werden kann, ein Riegel vorgeschoben werden[417]. Aus den zitierten Materialien lässt sich daher kein Ergebnis herleiten, welches die These der Kongruenz zwischen „Verteidigungsfall" und „Verteidigung" stützt, eher noch erhärtet der Befund die Argumente der Meinungen, die eine Inkongruenz annehmen. In diesem Zusammenhang wenden nun die Befürworter der These ein, spätestens durch die Annahme des sog. „Matthöfer-Antrags" sei klar, dass in Art. 87a Abs. 2 GG eben „Landesverteidigung" gemeint gewesen und daher auf den Verteidigungsbegriff des Art. 115a GG zurückzugreifen sei (vgl. oben). Dieser Schluss ist nicht zwingend und daher vorschnell. Selbst wenn man diesen historischen Umstand als Basis des folgenden Argumentationsstrangs nimmt, steht zum einen „Landesverteidigung" keineswegs als Synonym für „Bundesgebiet", sondern es wäre mindestens ebenso zulässig, über das eigene Staatsgebiet hinaus auch den Staat in seiner Gesamtheit, mithin als „organisierten Gebiets- und Personalverband"[418], hierunter aufzufassen und somit das Verteidigungsobjekt erheblich neutraler, gleichzeitig aber auch weiter, zu interpretieren als lediglich auf das Bundesgebiet begrenzt. Zum anderen ist es nicht mehr möglich, exakt den Willen des Gesetzgebers festzustellen[419]. Zwar ist die Änderung des Wortlautes von „Landesverteidigung" zu „Verteidigung" in

---

[415] Vgl. Kurzprotokoll der 73. Sitzung des RA-BT vom 7.3.1968, S. 8
[416] *Ipsen*, Einsatz der Bundeswehr, S. 615 (619).
[417] Vgl. den Bericht des Rechtsausschusses, BT-Drs. V/2873; *Ipsen*, Einsatz der Bundeswehr, S. 615 (619); *Kind*, DÖV 1993, 139 (141); *Riedel*, Der Einsatz deutscher Streitkräfte, S. 68.
[418] So *Ipsen*, Diskussionsbeitrag, in: Schwarz/Steinkamm, Rechtliche und politische Probleme, S. 79, der weiter „den Staat mit seiner Rechtsordnung" unter „Landesverteidigung" subsumiert, dazu auch die Völkerrechtsordnung zählt und auf diesem Wege die kollektive Verteidigung als ebenso erfasst ansieht; *Schultz*, Die Auslandsentsendung, S. 191.
[419] Die „unklare Bedeutungsreichweite" beklagt auch *Schultz*, Die Auslandsentsendung, S. 191.

der Sitzung des Rechtsausschusses nicht auf sachlichen Widerstand (insofern ist der Gegenmeinung zuzustimmen) gestoßen; es ließe sich dann aber ebenso vertreten, dass die Mitglieder des Rechtsausschusses die Ersetzung des Begriffs letztlich eben nicht befürworteten, um in das GG keinen neuen Begriff aufzunehmen[420]. Schließlich spricht gegen eine besondere Bedeutung des „Matthöfer-Antrags" - die ihm ja zukommen würde, wenn nur die „Landesverteidigung" gemeint gewesen wäre - die nicht erfolgte Erwähnung desselben in dem entscheidenden Bericht des Rechtsauschusses: Dort ist keine Rede von einem derartigen Antrag[421]. Dies spricht eher für eine kaum relevante Bedeutung des Antrags, jedenfalls verdeutlichen die obigen Ausführungen die zweifelhafte Aussagekraft des sog. „Matthöfer-Antrags" und legen den Schluss nahe, diesen Antrag aufgrund seiner diffizilen Verwertbarkeit bei der Norminterpretation für die Ergebnisfindung außen vor zu lassen. Die historische bzw. genetische Auslegung vermag daher im Ergebnis die These der inhaltlichen Kongruenz nicht hinreichend bestätigen.

(ff) Das „Streitkräfte-Urteil" als Gegenargument

Abschließend sei noch auf einen weiteren Beleg für die historische Überkommenheit dieser These hingewiesen. In seinem Streitkräfte-Urteil aus dem Jahre 1994 hob das BVerfG explizit hervor, die Feststellung des Verteidigungsfalles sei nicht Voraussetzung für jeden Verteidigungseinsatz der Bundeswehr[422]. Daraus ergibt sich zwar prima facie nicht auch die Inkongruenz der beiden in Frage stehenden Verteidigungsbegriffe, da die Aussage des Senats unmittelbar nur die auch hier oben offen gelassene Frage betrifft, inwiefern tatsächlich bei jedem Einsatz der Streitkräfte vorab die parlamentarische Feststellung des Verteidi-

---

[420] Dieser Ansicht ist *Kind*, DÖV 1993, 139 (143 f.) unter Berufung auf Anlage 1 des Kurzprotokolls Nr. 79 des Rechtsausschusses, 5. Wahlperiode, S. 4. Die Änderung von „Landesverteidigung" in „Verteidigung" als Argument heranziehend neuerdings auch das *BVerwG*, NJW 2006, 77 (80).
[421] Vgl. BT-Drs. V/2873. Erwähnung findet der „Matthöfer-Antrag" nur in der bereits mehrfach zitierten Anlage 1 des Kurzprotokolls Nr. 79 des Rechtsausschusses.
[422] BVerfGE 90, 286 (385 f.): „Die Feststellung des Verteidigungsfalles bewirkt zwar unmittelbar nur den Übergang von der Normal- zur Notstandsverfassung und passt insbesondere das Staatsorganisationsrecht den Anforderungen eines durch einen bewaffneten Angriff auf das Bundesgebiet hervorge-

gungsfalles zu erfolgen hat. In der Sache ergeben sich jedoch keine Unterschiede: Das BVerfG stellt hinreichend deutlich den nach innen gerichteten Normzweck des Art. 115a GG dar, indem es zu den Auswirkungen der Feststellung des Verteidigungsfalles Stellung nimmt und auf die Modifikationen im Staatsorganisationsrecht hinweist[423]. Der Senat folgt damit der ganz herrschenden Meinung, die eine entsprechende, nach innen gerichtete, Reichweite des Art. 115a GG annimmt. Hiermit entfällt aber auch das Argument der Gegner, die hieraus Auswirkungen auf den Verteidigungsauftrag des Art. 87a Abs. 2 GG ersehen. Auch wenn das Gericht diesen Schluss nicht zieht - wozu im Rahmen der Begründung des Parlamentsvorbehalts auch keine Veranlassung bestand - so lassen sich die Ausführungen des Senats nur in der Weise auslegen, dass der Senat nicht von einer Kongruenz der beiden Verteidigungsbegriffe in Art. 115a GG und Art. 87a Abs. 2 GG ausgeht[424]. Indem das Gericht einen konstitutiven Parlamentsvorbehalt für alle Einsätze bewaffneter Streitkräfte etablierte und diese mit einfacher Mehrheit des Parlaments beschlossen werden kann, zeigt sich auch verfahrensrechtlich der Unterschied zu der Feststellung des Verteidigungsfalls, bei der gem. Art. 115a Abs. 1 Satz 2 GG mindestens die Mehrheit der Mitglieder des Bundestages zustimmen müssen oder aber zwei Drittel der abgegebenen Stimmen erforderlich sind[425]. Da laut dem Urteil die Feststellung gerade nicht Voraussetzung für jeden Verteidigungseinsatz ist, handelt es sich bei den jeweiligen Entscheidungsverfahren um zwei selbständige Zustimmungswege, die eine Gleichsetzung der beiden Verteidigungsbegriffe nicht rechtfertigen[426]. Eine Kongruenz der beiden Begriffe lässt sich daher nicht aus dem „Streitkräfte-Urteil" herleiten.

---

rufenen äußeren Notstandes an. *Sie ist also nicht Voraussetzung für jeden Verteidigungseinsatz der Bundeswehr[…].*" Hervorhebung durch Verf.; vgl. *Wiefelspütz*, ZaöRV 65 (2005), 819 (825 f.).

[423] BVerfGE 90, 286 (386).

[424] So auch *Epping*, AöR 124 (1999), 423 (436); *Günther, Zum Einsatz der Bundeswehr*, S. 329 (346); *Hernekamp*, in: von Münch/Kunig, GG, Art. 87a, Rdnr. 12; *Heun*, JZ 1994, 1073 f.

[425] Art. 115a Abs. 1 Satz 2 GG lautet: „Die Feststellung erfolgt auf Antrag der Bundesregierung und bedarf einer Mehrheit von zwei Dritteln der abgegebenen Stimmen, mindestens der Mehrheit der Mitglieder des Bundestages".

[426] Dazu näher *Schultz, Die Auslandsentsendung*, S. 207 ff., nach dem die „Verklammerungsthese" zu paradoxen und unhaltbaren Ergebnissen führe und das BVerfG daher aus systematischen Gründen

(c) Ergebnis: Keine Kongruenz

Die These von der Kongruenz mit dem „Verteidigungsfall" ist mangels überzeugender und aufgrund teilweise unergiebiger Argumente abzulehnen. Auch
das „Streitkräfte-Urteil" des BVerfG belegt, dass „Verteidigung" nicht nur bei
einem Angriff auf das Bundesgebiet gegeben sein kann. Der Begriff „Verteidigung" i.S.d. Art. 87a Abs. 2 GG kann somit nicht mit „Verteidigungsfall" i.S.d.
Art. 115a GG gleichgesetzt werden.

(2) Die These der Territorial- und Bündnisverteidigung

Aus der soeben festgestellten Inkongruenz der beiden Verteidigungsbegriffe
folgt nur die juristisch nötige Differenzierung zweier verfassungsrechtlicher Termini. Unstreitig ergibt sich aus dem Verteidigungsauftrag des Art. 87a Abs. 2
GG die Berechtigung, ja Pflicht, der Streitkräfte zur Ergreifung von Maßnahmen
der Territorial- oder Landesverteidigung, d.h. des Bundesgebietes. Während die
Vertreter der - abzulehnenden - Kongruenzthese an diesem Punkt die Grenzen
der Verteidigungsmöglichkeiten sehen, geht die weitaus überwiegende Rechts-
lehre darüber hinaus und schließt zunächst jedenfalls auch die Verteidigung des
Bündnisgebietes im Rahmen kollektiver Bündnis- bzw. Sicherheitssysteme
ein[427]. Hierunter fallen unbestritten[428] die NATO sowie die WEU, wobei letztere

---

diese abgelehnt habe. A.A. *Arndt*, NJW 1994, 2197 (2198), der die Kongruenz auch weiterhin vertritt
und dem BVerfG vorwirft, es sei als „verfassungsändernder Gesetzgeber" tätig geworden.
[427] Siehe u.a. *Bernhardt*, Diskussionsbeitrag, in: Frowein/Stein, Rechtliche Aspekte, S. 85; *Blumenwitz*, BayVBl. 1994, 641 (645); *ders.*, NZWehr 1988, 133 (138); *Boldt*, ZRP 1992, 218 (220); *Bothe*,
in: Dau/Wöhrmann, Dokumentation, S. 390, 576; *von Bülow*, NZWehr 1984, 237 (246); *Burmester*,
NZWehrr 1993, 133 (135 f.); *Doehring*, in: Isensee/Kirchhof, HdbStR, § 177 Rdnr. 23; *Heun*, in:
Dreier, GG, Art. 87a Rdnr. 11; *Fastenrath*, FAZ vom 22.7.1994, S. 4; *Fibich*, ZRP 1993, 5 (7); *Frank*,
in: Alternativkommentar, nach Art. 87a Rdnr. 18; *Jochum*, JuS 2006, 511 (513); *Kirchhof*, in: Isen-
see/Kirchhof, HdbStR, § 84 Rdnr. 53; *Klein*, ZaöRV 34 (1974), 429 (437); *Krings/Burkiczak*, DÖV
2002, 501 (504); *Limpert*, Auslandseinsatz der Bundeswehr, S. 20; *Linke*, AöR 129 (2004), 489 (514
f.); *Löwenstein*, FAZ vom 6.12.2005, S. 1; *Oldiges*, Wehrrecht und Zivilverteidigungsrecht, § 23 Rdnr.
20 f.; *Pieroth*, in: Jarass/Pieroth, Art. 87a Rdnr. 9; *Riedel*, Der Einsatz deutscher Streitkräfte, S. 103;
Schroeder, JuS 1995, 398 (401); *Tomuschat*, in: Bonner Kommentar, Art. 24 Rdnr. 172; *Wiefelspütz*,
ZaöRV 65 (2005), 819 (823); *Wieland*, DVBl. 1991, 1174 (1178 f.); *Wild*, DÖV 2000, 622 (625);
Zimmer, Einsätze der Bundeswehr, S. 70 ff, 88.
[428] Jedenfalls nach dem „Streitkräfte-Urteil": BVerfGE 90, 286 (350 f.) bezeichnet die NATO als ein
System gegenseitiger kollektiver Sicherheit i.S.d. Art. 24 Abs. 2 GG. A.A. noch *Bachmann*, MDR

aufgrund fehlenden organisatorischen Unterbaus auf die Strukturen der NATO zurück greift und somit von weitaus weniger praktischer Bedeutung ist[429]. Die VN-Charta besitzt keine derartige Klausel, lediglich Art. 51 UN-Charta weist auf die weiter bestehende Möglichkeit kollektiver Selbstverteidigung hin. Daher richtet sich die These der Territorial- und Bündnisverteidigung auch primär auf den „Bündnisfall", mithin die Reaktion der Bündnispartner auf Angriffe anderer Staaten oder Dritter auf ein Mitglied der Allianz (vgl. Art. 5 NATO-Vertrag). Dieser Ansicht zufolge würde sich der Verteidigungsauftrag der Streitkräfte im Rahmen des Art. 87a Abs. 2 GG auf das gesamte Gebiet der jeweiligen Bündnis- bzw. Vertragspartner erstrecken.

Die Subsumtion von Evakuierungsoperationen unter diese These scheitert aber wiederum an den fehlenden Voraussetzungen: Die einer Rettungsaktion zugrunde liegende Situation ist eben örtlich an den Fremdstaat geknüpft - daher handelt es sich nicht um einen Fall der Territorialverteidigung - und löst mangels Angriffs auf einen Vertragspartner nicht den Bündnisfall aus. Demnach läge auch nach dieser These keine „Verteidigung" bei Evakuierungsoperationen im Ausland vor.

(a) Kritische Bewertung

Wenig überzeugend ist zunächst die von einem Teil der Vertreter dieser Ansicht vorgebrachte These, bereits der Wortlaut des Art. 87a Abs. 2 GG lege nahe, dass die Verteidigung der Bundesrepublik gemeint sei, und zwar sowohl des Territoriums der Bundesrepublik als auch die Einbeziehung des Bündnisfalles, weil ein Angriff auf ein NATO-Mitglied regelmäßig auch die Sicherheit der Bundesrepublik beeinträchtige[430]. Diese Ansicht basiert weitestgehend auf der Bedrohungslage des Kalten Krieges, in der die Welt in „Blöcke" aufgeteilt wurde und

---

1993, 397 (398), der die genau gegenteilige Meinung vertritt und dies fälschlicherweise auch noch als „weitgehend einhellige Meinung" bezeichnet.

[429] Vgl. Art. IV WEU-Vertrag, der die WEU-Mitgliedstaaten zur Zusammenarbeit mit der NATO anhält und eine Parallelorganisation ausschließt.

[430] So *Wiefelspütz*, ZaöRV 65 (2005), 819 (823) unter Verweis auf *Randelzhofer*, in: Maunz/Dürig, GG, Art. 24 Abs. 2, Rdnr. 53.

militärische Handlungen in der Regel nur zwischen diesen Blöcken zu erwarten waren[431]. Angesichts der veränderten Bedrohungsszenarien der heutigen Zeit, in der großflächige Angriffe höchst unwahrscheinlich geworden sind und wohl eher mit (terroristischen) „Nadelstichen", d.h. desaströsen, aber nur punktuellen Attacken, zu rechnen ist, erscheint es nicht mehr zeitgemäß, diese These in einer derart pauschalen Art zu postulieren. Man stelle sich nur vor, wie es zurzeit durchaus denkbar ist, die irakischen Rebellen der kurdischen Region im Norden des Irak griffen in Anatolien zur Unterstützung der PKK mittels Terroranschlägen die Türkei, ein NATO-Mitglied, an. Folgt man der oben erwähnten Darstellung buchstäblich, so würde ein solcher Angriff die Sicherheit der Bundesrepublik beeinträchtigen. Dies ließe sich ohne weitere Auswirkungen auf die Bundesrepublik in dieser Form kaum vertreten. Jedenfalls lässt sich dieser Automatismus (Angriff Bündnispartner = Bedrohung der deutschen Sicherheit) schon gar nicht aus dem Wortlaut des Art. 87a Abs. 2 GG ablesen, insofern ist dieses Argument zur Begründung der obigen These kaum geeignet[432].

(aa) Die effektivere Verteidigung mittels Sicherheitssystemen

Einleuchtender - wenn auch nicht zwingend, weil nicht juristisch - ist das Argument, eine effektive Verteidigung sei nur in Systemen kollektiver Sicherheit sinnvoll und gewährleistet[433]. In Zeiten des internationalen Terrorismus bewahrheitet sich diese Aussage durchaus jedenfalls bei den europäischen Staaten, die unter anderem als Reaktion auf die Terroranschläge in Madrid 2004 und London 2005 eine EU-Eingreiftruppe aufgestellt haben[434]. Vereintes und organisiertes Zusammenwirken bei der Bekämpfung des internationalen Terrorismus bildet die einzige Möglichkeit, effektiv Terrorzellen zu zerschlagen und weitere Bedrohungen der europäischen Staaten im Allgemeinen zu verhindern.

---

[431] Insofern richtig *Bachmann*, MDR 1993, 397 (398).
[432] Vgl. *Arndt*, DÖV 1992, 618 (620) nach dem der Bündnisfall nicht ausdrücklich im GG geregelt sei und diese rechtliche Lücke nicht durch eine „rechtliche Fiktion" dergestalt geschlossen werden könne, dass eine Aggression gegen einen anderen NATO-Mitgliedsstaat als Angriff auch auf die Bundesrepublik anzusehen sei.
[433] *Oldiges*, Wehrrecht und Zivilverteidigungsrecht, § 23 Rdnr. 20.
[434] Siehe oben 1. Teil D. II. Selbst die USA suchen mehr und mehr den Multilateralismus, wenn auch eher in ad-hoc-Bündnissen und weniger in den klassischen Allianzen wie VN, NATO.

(bb) Art. 80a Abs. 3 GG als Postulat der

Bündnisverteidigung

Aus systematischer Sicht kann zur Begründung von Bündnispflichten auf Art. 80a Abs. 3 GG[435] rekurriert werden[436]. Allerdings ist der Gegenmeinung[437] insofern zunächst zuzugeben, dass Art. 80a Abs. 3 GG keine Einsatzermächtigung per se darstellt und damit keine Bestimmung über die Verwendung der Streitkräfte trifft, sondern lediglich kompetenzielle, innerstaatliche Modifikationen bei der Entscheidungsfindung regeln soll. Zur Begründung, dass unter „Verteidigung" auch der Bündnisfall zu verstehen ist, bedarf es aber nicht einer Einsatzermächtigung durch Art. 80a Abs. 3 GG, ausreichend ist vielmehr die in dieser Norm deutlich hervortretende Billigung und Hervorhebung von Entscheidungen der Bündnisorgane. Bereits dieser Verweis auf das Bündnis und die Respektierung von Beschlüssen im Rahmen dieses Bündnisses, verdeutlichen die hervorgehobene Stellung, die der Gesetzgeber der kollektiven Verteidigung zugeschrieben hat. Hieraus ergibt sich ein verfassungsrechtlicher Ansatz für die Offenheit des GG zugunsten von derartigen Bündnissen. Diesem Geist würde es nun widersprechen, wenn man die Verteidigung der Bundesrepublik ausschließlich auf das Bundesgebiet bezöge. Auch wenn Art. 80a Abs. 3 GG keine unmittelbare Befugnisnorm für einen militärischen Einsatz darstellt, lässt sich hieraus jedenfalls ein Argument dafür ableiten, dass die deutschen Streitkräfte grundsätzlich auch einen Beitrag im Rahmen der Bündnisverteidigung leisten sollen bzw. dürfen. Ansonsten würde diese Norm keinen Sinn machen[438].

---

[435] Art. 80a Abs. 3 Satz 1 GG lautet: „Abweichend von Absatz 1 ist die Anwendung solcher Rechtsvorschriften auch auf der Grundlage und nach Maßgabe eines Beschlusses zulässig, der von einem internationalen Organ im Rahmen eines Bündnisvertrages mit Zustimmung der Bundesregierung gefasst wird".
[436] *Doehring*, in: Isensee/Kirchhof, HdbStR, § 177 Rdnr. 23; *Günther*, Zum Einsatz der Bundeswehr, S. 329 (346); *Lücke/Mann*, in: Sachs, GG, Art. 80a Rdnr. 5.
[437] *Coridass,* Der Auslandseinsatz, S. 49 f.
[438] *Doehring*, in: Isensee/Kirchhof, HdbStR, § 177 Rdnr. 23; *Günther*, Zum Einsatz der Bundeswehr, S. 329 (346) sehen in Art. 80a Abs. 3 GG unmittelbar die „Bündnisverpflichtung" als enthalten an.

(cc) Bündnisorientierung als historische Gegebenheit

Eine weitere Bestätigung erfährt dieses Ergebnis durch die Berücksichtigung der historischen Umstände. Der Verteidigungsauftrag der Streitkräfte war von Beginn an und seitdem stets bündnisorientiert ausgerichtet gewesen und erfasste daher auch im Rahmen der „Verteidigung" nach Art. 87a (Abs. 2) GG den Bündnisfall[439]. Prämisse der Wiederbewaffnung und damit der Gründung der Bundeswehr im Jahre 1955 war nämlich die Integration der deutschen Streitkräfte in das NATO-Bündnis, um sicherzustellen, dass auch die Bundesrepublik ihren sicherheitspolitischen Anteil an der Verteidigung der 1949 gegründeten Allianz beisteuerte[440]. An dieser Bündnisorientierung sollte auch durch die Notstandsverfassung im Jahre 1968 nicht gerüttelt werden, geschweige denn diese inhaltlich abgeschwächt werden, was aber der Fall wäre, würde man nunmehr eine höhere Meßlatte anlegen und die Bündnisverteidigung nicht (mehr) zulassen[441]. Aus historischer Sicht bildete der „Bündnisfall" stets einen integrativen Bestandteil der deutschen Verfassung. Allein diese Sichtweise entspricht der Ausrichtung der Bundesrepublik auf Verteidigung in Systemen gegenseitiger und kollektiver Sicherheit, ein „Alleingang" oder Begrenzung der neugegründeten deutschen Streitkräfte auf nationale Verteidigungseinsätze spiegelt nicht die historische Situation wider und steht daher eklatant im Widerspruch zur Bündnisorientierung der Streitkräfte, sogar der gesamten Bundesrepublik, was wiederum auch durch Art. 80a Abs. 3 GG bestätigt wird. Dies belegt auch die Norm des Art. 24 Abs. 2 GG, der ebenfalls auf kollektive Sicherheitssysteme, wie es auch die NATO darstellt[442], verweist. Bei Heranziehung der engeren Auffassung und eines Ausschlusses der Bündnisverteidigung würde Art. 24 Abs. 2 GG im Kern unterlaufen werden und der Regelungsgehalt der Norm quasi gegen

---

[439]*Henneke/Ruge,* in: Schmidt-Bleibtreu/Klein, GG, Art. 87a Rdnr. 5; *Hillgruber,* in: Umbach/Clemens, GG, Art. 87a Rdnr. 18; *Wiefelspütz,* ZaöRV 65 (2005), 819 (823).
[440] Siehe oben 2. Teil A. VII. 1. und 3. b) aa) (1) (a); vgl. auch *Giegerich,* ZaöRV 49 (1989), 1 (19 f.); *Kokott,* in: Sachs, GG, Art. 87a Rdnr. 21; *BVerwG* NJW 2006, 77 (80).
[441] Vgl. *Baldus,* in: von Mangoldt/Klein/Starck, GG, Art. 87a Rdnr. 44; *Boldt,* ZRP 1992, 218 (220); *Fibich,* ZRP 1993, 5 (7); *Krings/Burkiczak,* DÖV 2002, 501 (504 f.). Siehe auch BT-Drs. V/1879 vom 13.6.1967, S. 13, 14.
[442] BVerfGE 90, 286 (351).

Null tendieren[443]. Die Verankerung dieser Norm im GG macht den Auftrag an die Exekutive (und auch an die Legislative) deutlich, der Verteidigung im Bündnis Priorität vor einem nationalen Weg einzuräumen und die Bündnisverteidigung zu organisieren[444]. Dies impliziert aber wiederum, dass die deutschen Streitkräfte auch eingesetzt werden können, wenn nicht nur das Bundesgebiet angegriffen wird, sondern lediglich das Territorium eines anderen Bündnispartners, da gerader dieser Beistand (in welcher Form auch immer) zu den tragenden Säulen eines Verteidigungsbündnisses gehört[445].

(dd) Kein Rückgriff auf Art. 51 VN-Charta zur Begründung nötig

Eine räumliche Begrenzung des Einsatzes zur „Verteidigung" auf das Bundesgebiet ist daher abzulehnen, jedenfalls gehört der Einsatz im Bündnisfall noch zu den zulässigen Aktionen der Streitkräfte. Inwiefern dadurch nicht der geographische Einsatzraum eingeschränkt werden soll, sondern der politische Einsatzzweck[446], braucht hier nicht entschieden zu werden, da an dieser Stelle nur geklärt werden soll, ob die Bündnisverteidigung als „Verteidigung" i.S.d. Art. 87a Abs. 2 GG verstanden werden kann, nicht aber die geographische Weite zu bestimmen ist bzw. darüber hinaus gehende Fälle zu untersuchen sind. Eines Rückgriffs auf das völkerrechtlich normierte Recht auf kollektive Selbstverteidigung gem. Art. 51 VN-Charta als Grundlage der Bündnisverteidigung und des Verteidigungsbegriffs, wie es zum Teil vertreten wird[447], bedarf es an dieser Stelle nicht. Insoweit ist bereits fraglich, inwiefern die Einsätze zur „Bündnisverteidigung" systematisch von anderen Formen kollektiver Selbstverteidigung

[443] Vgl. *Frank*, in: Alternativkommentar, nach Art. 87a Rdnr. 23; *Tomuschat*, in: Bonner Kommentar, Art. 24 Rdnr. 172.
[444] *von Bülow*, NZWehr 1984, 237 (246).
[445] Entsprechend weist *Wieland*, DVBl. 1991, 1174 (1179) darauf hin, dass die anderen NATO-Vertragspartner wohl kaum dafür Verständnis aufbringen würden, wenn die BRD die Rechte des Bündnisses übernimmt, nicht aber die Pflichten (=Beistand).
[446] So *Kirchhof*, in: Isensee/Kirchhof, HdbStR, § 84 Rdnr. 50; *Oldiges*, Wehrrecht und Zivilverteidigungsrecht, § 23 Rdnr. 17; *Stein*, Schutz der Handelsflotte, S. 487 (495). A.A. *Depenheuer*, DVBl. 1997, 685 (686).
[447] Statt vieler *Ipsen*, Einsatz der Bundeswehr, S. 615 (616 f., 622); *Sigloch*, Auslandseinsätze, S. 130 ff.

i.S.d. Art. 51 VN-Charta unterschieden werden können und sollen[448], jedenfalls aber lassen sich die Argumente für die These der Territorial- und Bündnisverteidigung auch aus den Bündnisverträgen (Art. 5 NATO-Vertrag) sowie den soeben dargelegten Normen des GG herleiten. Ein Bezug auf das Völkerrecht, hier die VN-Charta, führt nur zu Abgrenzungsschwierigkeiten zwischen Bündnisverteidigung und Pflichten nach der VN-Charta, was für die Problematik des Bündnisfalles auch gar nicht relevant ist.

(b) Art. 5 NATO-Vertrag als untaugliches Gegenargument

Verschiedentlich wird gegen die Erstreckung der Verteidigung auch auf den Bündnisfall eingewandt, aus Art. 5 NATO-Vertrag ergebe sich keine Rechtspflicht der anderen Vertragspartner, dem Angegriffenen unmittelbar helfend zur Seite zu stehen und daher könne auch die Bündnisverteidigung mangels einer unmittelbaren Beistandspflicht nicht Teil des verfassungsrechtlichen Verteidigungsbegriffs sein[449]. Dieser Ansicht ist zuzugeben, dass der Wortlaut des Art. 5 NATO-Vertrag tatsächlich nur von „Beistand leisten" spricht, ansonsten aber den Vertragsparteien keine weiteren Pflichten auferlegt. Aufgrund der gleichzeitig den Partnern offen gelassenen Art der Reaktion[450], lässt sich daher tatsächlich eine unmittelbare Einsatzverpflichtung der übrigen Vertragspartner dergestalt, dass diese verpflichtet würden, unverzüglich Truppen zur Verteidigung loszuschicken, kaum begründen. Nichtsdestotrotz begründet Art. 5 NATO-Vertrag eine Beistandspflicht zur Reaktion und zum aktiven Handeln, lediglich der Umfang dieser Pflicht wird unter den Vorbehalt der nach nationalem Recht verfassungskonformen Durchführung gestellt[451]. Dieser Verfassungsvorbehalt darf

---

[448] So zu Recht *Oeter*, NZWehrr 2000, 89 (91).
[449] Vgl. *Bähr*, ZRP 1994, 97 (100); *Bartke*, Verteidigungsauftrag, S. 168 ff., 188 ff; *Coridass,* Der Auslandseinsatz, S. 48; *Fuchs*, Die Entscheidung, S. 186 ff; *Rieder*, Entscheidung über Krieg und Frieden, S. 348.
[450] Auszug aus Art. 5 I NATO-Vertrag: „ [...] Beistand leistet, indem jede von ihnen unverzüglich für sich und im Zusammenwirken mit den anderen Parteien die Maßnahmen, einschließlich der Anwendung von Waffengewalt, trifft, die sie für erforderlich erachtet, um die Sicherheit des nordatlantischen Gebiets wiederherzustellen und zu erhalten".
[451] Vgl. *BVerwG* NJW 2006, 77 (97): „Art. 5 NATO-Vertrag normiert eine völkerrechtliche Beistandspflicht für jede Vertragspartei "nur" im Falle eines bewaffneten Angriffs "gegen eine oder mehrere von ihnen in Europa oder Nordamerika". Der Umfang dieser Beistandspflicht ist dabei ausdrücklich offen

dann aber nicht dazu führen, dass ein Mitgliedstaat sein Verfassungsrecht so ausgestaltet, dass der Staat nur von den Rechten des Bündnisses profitiert, nicht aber die Erfüllung der Pflichten, wie im Bündnisfall, gewährleistet. Ein solches Verhalten wäre vertragswidrig, da es eindeutig gegen die Geschäftsgrundlage und den Sinn und Zweck eines Verteidigungsbündnisses verstoßen würde[452]. Genau eine solche Haltung würde die Bundesrepublik jedoch zeigen, sollte man die Verteidigung im Bündnis nicht unter Art. 87a Abs. 2 GG subsumieren. Dies kann nicht von dem Gesetzgeber gewollt gewesen sein[453]. Die deutsche Sicherheitspolitik war und ist getragen von dem Gedanken der Bündnissolidarität. Die multilateralen Bündnisverträge würden nahezu völlig bedeutungslos werden, wenn der Hauptpfeiler dieser Sicherheitsarchitektur, die Streitkräfte, im Rahmen der völkerrechtlich bindenden Beistandszusicherung gar nicht aktiv werden könnte, außer zum Schutz des eigenen Territoriums. Es kann also mit Recht von einer „Privilegierung" der Bündnisverteidigung gesprochen werden[454]. Dem entspricht es, Einsätze der Streitkräfte im Bündnisfall als Einsätze zur „Verteidigung" anzusehen.

(c) Ergebnis: Territorial- und Bündnisverteidigung erfasst

Die aufgeführten Argumente begründen überzeugend die Plausibilität und Nachvollziehbarkeit der These der Territorial- und Bündnisverteidigung, etwaigen Einwänden fehlt es an inhaltlicher Begründetheit. Mit der weit überwiegenden und herrschenden Meinung kann der Begriff „Verteidigung" in Art. 87a Abs. 2 GG daher nicht nur die Abwehr von Angriffen auf das Bundesgebiet bedeuten,

---

gelassen worden"; *Blumenwitz*, NZWehrr 1988, 133 (137); *Tomuschat*, in: Bonner Kommentar, Art. 24 Rdnr. 172.

[452] *Blumenwitz*, NZWehrr 1988, 133 (137); *Doehring*, in: Isensee/Kirchhof, HdbStR, § 177 Rdnr. 23 Fn. 56; *Tomuschat*, in: Bonner Kommentar, Art. 24 Rdnr. 172.

[453] Diese Ansicht bestätigt auch ein Blick auf Art. V WEU-Vertrag, nachdem die Bündnispartner dem anderen Partner, der Ziel eines bewaffneten Angriffs wird, „alle in ihrer Macht stehende militärische und sonstige Hilfe und Unterstützung leisten" werden. Diese Norm ist weitaus präziser im Sinne einer Beistandspflicht, jedoch wurde bereits mehrfach auf die mangelnde politische und praktische Bedeutung aufgrund der zu vermeidenden Doppelstrukturen mit der NATO (Art. IV WEU-Vertrag) hingewiesen, siehe dazu auch *Bähr*, Verfassungsmäßigkeit des Einsatzes, S. 117; *Becker*, in: Dau/Wöhrmann, Dokumentation, S. 424; *Schultz*, Die Auslandsentsendung, S. 206.

[454] Vgl. *Riedel*, Der Einsatz deutscher Streitkräfte, S. 105 ff.; siehe auch *Blumenwitz*, NZWehrr 1988, 133 (138).

sondern beinhaltet darüber hinaus auch Beistandsaktionen zugunsten der anderen Vertragspartner in Sicherheitsbündnissen mit entsprechenden Vertragsklauseln wie NATO und WEU. Evakuierungsoperationen im Ausland sind aber dennoch auch nach dieser überzeugenden Meinung tatbestandlich nicht hiervon abgedeckt (vgl. oben[455]).

(3) Die These der völkerrechtlichen Bewertung

Der Einschluss von Bundesgebiet und zudem dem Bündnisfall in den Begriff „Verteidigung" wird aber häufig in der Literatur als noch zu eng angesehen. Die Vertreter der These der völkerrechtlichen Bewertung[456] ergründen den Inhalt des Verteidigungsbegriffs nicht aus dem nationalen Verfassungsrecht, wie es insbesondere bei der ersten dargestellten These vorgenommen wird, sondern erstrecken den Verteidigungsauftrag der Streitkräfte unter Heranziehung der Regelung des Rechts zur individuellen und kollektiven Selbstverteidigung gem. Art. 51 VN-Charta auch auf andere als die durch ein Militärbündnis oder in sonstiger Art mit der Bundesrepublik im juristischen Sinne „verbündeten" Staaten, insbesondere mittels der Rechtsfigur der Nothilfe zugunsten angegriffener (Dritt-) Staaten[457]. Danach könnten also die Streitkräfte in verfassungsrechtlich legitimer Weise, in Not geratenen Staaten weltweit zur Hilfe heilen, unabhängig von etwaigen Bündnisverpflichtungen wie zum Beispiel in Art. 5 NATO-Vertrag und

---

[455] Siehe 2. Teil A. VII. 3. b) aa) (2).

[456] Diese Formulierung wurde zur Versimplifizierung quasi als Oberbegriff für alle differenzierenden Ansichten gewählt, die, gleich in welcher Art und Weise, eine Verknüpfung des Verteidigungsbegriffs mit dem Völkerrecht vornehmen

[457] Vgl. *Baldus*, in: von Mangoldt/Klein/Starck, GG, Art. 87a Rdnrn. 41, 44; *Boldt*, ZRP 1992, 218 (220); *von Bülow*, Der Einsatz der Streitkräfte, S. 63 ff. (noch weiter); *Burmester*, NZWehrr 1993, 133 (134); *Günther*, Zum Einsatz der Bundeswehr, S. 329 (350); *Henneke/Ruge*, in: Schmidt-Bleibtreu/Klein, GG, Art. 87a Rdnr. 5; *Hernekamp*, in: von Münch/Kunig, GG, Art. 87a, Rdnr. 4 (noch weiter); *Heyde, Steinkamm*, in: Schwarz/Steinkamm, Rechtliche und politische Probleme, S. 91, 99 ff.; *Hillgruber,* in: Umbach/Clemens, GG, Art. 87a Rdnr. 24 ff.; *Ipsen*, Einsatz der Bundeswehr, S. 615 (617); *ders.,* in: Schwarz/Steinkamm, Rechtliche und politische Probleme, S. 61; *Isensee/Randelzhofer*, in: Dau/Wöhrmann, Dokumentation, S. 545; *Kersting*, NZWehrr 1983, 64 (69 ff.); *Kokott*, in: Sachs, GG, Art. 87a Rdnr. 22; *Lang*, Internationale Einsätze. S. 74 ff.; *Limpert*, Auslandseinsatz der Bundeswehr, S. 20; *Mössner*, Bundeswehr in blauen Helmen, S. 97 (105) (weit); *Pieroth*, in: Jarass/Pieroth, GG, Art. 87a Rdnr. 9; *Oeter*, NZWehrr 2000, 89 (91); *Peterhoff*, BWV 2000, 49 (51); *Schopohl*, Der Außeneinsatz, S. 123; *Wiefelspütz*, ZaöRV 65 (2005), 819 (823); *Zimmer*, Einsät-

von einem Beschluss der VN. Diese These wird verschiedentlich zu Recht auch schon als Bestandteil eines „weiten" Verteidigungsbegriffs gesehen[458].

Wendet man nun die These der völkerrechtlichen Bestimmung auf Evakuierungsoperationen an, so kommt man zu keinem anderen Ergebnis als bei den vorgehenden Ansichten[459]. Eine Nothilfe zugunsten des betreffenden Staates innerhalb der Grenzen des Art. 51 VN-Charta scheidet bereits deshalb aus, weil Evakuierungsoperationen (wie in Albanien 1997) zum einen auch gegen den Willen des jeweiligen Staates durchgeführt werden, zum anderen der hilfeleistende Staat in dieser Situation nicht den hilfesuchenden Staat verteidigen will, sondern schlicht und einfach seine (und ggf. fremde) Staatsbürger retten möchte. Selbst wenn man nun der Ansicht folgen würde, die über Art. 25 GG inhaltlich den Begriff des Rechts auf Selbstverteidigung gem. Art. 51 VN-Charta in das GG inkorporiert, so weicht das Ergebnis nicht von der hier gefundenen Lösung ab. Ein Angriff auf, beispielsweise, deutsche Staatsangehörige durch staatliche oder rebellische Truppen in dem Fremdstaat stellt nämlich keinen „bewaffneten Angriff" i.S.d. Art. 51 VN-Charta dar, weil insofern nicht das Staatsterritorium des fraglichen Staates attackiert wird, sondern ein Teil der Bevölkerung zu einem Angriffsobjekt wird[460]. Es reicht dabei nicht aus, wenn Staatsangehörige in einem fremden Land angegriffen werden, da dies lediglich einen völkerrechtlichen Verstoß gegen das Fremdenrecht begründet, nicht aber die weitreichenden Folgen einer Selbstverteidigung als „ultima ratio" auszulösen vermag[461].

---

ze der Bundeswehr, S. 82. Siehe auch *Brunner*, ZRP 1991, 133 (135). Auf Art. 51 VN-Charta abstellend auch *BVerwG*, NJW 2006, 77 (80).

[458] Vgl. die Aufteilung bei *Schopohl*, Der Außeneinsatz, S. 69 ff., der zudem ausführlich (vornehmlich ältere) Stimmen von Befürwortern dieser These untersucht.

[459] Nach *Franzke*, NZWehr 1996, 189 (193) hängt die staatsrechtliche Zulässigkeit wegen Art. 25 GG ausschließlich von der völkerrechtlichen Zulässigkeit ab, welche der Autor im Ergebnis im Hinblick auf Art. 51 VN-Charta bejaht (200). Ähnlich *Raap*, DVP 2002, 282 (283) [„...soweit das Völkerrecht es zulässt"].

[460] Vgl. auch *Baldus*, Extraterritoriale Interventionen, S. 259 (285); *Ipsen*, Einsatz der Bundeswehr, S. 615 (621); *Schultz*, Die Auslandsentsendung, S. 280, der auf die fehlende Angriffshandlung i.S.d. der UN-Aggressionsdefinition verweist. Ebenso *Riedel*, Der Einsatz deutscher Streitkräfte, S. 168. Dies übersehen diejenigen Autoren, die pauschal auf Art. 51 VN-Charta als Ermächtigungsgrundlage abstellen, z.B. *Franzke*, NZWehr 1996, 189 (192).

[461] *Ipsen*, Einsatz der Bundeswehr, S. 615 (621).

Im Ergebnis führt also auch nach dieser Ansicht eine völkerrechtliche Bestimmung hinsichtlich Evakuierungsoperationen nicht zu einer Qualifizierung als „Verteidigung"[462].

(a) Argumentation der Befürworter

Den Ausgangspunkt zur Begründung dieser These liefert Art. 51 VN-Charta und stellt damit einen zentralen Baustein der Argumentation dar[463]. Der verfassungsrechtliche Verteidigungsbegriff müsse anhand dieser Norm interpretiert, mithin aus dem Völkerrecht gewonnen werden. Als Begründung hierfür wird gesagt, die Funktion der Streitkräfte und daher der Verteidigung sei die Reaktion auf staatsexterne Gewaltanwendung, die sog. „Außenfunktion" der Streitkräfte, wobei dadurch nahezu zwangsläufig auch die Streitkräfte den Bereich des nationalen Rechts verließen und sich auf die völkerrechtliche Ebene begeben würden[464]. Die Bundesrepublik handele auf der Ebene der internationalen Beziehungen als Völkerrechtssubjekt, das den internationalen Regeln über die Gewaltanwendung zwischen Völkerrechtssubjekten zu folgen habe und daher sei der Verteidigungsbegriff zur Vermeidung von Verstößen gegen das Völkerrecht anhand internationaler Rechtsnormen auszulegen[465]. Das Recht zur individuellen und kollektiven Selbstverteidigung, niedergelegt in jenem Art. 51 VN-Charta, stellt in diesem Zusammenhang, nach Ansicht der Vertreter dieser These, quasi die „Ermächtigungsgrundlage" für die Außeneinsätze der Streitkräfte dar und bildet die Grundlage für die Auslegung des Verteidigungsbegriffs[466]. Der völkerrechtliche Ansatz mit dem Inhalt des Art. 51 VN-Charta finde nun mittels der

---

[462] A.A. *Hernekamp*, in: von Münch/Kunig, GG, Art. 87a Rdnr. 4; *Oeter*, NZWehrr 2000, 89 (96); *Raap*, DVP 2002, 282 (283).

[463] Art. 51 Satz 1 VN-Charta lautet: „Diese Charta beeinträchtigt im Falle eines bewaffneten Angriffs gegen ein Mitglied der Vereinten Nationen keineswegs das naturgegebene Recht zur individuellen oder kollektiven Selbstverteidigung, bis der Sicherheitsrat die zur Wahrung des Weltfriedens und der internationalen Sicherheit erforderlichen Maßnahmen getroffen hat".

[464] So insbesondere *Ipsen*, Einsatz der Bundeswehr, S. 615 (616); vgl. auch *Blumenwitz*, in: Dau/Wöhrmann, Dokumentation, S. 56.

[465] Vgl. *Ipsen*, Einsatz der Bundeswehr, S. 615 (616); *Schopohl*, Der Außeneinsatz, S. 121.

[466] Vgl. *Burmester*, NZWehrr 1993, 133 (134); *Oeter*, NZWehrr 2000, 89 (91).

Transformationsnorm des Art. 25 GG[467] und der damit verbundenen Völkerrechtsfreundlichkeit des GG Eingang in die deutsche Rechtsordnung und be-
grenze damit den Inhalt des verfassungsrechtlichen Verteidigungsbegriffs auf die
völkerrechtliche zulässige individuelle und kollektive Selbstverteidigung, da das
GG keine eigene, engere Fassung des Verteidigungsbegriffs aufweise[468]. Zu den
„allgemeinen Regeln des Völkerrechts" i.S.d. Art. 25 GG gehöre auch das in
Art. 51 VN-Charta verankerte Recht auf Selbstverteidigung. Diese Norm bzw.
ihr Regelungsgehalt sei dadurch zum unmittelbar geltenden Bestandteil des
Bundesrechts geworden[469]. Dafür spreche auch der Grundsatz der völkerrechts-
freundlichen Auslegung, nach dem bei der Anwendung innerstaatlicher Vorschriften den Begriffen des Völkerrechts ein Höchstmaß an Wirksamkeit eingeräumt werden müsse[470].

Weiter wird argumentiert, verfassungsrechtliche Schranken beim nach außen gerichteten Einsatz der Streitkräfte, die über die in der deutschen Rechtsordnung
wegen Art. 25 GG wirksamen völkerrechtlichen Schranken hinausgehen, müssten konkret nachgewiesen werden, wofür aber das GG keinen Anhaltspunkt
biete[471]. Es sei zudem kaum erklärbar, wenn die Bundesrepublik völkerrechtlich
Nothilfe zugunsten anderer Staaten gem. Art. 51 VN-Charta leisten dürfe, dies
aufgrund der engen Auslegung des nationalen Verteidigungsbegriffs aber den
Streitkräften verfassungsrechtlich verwehrt bliebe und sich die Bundesrepublik
daher aufgrund der einschränkenden Verfassungsauslegung aus der Verantwortung ziehen könne, während ein anderer Staat Opfer einer Aggression werde[472].
Die Bekämpfung militärischer Aggressionen gegenüber anderen Staaten schließe
durch die Kodifizierung des kollektiven Nothilfe-Rechts in Art. 51 UN-Charta

---

[467] Art. 25 GG lautet: „Die allgemeinen Regeln des Völkerrechtes sind Bestandteil des Bundesrechtes.
Sie gehen den Gesetzen vor und erzeugen Rechte und Pflichten unmittelbar für die Bewohner des
Bundesgebietes".
[468] Vgl. *Ipsen*, Einsatz der Bundeswehr, S. 615 (617); siehe auch *Franzke*, NZWehrr 1996, 189 (193);
Kersting, NZWehrr 1983, 64 (70); *Pieroth*, in: Jarass/Pieroth, GG, Art. 87a Rdnr. 9.
[469] *von Bülow*, Der Einsatz der Streitkräfte, S. 73; *Schopohl*, Der Außeneinsatz, S. 121. A.A. *Coridass*,
Der Auslandseinsatz, S. 30; *Riedel*, Der Einsatz deutscher Streitkräfte, S. 100 f.
[470] Vgl. *von Bülow*, Der Einsatz der Streitkräfte, S. 65; *Ipsen*, Einsatz der Bundeswehr, S. 615 (616);
zur Völkerrechtsfreundlichkeit des GG siehe *Bleckmann*, DÖV 1996, 137 (141 ff.).
[471] *Blumenwitz*, NZWehrr 1988, 133 (134).
[472] *Günther*, Zum Einsatz der Bundeswehr, S. 329 (350).

die letzte Lücke einer internationalen Friedensordnung, die solcher Gewaltanwendung nicht untätig gegenüber stehen wolle[473]. Daher könnten die Streitkräfte auch im Rahmen der internationalen Nothilfe eingesetzt werden, zumal auch Drittstaaten taugliche Verteidigungsobjekte sein könnten und ihre Verteidigung nicht abhängig von irgendeiner Bündniszugehörigkeit sei, da kein sachlicher Grund bestehe, warum die Aufgabe der Verteidigung auf die Erfüllung von Bündnispflichten in Defensivallianzen beschränkt sein soll[474]. Hiergegen spreche auch nicht Art. 24 Abs. 2 GG, da diese Norm nur die Ermächtigung bzw. Möglichkeit zur Einordnung in ein System gegenseitiger kollektiver Sicherheit vorsehe, nicht aber eine Verpflichtung statuiere, so dass die Ausübung des kollektiven Selbstverteidigungsrechts im „nationalen Alleingang" stets durchführbar sei[475].

Teilweise wird auch innerhalb der Ansicht, die auf das Völkerrecht rekurriert, vertreten, statt über den Weg des Art. 25 GG zu gehen, könne dasselbe Ergebnis auf eine Vermutung gestützt werden, dass der Verfassungsgesetzgeber keine völkerrechtswidrigen Verfassungsgesetze in Kraft setzen wollte und verfassungsrechtliche Begriffe nicht im Widerspruch oder in Abweichung von völkerrechtlichen Begriffen existieren sollten[476].

Schließlich werden häufig auch geschichtliche Argumente zur Stützung der hier diskutierten These vorgebracht. So sei die Nothilfe zugunsten eines angegriffenen Staates bei der Implementierung der Wehrverfassung Bestandteil des Verständnisses von „Verteidigung" gewesen, weil auch eine solche Nothilfe dem herkömmlichen Verständnis der Wehrhoheit des Staates dem Staatsrecht entsprach und dies bis heute Völkergewohnheitsrecht darstelle[477]. Zwar sei die Bundesrepublik erst 1974 den VN beigetreten, doch zeige schon Art. 5 NATO-

---

[473] *Blumenwitz*, BayVBl. 1994, 641 (678); *Günther*, Zum Einsatz der Bundeswehr, S. 329 (350).

[474] *Hillgruber,* in: Umbach/Clemens, GG, Art. 87a Rdnrn. 23, 25. Die Unzulässigkeit der Verteidigung zugunsten von Drittstaaten bejaht u.a. *Stein*, Landesverteidigung, S. 935 (941).

[475] *Hillgruber,* in: Umbach/Clemens, GG, Art. 87a Rdnr. 25; *Randelzhofer*, in: Maunz/Dürig, GG, Art. 24 Abs. 2, Rdnr. 48; *Tomuschat*, in: Bonner Kommentar, Art. 24 Rdnr. 124.

[476] So *Baldus,* in: von Mangoldt/Klein/Starck, GG, Art. 87a Rdnr. 41.

[477] *Wiefelspütz,,* ZaöRV 65 (2005), 819 (823) unter Hinweis auf BT-Drs. II/1200, S. 39 f.; vgl. auch *Kirchhof,* Verteidigungsauftrag, S. 797 (801) sowie das Sten. Protokoll Nr. 107, S. 34 der 107. Sitzung des Ausschusses für Rechtswesen und Verfassungsrecht vom 8.2.1956.

Vertrag, wonach der Beistand „in Ausübung des in Art. 51 der Satzung der Vereinten Nationen anerkannten Rechts der individuellen und kollektiven Selbstverteidigung" erfolge, dass der Gesetzgeber im Jahre 1968 den Verteidigungsbegriff generell auf Art. 51 VN-Charta bezogen in das GG habe aufnehmen wollen und nicht lediglich beschränkt auf den NATO-Bündnisfall[478]. Eine Analyse der Entstehungsgeschichte der Wehrnovellen 1954/1956 komme auch für die ersten Änderungen des GG zu einem vergleichbaren Ergebnis. Dabei ließe sich eine verfassungsrechtliche Selbstbeschränkung bei der Anwendung von völkerrechtlich erlaubter Gewalt nicht erkennen; die damaligen parlamentarischen Beratungen hätten in untrennbarem Zusammenhang mit der Wiederbewaffnung der Bundeswehr und der Wiedererlangung der vollen völkerrechtlichen Handlungsfähigkeit und Gleichberechtigung gestanden[479]. Betrachte man die Ausschussberatungen zur damaligen Zeit, so werde klar, dass auch der Fall erfasst sein sollte, dass die Bundesrepublik, ohne selbst ein Opfer einer Aggression zu sein, ihr Nothilferecht zugunsten nicht mit ihr verbündeter Staaten ausüben könne[480].

(b) Zulässigkeit der Nothilfe ohne völkerrechtliche Bewertung

Diese These wird zu Recht in vielerlei Hinsicht kritisiert[481]. Insbesondere aus dogmatischer Sicht bestehen Bedenken bezüglich der Richtigkeit der oben genannten Argumentation, doch sind auch manche der oben genannten, befürwortenden Gründe nicht zu vernachlässigen.

---

[478] *Baldus,* in: von Mangoldt/Klein/Starck, GG, Art. 87a Rdnr. 44; *Wiefelspütz,* AöR 132 (2007), 45 (61).
[479] *Hillgruber,* in: Umbach/Clemens, GG, Art. 87a Rdnr. 24.
[480] Vgl. den Generalbericht des Ausschusses für Auswärtige Angelegenheiten vom 16.2.1955, BT-Drs. II/1200, S. 39 (44): „Das schließe nicht aus, dass man es im Falle eines Angriffs auf ein solches außerhalb der Verträge stehendes Land nach dem allgemeinen völkerrechtlichen Begriff der kollektiven Selbstverteidigung doch im gemeinsamen Interesse für notwendig erachtet, für die Verteidigung dieses Landes einzustehen. [...] In diesem Sinne wäre eine Beteiligung der Bundesrepublik an der Verteidigung auch eines außerhalb der Verträge stehenden Landes denkbar; eine Verpflichtung besteht jedoch nicht". Siehe dazu genauer *Hillgruber,* in: Umbach/Clemens, GG, Art. 87a Rdnr. 24.
[481] Vgl. nur beispielhaft *Schultz,* Die Auslandsentsendung, S. 232 ff.

(aa) Keine Inhaltsbestimmung mittels völkerrechtlicher Termini

Die größten Bedenken sind methodischer Art und richten sich vornehmlich auf die Inhaltsbestimmung des Verteidigungsbegriffs mittels völkerrechtlicher Termini und der fraglichen Transformation in die nationale Rechtsordnung qua Art. 25 GG. Dabei ist der befürwortenden Ansicht zunächst vom Ansatz her zweifellos zuzustimmen: Die Exekutive ist gem. Art. 20 Abs. 3 GG an Gesetz und Recht gebunden, wozu unstreitig auch die „allgemeinen Regeln des Völkerrechts" in Art. 25 Satz 1 GG zu zählen sind[482]. Ebenfalls keinen Widerspruch erfährt die Feststellung, dass das individuelle und kollektive Selbstverteidigungsrecht des Art. 51 VN-Charta, als explizit kodifizierte Ausnahme zum völkerrechtlichen Gewaltverbot des Art. 2 Abs. 4 VN-Charta mittlerweile zum Völkergewohnheitsrecht gehörend, eine solche „allgemeine Regel des Völkerrechts" im Sinne des Art. 25 GG darstellt[483]. Als Konsequenz der Regelung ergibt sich die Übernahme dieser allgemeinen Regel in die innerstaatliche Rechtsordnung des GG[484], wodurch demnach das völkerrechtliche Selbstverteidigungsrecht seine Existenzbegründung innerhalb der deutschen Verfassungsordnung erlangt. Die Übernahme in die nationale Rechtsordnung führt also dazu, dass der Einsatz deutscher Streitkräfte im Sinne des Art. 87a Abs. 2 GG stets nur unter den Voraussetzungen des Art. 51 VN-Charta (selbstverständlich auch Art. 2 Abs. 4 VN-Charta) und gleichzeitig innerhalb der Grenzen dieser Norm(en) zulässig ist[485]. Insoweit ist der These der völkerrechtlichen Bewertung durchaus zu folgen.

---

[482] Unter den in Art. 25 GG angesprochenen „allgemeinen Regeln des Völkerrechts" lassen sich das zwingende Völkerrecht („ius cogens"), das Völkergewohnheitsrecht und die allgemeinen Rechtsgrundsätze subsumieren; mit dem Begriff der „Allgemeinheit" soll deutlich werden, dass die Regeln des Völkergewohnheitsrechts durch die überwiegende Mehrheit der Staaten akzeptiert werden. Vgl. BVerfGE 15, 25 (34); 23, 288 (317); 66, 39 (64 f.); *BVerwG*, NJW 2006, 77 (82).
[483] *Bartke*, Verteidigungsauftrag, S. 83; *von Bülow*, Der Einsatz der Streitkräfte, S. 73; *Ipsen*, DÖV 1971, 583 (585); *Schopohl*, Der Außeneinsatz, S. 121.
[484] Vgl. *Jarass*, in: Jarass/Pieroth, GG, Art. 25 Rdnr. 1a.
[485] *Bähr*, Verfassungsmäßigkeit des Einsatzes, S. 83 f.; *Burmester*, NZWehrr 1993, 133 (134); *Schopohl*, Der Außeneinsatz, S. 122.

Problematisch und im Ergebnis abzulehnen ist aber der von den Vertretern dieser These folgende Schritt, die innerstaatliche Wirkung des Art. 51 VN-Charta gleichzusetzen mit einer begrifflichen Übertragung des völkerrechtlichen Verteidigungsbegriffs, da hierdurch der staatsrechtliche Begriff der „Verteidigung" mit einem Terminus aus dem Völkerrecht, mithin einer anderen Rechtsordnung, ausgefüllt wird[486]. Dieser Schluss ist weder zwingend noch überzeugend. Bei der nationalen Rechtsordnung und dem Völkerrecht handelt es sich um zwei voneinander abzugrenzende, autonome Rechtsquellen, deren Wertungen sich nicht automatisch decken müssen[487]. Den völkerrechtlichen Verteidigungsbegriff zur Grundlage des verfassungsrechtlichen Terminus zu machen, hieße nichts anderes als dem Völkerrecht, hier im konkreten Fall Art. 51 VN-Charta, eine Vorrangstellung gegenüber dem GG einzuräumen, was aber gerade nur im Verhältnis zu dem einfachen Bundes- und dem gesamten Landesrecht mittlerweile unstreitig ist[488], während die „Rangfrage" des Völkerrechts in Bezug auf das nationale Verfassungsrecht noch immer Streit hervorruft[489]. Angesichts der weiterhin bestehenden Konflikte über die „Rangfrage" erscheint es durchaus gerechtfertigt, festzustellen, dass die These vom Verfassungs- oder Überverfassungsrang der allgemeinen Regeln des Völkerrechts noch keine herrschende oder gar allgemeine Meinung darstellt und somit nicht als verbindliche Ansicht angesehen werden kann[490]. Nur wenn aber das Völkerrecht als ein höherrangiges, den Inhalt des Verfassungsrechts prägendes Recht, qualifiziert wird, kann überhaupt die völkerrechtliche Wertung in Betracht gezogen werden, diese Höherrangigkeit ist aber gerade fraglich. Doch bedarf es im Ergebnis gar keiner weiteren, tieferen Beschäftigung mit der Problematik der „Rangfrage", denn auch wenn man die These des Überverfassungsrangs vertritt, versagt der Ansatz, den verfassungs-

---

[486] Vgl. *Depenheuer*, DVBl. 1997, 685 (686); *Fibich*, ZRP 1993, 5 (7).

[487] *Depenheuer*, DVBl. 1997, 685 (686); vgl. auch BVerfGE 111, 307 (318).

[488] *Jarass*, in: Jarass/Pieroth, GG, Art. 25 Rdnr. 6; *Schultz*, Die Auslandsentsendung, S. 232.

[489] Siehe die Streitnachweise bei *Bähr*, Verfassungsmäßigkeit des Einsatzes, S. 83 Fn. 32.

[490] *Baldus*, in: von Mangoldt/Klein/Starck, GG, Art. 87a Rdnr. 41 meint, die These habe sich „nicht durchsetzen können" und daher sei Art. 25 GG nicht zur Inhaltsbestimmung heranzuziehen. Auch das BVerfG scheint dieser These ablehnend gegenüber zu stehen: „ Das Grundgesetz ist jedoch die weitesten Schritte der Öffnung für völkerrechtliche Bindungen gegangen. Das Völkervertragsrecht ist innerstaatlich nicht unmittelbar, das heißt ohne Zustimmungsgesetz nach Art. 59 Abs. 2 GG, als geltendes Recht zu behandeln und - *wie auch das Völkergewohnheitsrecht (vgl. Art. 25 GG) - nicht mit dem Rang des Verfassungsrechts ausgestattet*" - BVerfGE 111, 307 (318). Hervorhebung hier.

rechtlichen Verteidigungsbegriff anhand des Völkerrechts zu bestimmen. Der Grund hierfür liegt in der Reichweite des Art. 51 VN-Charta. Der Norm ist keinerlei Hinweis auf die inhaltliche Bestimmung des Begriffs der „Verteidigung" zu entnehmen, sondern lediglich die Normierung der Voraussetzungen und Bedingungen, unter welchen völkerrechtlich die Gewaltanwendung erlaubt ist[491]. Es werden daher lediglich das Recht zur Selbstverteidigung und die Grenzen der Befugnis kodifiziert, nicht aber inhaltlich eine definitorische Konkretisierung des Verteidigungsbegriffs vorgenommen. Dies überrascht nicht weiter, da der Begriff der Verteidigung auch im Völkerrecht weder geregelt, noch definiert wird[492]. Dem kann auch nicht ein Umkehrschluss aus der Aggressionsdefinition der Generalversammlung zum Begriff des „bewaffneten Angriffs"[493] weiterhelfen, da die Resolution zum einen keine juristische Bindungswirkung hat und zum anderen nicht in der Lage ist, die VN-Charta authentisch zu interpretieren[494]. Eine inhaltliche Übertragung eines völkerrechtlichen Verteidigungsbegriffs kann daher mangels begrifflicher Klärung gar nicht weiter führen. Nach zutreffender Ansicht wäre Art. 87a Abs. 2 GG daher wie folgt zu lesen: „Außer zur Verteidigung unter den Voraussetzungen und nach Maßgabe des völkerrechtlichen Selbstverteidigungsrechts dürfen die Streitkräfte nur eingesetzt werden..."[495]. Art. 25 GG verschafft nur Rechtsnormen Geltung im innerstaatlichen Bereich, nicht hingegen werden unbestimmte, völkerrechtlich geprägte Begriffe, wie es bei Art. 51 VN-Charta der Fall ist, transformiert[496]. Aufgrund der Offenheit des völkerrechtlichen Verteidigungsbegriffs ist es daher verfehlt, Art. 51 VN-Charta über seine Reichweite als Regelung der Voraussetzungen und Grenzen der Selbstverteidigung hinaus, auch als inhaltliche Bestimmung des Begriffs der „Verteidigung" in Art. 87a Abs. 2 GG über Art. 25 GG heranzuziehen. Dieses

---

[491] *Schopohl*, Der Außeneinsatz, S. 90, 122. A.A. aber *von Bülow*, Der Einsatz der Streitkräfte, S. 74 wonach zwischen „Verteidigung" im Sinne des Art. 87a Abs. 2 GG und dem „Recht zur Selbstverteidigung" in Art. 51 VN-Charta Deckungsgleichheit bestehe.

[492] *Schopohl*, Der Außeneinsatz, S. 90. Unklar bleibt, woher genau *Mössner*, Bundeswehr in blauen Helmen, S. 97 (102) den völkerrechtlichen Begriff der Verteidigung ableiten will.

[493] Resolution 3314 (XXIX) vom 14.12.1974; Text in EA 30 (1975), D 318-320.

[494] *Beckert*, NZWehrr 1984, 9 (17); *Coridass,* Der Auslandseinsatz, S. 33; *Schultz,* Die Auslandsentsendung, S. 233 m.w.N. A.A. aber *Schopohl*, Der Außeneinsatz, S. 122.

[495] So *Schopohl,* Der Außeneinsatz, S. 122.

[496] *Coridass,* Der Auslandseinsatz, S. 30; *Pechstein*, Jura 1991, 461 (466); *Riedel,* Der Einsatz deutscher Streitkräfte, S. 100; *Schultz,* Die Auslandsentsendung, S. 232.

Argument der Befürworter der These der völkerrechtlichen Bestimmung des Verteidigungsbegriffs überzeugt daher nicht. Das GG ist geprägt von einer ausgesprochenen Völkerrechtsfreundlichkeit, die mit einem Gebot der völkerrechtskonformen Auslegung korrespondiert und auch von der Rechtsprechung angewendet wird[497]. Dennoch kann die völkerrechtsfreundliche Auslegung auch an dieser Stelle nicht zur Begründung der Bestimmung innerstaatlicher Rechtsbegriffe durch das Völkerrecht herangezogen werden[498]. Es entbindet die Interpretation der Norm nicht von einer präzisen Arbeit an und mit dem GG[499] und scheidet auch bereits deshalb aus, weil das Völkerrecht eben auch keine passende Definition bietet, die in irgendeiner Form völkerrechtskonform in der deutschen Rechtsordnung hätte ausgelegt werden können. Eine Auslegung setzt eine auslegbare Norm (sei es auch Begriff) voraus, scheitert aber, wenn bereits die Quelle der späteren Auslegung derartig unpräzise ist, dass schon nicht verdeutlicht werden kann, von welcher Basis aus die Interpretation bzw. Auslegung zu erfolgen hat.

(bb) Keine Ausschließlichkeit der Sicherheitssysteme

Als weitere Argumente gegen die These der Zulässigkeit der Nothilfe zugunsten anderer Staaten wird verschiedentlich vorgebracht, bei Angriffen auf Staaten, die außerhalb Systemen kollektiver Sicherheit stünden, sei die Sicherheit der Bundesrepublik nicht mal mittelbar bedroht[500]. Hieraus und aus der Privilegierung solcher Bündnisse wie den VN durch Art. 24 GG sei deutlich, dass mit „Verteidigung" nur Einsätze im organisatorischen Rahmen der VN oder ähnliche Systeme gemeint sein könnten[501]. Letzteres Argument führt jedoch kaum weiter.

---

[497] Vgl. BVerfGE 111, 307 (318 f.), wo auch deutlich die Grenzen der Völkerrechtsfreundlichkeit aufgezeigt werden.

[498] *Bähr,* Verfassungsmäßigkeit des Einsatzes, S. 84 f. m.w.N. zur Gegenansicht; *Coridass,* Der Auslandseinsatz, S. 32; *Riedel,* Der Einsatz deutscher Streitkräfte, S. 101; *Wiefelspütz,* AöR 132 (2007), 45 (63).

[499] So *Bähr,* Verfassungsmäßigkeit des Einsatzes, S. 85 m.w.N.

[500] *Tomuschat,* in: Bonner Kommentar, Art. 24 Rdnr. 173 meint, wenn „in anderen Teilen der Welt [außerhalb der VN] bewaffnete Auseinandersetzungen aufflammen", würde gleichsam der „Weltfrieden" und die internationale Sicherheit neben dem Opfer der Aggression verteidigt.

[501] *Oldiges,* Wehrrecht und Zivilverteidigungsrecht, § 23 Rdnr. 18; *Tomuschat,* in: Bonner Kommentar, Art. 24 Rdnr. 173; *Wild,* DÖV 2000, 622 (627).

Zwar sind Bündnisse und Systeme kollektiver Sicherheit tatsächlich vom Gesetzgeber privilegiert worden, doch kann hieraus nicht per se geschlossen werden, dass ein Einsatz zur Verteidigung außerhalb von Allianzen unzulässig ist. Während des Kalten Krieges zeigte sich beispielsweise die Lähmung der VN, als die beiden Machtblöcke sich gegenseitig im Sicherheitsrat blockierten. In dieser Situation hätte man dann nur im Rahmen der NATO die Streitkräfte einsetzen können, was aber zum damaligen Zeitpunkt schwierig war, weil die NATO, anders als heute, noch als reines Verteidigungsbündnis bestand und nur bei einem Angriff auf einen Vertragspartner aktiv wurde. Demnach wäre ein Einsatz deutscher Truppen nahezu stets verfassungswidrig gewesen, was aber wiederum dem Gelöbnis der Bundesrepublik, international seinen Beitrag zur Verteidigung zu leisten, widerspricht.

(cc) Unergiebigkeit des Art. 79 GG

Ferner wird auf Art. 79 Abs. 1 Satz 2 GG verwiesen, der von der „Verteidigung der Bundesrepublik" spreche und daher deutlich mache, dass man den Verteidigungsbegriff nicht dergestalt ermitteln könne, dass man alle Aggressionen von den denkbaren militärischen Handlungen im Ausland abziehe und die verbleibenden Optionen als Verteidigung qualifiziere[502]. Abgesehen von den bereits oben erwähnten Argumenten gegen eine Heranziehung von Art. 79 Abs. 1 Satz 2 GG zur Auslegung des Verteidigungsbegriffs[503], spricht schon der von Art. 87a Abs. 2 GG abweichende Wortlaut (Zusatz „der Bundesrepublik") des Art. 79 Abs. 1 Satz 2 GG für eine extensivere Reichweite des Art. 87a Abs. 2 GG. Zur Frage der Zulässigkeit von Streitkräfteeinsätzen trifft Art. 79 GG keine Aussage[504].

---

[502] *Fibich*, ZRP 1993, 5 (7).
[503] Siehe 2. Teil A. VII. 3. b. aa) (3) (b) (cc).
[504] *Franzke*, NZWehrr 1996, 189 (192); vgl. *Riedel*, Der Einsatz deutscher Streitkräfte, S. 105.

(dd) Historischer Aspekt

Auch wenn die Inhaltsbestimmung des Verteidigungsbegriffs über Art. 25 GG und Art. 51 VN-Charta wegen methodischer Bedenken nicht erfolgen darf, so bezeugen die historischen Argumente, dass der Gesetzgeber mit der Möglichkeit eines Einsatzes zur Nothilfe durchaus gerechnet und dies auch in seinen Willen aufgenommen hatte[505]. Die Verweise der befürwortenden Ansicht sind daher durchaus ernst zu nehmen und stehen im Einklang mit den völkerrechtlichen Rechten und Verpflichtungen der Bundesrepublik. Es ist daher nicht widersprüchlich, auf der einen Seite davon auszugehen, dass der Verteidigungsbegriff des Art. 51 VN-Charta kein tauglicher Anknüpfungspunkt für die Auslegung des verfassungsrechtlichen Begriffs im Rahmen des Art. 87a Abs. 2 GG darstellen kann, auf der anderen Seite aber auch den Einsatz der Streitkräfte zur Nothilfe nicht verbündeter Staaten unter Beachtung der Voraussetzungen und Grenzen des Art. 51 VN-Charta nicht nur völkerrechtlich, sondern auch verfassungsrechtlich als zulässig anzusehen[506]. Über die Transformationsnorm des Art. 25 GG wird, wie oben festgestellt, das Recht zur kollektiven Selbstverteidigung in die deutsche Rechtsordnung inkorporiert. Im Hinblick auf den beschriebenen gesetzgeberischen Willen, eröffnet dies der Bundesrepublik die Möglichkeit, ihre Streitkräfte zur Ausübung des Selbstverteidigungsrechts im Rahmen der Nothilfe einzusetzen. Der Verteidigungsbegriff des Art. 87a Abs. 2 GG wird dadurch aber nicht unmittelbar durch das Völkerrecht inhaltlich konkretisiert und geprägt, da nur das *Recht* inkorporiert wird[507] und die Entscheidung, ob der Einsatz tatsächlich stattfinden soll, von der Exekutive unter Beachtung des GG zu treffen ist.

---

[505] Vgl. die Nachweise bei *Hillgruber,* in: Umbach/Clemens, GG, Art. 87a Rdnr. 24. Siehe auch *Wiefelspütz,* AöR 132 (2007), 45 (47).
[506] Vgl. auch *Baldus,* in: von Mangoldt/Klein/Starck, GG, Art. 87a Abs. 2 Rdnr. 41, der den Weg über Art. 25 GG ebenfalls ablehnt, dann aber die völkerrechtskonforme Auslegung des Verteidigungsbegriffs auf eine Vermutung, dass der Verfassungsgesetzgeber keine völkerrechtswidrigen Verfassungsgesetze habe in Kraft treten lassen wollen, stützt.
[507] Nicht auch der Inhalt des Verteidigungsbegriffs, siehe soeben.

(c) Ergebnis: Keine völkerrechtliche Bestimmung

Die obige Analyse der vertretenen Argumentationslinien hat Folgendes gezeigt: Die verfassungsrechtliche Inhaltsbestimmung des Verteidigungsbegriffs in Art. 87a Abs. 2 GG anhand der aus dem Völkerrecht stammenden Norm des Art. 51 VN-Charta mittels Art. 25 GG begegnet erheblichen dogmatischen Bedenken und ist daher abzulehnen[508]. Die Vertreter der These der völkerrechtlichen Bewertung können sich jedoch auf nachvollziehbare, insbesondere entstehungsgeschichtliche, Argumente stützen, wohingegen die Gegenansicht nicht weiter zu überzeugen vermag. Als conclusio hieraus ist der Verteidigungsbegriff des GG inhaltlich nicht aus dem völkerrechtlichen Selbstverteidigungsrecht des Art. 51 VN-Charta ableitbar und somit unmittelbar nicht geeignet, bei der definitorischen Suche weiterzuhelfen. Das Völkerrecht regelt nur die Voraussetzungen und Bedingungen, unter denen das Recht zur kollektiven Selbstverteidigung gem. Art. 51 VN-Charta ausgeübt werden darf[509]. Nichtsdestotrotz ist ein Einsatz der Streitkräfte zur Nothilfe zugunsten von Drittstaaten auch verfassungsrechtlich zulässig, weil dies dem Willen des Verfassungsgesetzgebers entspricht und im Rahmen des Art. 51 VN-Charta auch über Art. 25 GG möglich wird, ohne dass aber der Verteidigungsbegriff des Art. 87a Abs. 2 GG dadurch seinen Inhalt unmittelbar aus dem Völkerrecht zugewiesen bekommt. Zur Beantwortung der Frage, ob der Einsatz zur Verteidigung zulässig ist, kann daher korrekterweise auf das Völkerrecht und Art. 51 VN-Charta zurückgegriffen werden[510]. Eine Definition von „Verteidigung" i.S.d. Art. 87a Abs. 2 GG bietet diese Lösung allerdings nicht und ist daher auch hinsichtlich Evakuierungsoperationen nicht anzuwenden.

---

[508] Im Ergebnis so auch *Baldus,* in: von Mangoldt/Klein/Starck, GG, Art. 87a Abs. 2 Rdnr. 41 m.w.N.
[509] *Schopohl*, Der Außeneinsatz, S. 122 f.; *Schultz,* Die Auslandsentsendung, S. 234.
[510] *Schopohl*, Der Außeneinsatz, S. 122.

(4) Die These von der Verteidigung des Weltfriedens und der internationalen Sicherheit

Eine weitere Ansicht definiert den Begriff der „Verteidigung" noch extensiver, indem sie den Weltfrieden und die internationale Sicherheit[511] als Verteidigungsobjekte ansieht und den Einsatz der Streitkräfte zum Schutze dieser Rechtsgüter zulässt[512].

Diese extensive Ansicht würde im Hinblick auf Evakuierungsoperationen aufgrund ihrer Weite zu keinem eindeutig bestimmbaren Ergebnis führen. Je nach Definition des Friedensbegriffs könnte man eine Rettungsaktion zugunsten der eigenen Staatsangehörigen als Einsatz zur Wiederherstellung des internationalen Friedens ansehen, wobei dies allerdings recht fraglich wäre, wenn der betroffene Staat, z.B. als „failed state", gar nicht mehr in der Lage ist, eine Zustimmung zu erteilen oder diese sogar verweigert.

(a) Argumentation der Befürworter

Die Vertreter dieser Ansicht knüpfen zur Begründung ihrer These zunächst an das Recht zur kollektiven Selbstverteidigung gem. Art. 51 VN-Charta und der - vermeintlichen (siehe soeben) - inhaltlichen Bestimmung des Verteidigungsbegriffes hierdurch an, indem sie ausführen, jede Verteidigung eines angegriffenen Staates sei nichts anderes als die Verteidigung des Weltfriedens und damit auch der internationalen Sicherheit[513]. Hierzu seien die Streitkräfte auch aufgrund der verfassungsrechtlichen Werteentscheidung zugunsten der Verteidigung im Rahmen von Systemen kollektiver Sicherheit in Art. 24 Abs. 2 GG

---

[511] Dieses Begriffspaar wird bereits in Art. 1 Nr. 1 VN-Charta erwähnt: „ Die Vereinten Nationen setzen sich folgende Ziele: 1. den Weltfrieden und die internationale Sicherheit zu wahren und zu diesem Zweck wirksame Kollektivmaßnahmen zu treffen […]".

[512] *Boldt*, ZRP 1992, 218 (220); *Dau*, NZWehr 1998, 89 (94); *Frank*, in: Alternativkommentar, nach Art. 87a, Rdnr. 16 ff.; *Kirchhof*, Verteidigungsauftrag, S. 797 (822 f.); *Mössner*, Bundeswehr in blauen Helmen, S. 97 (105, 111); *Nolte*, Verwendung im Ausland, S. 118 f.; in diese Richtung auch: *Ipsen*, Einsatz der Bundeswehr, S. 615 (625); *Tomuschat*, in: Bonner Kommentar, Art. 24 Rdnr. 173 (soweit im Rahmen der VN).

[513] In diesem Sinne unter anderem *Kersting*, NZWehr 1983, 64 (72).

befugt, wonach die Einordnung in ein solches System eben nur zur „Wahrung des Friedens" erfolgen dürfe[514]. Hieraus ergebe sich das völkerrechtliche Rechtsgut „Weltfrieden", welches zugleich zu einem Schutzobjekt jedweder Verteidigungshandlung werde. Unter Berücksichtigung dieser Zielrichtung des Art. 24 Abs. 2 GG, würden Einsätze im Rahmen von kollektiven Sicherheitssystemen zur Wahrung des Friedens durchgeführt und dienten daher auch der Verhinderung weiterer Angriffe, was letztlich auch der Sicherheit der Bundesrepublik zugute komme und daher von dem Verteidigungsbegriff des Art. 87a Abs. 2 GG erfasst sei[515]. Art. 24 Abs. 2 GG lasse den Schluss zu, dass nicht der simple Beitritt zu der Allianz gemeint sei, sondern auf eine aktive Mitwirkung an der Friedenssicherung und Friedenswahrung abziele[516]. Die Heranziehung des (Welt-)Friedens als zulässiges Verteidigungsobjekt sei auch dem GG zu entnehmen. So enthielten sowohl die Präambel des GG[517] als auch Art. 26 GG[518] ein Friedensgebot, welches als eine Werteentscheidung zugunsten des Friedens und darüber hinaus auch als Staatszielbestimmung aufzufassen sei[519]. Insofern gelte es, den Völkerfrieden zu wahren und zu fördern. Der Verteidigungsbegriff umfasse daher alle militärischen Handlungen, die nicht von sich aus zu einer Störung des friedlichen Zusammenlebens der Völker führten[520].

---

[514] Art. 24 Abs. 2 1. HS GG lautet: „Der Bund kann sich zur *Wahrung des Friedens* einem System gegenseitiger kollektiver Sicherheit einordnen;[...]; Hervorhebung hier; so auch *Kersting*, NZWehrr 1983, 64 (72).

[515] Vgl. *Mössner*, Bundeswehr in blauen Helmen, S. 97 (111); *Nölle*, Verwendung im Ausland, S. 118 f.

[516] *Kersting*, NZWehrr 1983, 64 (72); *Klein*, ZaöRV 34 (1974), 429 (439 f.).

[517] Satz 1 der Präambel des GG lautet: „Im Bewusstsein seiner Verantwortung vor Gott und den Menschen, von dem Willen beseelt, als gleichberechtigtes Glied in einem vereinten Europa *dem Frieden der Welt zu dienen*, hat sich das Deutsche Volk kraft seiner verfassungsgebenden Gewalt dieses Grundgesetz gegeben." Hervorhebung hier.

[518] Art. 26 Abs. 1 Satz 1 GG lautet: „Handlungen, die geeignet sind und in der Absicht vorgenommen werden, das *friedliche Zusammenleben der Völker* zu stören, insbesondere die Führung eines Angriffskrieges vorzubereiten, sind verfassungswidrig". Hervorhebung hier.

[519] Vgl. *von Bülow*, Der Einsatz der Streitkräfte, S. 81; *Frank*, in: Alternativkommentar, Art. 26 Rdnr. 30 ff.; *Nölle*, Verwendung im Ausland, S. 33; *Riedel,* Der Einsatz deutscher Streitkräfte, S. 16.

[520] Vgl. *Klein*, ZaöRV 34 (1974), 429 (438); *Schopohl*, Der Außeneinsatz, S. 123.

(b) Kritische Bewertung

Diese Ansicht dehnt den Verteidigungsbegriff des Art. 87a Abs. 2 GG in verfassungsrechtlich bedenklicher Weise zu weit aus und ist ob ihrer Unschärfe abzulehnen.

(aa) Unvertretbare Weite der Ansicht

Bereits die Annahme, jede Verteidigung eines angegriffenen Staates bedeute die Verteidigung des Weltfriedens und der internationalen Sicherheit, ist viel zu allgemein. Die Aussage trifft sicherlich auf große regionale Konflikte zu, in denen mehrere Staaten verwickelt sind und sich ein Ausdehnungsszenario abzeichnet. Wenn aber die Bundesrepublik beispielsweise einem einzelnen verbündeten Staat bei der Verteidigung hilft, handelt es sich möglicherweise um einen Bürgerkrieg oder einen lokalen Konflikt, der jedoch unmittelbar keinen Einfluss auf den Frieden in der Welt hat[521]. Hieraus ist bereits die Weite dieser Gleichsetzung augenfällig, solch eine Allgemeinformel vermag nicht ein überzeugendes Argument zu begründen. Es muss insbesondere der Gefahr vorgebeugt werden, den Friedensbegriff zu sehr auszudehnen, da ansonsten, wie in obigem Beispiel, bereits örtlich begrenzte Konflikte militärischer Art sofort den Weltfrieden bedrohen würden und somit den VN-Sicherheitsrat beschäftigt müssten. Diese restriktive Auffassung wird auch durch die Praxis der VN belegt, wonach nur äußerst selten der Sicherheitsrat die „Bedrohung des Weltfriedens" gem. Art. 39 VN-Charta feststellt. Auch der Hinweis auf die Erwähnung der Friedenswahrung in Art. 24 Abs. 2 GG führt nicht weiter. Hierdurch wurde lediglich festgelegt, welchem Zweck das gewählte Bündnis zu dienen hat, um zu verhindern, dass sich die Bundesrepublik einem gegen andere Staaten gerichteten Bündnis anschließt. Art. 24 Abs. 2 GG beinhaltet aber nicht unmittelbar auch eine Zuweisung der Verteidigungsaufgabe „Weltfrieden" an die Streitkräfte, sondern eröffnet der Bundesrepublik lediglich die Möglichkeit („kann"), sich einem System

---

[521] Als Beispiele seien hier nur die zahlreichen regionalen Konflikte in Afrika erwähnt, deren Beilegung in der Regel kaum dem Weltfrieden im Ganzen dienen würde.

gegenseitiger kollektiver Sicherheit anzuschließen, überlässt aber weitere Kon-
kretisierungen bezüglich der Verteidigungsobjekte anderen Normen des GG
bzw. des Völkerrechts[522]. Es soll gar nicht abgestritten werden, dass die Streitkräfte aktiv zur Friedenssicherung tätig werden und dies zweifellos auch der
Sicherheit der Bundesrepublik förderlich ist. Insofern handeln die Streitkräfte
tatsächlich gemäß einem „Friedensgebot". Dabei darf aber nicht übersehen werden, dass vorliegend (nur) die Bestimmung des Verteidigungsbegriffs gem. Art.
87a Abs. 2 GG in Frage steht. Würde man stets „Verteidigung" mit dem Zusatz
„des Weltfriedens" verknüpfen, so entstünden unzählige Einsatzmöglichkeiten
für die Streitkräfte (ggf. auch nicht-militärischer Art), die aber mit dem Defensivcharakter der Bundeswehr in dieser Form nicht zu vereinbaren sind[523]. Dies
wäre der erste Schritt zu einer Interventionsarmee, da im Falle einer Friedensbedrohung irgendwo in der Welt kaum noch ein militärisches Eingreifen abgelehnt
werden könnte[524].

(bb) Art. 26 GG als reine Verbotsnorm

Entscheidend ist jedoch das mangelnde Bedürfnis an einer solchen Gleichsetzung. Art. 24 Abs. 2 GG erfasst bereits alle militärischen Einsätze im Rahmen
der VN[525]. Einsätze außerhalb der VN können sodann nur noch über Art. 87a
Abs. 2 GG legitimiert werden. Die Argumentation über das Friedensgebot und
die grundgesetzliche Werteentscheidung für Frieden, abgeleitet aus der Präambel
und insbesondere aus Art. 26 Abs. 1 GG, verfängt nur auf den ersten Blick.

---

[522] Vgl. *Tomuschat*, in: Bonner Kommentar, Art. 24 Rdnr. 170: „Ermächtigung". Auch *Schultz*, Die
Auslandsentsendung, S. 213 weist darauf hin, dass das Friedensgebot des GG dem deutschen Staat
nicht die Fähigkeit nehme, auf der Grundlage des Art. 87a Abs. 2 GG die „völkerrechtlich zulässigen
und verteidigungspolitisch notwendigen Maßnahmen zu ergreifen".
[523] Dabei ist zu berücksichtigen, wie *Günther*, Zum Einsatz der Bundeswehr, S. 329 (349) zu Recht an-
merkt, dass nicht jeder Einsatz im Rahmen der VN auch als Verteidigung angesehen werden kann,
siehe z.B. die Wiederherstellung des Friedens in einem Bürgerkriegsland. Dieses Szenario verdeutlicht
auch die Abgrenzung zu der oben diskutierten Fallgruppe der Nothilfe zugunsten Drittländer, da in
letzterem Fall der betroffene Staat die internationale Hilfe anfordert und nicht „aufgezwängt" bekommt. Zur sog. „humanitären Intervention" vgl. *Fischer*, in: Ipsen, Völkerrecht, § 59 Rdnr. 26; auch
Baldus, in: von Mangoldt/Klein/Starck, GG, Art. 87a Rdnr. 50; *Werner*, Die Grundrechtsbindung, S.
56 ff.
[524] Vgl. *Schultz*, Die Auslandsentsendung, S. 215, der von „Weltpolizist" spricht. Dagegen auch schon
Glos, Sten. Prot. der 240. Sitzung des BT vom 22.7.1994, 12. WP, S. 21176 (C).

Schutzgut des Art. 26 Abs. 1 GG ist nicht der Frieden an sich, sondern, ausweis-
lich des Wortlauts der Norm, das „friedliche Zusammenleben der Völker"[526]. Das
hierdurch begründete Verbot friedensstörender Handlungen sowie des Angriffskrieges korrespondiert dabei mit der Absicht des Verfassungsgebers, die Bundesrepublik in die internationale Staatengemeinschaft wiedereinzugliedern und
auf jegliche kriegerische Handlungen zu verzichten, die gegen den internationalen Frieden gerichtet sein könnten und völkerrechtlich als Verstoß gegen das
Gewaltverbot des Art. 2 Abs. 4 VN-Charta zu bewerten wären[527]. Man mag diese
politische Wertentscheidung als Staatszielbestimmung ansehen; auch bedarf es
keiner weiteren Begründung, hierin mehr als eine bloße politische Richtungsent-
scheidung zu sehen[528]. Doch erscheint es überaus fraglich, aus Art. 26 Abs. 1 GG
und der damit einhergehenden Friedensverpflichtung eine Gebotsnorm herauszulesen, die einen bestimmten Verfassungsauftrag an die Streitkräfte enthält und
dementsprechend als Grundlage der Interpretation des Verteidigungsbegriffs
herangezogen werden kann. Bereits dem Wortlaut ist nicht zu entnehmen, „wie"
die militärische Verteidigung zu erfolgen hätte[529]. Darüber hinaus hätte Art. 87a
Abs. 2 GG gegenüber den Art. 25 und 26 GG kaum noch eine eigenständige
Bedeutung, würde man den Begriff „Verteidigung" lediglich als Gegensatz zu
völkerrechtlich verbotenen Angriffskrieg verstehen[530]. Aus der Analyse des
Wortlauts ergibt sich auch keine Auslegungsmöglichkeit, die Art. 26 Abs. 1 GG
als eine Gebotsnorm zu qualifizieren vermag. Vielmehr wird lediglich eine
Pflicht statuiert, Angriffskriege und friedensstörende Handlungen zu unterlassen,
dabei erschöpft sich die Regelung der Norm mit der Feststellung, dass solche
Handlungen verfassungswidrig sind. Damit steckt die Norm eine Grenze bzw.
Verfassungsschranke ab, innerhalb derer die Streitkräfte im internationalen
Rahmen eingesetzt werden dürfen, ohne gegen wesentliche Grundgedanken der
Verfassung zu verstoßen. Ein Handlungsgebot in Form eines Verfassungsauf-
trags oder gar einer Verpflichtung zum Tätigwerden lässt sich mangels Anhalts-

[525] *Günther*, Zum Einsatz der Bundeswehr, S. 329 (349).
[526] Vgl. *Hillgruber*, in: Umbach/Clemens, GG, Art. 87a Rdnr. 30c.
[527] Vgl. *von Bülow*, NZWehrr 1984, 237 (244); *Schopohl*, Der Außeneinsatz, S. 126 ff.
[528] *Schopohl*, Der Außeneinsatz, S. 127 spricht von einer „verbindlichen Richtschnur".
[529] *Riedel*, Der Einsatz deutscher Streitkräfte, S. 16.
[530] *Kokott*, in: Sachs, GG, Art. 87a Rdnr. 27.

punkte für konkrete Befugnisse, Ziele, Verteidigungsobjekte etc. nicht aus Art. 26 Abs. 1 GG extrapolieren. Art. 26 Abs. 1 Satz 1 GG ist eine Verbotsnorm, nicht Gebots- bzw. Verpflichtungsnorm[531].

(cc) Vorrang der kollektiven Friedenssicherung

Auch die Systematik und die völkerrechtliche Einbindung in ein System gegenseitiger Sicherheit wie die VN widersprechen einer extensiven Auslegung des Friedensgebotes als Inhaltsbestimmung des Verteidigungsbegriffs in Art. 87a Abs. 2 GG. Die internationale Friedenssicherung basiert auf einer kollektiven Reaktion der Staatengemeinschaft bei einer aktuellen Friedensbedrohung, wobei nationalstaatliche Aktionen hinter den multilateralen Entscheidungen des VN-Sicherheitsrats gem. Kapitel VI/VII VN-Charta zurücktreten und daher den Weg frei machen für VN-gestützte Maßnahmen[532]. Ein nationaler „Alleingang" wird völkerrechtlich nur durch Art. 51 VN-Charta als Ausnahme des Gewaltverbots gem. Art. 2 Ziff. 4 VN-Charta zugelassen. Demgemäß stellt die Verknüpfung des Weltfriedens bzw. der internationalen Sicherheit mit dem Verteidigungsauftrag in Art. 87a Abs. 2 GG einen Verstoß gegen das Prinzip des Vorrangs der kollektiven Friedenssicherung dar und unterläuft zudem das Gewaltverbot, indem es der Bundesrepublik ermöglichen würde, Friedenseinsätze nach eigenem Gusto anzuordnen, ohne die Staatengemeinschaft einzubeziehen[533]. Genau dies soll aber das Gewaltverbot der VN-Charta verhindern. Der Friedensbegriff des GG bezieht sich auf den internationalen Frieden und knüpft damit an die Grundprinzipien des Völkerrechts an, wozu auch das Gewaltverbot gehört[534].

---

[531] So auch *von Bülow*, NZWehrr 1984, 237 (245); *ders.*, Der Einsatz der Streitkräfte, S. 87; *Schopohl*, Der Außeneinsatz, S. 125. A.A. wohl *Steinberger*, Diskussionsbeitrag, in: Frowein/Stein, Rechtliche Aspekte, S. 87, der die Präambel und damit den Friedensbegriff auch zur Interpretation des Verteidigungsbegriffs in Art. 87a Abs. 2 GG heranziehen will.
[532] Siehe Art. 39 VN-Charta, wonach es ausschließlich dem Sicherheitsrat obliegt, eine Bedrohung oder einen Bruch des Friedens festzustellen.
[533] I.d.S. auch *Schultz*, Die Auslandsentsendung, S. 215 f., der befürchtet, dass ansonsten der Rechtsunsicherheit zunehmend Raum verschafft werden würde; ähnlich auch *von Bülow*, NZWehr 1984, 237 (242 f.).

(c) Ergebnis: Weltfrieden als ungeeignetes Kriterium

Die inhaltliche Begriffsbestimmung von „Verteidigung" i.S.d. Art. 87a Abs. 2 GG durch einen Rückgriff auf Art. 26 Abs. 1 Satz 1 GG und den Friedensbegriff des GG unterliegt ob ihrer Weite erheblichen Bedenken und Widersprüchen und trägt somit nicht weiter zum Verständnis des Verteidigungsbegriffs bei. Jedenfalls aber ist die These von der Verteidigung des Weltfriedens und der internationalen Sicherheit aufgrund mangelnder Stichhaltigkeit nicht geeignet, den Verteidigungsbegriff weiter zu konkretisieren und daher auch zur Beurteilung der Verfassungsmäßigkeit von Evakuierungsoperationen hier nicht heranzuziehen. Der Weltfrieden und die internationale Sicherheit sind daher nicht geeignete Schutzgüter für den Verteidigungsbegriff.

(5) Fazit und Auswirkungen auf Evakuierungsoperationen[535]

Die im Schrifttum vertretenen und oben analysierten Thesen setzen alle bei dem zu schützenden Verteidigungsobjekt an[536]. Hierbei hat sich gezeigt, dass die engste Auffassung, die den Verteidigungsbegriff lediglich auf den Verteidigungsfall

---

[534] Vgl. *Hillgruber,* in: Umbach/Clemens, GG, Art. 87a Rdnr. 30c-d.

[535] Eine weitere Ansicht bezieht als Verteidigungsobjekte auch „völkerrechtlich geschützte Rechtspositionen" mit ein, wobei dies teilweise auf Rechtspositionen der Bundesrepublik beschränkt wird, teilweise aber auch Bündnispartner und Drittstaaten inkludiert werden. Vgl. *von Bülow,* NZWehrr 1984, 237 (251); *Schultz,* Die Auslandsentsendung, S. 283; *Woopen,* NZWehrr 1983, 201 (209); *Zimmer,* Einsätze der Bundeswehr, S. 88; weitere Nachweise bei *Fiebig,* Einsatz im Innern, S. 218. Dies als eigenständige These zu deklarieren, würde jedoch die Bedeutung dieser Ansicht überschätzen. Zum einen ist die Anzahl der Vertreter dieser These sehr gering, zum anderen führt das alleinige Heranziehen von „völkerrechtlich geschützten Rechtspositionen" kaum weiter, da hierunter eine Vielzahl von Rechtsgütern fallen würden, die nur durch Hinzuziehung weiterer Kriterien die sonst fehlende Bestimmtheit erlangen könnten; i.d.S. *Schultz,* Die Auslandsentsendung, S. 284. Insofern liegt es nahe, diese Ansicht lediglich als in die Tiefe gehende Ergänzung zu einer der oben beschriebenen Thesen zu qualifizieren. Inhaltlich spricht im Prinzip wenig gegen diese Ansicht. Jeder Staat muss in der Lage sein, seine völkerrechtlich geschützten Rechtspositionen verteidigen zu können. Allerdings ist Vorsicht geboten: Auch die Vertreter dieser Ansicht konkretisieren nicht weiter, welche Rechtspositionen genau gemeint sind. Ohne weitere Präzisierung der Rechtspositionen führt diese Ansicht kaum zu verwertbaren Ergebnissen.

[536] Vgl. *Bähr,* Verfassungsmäßigkeit des Einsatzes, S. 72 f. Einen anderen Ansatzpunkt wählt *Fiebig,* Einsatz im Innern, S. 218 ff., indem er den Verteidigungsbegriff über die Frage des Angreifers bzw. der Angriffsrichtung und nach dem Angriffscharakter zu bestimmen versucht, dabei allerdings - entsprechend der Zielrichtung seiner Arbeit - stets die Auswirkungen auf einen Inneneinsatz der Bundeswehr im Blick hat.

des Art. 115a GG erstreckt, wenig überzeugend ist. Diese These ist durch ihre geographische Begrenzung auf einen eventuellen Angriff auf das Bundesgebiet weder systematisch noch historisch begründbar. Daraus folgt, dass der Verteidigungsbegriff jedenfalls über die - selbstverständliche - Eigenverteidigung des deutschen Staatsgebietes hinausgehen muss. Dem trägt die These der Territorial- und Bündnisverteidigung Rechnung, indem sie auch die Verteidigung der Partner in Bündnissen mit gegenseitiger Beistandspflicht wie NATO und WEU als Bestandteil des Verteidigungsbegriffs des Art. 87a Abs. 2 GG ansieht und somit einem solchen Einsatz das Plazet der Verfassungsmäßigkeit erteilt. Hierfür sprechen insbesondere auch historische Gründe, da nicht unberücksichtigt bleiben darf, dass die Wiederbewaffnung der Bundeswehr zum damaligen Zeitpunkt nur unter der Prämisse des Beitritts zu einem (Militär-) Bündnis von den Alliierten zugelassen wurde[537]. Sofern nun - darüber hinaus - der Verteidigungsbegriff aus dem Völkerrecht und insbesondere über Art. 25 GG, Art. 51 VN-Charta bestimmt werden soll[538], begegnet dies erheblichen methodischen Bedenken. Wie die vorliegende Untersuchung gezeigt hat, kann eine inhaltliche Begriffsbestimmung des Wortes „Verteidigung" nicht unmittelbar dem Völkerrecht entnommen werden[539]. Allerdings steht nach der hier vertretenen Auffassung die Nothilfe zugunsten von bündnisfremden Drittländern diesem Ergebnis nicht entgegen[540]. Der Verteidigungsbegriff wird insoweit nicht durch das Völkerrecht präzisiert, insbesondere aufgrund des Willens des Verfassungsgebers aber ist es den Streitkräften erlaubt, im Rahmen der völkerrechtlichen Normen und Grenzen dem um Hilfe bittenden Staat militärisch beizustehen. Eine extensivere Auslegung hin zu einer Abdeckung des Weltfriedens und der internationalen Sicherheit kann dem Verteidigungsbegriff schließlich nicht entnommen werden. Eine solche weite Interpretation findet auch in dem Friedensbegriff des GG keine Bestätigung und würde überdies in einem Spannungsverhältnis zu dem Gewaltmonopol der VN bzw. dem Gewaltverbot der VN-Charta stehen.

---

[537] Genauer siehe 2. Teil A. VII. 3. b) aa) (2) (a).
[538] So jetzt *BVerwG* NJW 2006, 77 (80).
[539] Siehe 2. Teil A. VII. 3. b) aa) (3) (a); *Schultz*, Die Auslandsentsendung, S. 282.
[540] Ebenso *BVerwG* NJW 2006, 77 (81), wo als Beispiel der „Bündnisfall" erwähnt wird.

Diese Ergebnisse haben zusammenfassend folgende Auswirkungen auf Evakuierungsoperationen: Keine der o.g. Thesen konnte positiv einen Einsatz zur
„Verteidigung" i.S.d. Art. 87a Abs. 2 GG bejahen. Die herrschenden und vorzuziehenden Ansichten würden sogar die Qualifizierung als „Verteidigung" explizit verneinen, während die übrigen Meinungen abzulehnen sind und im Übrigen
ebenfalls kaum das Vorliegen der Voraussetzung der „Verteidigung" begründen
könnten. Eine verfassungsrechtliche gesicherte Rechtsgrundlage bietet der so
verstandene Verteidigungsbegriff für Evakuierungsoperationen daher nicht[541].
Die Definitionsversuche verbleiben somit, in Bezug auf Evakuierungsoperationen, erfolglos. Ein Evakuierungseinsatz zur Rettung deutscher oder fremder
Staatsangehöriger im Ausland durch die Streitkräfte dient nach den obigen Definitionsversuchen nicht der „Verteidigung" und ist auch an anderer Stelle im GG
nicht ausdrücklich zugelassen i.S.d. Art. 87a Abs. 2 GG[542].

bb) Personalverteidigung als neuer Begründungsansatz

Dieses ablehnende Ergebnis - welches nicht mit der politischen und militärisch-
en Praxis in Einklang steht - zu umgehen, gelingt nun aber der Ansicht, die eine
„Personalverteidigung" gewissermaßen als eigenständiges Pendant zu der Terri-

---

[541] Vgl. *Kreß,* ZaöRV 57 (1997), 329 (352): „ […], dass sich keine der zuletzt genannten Positionen durch entstehungsgeschichtliche bzw. systematische Gesichtspunkte verlässlich bestätigen oder wider-legen lässt". *Kreß* kommt aber unter Berücksichtigung der Organpraxis bei dem Einsatz in Albanien 1997 und einer „Konkretisierungsprärogative" der Bundesregierung zur Zulässigkeit von Evakuie-rungsoperationen (352 f.). Dazu später.

[542] *Baldus,* Extraterritoriale Interventionen, S. 259 (286); *Coridass,* Der Auslandseinsatz, S. 126; *Fastenrath,* FAZ vom 19.03.1997, S. 8; *Frank,* in: Alternativkommentar, nach Art. 87a, Rdnr. 18; *Heun,* in: Dreier, GG, Art. 87a Rdnr. 17; *van Ooyen,* IPG 1/2002, 90 (100 f.); *Riedel,* Der Einsatz deutscher Streitkräfte, S. 159 ff., 175; *Schopohl,* Der Außeneinsatz, S. 189 f.; für den Fall der Rettung fremder Staatsbürger, die nicht Staatsangehörige eines Bündnispartner sind auch *Schultz,* Die Aus-landsentsendung, S. 281 (im Übrigen ablehend). Zweifelnd auch *Kokott,* in: Sachs, GG, Art. 87a Rdnr. 24; Unklar *Pieroth,* in: Jarass/Pieroth, Art. 87a Rdnr. 9, der den Verteidigungsbegriff auf die kol-lektive Selbstverteidigung gem. Art. 51 VN-Charta begrenzt und Rettungsoperationen zuvor in Rdnr. 7 als „Einsatz" qualifiziert, dann aber letztere nicht mehr erwähnt. A.A. mit unterschiedlichen Begründungen *Burkiczak,* ZRP 2003, 82 (83); *Hernekamp,* in: von Münch/Kunig, GG, Art. 87a, Rdnr. 4 [völkerrechtliche Beistandslage]; *Hillgruber,* in: Um-bach/Clemens, GG, Art. 87a Rdnr. 17 [keine Angriffshandlung i.S.d. Art. 25 und 26 GG]; *Hömig,* in: Hömig, GG, Art. 87a Rdnr. 5 [ohne Begründung]; *Lang,* Internationale Einsätze, S. 88 [„keine ver-fassungsrechtliche Schwierigkeiten"]; *Oeter,* NZWehr 2000, 89 (96) [kein Verstoß gegen Art. 25 und 26 GG]; *Oldiges,* Wehrrecht und Zivilverteidigungsrecht, § 23 Rdnr. 19 [weiter Verteidigungsbegriff]; *Raap,* DVP 2002, 282 (283) [ohne nähere Begründung].

torialverteidigung sieht und, basierend auf Art. 2 Abs. 2 GG, eine Schutzpflicht des Staates jedenfalls für seine eigenen Staatsangehörigen im Ausland erkennen will, was im Ergebnis die gewaltsame Rettungsaktion verfassungsrechtlich legitimieren soll[543]. Damit wird die Personalverteidigung zu einem Bestandteil des Verteidigungsbegriffs des Art. 87a Abs. 2 GG erkoren. Im Folgenden soll diese Ansicht skizzenhaft dargestellt und überprüft werden.

(1) Das Grundkonzept der Theorie von der Personalverteidigung

Das inhaltliche Gerüst der These der Personalverteidigung basiert zunächst auf der Erkenntnis, dass der Einsatz deutscher Streitkräfte insbesondere aus historischen Gründen und im Hinblick auf das Friedensgebot des GG nicht zur beliebigen Interessenwahrung erfolgen darf, sondern durchaus einer Beschränkung unterliegt: Dem Zweck der Verteidigung der staatlichen Existenz[544]. Die zu verteidigende nationale Staatlichkeit bestehe im Wesentlichen aus dem Staatsgebiet und dem Staatsvolk, was sich wehrverfassungsrechtlich durch Territorial und Personalverteidigung als elementare Staatsattribute ausdrücken lasse[545]. Damit knüpft diese Ansicht unübersehbar an die klassische „Drei-Elementen-Lehre" aus dem allgemeinen Staatsrecht an, nach welcher ein Staat aus den drei konstituierenden Elementen Staatsgebiet, Staatsvolk und Staatsgewalt besteht[546]. Als Schutzgut der „Verteidigung" i.S.d. Art. 87a Abs. 2 GG decke die Territorialverteidigung inhaltlich das Bundesgebiet im Verteidigungsfalle gem. Art. 115a GG

---

[543] Die begriffliche Verwendung von „Personalverteidigung" als Korrelat zur Territorialverteidigung im Zusammenhang mit Evakuierungsoperationen geht wohl auf *Depenheuer*, DVBl. 1997, 685 (687 f.) zurück; das Argument der Schutzpflicht des Staates bei solchen Aktionen führten bereits *Blumenwitz*, NZWehrr 1988, 133 (144); *Franzke*, NZWehrr 1996, 189 (192) an. Der Theorie der Personalverteidigung folgend - oftmals ohne nähere Begründung - *Dau*, NZWehrr 1998, 89 (95); *Günther*, Zum Einsatz der Bundeswehr, S. 329 (347 f.); *Kokott*, in: Sachs, GG, Art. 87a Rdnr. 23 [aber zweifelnd bezüglich des Albanien-Einsatzes 1997]; *Peterhoff*, BWV 2000, 49 (51); *Wild*, DÖV 2000, 622 (625 f.). Ähnlich *Kirchhof*, in: Isensee/Kirchhof, HdbStR, § 84 Rdnr. 52; *Schultz*, Die Auslandsentsendung, S. 280 f; wohl auch *Winkler*, DÖV 2006, 149 (156).

[544] *Depenheuer*, DVBl. 1997, 685 (687) mit Verweis auf BVerfGE 48, 127 (163); 69, 1 (23).

[545] *Depenheuer*, DVBl. 1997, 685 (687); *Franzke,* NZWehrr 1996, 189 (192) bezieht als drittes Element noch die Staatsgewalt mit ein und geht von der Notwehrfähigkeit der drei konstituierenden Elemente aus.

[546] Vgl. *Epping*, AöR 124 (1999), 423 (441 Fn. 87), der in diesem Zusammenhang auf das Fehlen des dritten Kriteriums der Staatsgewalt bei *Depenheuer* aufmerksam macht. Zur „Drei-Elementen-Lehre" siehe *Epping*, in: Ipsen, Völkerrecht, § 5 Rdnr. 2 ff.

ebenso ab, wie den Bündnisfall gem. Art. 5 NATO-Vertrag, mithin bei einem Angriff auf das Territorium eines anderen Bündnispartners[547]. Die Verteidigung des Bundes- und Bündnisgebietes wird daher als Kernelement jeden Einsatzes bezeichnet, erschöpfe sich aber nicht darin. Anknüpfend an dieses Ergebnis wird der Bogen hin zur Personalverteidigung als Einsatz zur „Verteidigung" gespannt, indem nicht nur der Schutz des Staatsgebiets, sondern auch der Bevölkerung des Staates als essentielle Aufgabe der Streitkräfte aufzufassen sei. Dieser Schutzauftrag der Verteidigung des Personals eines jeden Staates vermenge sich aber im Falle eines Angriffes auf das Bundes- bzw. Bündnisgebiets mit der Territorialverteidigung, so dass in einer solchen Situation auch kein Bedürfnis für eine begriffliche Differenzierung im Sinne der fraglichen Termini bestehe. Eine eigenständige Bedeutung komme der Personalverteidigung aufgrund des damit einhergehenden Auseinanderfallens des Einsatzortes aber dann zu, wenn deutsche Staatsangehörige im Ausland evakuiert werden müssten[548]. In diesem Falle bestünde nämlich eine Schutzpflicht der Bundesrepublik gegenüber ihren Staatsbürgern, diese auch außerhalb des eigenen Staatsgebietes in Gefahrenlagen in geeigneter Form zu beschützen[549]. Im Rahmen der rechtlichen Einordnung hierzu verweisen die Vertreter dieser Ansicht regelmäßig auf das (Grund-) Recht auf Leben und körperliche Unversehrtheit gem. Art. 2 Abs. 2 Satz 1 GG als geeigneten Anknüpfungspunkt für eine solche Schutzpflicht[550]. Da sich die in Gefahr geratenen Staatsbürger im konkreten Falle nicht auf deutschem Territorium befinden, komme die Bundesrepublik ihrer Schutzpflicht zunächst und primär durch die Gewährung diplomatischen Schutzes nach, weil insofern die Gebietshoheit des betroffenen Staates nicht beeinträchtigt werden dürfe[551].

---

[547] *Depenheuer*, DVBl. 1997, 685 (687); *Wild*, DÖV 2000, 622 (625).

[548] *Depenheuer*, DVBl. 1997, 685 (688).

[549] Vgl. *Kokott*, in: Sachs, GG, Art. 87a Rdnr. 23; *Peterhoff*, BWV 2000, 49 (51); *Wild*, DÖV 2000, 622 (625). Zur Schutzfunktion des Staates allgemein *Wiefelspütz*, NWVBl. 2006, 41.

[550] *Dau*, NZWehrr 1998, 89 (95); *Günther*, Zum Einsatz der Bundeswehr, S. 329 (348); *Peterhoff*, BWV 2000, 49 (51); *Wild*, DÖV 2000, 622 (625). Allgemein auf Grundrechte verweisend *Blumenwitz*, NZWehrr 1988, 133 (144); *Franzke*, NZWehrr 1996, 189 (192).

[551] *Depenheuer*, DVBl. 1997, 685 (688); vgl. *Isensee*, in: Isensee/Kirchhof, HdbStR, § 111 Rdnr. 123; *ders.*, in: Isensee/Kirchhof, HdbStR, § 115 Rdnr. 86.

Erst wenn dieser diplomatische Schutz nicht mehr ausreiche, könne die Bundeswehr auch durch gewaltsames Eingreifen die deutschen Staatsbürger aus dem betreffenden Land evakuieren.

Verschiedentlich werden einem solchen Verteidigungseinsatz aber wegen der potentiellen Gefahr eines Interventionismus auch (enge) Grenzen gesetzt. So müsse eine enge zeitlich-räumliche Begrenzung der Aktion vorliegen, der Zweck auf die Rückführung der gefährdeten Deutschen beschränkt bleiben und keine länger währenden Verletzungen der Gebietshoheit des fremden Staates stattfinden[552]. Eine andere Beschränkung der Einbeziehung der Personalverteidigung in den Verteidigungsbegriff erfolgt zum Teil auch durch den Vorbehalt der Einhaltung völkerrechtlicher Voraussetzungen und unter der Abwägung der Normen des Völkerrechts und der Verfassung[553]. Eine weitere Ansicht schränkt den Begründungsstrang dogmatisch insoweit ein, als sie nicht aus der Schutzpflicht an sich die Befugnis der Streitkräfte zu einem Evakuierungseinsatz im Ausland herleitet, sondern diese lediglich als Element der Begründung dafür sieht, dass deutsche Staatsangehörige im Ausland einen „notwehrfähigen Teil der Bundesrepublik" darstellten[554]. Die Theorie der Personalverteidigung versucht daher, neben dem Aspekt des geographischen Verteidigungsraumes als Kriterium der inhaltlichen Bestimmung des Verteidigungsbegriffs auch die personale Komponente zu integrieren, damit Einsätze der Streitkräfte zum Schutze der Staatsangehörigen als „Verteidigung" i.S.d. Art. 87a Abs. 2 GG angesehen werden können. Die oben dargestellten Definitionsversuche lassen sich dabei als vertikale Theorien charakterisieren, da sie die ganze Bandbreite eines „engen" bis hin zu einem „weiten" Verteidigungsbegriff abdecken, dabei aber stets auf das zu verteidigende Gebiet fokussiert bleiben. Der Aspekt der Personalverteidi-

---

[552] Diese Kriterien stellt *Wild*, DÖV 2000, 622 (625 f.) auf und meint, der Albanien-Einsatz von 1997 „dürfte diesen Kriterien wohl genügt haben" (626). Im Ergebnis auch *Depenheuer*, DVBl. 1997, 685 (688). Allerdings wird bei letzterem häufig die (abschließende?) Aufzählung der Einsatzszenarien übersehen: *Depenheuer* stuft nur den Einsatz nach Zustimmung des fremden Staates, nach Zusammenbrechen der öffentlichen Sicherheit und Ordnung, nach aktiven Angriffen auf deutsche Staatsangehörige sowie Geiselnahmen durch jenen Staat, als „Verteidigung" i.S.d. Art. 87a Abs. 2 GG ein. Allein hieraus folgert er die verfassungsrechtliche Rechtfertigung des Albanien-Einsatzes 1997.
[553] *Günther*, Zum Einsatz der Bundeswehr, S. 329 (348). Dagegen: *Baldus*, in: von Mangoldt/Klein/Starck, GG, Art. 87a Rdnr. 51.

gung stellt eher eine Art horizontale Theorie dar, da er nicht die Frage des zu verteidigenden Raumes beantwortet (dies wird durch den zweiten Bestandteil „Territorialverteidigung" vorgenommen) sondern zusätzlich dazu ein völlig anderes Verteidigungsobjekt, nämlich die Staatsbürger im Ausland, mit einbezieht. Hierin liegt auch die Bedeutung dieser Ansicht für die Beurteilung von Evakuierungsoperationen, weil hier zum ersten Mal expressis verbis die Staatsangehörigkeit der in Not Befindlichen als Kriterium die bisherigen, gebietsbezogenen Bestimmungsversuche ergänzt[555].

(2) Die Schutzpflicht und ihre Auswirkungen

Das obige Konstrukt der Personalverteidigung als (teilweise) selbständiges Ver-teidigungsobjekt neben der Landesverteidigung würde die im Lichte der bisherigen, unzureichenden begrifflichen Inhaltsbestimmung des Verteidigungsbegriffs vorzunehmende rechtliche Bewertung für die Fälle deutscher Rettungsaktionen im Ausland in der Regel zu einem zustimmenden Ergebnis führen[556]. Allerdings wurde bisher keine vertiefende Analyse dieser These vorgenommen, sondern das Argument der Schutzpflicht in aller Regel als „Brücke" zur verfassungsrechtlichen Rechtfertigung von Evakuierungsoperationen benutzt, ohne auf Einzelfragen näher einzugehen. Dementsprechend regte sich auch in der juristischen

---

[554] So *Franzke,* NZWehrr 1996, 189 (192).

[555] In dieser Hinsicht besteht eine gewisse Parallelität zu der oben aufgeführten These der „völkerrechtlich geschützten Rechtsgüter", siehe 2. Teil A. VII. 3. b) aa) (5). Im Falle der Verletzung des völkerrechtlichen Fremdenrechts durch den jeweiligen Staat macht der Heimatstaat durch die Ausübung des diplomatischen Schutzes ein eigenes Recht geltend, und zwar auch dann, wenn der Geschädigte, wie den vorliegenden Konstellationen, ein Privater ist, vgl. bereits *StIGH,* Mavrommatis Palestine Concessions, PCIJ Ser. A, No. 2 (1924), S. 12, *IGH,* Barcelona Traction Case, ICJ Reports 1970, S. 3. Durch diesen völkerrechtswidrigen Akt des Fremdstaates wird nach gefestigter Rechtsansicht das Recht des Heimatstaates auf die völkerrechtsgemäße Behandlung seiner Staatsangehörigen verletzt, vgl. *Epping/Gloria,* in: Ipsen, Völkerrecht, § 24 Rdnr. 41. Da es sich somit hierbei um völkerrechtlich geschützte Rechtsgüter handelt, die beeinträchtigt werden, könnte man an dieser Stelle eine Verknüpfung mit o.g. These vornehmen. Dieser „Umweg" über das Völkerrecht bleibt den Vertretern der Theorie der Personalverteidigung indessen erspart.

[556] Vgl. beispielsweise das Fazit bei *Depenheuer,* DVBl. 1997, 685 (688): „Die militärische Aktion zur Evakuierung deutscher Staatsangehöriger aus Albanien ist verfassungsrechtlich unmittelbar aus Art. 87a II GG gerechtfertigt".

Literatur Widerstand gegen die These der Personalverteidigung[557]. Es ist daher zu untersuchen, inwiefern die „Personalverteidigung" tatsächlich in verfassungsrechtlich unbedenklicher Weise als zutreffende Konkretisierung des Verteidigungsbegriffs i.S.d. Art. 87a Abs. 2 GG anzusehen sein könnte und als Folge davon zur Begründung solcher Evakuierungsoperationen herangezogen werden darf. Dabei sind aus dogmatischer Sicht zwei Themenkreise auseinander zu halten und zu bewerten: Zum einen die Frage, ob überhaupt dem Staat eine solche (militärische) Schutzverpflichtung zugunsten seiner Staatsangehörigen im Ausland zukommt; zum anderen, ob dem Betroffenen dann auch ein subjektiv-öffentlicher Anspruch auf diese Art von Schutz im Ausland zusteht und inwiefern die staatlichen Stellen diesen Anspruch durchzusetzen haben bzw. welcher Spielraum ihnen dabei bleibt. Schließlich werden auch weitere, allgemeine dogmatische Bedenken gegen eine „Personalverteidigung" behandelt.

(a) Besteht grundsätzlich eine Schutzpflicht des Staates?

Ausgangspunkt der Frage, ob zugunsten von deutschen Staatsbürgern im Ausland eine - die gewaltsame Evakuierung rechtfertigende - Schutzpflicht der Bundesrepublik[558] besteht, ist zunächst die Bestimmung der einschlägigen (grund-)gesetzlichen Normierung, mittels derer eine Schutzpflicht konstituiert wird. Die Vertreter der Theorie der Personalverteidigung berufen sich in diesem Zusammenhang auf Art. 2 Abs. 2 GG, das Grundrecht auf Leben und körperliche Unversehrtheit, aus dem sich eine derartige Schutzpflicht ergebe[559]. Diese Aussage ist zunächst schon deshalb erörterungswürdig und - pflichtig, weil Grundrechte in erster Linie Abwehrrechte gegen staatliche Eingriffe darstellen, sog. „status negativus", und daher dem Einzelnen die Freiheit einer staatsfreien Sphäre sichern und bewahren sollen, wobei Freiheitsbeschränkungen von Staatsorganen prinzipiell nur in begrenztem Umfang vorgenommen werden dürfen und stets

---

[557] Besonders hervorzuheben sind dabei *Baldus*, Extraterritoriale Interventionen, S. 259 (282 ff.); *Epping*, AöR 124 (1999), 423 (440 ff.).

[558] Einen rechtsvergleichenden Überblick über die Gewährung diplomatischen Schutzes bietet *Doehring*, Die Pflicht des Staates, S. 47 ff.

[559] Siehe nur z.B. *Dau*, NZWehr 1998, 89 (95); *Günther,* Zum Einsatz der Bundeswehr, S. 329 (348).

rechtfertigungsbedürftig sind[560]. Das BVerfG beschränkt die einzelnen Grundrechte jedoch nicht auf eine Abwehrfunktion gegenüber staatlichen Eingriffen, sondern erkennt in ihnen „objektive Wertentscheidungen" und in dem System der Grundrechte eine „objektive Wertordnung", die als verfassungsrechtliche Grundentscheidung in alle Rechtsbereiche hineinwirkt und auf diese Weise die Geltungskraft der Grundrechte verstärkt[561]. Diese objektiven Wertentscheidungen des GG führen im Rahmen einer rechtsstaatlichen Verfassung zu einer Schutzpflicht des Staates gegenüber dem Einzelnen bei Eingriffen sowohl des Staates als auch von Dritten[562]. Objektiv-rechtlichen Gehalt erlangen diese Schutzpflichten bei Art. 2 Abs. 2 Satz 1 GG, in dem das Grundrecht auf Leben und körperliche Unversehrtheit nicht nur ein Abwehrrecht statuiert, sondern auch ein objektiv-rechtliches Handlungsgebot an den Staat, die von dem Schutzbereich des Grundrechts erfassten Rechtsgüter zu schützen oder zu fördern[563]. Ob sich diese Pflicht des Staates unmittelbar aus der Garantie der Menschenwürde gem. Art. 1 GG oder aber bereits direkt aus Art. 2 Abs. 2 GG (oder aus beiden) ergibt, spielt dabei keine entscheidende Rolle[564]. Adressaten einer solchen Schutzpflicht sind grundsätzlich alle staatlichen Gewalten[565], mithin auch die Bundesregierung als zur Entscheidung über Evakuierungsoperationen berufenes Exekutivorgan. Teil dieser staatlichen Verpflichtung zugunsten der Bundesrepublik im Gesamten ist daneben auch die Sicherstellung der äußeren Sicherheit des Staates durch militärischen Schutz[566]. Zur Begründung einer Schutzpflicht des deutschen Staates gegenüber seinen Einwohnern bedarf es also keines Rückgriffs auf das Merkmal der Staatsangehörigkeit. Dies wäre sogar im Ergebnis

---

[560] Vgl. BVerfGE 1, 97 (104 f.); 7, 198 Leits. 1; *Pieroth/Schlink*, Grundrechte, Rdnr. 58.

[561] St. Rspr. des BVerfG, vgl. BVerfGE 25, 256 (263); 35, 79 (114) m.w.N.

[562] *Murswiek*, in: Sachs, GG, Art. 2 Rdnr. 24 f.; vgl. *Klein*, Anspruch auf Schutz, S. 125 (129).

[563] BVerfGE 39, 1 (36 ff.); 45, 187 (254 f.); 46, 160 (164 f.); 49, 89 (141 f.); 53, 30 (57 f.); 56, 54 (73); 77, 170 (214); 79, 174 (201 f.); 85, 191 (212); 90, 145 (195). Zur Rechtsprechung des BVerfG vgl. auch *Hermes*, Grundrecht auf Schutz, S. 44 f.

[564] Selbst *Starck*, in: von Mangoldt/Klein/Starck, GG, Art. 2 Abs. 2 Rdnr. 190, der auf Art. 1 GG abstellt, entnimmt Art. 2 Abs. 2 Satz 1 GG auch ohne Heranziehung der Würdegarantie eine objektiv-rechtliche Schutzpflicht (Rdnr. 229); *Stern*, Staatsrecht, Bd. IV/1, § 97 VI. 2. (S. 99) stellt den diplomatischen Schutz im Rahmen der Menschenwürde des Art. 1 GG dar; vgl. auch *Schulze-Fielitz*, in: Dreier, GG, Art. 2 Rdnr. 76. Zurückhaltend zu Art. 1 in diesem Punkt auch *Hermes*, Grundrecht auf Schutz, S. 144.

[565] *Kunig*, in: von Münch/Kunig, GG, Art. 2 Rdnr. 55 f.; *Lorenz*, in: Isensee/Kirchhof, HdbStR, § 128 Rdnr. 45.

falsch, weil die staatliche Protektion gerade im Rahmen von Art. 2 Abs. 2 GG jedem Menschen, mithin auch Ausländern, in der Bundesrepublik zu Gute kommt[566]. Den Staat trifft nach alledem im Rahmen des Art. 2 Abs. 2 GG eine Schutzverpflichtung jedenfalls zugunsten von Personen auf deutschem Staatsterritorium, ein Abstellen auf diese Grundrechtsnorm begegnet insoweit keinen Bedenken.

(aa) Auslandsschutz

Obige Ausführungen beziehen sich zunächst auf den Idealfall des deutschen Staatsbürgers auf deutschem Staatsgebiet, denn nur in dieser Konstellation kann die Bundesrepublik ihrer sog. sekundären Schutzpflicht, die gesetzlichen Eingriffsverbote auch effektiv durchzusetzen[568], nachkommen, da dem Staat (nur) insofern alle exekutivischen Handlungsmöglichkeiten offen stehen[569]. Eine davon zu abstrahierende Fallkonstellation betrifft hingegen den Auslandsschutz der deutschen Staatsbürger, das heißt die Rechte der Staatsbürger und die Pflichten des Heimatstaates außerhalb des eigenen Hoheitsgebiets. Charakteristisch für diese besondere Situation ist die erschwerte Einwirkungsmöglichkeit des Heimatstaates auf den fremden Staat zur Ausfüllung einer eventuellen Schutzpflicht[570], zumal aus hoheitsrechtlichen Gesichtspunkten der Heimatstaat auf sein im Inland bewährtes Instrumentarium verschiedener Schutz- und Zwangsmittel nicht mehr ohne weiteres zurückgreifen kann[571]. Auch unter Hinnahme der sich daraus ergebenden Begrenzungen verbietet es sich aber dennoch, Staatsange-

---

[566] *Isensee*, in: Isensee/Kirchhof, HdbStR, § 111 Rdnr. 124.

[567] Bei Art. 2 GG handelt es sich nicht um ein sog. „Deutschen-Recht"; die überwiegende Ansicht erkennt in dieser Norm sogar ein Auffanggrundrecht, mit dessen Hilfe auch Ausländer bei „Deutschen-Grundrechten" wie z.B. Art. 8, 12 GG Grundrechtsschutz erlangen könnten, vgl. *Pieroth*, in: Jarass/Pieroth, GG, Art. 2 Rdnr. 10 m.w.N.

[568] *Murswiek*, in: Sachs, GG, Art. 2 Rdnr. 27.

[569] Entsprechend basiert die o.g. Rechtsprechung des BVerfG auf inlandsbezogenen Anlässen, in denen eine Schutzpflicht des Staates bejaht wurde, so z.B. gegenüber der technischen Entwicklung bei atomaren Gefahren, vgl. BVerfGE 49, 89 (140 ff.); 53, 30 (57 ff.). Weitere Beispiele bei *Pieroth/Schlink*, Grundrechte, Rdnr. 94 ff.

[570] *Dietlein*, Grundrechtliche Schutzpflichten, S. 123; vgl. *Scheidler*, DÖV 2006, 417 (420).

[571] Der Grundsatz der völkerrechtlichen Staatenimmunität und der dahinter stehende Rechtsgedanke „par in parem non habet iuridicum" beschränken die in Frage kommenden Maßnahmen, vgl. dazu *Herdegen*, Völkerrecht, § 37 Rdnr. 1.

hörige des eigenen Landes im Ausland schutzlos zu stellen. Dies ergibt sich bereits aus dem Völkerrecht, da die Personalhoheit des Staates, welche die Beziehung zwischen ihm und dem Staatsvolk prägt, nicht an das Staatsterritorium gebunden ist und somit die Staatsangehörigen selbst bei einem Aufenthalt im Ausland der Personalhoheit ihres Heimatstaates unterworfen bleiben[572]. Dem Völkerrecht entstammt auch das Rechtsprinzip des diplomatischen Schutzes, mit dessen Hilfe der Heimatstaat die Interessen seiner Staatsangehörigen gegenüber völkerrechtswidrigen Unrechtsmaßnahmen seitens des Fremdstaates zu wahren hat, sowie der Grundsatz des konsularischen Schutzes zur Abwendung von Notlagen[573]. Das internationale Recht sieht daher eine Möglichkeit für den Heimatstaat vor, die Rechte seiner Staatsbürger, wenn auch aufgrund der Territorialhoheit des Fremdstaates eingeschränkt, auch im Ausland vertreten zu können.

Aus dem Blickwinkel des deutschen Verfassungsrechts ist diese Thematik weniger eindeutig. Das GG beinhaltet keine Norm, die explizit eine solche Schutzpflicht konstituiert[574], dennoch ist allgemein anerkannt, dass auch im deutschen Verfassungsrecht der diplomatische und konsularische Schutz eine tragende Rolle spielt und in dem GG auch eine zweite Geltungsgrundlage findet[575]. Die Begründungen hierfür variieren: Einerseits wird diese Protektion als spezielle Ausformung der allgemeinen grundrechtlichen Schutzpflichten angesehen und somit die diplomatischen Schutzpflichten inhaltlich mit den grundrechtlich vor-

---

[572] *Epping/Gloria*, in: Ipsen, Völkerrecht, § 24 Rdnr. 1.

[573] Vgl. dazu *Klein*, DÖV 1977, 704 ff.; *Treviranus*, DÖV 1979, 35 (36). Dieses Recht auf diplomatische Protektion steht dem jeweiligen Staat als eigenes Recht zu (vgl. oben). Der Unterschied der beiden Schutzarten besteht darin, dass Voraussetzung für die Gewährung diplomatischen Schutzes ein völkerrechtswidriges Verhalten eines fremden Hoheitsträgers, also in der Regel eines Staates ist, vgl. *Epping/Gloria*, in: Ipsen, Völkerrecht, § 24 Rdnr. 32, während alle anderen Fälle den konsularischen Schutz auslösen. Die Bezeichnung „diplomatischer Schutz" umfasst im Folgenden der Einfachheit halber stets auch den konsularischen Schutz mit.

[574] Zur Rechtslage in der Verfassung des Deutschen Reiches von 1871 und der Weimarer Reichsverfassung von 1919 siehe *Doehring*, Die Pflicht des Staates, S. 25 ff.; *Geck*, ZaöRV 17 (1956/57), 476 (479 ff.); *Gloria*, Diplomatischer Schutz, S. 232 ff.

[575] BVerfGE 37, 217 (241); 40, 141 (177); 41, 126 (182); relativierend aber dann in BVerfGE 55, 349 (364 f.); *OVG Münster*, OVGE 17, 106 (109); *VG Berlin*, Urteil vom 4.4.2006, Az. 14 A 12.04 Rdnr. 46; *Blumenwitz*, Staatsangehörigkeit und Schutzpflicht, S. 439 (444); *Dietlein*, Grundrechtliche Schutzpflichten, S. 122 ff.; *Gloria*, Diplomatischer Schutz, S. 243; *Hanschel*, ZaöRV 66 (2006), 789 (804); *Isensee*, in: Isensee/Kirchhof, HdbStR, § 111 Rdnr. 123; *Randelzhofer*, in: Maunz/Dürig, GG, Art. 16 Abs. 1 Rdnr. 62 f.

gegebenen Schutzbereichen verbunden[576]. Eine weitere Ansicht verknüpft die Auslandsschutzverpflichtung mit der Staatsangehörigkeit gem. Art. 16 Abs. 1 GG und dem damit zusammenhängenden Schutz- und Treueverhältnis, welches sich aus dem gegenseitigem Rechtsverhältnis zwischen dem Individuum und seinem Heimatstaat ergebe[577]. Endlich ziehen manche auch ungeschriebenes Verfassungsrecht als Verortung in der Verfassung heran[578].

Gegen das Heranziehen von ungeschriebenem Verfassungsrecht spricht bereits die Subsidiarität eines solchen Rechtsprinzips, solange andere, überzeugendere Wege zu dem gleichen Ergebnis führen. Auch wenn das Argument einer langen Verfassungstradition der Verpflichtung zur Gewährung diplomatischen Schutzes und das Schweigen des GG deshalb aus historischen Gründen nicht als Abkehr von dieser Tradition verstanden werden könne[579], durchaus nachvollziehbar und auch nicht bestritten werden soll, so besteht hierfür kein Bedürfnis, da der Weg über die Staatsangehörigkeit ebenso überzeugend und vor allem auf der Basis des GG zu dem gleichen Ergebnis führt[580]. Die These, die Schutzverpflichtung im Ausland ergebe sich aus den grundrechtlich verankerten Schutzpflichten, ist dabei nicht vollkommen einleuchtend. Lässt man Art. 2 Abs. 2 GG als ein die Schutzverpflichtung auslösendes Grundrecht einmal außen vor und konzentriert man sich beispielsweise auf Art. 14 GG, so müsste nach dieser Theorie auch das

---

[576] BVerfGE 6, 290 (299); anders aber die spätere Rechtsprechung (siehe soeben); *Dietlein*, Grundrechtliche Schutzpflichten, S. 122 ff.; *Hermes*, Grundrecht auf Schutz, S. 56 f., 74 f.; *Klein*, DÖV 1977, 704 (707 ff.); *ders.*, Anspruch auf Schutz, S. 125 (129 f.).; *Masing*, in: Dreier, GG, Art. 16 Rdnr. 80; *Oberthür*, Anspruch auf Schutz, S. 23 f.; *Robbers*, Sicherheit als Menschenrecht, S. 205 f.; *Scheidler*, DÖV 2006, 417 (418).

[577] BVerfGE 37, 217 (241); 40, 141 (177); *Geck*, ZaöRV 17 (1956/57), 476 (511 f.) *Isensee*, Grundrecht auf Sicherheit, S. 30; *ders.*, in: Isensee/Kirchhof, HdbStR, § 111 Rdnr. 123; *Treviranus*, DÖV 1979, 35 (37); siehe zudem *Dauster*, Jura 1990, 262 (265); *Rojahn*, in: von Münch/Kunig, GG, Art. 32 Rdnr. 20; wohl auch *Epping*, AöR 124 (1999), 423 (438 f.); vgl. *Gloria*, Diplomatischer Schutz, S. 106 f. A.A. *Kämmerer*, in: Bonner Kommentar, GG, Art. 16 Rdnr. 36.

[578] So *Randelzhofer*, in: Maunz/Dürig, GG, Art. 16 Abs. 1 Rdnr. 60 ff.; offener *Gloria*, Diplomatischer Schutz, S. 243 f., der auf eine „nicht verfassungstextlich benannte Verpflichtung der Bundesrepublik" verweist, welche der Gesetzgeber nicht „in einem besonderen Rechtssatz zu konkretisieren brauchte" (244).

[579] *Gloria*, Diplomatischer Schutz, S. 241, der das Schweigen des GG mit der besonderen politischen Lage Deutschlands zur Zeit der Entstehung der Verfassung erklärt. Die deutschen Exekutivorgane wären aufgrund der nur eingeschränkten Souveränität gar nicht in der Lage gewesen, diplomatischen Schutz gegen ausländische Mächte auszuüben. Dazu auch *Doehring*, Die Pflicht des Staates, S. 89; *Randelzhofer*, in: Maunz/Dürig, GG, Art. 16 Abs. 1 Rdnr. 61.

Recht auf Eigentum im Ausland durch den Heimatstaat beschützt werden können, da Anknüpfungspunkt ja das jeweilig bedrohte Grundrecht ist. Der diplomatische Schutz gilt jedoch zunächst nur gegenüber den deutschen Staatsbürgern, wodurch deutlich wird, dass die Unterscheidung der Grundrechte in „Deutschen"- und „Jedermannrechte" im Rahmen des diplomatischen Schutzes keine
Rolle spielt[581]. Dies stellt einen Widerspruch zu der These, es sei allgemein auf
die grundgesetzlichen Schutzpflichten abzustellen, dar. Ferner muss im Rahmen
der Gewährung des diplomatischen Schutzes auch die fehlende Grundrechtsbindung des Fremdstaates insofern berücksichtigt werden, als dass dieser bei der
Erfüllung seiner völkerrechtlichen Pflichten, insbesondere aus dem Fremdenrecht, nicht den Schutzumfang und die Art und Weise der Grundrechtsgewähr-
leistung wie sie das deutsche GG vorsieht, garantieren kann und will. Die grundrechtlichen Differenzierungen würden damit in dem betroffenen Staat ins Leere
laufen.

Gegen die Heranziehung grundrechtlicher Schutzpflichten zur Begründung des
Auslandsschutzes wird nun gelegentlich außerdem vorgebracht, dieser gehöre
thematisch nicht in den Bereich der durch die Subordination von Staat und Bürger gekennzeichneten inneren Sicherheit, sondern bewege sich auf der Koordi-
nationsebene des Völkerrechts[582]. Dies überzeugt nicht vollkommen. Auf der Ebene des Völkerrechts spielt sich nämlich nur der Vollzug der Schutzmaßnahmen
ab, nicht aber die Frage nach der Erlaubtheit oder gar Pflicht eines Staates; dies
regelt allein das innerstaatliche Recht[583]. Die letztendlich getroffene Maßnahme
wird dabei unzweifelhaft in das Rechtsverhältnisse zweier souveräner Staaten
eingebettet, ob den Staat ein Recht oder eine Pflicht zum Tätigwerden trifft,
entzieht sich jedoch dem internationalen Recht und wird bewusst dem einzelnen
Staat in dessen Rechtsordnung belassen. Zu Recht hat bereits das BVerfG darauf
hingewiesen, dass die deutsche Staatsbürgerschaft den Staat wiederum verpflichtet, jedem Inhaber dieser Nationalität Schutz und Fürsorge zukommen zu lassen

---

[580] Auch *Scheidler*, DÖV 2006, 417 (418) spricht von einer „dünne[n]" Argumentation.
[581] So *Isensee*, in: Isensee/Kirchhof, HdbStR, § 111 Rdnr. 123 Fn. 308.
[582] Siehe *Isensee*, Grundrecht auf Sicherheit, S. 30.
[583] *Dietlein*, Grundrechtliche Schutzpflichten, S. 123. Vgl. auch *Blumenwitz*, Staatsangehörigkeit und
Schutzpflicht, S. 439 (443).

und dabei keine Maßnahme der Bundesregierung den Status des Deutschen mindern oder verkürzen dürfe[584]. Auch unter Berücksichtigung der unzweifelhaft durch die Staatsangehörigkeit entstehenden Rechte- und Pflichtenbeziehung zwischen Staat und Staatsbürger[585] ergibt sich ein korrespondierendes Verhältnis der Treue des Staatsbürgers zum Recht und Gesetz seines Heimatstaates auch im Ausland mit dem Recht des Staates, seine Staatsbürger im und gegen den Aufenthaltsstaat zu schützen[586]. Der Einwand, es verwundere, dass die Rechtsprechung das Staatsangehörigkeitsverhältnis überhaupt als rechtliche Grundlage heranziehe, da es dies für den Bereich des innerstaatlichen Schutzes zu keiner Zeit gegeben habe[587], kann durchaus widerlegt werden. Im innerstaatlichen Bereich gelten die Grundrechte mit ihren unterschiedlichen Schutzberechtigten per se, ohne dass die Staatsangehörigkeit, jedenfalls für deutsche Staatsbürger, herangezogen werden müsste. Im Ausland besteht der diplomatische Schutz jedoch primär und unmittelbar nur, wie bereits festgestellt, für die Staatsangehörigen des jeweiligen Heimatstaates. In diesem Falle stellt die Staatsbürgerschaft mithin ein entscheidendes Kriterium dar, während dies im Inland, wie auch die obigen Ausführungen zum Inlandschutz gezeigt haben, nicht nötig ist. Der Gegenansicht ist insoweit zuzustimmen, als diese die inhaltliche Ausgestaltung der Auslandsschutzaufgabe des Staates nicht dem Staatsangehörigkeitsverhältnis entnimmt, sondern hierfür die materiellen (Wert-) Entscheidungen der Grundrechte heranzieht[588]. Selbstverständlich konkretisiert die Staatsangehörigkeit selbst nicht, welche Güter zu schützen sind, doch wäre es dogmatisch nicht plausibel, umgekehrt die Staatsangehörigkeit außen vor zu lassen und die Schutzpflicht allein auf das grundrechtliche Fundament zu stellen. Es erscheint vielmehr juristisch am sinnvollsten, die Staatsangehörigkeit als Baustein der Schutz-

---

[584] Vgl. BVerfGE 36, 1 (30 f.). Die Ausführungen zur Urteilsbegründung wurden von dem Gericht dabei zu Teilen der die Entscheidung tragenden Gründe erklärt (36) mit der Folge der Gesetzeskraft gem. § 31 BVerfGG.

[585] *IGH*, ICJ Reports 1955, S. 4 (23); *Epping*, AöR 124 (1999), 423 (438); *Epping/Gloria*, in: Ipsen, Völkerrecht, § 24 Rdnr. 3; *Kokott*, in: Sachs, GG, Art. 16 Rdnr. 12 ff.

[586] *Epping*, AöR 124 (1999), 423 (439); vgl. *Gloria*, Diplomatischer Schutz, S. 106 ff.

[587] So die Kritik bei *Dietlein*, Grundrechtliche Schutzpflichten, S. 123.

[588] *Dietlein*, Grundrechtliche Schutzpflichten, S. 123.

pflicht anzusehen, zur inhaltlichen Bestimmung der jeweils zu schützenden Rechtsgüter dann auf das jeweilige Grundrecht abzustellen (hier z.B. Art. 2 Abs. 2 GG)[589].

Das Rechtsinstitut des diplomatischen (und konsularischen) Schutzes stützt sich daher - unabhängig von eventuellen verfassungsgewohnheitsrechtlichen Rechtsgrundlagen - gemäß der vorzuziehenden Meinung auf die Staatsangehörigkeit nach Art. 16 Abs. 1 GG[590]. Den Heimatstaat, hier die Bundesrepublik Deutschland, trifft insofern eine Schutzpflicht dergestalt, dass sie jedenfalls im Wege des diplomatischen Schutzes zur Protektion seiner Staatsbürger berufen ist. Art. 2 Abs. 2 GG kann dabei als Verstärkung[591] und inhaltliche Konkretisierung des Schutzumfangs im Einzelfalle herangezogen werden, ohne aber dadurch oben genannter These zu folgen, nach der generell auf die grundrechtlichen Schutzpflichten abzustellen sei[592].

(bb) Zwischenergebnis

Neben dem Inlandsschutz, der eine staatliche Schutzpflicht gem. Art. 2 Abs. 2 GG zugunsten des Lebens und der körperlichen Unversehrtheit der auf dem deutschen Staatsgebiet lebenden Menschen garantiert, ist dem GG[593] auch ein

---

[589] Insofern besteht sicherlich eine gewisse Abhängigkeit zwischen der Staatsangehörigkeit und den Grundrechten. Doch ist dies hinzunehmen, da die Begründungsversuche über die grundgesetzlichen Schutzpflichten alleine dogmatisch nicht vollends überzeugen können. Siehe auch *Klein*, Anspruch auf Schutz, S. 125 (128 ff.), nach dem die Verpflichtung zum diplomatischen Schutz „zwei verfassungsrechtliche Wurzeln" habe und die statusrechtliche Verankerung allein „nahezu völlig konturenlos" bliebe. Eine Vermengung von Verfassungstradition, Staatsangehörigkeit sowie Grundrechten nimmt auch *Randelzhofer*, in: Maunz/Dürig, GG, Art. 16 Abs. 1 Rdnr. 61 vor.
[590] Die in Art. 17 Abs. 1 EG verankerte „Unionsbürgerschaft" gewährt und statuiert zwar Rechte und Pflichten, doch geht diese nicht über die Regelung der nationalen Staatsbürgerschaft hinaus und soll gem. Art. 17 Abs. 1 Satz 2 EG auch nicht als Ersatz, sondern als Ergänzung dienen, vgl. *Epping/Gloria*, in: Ipsen, Völkerrecht, § 24 Rdnr. 3 a.E.
[591] So auch *Sigloch*, Auslandseinsätze, S. 137.
[592] Vgl. *Epping*, AöR 124 (1999), 423 (439); auch *Scheidler*, DÖV 2006, 417 (418), der zutreffend feststellt, dass sich die beiden Hauptmeinungen einander annähern und verschiedentlich die Vertreter der jeweiligen Ansicht auch das korrespondierende Pendant mit anführen, z.B. *Geck*, ZaöRV 17 (1956/57), 476 (513) die Grundrechte; *Klein*, Anspruch auf Schutz, S. 125 (128) die Staatsangehörigkeit.
[593] Unabhängig von der verfassungsrechtlichen Bewertung entnimmt *Scheidler*, DÖV 2006, 417 (418 f.) auf völkerrechtlicher Ebene der EMRK, insbesondere Art. 8 EMRK, den Grundrechten vergleich-

Auslandsschutz in der Form zu entnehmen, dass die Bundesrepublik im Wege des diplomatischen und konsularischen Schutzes (zumindest) deutschen Staatsbürger im Ausland und in Not Beistand zu leisten hat[594]. Für diese Situation sind Art. 16 Abs. 1 und Art. 2 Abs. 2 GG kumulativ heranzuziehen. Eine grundsätzliche Schutzverpflichtung seitens des deutschen Staates besteht daher[595].

(b) Umfang der staatlichen Schutzpflicht

Das Bestehen einer Schutzverpflichtung des Staates für im Ausland befindliche deutsche Staatsbürger führt für sich genommen nicht weiter. Im Rahmen der Theorie der Personalverteidigung sollen Evakuierungsoperationen der „Verteidigung" i.S.d. Art. 87a Abs. 2 GG dienen, womit quasi (stillschweigend) unterstellt wird, dass militärische Einsätze zur Rettung Deutscher im Ausland ein adäquates und erforderliches Mittel zur Erfüllung dieser Pflicht sind bzw. sein können. Tatsächlich bedarf es vorher einer Klärung des Umfangs der Schutzpflicht, da nicht automatisch die Existenz einer staatlichen Pflicht auch jegliche, insbesondere militärische, Maßnahmen zu rechtfertigen vermag. Entscheidend ist daher, ob die Exekutive als Entscheidungsträger zur Erfüllung ihrer Schutzpflicht zwangsläufig militärische Einsätze anzuordnen hat und sich somit zwischen Schutzpflicht und Schutzdurchsetzung ein Automatismus entdecken lässt. Der Auslandsschutz soll in geeigneter Form sichergestellt werden und nicht um jeden Preis in jedem Fall bedingungslos erfolgen[596]. Eine Personalverteidigung im Sinne eines Bestandteils des Verteidigungsbegriffs in Art. 87a Abs. 2 GG

---

bare Schutzansprüche, die grundsätzlich „self-executing" und daher unmittelbar anwendbar seien. Es stehe nichts dagegen, diesen Schutz aus Art. 8 EMRK auch als Schutz gegenüber dem Ausland zu verstehen (419). Abgesehen von der zweifelhaften Übertragbarkeit auf die hier vorliegende Fallkonstellation, stellen die Gewährleistungen der EMRK schon keinen unmittelbaren verfassungsrechtlichen Prüfungsmaßstab dar (BVerfGE 111, 307 (317)) und können daher nicht bei der - allein maßgebenden – verfassungsrechtlichen Analyse weiterhelfen.

[594] Ebenso *Depenheuer*, DVBl. 1997, 685 (688). Vgl. die einfach-gesetzliche Regelung in § 1 KonsularG vom 11.9.1974 (BGBl. I S. 2317). Siehe auch den vom *VG Berlin*, Urteil vom 4.4.2006, Az. 14 A 12.04 Rdnr. 46 entschiedenen Fall einer Entführung im Ausland. Dazu *Hanschel*, ZaöRV 66 (2006), 789 ff.

[595] Eine andere Frage ist aber, inwiefern der deutsche Staat von den Geretteten oder Befreiten die Kosten des Militäreinsatzes zurückfordern kann. Verneinend *VG Berlin*, Urteil vom 4.4.2006, Az. 14 A 12.04.

überzeugt nur dann restlos, wenn kein dogmatischer Bruch zwischen der Schutzverpflichtung und der tatsächlichen Schutzhandlung existiert, mithin eine unmittelbare Verknüpfung zwischen dem „Ob" und dem „Wie" der Schutzpflichterfüllung besteht und dies auch keinen rechtlichen Bedenken ausgesetzt ist. Die Personalverteidigung als verfassungsrechtlicher Terminus wäre jedenfalls dann durchaus begründbar, wenn der betroffene Staatsbürger qua Verfassung einen subjektiv-öffentlichen Anspruch auf den militärischen Schutz durch seinen Heimatstaat geltend machen könnte, da insofern der deutsche Staat verpflichtet ist, zur Durchsetzung der ihm zukommenden Pflicht eben auch gewaltsam vorzugehen. In diesem konkretem Zusammenhang bestünde jener Automatismus, so dass es insoweit auch nahe läge, den Verteidigungsbegriff in einer derartigen Weise zu konkretisieren. Es gilt mithin zu untersuchen, welchen Bindungen die Exekutive bei der Erfüllung ihrer Schutzpflicht tatsächlich unterliegt.

(aa) Kein bestimmtes subjektiv-öffentliches Recht beim Auslandsschutz

Die obigen Darlegungen haben die objektive Pflicht des Staates zur Gewährung von Schutz gegenüber seinen Bürgern gezeigt. Fraglich ist nunmehr, ob diese objektive Rechtspflicht mit einem subjektiv-öffentlichen Recht der Staatsangehörigen in der Weise korrespondiert, dass die betroffene Person auch einen Anspruch auf diplomatischen Schutz bzw. auf Erfüllung der staatlichen Schutzpflicht geltend machen kann[597]. Unabhängig von dem Auslandsschutz bejahen eine Vielzahl von Autoren in der Literatur die Existenz eines subjektiven Rechts auf Schutz, weil der betroffene Bürger bei einer Verletzung der staatlichen Schutzpflicht auch in den ihm zustehenden Grundrechten unmittelbar verletzt wird und sich dagegen wehren können muss[598]. Die Mindermeinung in der (älteren) Literatur hat sich bis heute zu Recht nicht durchsetzen können und vermag

---

[596] Auch *Wild*, DÖV 2000, 622 (625) ist der Ansicht, die verfassungsrechtliche Schutzpflicht könne „*unter Umständen*" Maßnahmen der Personalverteidigung gebieten". Hervorhebung hier.

[597] Zum subjektiv-öffentlichen Recht im Allgemeinen und dem subjektiven Recht auf Schutz im Besonderen *Dietlein,* Grundrechtliche Schutzpflichten, S. 133 ff.

[598] *Dietlein,* Grundrechtliche Schutzpflichten, S. 173; *Isensee,* in: Isensee/Kirchhof, HdbStR, § 111 Rdnr. 183 f.; *ders,* Grundrecht auf Sicherheit, S. 51; *Klein,* DVBl. 1994, 489 (493); *Murswiek,* in: Sachs, GG, Art. 2 Rdnr. 24; *Riedel,* Der Einsatz deutscher Streitkräfte, S. 157; *Schulze-Fielitz,* in: Dreier, GG, Art. 2 Rdnr. 78; *Starck,* in: von Mangoldt/Klein/Starck, GG, Art. 2 Abs. 2 Rdnr. 190.

nicht zu überzeugen[599]. Das BVerfG hat sich in dieser Frage bis heute nicht endgültig festgelegt. Einigen, die Subjektivierung bejahenden, Entscheidungen stehen auch mehrere ablehnende Stellungnahmen gegenüber[600]. Die Anerkennung
eines subjektiven Rechts entspricht aber dem individualistischen Charakter der
Grundrechte, welche dem Berechtigten die Rechtsmacht verleihen sollen, vom
Staat die Befolgung der Norm zu verlangen und in der Regel auch durchzusetzen[601]. Dieser subjektive Charakter der Grundrechte folgt unter anderem aus
der Anerkennung „unveräußerlicher" Menschenrechte in Art. 1 Abs. 2 GG sowie
der Entstehungsgeschichte des GG. Der Staat ist dazu erkoren, die Aufrechterhaltung der Grundrechte für jedes Individuum sicherzustellen, umgekehrt entspricht es dem, wenn der einzelne Grundrechtsträger sein (Grund-)Recht gegenüber dem Staat im Rahmen seines Schutzbedürfnisses geltend machen kann[602].

Schwieriger stellt sich diese Thematik im Zusammenhang mit dem Auslandsschutz dar. Die besonderen Umstände sowie die zu berücksichtigenden völkerrechtlichen Normen erschweren jedem Heimatstaat die Durchsetzung der objektiv-rechtlichen Schutzpflicht[603], welche im Grundsatz durch den diplomatischen
und konsularischen Schutz gewährleistet wird. Problematisch ist aber, ob dem in
Not geratenen deutschen Staatsbürger, parallel zu dem oben dargestellten Inlandsschutz, ein konkretes subjektiv-öffentliches Recht auf militärische oder
sonstige Evakuierung auch im Ausland zugesprochen werden kann. Eine ältere,
vereinzelt gebliebene Auffassung bejaht die Existenz eines grundrechtlich geschützten subjektiv-öffentlichen Anspruchs auf Gewährung diplomatischen
Schutzes im Ausland[604]. Dabei wird zunächst zugestanden, dass sich der Schutz-
anspruch angesichts der Unbestimmtheit der Erfüllungsmöglichkeiten von anderen subjektiv-öffentlichen Rechten unterscheide, jedoch reiche es zur Begrün-

---

[599] Nachweise bei *Isensee*, in: Isensee/Kirchhof, HdbStR, § 111 Rdnr. 183 Fn. 462.
[600] Übersicht bei *Stern*, Staatsrecht, Bd. IV/1, § 97 VI. 2. c) (S. 102) Fn. 482. *Isensee*, in: Isen-
see/Kirchhof, HdbStR, § 111 Rdnr. 183 meint aber, das BVerfG erkenne die Existenz des subjektiven
Rechts als gegeben an, wenn auch nur in obiter dicta.
[601] Vgl. *Pieroth/Schlink*, Grundrechte, Rdnr. 105.
[602] *Isensee*, in: Isensee/Kirchhof, HdbStR, § 111 Rdnr. 184.
[603] Auf die völkerrechtlichen Grenzen weist auch *Stern*, Staatsrecht, Bd. IV/1, § 97 VI. 2. (S. 99) hin.

dung eines subjektiv-öffentlichen Rechts aus, wenn die Verpflichtung des Staates, einen bestimmten Erfolg herbeizuführen, konstituiert werde, ohne das „Wie" des Handelns zwingend vorzuschreiben. Dies ergebe sich aus den sozialen Grundrechten, die eine vergleichbare Struktur aufwiesen und in deren Rahmen subjektiv-öffentliche Rechte ebenfalls anerkannt seien[605]. Zudem ergebe sich dies aus der rechtlichen Stellung des Einzelnen im GG, nach dessen Art. 1 der Mensch nicht bloßes Objekt staatlichen Handelns sein dürfe, sowie aus der heute geläufigen Vermutung für die Existenz eines subjektiv-öffentlichen Rechts anstelle eines bloßen Reflexes des objektiven Rechts. Eine Einschränkung dieses Schutzanspruches zugunsten der Allgemeinheit wird dabei abgelehnt, allerdings sei der Einzelne unter Umständen verpflichtet, seinen Anspruch dem Staatsinteresse aufzuopfern, müsse dann aber wiederum nach allgemeinen Enteignungs- und Aufopferungsgrundsätzen angemessen entschädigt werden[606].

Dieser Ansicht widersprechen zu Recht eine Vielzahl von Autoren in der Literatur[607]. Bedenken bestehen prinzipiell bereits darin, den Grundrechten in ihrer Allgemeinheit zwangsläufig eine Leistungsverpflichtung Einzelnen gegenüber zu entnehmen, wie es die Mindermeinung versucht, da ein solches Verständnis der Grundrechte nicht mit der primär abwehrrechtlichen Funktion der Grundrechte kompatibel ist und im Übrigen auch nicht der heutigen Grundrechtslehre entspricht[608]. Aus dogmatischer Sicht unergiebig ist der Hinweis auf das Verbot der Objektstellung des Menschen, da hieraus nicht per se ein subjektiv-öffentliches Recht auf Ausübung des diplomatischen Schutzes folgt, zumal ein solcher Schluss nicht zwingend ist. Auch die pauschale Vermutung, es existiere nach heutigem Rechtsverständnis ein subjektiv-öffentliches Recht, vermag nicht zu überzeugen, weil dieses Argument ob seiner Pauschalität die Unterscheidung im

---

[604] *Oberthür*, Anspruch auf Schutz, S. 27 ff., 49; von einem Anspruch des Einzelnen auf Schutzgewährung geht auch das *BVerwG* aus, doch schränkt es zugleich die Schutzverpflichtung unter Verweis auf ein weites politisches Ermessen der Bundesrepublik wieder erheblich ein, BVerwGE 62, 11 (14 f.).
[605] Vgl. *Oberthür*, Anspruch auf Schutz, S. 41.
[606] *Oberthür*, Anspruch auf Schutz, S. 97, 99.
[607] *Doehring*, Die Pflicht des Staates, S. 89 ff.; *Geck*, ZaöRV 17 (1956/57), 476 (518); *Gloria*, Diplomatischer Schutz, S. 244 ff.; *Klein*, Anspruch auf Schutz, S. 125 (131); *Randelzhofer*, in: Maunz/Dürig, GG, Art. 16 Abs. 1 Rdnr. 62 f.; *Scheidler*, DÖV 2006, 417 (420 f.); *Treviranus*, DÖV 1979, 35 (37).

GG zwischen objektiver Rechtslage und subjektivem Anspruch außer Acht lässt und dabei aufhebt[609]. Mit Recht wurde bereits frühzeitig darauf hingewiesen, dass der Gesetzgeber die Bindung der Verwaltung innerhalb des räumlichen Geltungsbereichs des GG eigenständig gestalten kann, im Rahmen der auswärtigen Verwaltung, also gegenüber fremden Mächten, diese Gestaltungsfreiheit aber gerade nicht existiert und daher die Bindung der Verwaltung nur schwer nachvollziehbar wäre[610]. Die Exekutivorgane der Bundesrepublik müssen im Falle einer Notlage von deutschen Staatsbürgern stets eine Abwägung zwischen den privaten Interessen der Betroffenen sowie den Interessen der Allgemeinheit und des Staates vornehmen und schließlich eine der beiden Interessen den Vorzug gewähren; dies ist einer der Grundpfeiler der auswärtigen Verwaltung, da in diesen Fällen auch völkerrechtliche Erwägungen maßgebend zur Entscheidung beitragen[611]. Dem Betroffenen steht daher in aller Regel kein unmittelbarer subjektiv-rechtlicher Anspruch auf ein bestimmtes Handeln der deutschen Behörden zu[612]. Dieses Ergebnis entspricht am ehesten den tatsächlichen Gegebenheiten, da die deutsche Exekutive einen - unterstellt - bestehenden subjektiv-öffentlichen Anspruch einer Einzelperson vielfach aufgrund jener Besonderheit des Auslandsbezugs im Hinblick auf eine bestimmte Handlung nicht erfüllen könnte und kann. Ein solcher Anspruch macht nur Sinn, wenn er auch erfüll- und durchsetzbar ist, was in der hier zugrunde liegenden Fallgestaltung nicht garantiert werden kann.

(bb) Verengung der staatlichen Schutzpflicht auf eine Maßnahme?

Auch wenn dem deutschen Staatsbürger in Gefahr ein subjektiv-öffentliches Recht auf ein bestimmtes Handeln damit gerade nicht zusteht, wirkt die objektive Schutzpflicht der Exekutive hingegen fort und es ist daher fraglich und ent-

---

[608] Vgl. *Gloria*, Diplomatischer Schutz, S. 244; *Klein*, DÖV 1977, 704 (706 f.).

[609] *Randelzhofer*, in: Maunz/Dürig, GG, Art. 16 Abs. 1 Rdnr. 62.

[610] *Doehring*, Die Pflicht des Staates, S. 93; vgl. auch *Geck*, ZaöRV 17 (1956/57), 476 (500) und *Klein*, Anspruch auf Schutz, S. 125 (131).

[611] Siehe auch *Hanschel*, ZaöRV 66 (2006), 789 (805 f.); *Scheidler*, DÖV 2006, 417 (421); *Storost*, Diplomatischer Schutz, S. 189; *Treviranus*, DÖV 1979, 35 (37).

[612] Vgl. *Doehring*, Die Pflicht des Staates, S. 94; *Gloria*, Diplomatischer Schutz, S. 245.

scheidend, wie sie dieser Pflicht nachkommt. Aus dem oben Genannten ergibt sich demnach kein generelles subjektiv-öffentliches Recht des deutschen Staatsangehörigen auf diplomatischen Schutz durch die Vornahme einer bestimmten Handlung, sondern lediglich in Form eines Anspruchs auf fehlerfreie Ermessensausübung - unter Anerkennung des weiten Entschließungs- und Auswahlermessens des Bundes - bei der Entscheidung darüber, ob das diplomatische Schutzrecht des Staates ausgeübt wird oder nicht[613]. Eine Bindung der Exekutive besteht demnach nicht uneingeschränkt, wie es im Falle der Anerkennung eines generellen subjektiv-öffentlichen Rechts für Individuen festzustellen wäre, sondern konkretisiert sich auf die Ausübung pflichtgemäßen und fehlerfreien Ermessens.

Dieses Ergebnis stellt im Hinblick auf die der Exekutive möglichen Einwände und Gegenargumente (siehe oben) bei der Interessenabwägung eine erhebliche Restriktion der individuellen subjektiv-öffentlichen Rechte dar. Zwar kann der Einzelne die Fehlerfreiheit der Entscheidung gerichtlich überprüfen lassen, doch ist die verwaltungsgerichtliche Kontrolle auf die Überprüfung von Ermessensfehlern wie Ermessensüberschreitung oder Ermessensmissbrauch beschränkt[614], weshalb im Ergebnis angesichts des verfassungsrechtlichen Gestaltungsspielraums der Bundesregierung als zuständiges Exekutivorgan eine Klage in aller Regel erfolglos bleiben dürfte[615]. Günstiger wäre es für den Betroffenen, wenn sich schon das normative Entschließungsermessen der Bundesregierung derart verengen würde, dass nur noch die fragliche Evakuierungsoperation die ermessensfehlerfreie staatliche Entscheidung bzw. Maßnahme darstellen könnte und

---

[613] *Becker*, in: von Mangoldt/Klein/Starck, GG, Art. 16 Abs. 1 Rdnr. 23; *Gloria*, Diplomatischer Schutz, S. 246; *Isensee*, Grundrecht auf Sicherheit, S. 51; *Kämmerer*, in: Bonner Kommentar, GG, Art. 16 Rdnr. 37; *Kokott*, in: Sachs, GG, Art. 16 Rdnr. 14; *Randelzhofer*, in: Maunz/Dürig, GG, Art. 16 Abs. 1 Rdnr. 63; *Scheidler*, DÖV 2006, 417 (420 f.); *Schulze-Fielitz*, in: Dreier, GG, Art. 2 Rdnr. 87 ff.

[614] BVerfGE 55, 349 (364 f.); 77, 170 (214 f.); NJW 1992, 3222 (3223). Dazu auch *Storost*, Diplomatischer Schutz, S. 190.

[615] Für eine solche Klage wäre zunächst der Verwaltungsrechtsweg gem. § 40 Abs. 1 Satz 1 VwGO eröffnet (öffentlich-rechtliche Streitigkeit nicht-verfassungsrechtlicher Art). Statthafte Klageart dürfte in der Regel die allgemeine Leistungsklage sein, da die Ausübung diplomatischen Schutzes keinen VA darstellt (sonst ggf. Verpflichtungs- oder Bescheidungsklage). Sofern der Rechtsweg erschöpft ist, käme endlich auch eine Verfassungsbeschwerde gem. Art. 93 Abs. 1 Ziff. 4a GG, § 90 BVerfGG in Frage; vgl. auch *Klein*, Anspruch auf Schutz, S. 125 (131 f.); *Scheidler*, DÖV 2006, 417 (421).

jede andere Entscheidung als das Eingreifen ermessensfehlerhaft wäre (sog. „Ermessensreduzierung auf Null")[616]. In diesem Falle würde der Anspruch auf fehlerfreie Ermessensausübung ausnahmsweise zu einem direkten Anspruch des Staatsangehörigen auf diplomatische Schutzgewährung transformiert[617].

Das Entschließungsermessen der Bundesregierung verdichtet sich allerdings nur bei Grenzfällen, besonderen Umständen oder wenn effektiver Schutz auf andere Weise nicht zu erreichen ist, auf eine bestimmte staatliche Maßnahme[618]. So wird im Rahmen des Polizeirechts beispielsweise eine solche Ermessensreduzierung auf Null prinzipiell nur dann angenommen, wenn eine Verletzung der Menschenwürde droht oder aber auch dann, wenn Leib und Leben der Bürger in Gefahr sind[619]. Die Schutzgewährung hinsichtlich solcher „elementaren Lebenspositionen"[620] ist dabei im Inland durch die Heranziehung von exekutivischen Handlungsgehilfen wie eben die Polizei dem Staat durchaus möglich, während im Ausland die bereits oben mehrfach erwähnten rechtlichen und tatsächlichen Schwierigkeiten auftreten und selbst den Schutz von existentiellen Grundrechten wie hier das Recht auf Leben und körperliche Unversehrtheit in Art. 2 Abs. 2 GG erschweren. Es stellt sich damit die Frage, ob die Notlage deutscher Staatsangehöriger eine Reduzierung des Ermessens auf Null rechtfertigen kann. Dafür spricht zunächst der im Rahmen der allgemeinen Schutzpflichtendogmatik geltende Grundsatz, dass sich der Spielraum staatlichen Handelns verengt, je größer die Gefahr für Leben oder Gesundheit ist[621]. Bei der Heranziehung dieser allgemeinen Regel darf aber nicht von dem Inlands- auf den Auslandsschutz geschlossen werden, da insofern unterschiedliche „Spielregeln" gelten. So hat selbst das BVerfG festgestellt, dass bei Geiselnahmen (im Inland) der Staat im

---

[616] Vgl. zur „Ermessensreduzierung auf Null" die „Bandsäge"-Leitentscheidung des BVerwG: BVerwGE 11, 95 ff.

[617] Vgl. *Randelzhofer*, in: Maunz/Dürig, GG, Art. 16 Abs. 1 Rdnr. 63.

[618] BVerfGE 46, 160 (164 f.) - „Schleyer"; 77, 170 (217); *Baldus,* Extraterritoriale Interventionen, 259 (283); *Isensee,* Grundrecht auf Sicherheit, S. 40, 51; *ders.,* in: Isensee/Kirchhof, HdbStR, § 111 Rdnr. 184; *Randelzhofer,* in: Maunz/Dürig, GG, Art. 16 Abs. 1 Rdnr. 63; *Schulze-Fielitz,* in: Dreier, GG, Art. 2 Rdnr. 90.

[619] *Dietlein,* Grundrechtliche Schutzpflichten, S. 188; vgl. auch *OVG NW,* OVGE 27, 283 (286); *Isensee,* Grundrecht auf Sicherheit, S. 52 f.

[620] Vgl. *OVG NW,* OVGE 27, 283 (286).

Interesse generalpräventiver Überlegungen zum Schutze zukünftiger Geiseln auf eine Vielfalt zweckdienlicher Schutzmaßnahmen zurückgreifen darf[622]. Eine Verletzung der allgemeinen Schutzpflicht wird verschiedentlich sogar erst dann angenommen, wenn die öffentliche Gewalt gar nichts oder gänzlich Ungeeignetes unternommen hat[623]. Für den hier allein fraglichen Anspruch auf diplomatischen Schutz durch die Bundesrepublik treffen die oben genannten, grundsätzlich für den Heimatstaat geltenden, Einschränkungen in besonderem Maße zu.

Die Pflicht des Staates besteht grundsätzlich in der Gewährung von diplomatischem und konsularischem Schutz zugunsten seiner Staatsangehörigen im Ausland, davon umfasst sind unmittelbare Hilfeleistungen durch die örtliche Vertretung der Bundesrepublik in dem jeweiligen Staat[624]. Kommt die Bundesrepublik dieser Verpflichtung aus fehlerhaften Ermessenserwägungen nicht nach, wird der betroffene Bürger in der Regel in seinen subjektiv-öffentlichen Rechten verletzt und kann danach im Wege der Amtshaftung von dem Staat eine Entschädigung verlangen[625]. Schöpft die Bundesrepublik dagegen alle diplomatischen und konsularischen Mittel aus, um den in Not geratenen deutschen Staatsbürgern zu helfen, so hat sie ihrer Pflicht zur Gewährung diplomatischen Schutzes damit Genüge geleistet[626]. Insofern kann ihr jedenfalls nicht vorgeworfen werden, Schutzmaßnahmen vollständig unterlassen zu haben. Eine Verengung des Ermessens darauf, dass die Bundesrepublik nun darüber hinausgehende, bestimmte Maßnahmen wie militärische Evakuierungsoperationen zu treffen habe, ist schon deshalb abzulehnen, weil der Staat ja seine Pflicht zur Gewährleistung des diplomatischen und konsularischen Schutzes erfüllt und damit sein Ermessen fehlerfrei ausgeübt hat. Auch unter Berücksichtigung des Wertes der unter Umständen bedrohten und grundrechtlich geschützten Rechtsgüter wie das

---

[621] *Schulze-Fielitz*, in: Dreier, GG, Art. 2 Rdnr. 90. Ähnlich: *Dietlein*, Grundrechtliche Schutzpflichten, S. 188.
[622] BVerfGE 46, 160 (164) - „Schleyer".
[623] *Kunig*, in: von Münch/Kunig, GG; Art. 2 Rdnr. 56; *Schulze-Fielitz*, in: Dreier, GG, Art. 2 Rdnr. 89.
[624] Vgl. § 7 KonsularG vom 11.9.1974 (BGBl. I S. 2317). Zu staatlichen Hilfspflichten bei Geiselnahmen im Ausland siehe *Hanschel*, ZaöRV 66 (2006), 789 ff.
[625] Die Verletzung des einfachen Rechts auf fehlerfreie Ermessensausübung ist keine subjektive Rechtsverletzung, sondern eine dem Dritten gegenüber bestehende Amtspflichtverletzung; so *Blumenwitz*, Staatsangehörigkeit und Schutzpflicht, S. 439 (445 Fn. 23); *Doehring*, Die Pflicht des Staates, S. 113 ff. Zweifelnd *Storost*, Diplomatischer Schutz, S. 191 ff.

Leben oder die körperliche Unversehrtheit, kann die zu treffende Interessenabwägung, sofern die Schutzgewährung beispielsweise den Interessen der Allgemeinheit widerspricht[627], die Nichtausübung von Schutz rechtfertigen. Eine Ermessensreduzierung auf Null würde zudem bei allen Notlagen eines deutschen
Staatsbürgers die (automatische) Pflicht zur Schutzgewährung im Wege des
militärischen Eingreifens auslösen, was einerseits ein untragbares, geradezu
widersinniges Ergebnis darstellen würde und andererseits die Beziehungen zu
fremden Staaten womöglich erheblich belasten könnte. Der besondere, situative
Kontext des Auslandsschutzes verbietet es im Ergebnis, den Handlungsspielraum der Exekutive auf eine vorzunehmende Entscheidung einzugrenzen, da,
anders als beim Inlandsschutz, stets der außenpolitische Rahmen zu beachten ist.

Man könnte aber möglicherweise eine Ermessensreduzierung auf eine bestimmte
Maßnahme dann annehmen, wenn diplomatischer und konsularischer Schutz
aufgrund der Situation in dem jeweiligen Land überhaupt nicht geleistet werden
kann, weil weder Vertretungen der europäischen Länder noch funktionsfähige,
staatliche Institutionen des Fremdstaates existieren, z.B. in Bürgerkriegslän-
dern[628]. Die Schutzverpflichtung auf Seiten der Bundesrepublik kann in diesen
Lagen sicherlich nicht im Wege des diplomatischen Schutzes gewährleistet werden, besteht aber nichtsdestotrotz zugunsten der Staatsangehörigen weiter. Dabei
liegt es gewiss nahe, als einzig verbleibende Schutzmöglichkeit des Staates die
Evakuierung ihrer Staatsangehörigen anzusehen und somit ein beschränktes
Ermessen der Exekutive anzunehmen. Abgesehen von der seltenen Vorkommnis
exakt dieser Konstellation, vielfach kann der Schutz durch Verbündete oder

---

[626] Zutreffend *Riedel*, Der Einsatz deutscher Streitkräfte, S. 175. Vgl. auch *Storost*, Diplomatischer
Schutz, S. 191.

[627] *Blumenwitz*, Staatsangehörigkeit und Schutzpflicht, S. 439 (445 Fn. 22); *Doehring*, Die Pflicht des
Staates, S. 100.

[628] Dieses Szenario trifft aber nicht auf den Präzedenzfall Albanien 1997 zu. Dort waren weder die
staatlichen Strukturen völlig aufgelöst noch konnte von einer vollkommenen Abwesenheit europäischer und internationaler Vertretungen gesprochen werden. Gemeint sind eher reine Bürgerkriege,
die keinen weiteren internationalen, diplomatischen Schutz mehr zulassen. Gleichzeitig wird aber dadurch auch der äußerst geringe Anwendungsbereich dieser Fallgruppe deutlich. Aktuellstes Beispiel
könnte Somalia im Jahre 2006 sein.

noch durch Staatsorgane des Fremdstaates sichergestellt werden[629], so bestehen die bereits oben geäußerten Bedenken auch in diesem Falle weiter. Die Konsequenz wäre nämlich auch in diesem Fall, dass jedem deutschen Staatsangehörigen, der, sei es ohne oder trotz Kenntnis von Reisewarnungen, in dieser Lage in Not gerät, ein konkreter, einklagbarer Anspruch auf Evakuierung zustünde. Der Bundesregierung muss aber - entsprechend den obigen Erwägungen - auch in diesem Falle das Recht zugestanden werden, bei fehlerfreier Ermessensausübung eine selbständige Entscheidung treffen zu können[630]. Mit einer solchen fehlerfreien Entscheidung kommt die Bundesrepublik dann auch ihrer Schutzverpflichtung nach. Inwiefern tatsächlich die militärische Evakuierung das Ergebnis der Ermessensentscheidung ist, bleibt dem Einzelfall vorbehalten. Auch die nicht vorhandene Möglichkeit, vor Ort den diplomatischen Schutz auszuüben, führt somit nicht zu einer Ermessensreduzierung auf Null.

Der Schutzpflicht seitens des deutschen Staates ist daher nicht im Sinne einer Reduzierung auf eine bestimmte staatliche Maßnahme zu verengen.

(cc) Ausländische Staatsangehörige als Personalverteidigung

Aufgrund der rechtlichen Verknüpfung mit der Staatsangehörigkeit sind die obigen Ausführungen im Grundsatz nur auf deutsche Staatsbürger zu beziehen[631]. Die alleinige Evakuierung von deutschen Staatsbürgern ist heutzutage jedoch unwahrscheinlich geworden. In Ruanda 1994 wurden Deutsche von belgischen Truppen evakuiert, umgekehrt flogen deutsche Hubschrauber in Albanien 1997 mehrere Bürger anderer Nationalitäten aus[632]. Auch im Kongo war die Bundeswehr 2006 allgemein verantwortlich für die Evakuierungen aller EU-Staatsangehörigen[633]. Nicht nur diese Einzelfälle, auch die Implementierung der ESVP im multinationalen Rahmen lassen für die Zukunft kaum andere Vorgehensweisen

---

[629] So wird die Bundesrepublik beispielsweise in Nordkorea mangels eigener diplomatischer Vertretung von Schweden als Schutzmacht vertreten.
[630] Auch hier kann erneut das Urteil des BVerfG im Fall „Schleyer" herangezogen werden, wonach selbst bei Geiselnahmen ein Entscheidungsspielraum bleibt; BVerfGE 46, 160 (164).
[631] Zum Schutz von Ausländern in Deutschland durch die Gewährung von Asyl und dem Schutz vor Abschiebung vgl. *Isensee*, in: Isensee/Kirchhof, HdbStR, § 111 Rdnr. 126.
[632] Ausführlicher dazu unter 1. Teil C. I. und II.
[633] Vgl. den Antrag der Bundesregierung, BT-Drs. 16/1507 S. 3.

als die gemeinsame Rettung mehrer Staatsangehöriger durch einen (oder mehrere) Mitgliedsstaat(en) erwarten. Im Hinblick hierauf darf demnach die Frage, ob deutsche Streitkräfte zu einer Evakuierungsoperation zugunsten von ausländischen Staatsangehörigen verfassungsrechtlich befugt sind, nicht außen vor bleiben.

Das Konzept der „Personalverteidigung" führt dabei aufgrund der mangelnden Auslandsschutzverpflichtung des deutschen Staates für Ausländer - die sich gemäß der völkerrechtlichen Personalhoheit[634] an ihren Heimatstaat wenden müssten - primär nicht weiter. Nichtsdestotrotz sehen die Vertreter der Theorie der „Personalverteidigung" auch die Rettung fremder Staatsangehöriger, sofern sie die Nationalität eines Bündnispartners innehaben, im Ergebnis als Teil der „Personalverteidigung" an und begründen dies damit, dass die Verteidigung des Bündnisses eben nicht nur die Territorial- sondern auch die Personalverteidigung mit umfasse[635]. Diese Begründung zeigt bereits den hier vorzuziehenden Lösungsweg auf: Das oben vorgestellte[636] Grundkonzept der „Personalverteidigung" basiert auf einer Schutzverpflichtung des deutschen Staates, die sich in der Regel aus Art. 2 Abs. 2 GG ergebe. Die Intention dieser Theorie ist dabei erkennbar (nur) auf die deutschen Staatsangehörigen gerichtet und sollte auch in diesem Sinne systematisch mit Bezug auf die deutsche Staatsangehörigkeit behandelt werden. Sofern nun auch Ausländer, insbesondere Staatsbürger verbündeter Staaten, hierunter subsumiert werden, geht dies im Wesentlichen auf die - korrekte - Interpretation des Verteidigungsbegriffs als Territorial- und Bündnisverteidigung[637] zurück, in dessen geographisches Element der Bündnisverteidigung auch das personale Element der jeweiligen Staatsbürger mit einbezogen wird[638]. Dogmatisch gesehen ist die Problematik der Rettungsaktionen zugunsten fremder Staatsangehöriger daher eher im Zusammenhang mit der Bestimmung des Verteidigungsbegriffes zu behandeln und nicht an dieser Stelle im Rahmen

---

[634] Dazu *Epping/Gloria*, in: Ipsen, Völkerrecht, § 24 Rdnr. 1 ff.
[635] *Depenheuer*, DVBl. 1997, 685 (688); im Ergebnis auch *Schultz,* Die Auslandsentsendung, S. 281; wohl auch *Oldiges*, Wehrrecht und Zivilverteidigungsrecht, § 23 Rdnr. 19, der einen weiten Verteidigungsbegriff vertritt und zeitlich begrenzte Rettungsaktion auch fremder Staatsangehöriger nicht anders als Einsätze zur Rettung deutscher Staatsangehöriger behandelt sehen will.
[636] Vgl. oben 2. Teil A. VII. 3. b) bb) (1).
[637] Vgl. oben 2. Teil A. VII. 3. b) aa) (2) und (3).
[638] *Depenheuer*, DVBl. 1997, 685 (688) spricht von „personaler Verteidigung des Bündnispartners".

der „Personalverteidigung"[639]. Das verfassungsrechtliche Schutzpflichtargument, auch unter Einschluss des Anspruchs auf diplomatischen Schutz, entstammt gerade nicht der Wehrverfassung, sondern dem Grundrechtsteil des GG und sollte daher hier allein unter diesem Blickwinkel betrachtet werden.

(dd) Zwischenergebnis

Ein unmittelbarer subjektiv-öffentlicher Anspruch des Einzelnen im Ausland auf eine bestimmte Handlung des deutschen Staates besteht nicht. Die Exekutive hat aber gemäß ihrer objektiv-rechtlichen Schutzverpflichtung dem Bürger in Not gegenüber ermessensfehlerfrei über eine mögliche Rettungshandlung zu entscheiden. Hierauf hat der Betroffene einen Anspruch. Dabei scheidet eine Verengung des Ermessens im Wege einer Ermessensreduzierung auf Null aufgrund der vorrangigen Staatsinteressen letztlich aus. Die Frage, ob fremde Staatsangehörige auch in verfassungsrechtlich zulässiger Weise evakuiert werden können und damit Teil des Verteidigungsbegriffes des Art. 87a Abs. 2 GG werden, ist nicht im Rahmen der „Personalverteidigung", sondern im Zusammenhang mit der Klärung des Verteidigungsbegriffes zu entscheiden.

(c) Bewertung

Die vorgehende Analyse hat gezeigt, dass, entsprechend dem Konzept der „Personalverteidigung", grundsätzlich eine Schutzpflicht zugunsten des Staatsangehörigen im Ausland in Form eines diplomatischen und konsularischen Schutzes besteht. Insofern ist den Vertretern dieser Ansicht zuzustimmen. Allerdings ist die Exekutive nicht durch ein subjektiv-öffentliches Recht des Einzelnen gebunden, sondern kann im Rahmen einer fehlerfreien Ermessenserwägung eine dem Einzelfall angepasste Entscheidung über Art und Umfang der Schutzmaßnahme(n) treffen. Ein Automatismus im Sinne einer absoluten Verpflichtung zum Tätigwerden besteht daher mangels eines subjektiv-öffentlichen Rechts

---

[639] Gegen das Einbeziehen fremder Staatsangehöriger im Rahmen der verfassungsrechtlich verbürgten Schutzpflicht auch *Baldus*, Extraterritoriale Interventionen, S. 259 (282).

nicht, die Bundesregierung kann somit je nach Einzelfall unterschiedliche Entscheidungen treffen, solange dabei keine Ermessensfehler gemacht werden. Ob
dieses Konstrukt der „Personalverteidigung" im Ergebnis überzeugt, ist jedenfalls zweifelhaft.

Der Ansatz, über die Schutzpflichtendogmatik eine staatliche Verantwortung für
Deutsche im Ausland und ggf. auch einen Anspruch der Betroffenen auf Schutz
zu begründen, verdient grundsätzlich Zustimmung, da insoweit tatsächlich - wie
festgestellt - ein Auslandsschutz dem GG zu entnehmen ist. Die inhaltliche Konkretisierung - was an dieser Stelle intendiert wird - des Verteidigungsbegriffs
durch die „Personalverteidigung" hingegen gelingt im Hinblick auf die Vielzahl
der denkbaren Handlungsmöglichkeiten der Bundesregierung nicht in überzeugender Weise. In dem Moment, wo die Bundesregierung ihre Ermessensentscheidung für oder gegen einen militärischen Einsatz nach Ausschöpfung aller
diplomatischen und friedlichen Mittel trifft, kommt sie schon ihrer diplomatischen Schutzpflicht nach[640], da genau auf diesen Beschluss der Anspruch des
Bürgers gerichtet ist. Die juristische Beurteilung, ob dabei der Einsatz, sofern
positiv beschlossen, „zur Verteidigung" erfolgt, obliegt dabei somit allein der
Exekutive, sie interpretiert in diesem Falle den Verfassungsbegriff „Verteidigung". Prinzipiell ist hierin nichts rechtlich Bedenkliches zu sehen, doch gilt es
vorliegend zu berücksichtigen, dass es sich bei der Landesverteidigung und der
Einsätze der Streitkräfte um essentielle staatsrechtliche Kernfragen handelt. Sind
die Entscheidungen aufgrund des Ermessens weitestgehend der gerichtlichen
Kontrolle entzogen oder wenig Erfolg versprechend[641], so würde man einen
Grundpfeiler des GG in das nahezu unbegrenzte Belieben der Exekutive, hier
der Bundesregierung, stellen. Grenze des staatlichen Handelns ist die Verfassung, wird dabei eine Norm durch die Exekutive in einem Spezialfall wie hier
ausgelegt, so würden die Grenzen des GG im Wege eines Zirkelschlusses wieder
aufgegeben. Als Folge der exekutivischen Befugnisse könnte weder das
BVerfG, noch die Lehre, noch der einzelne Staatsbürger vor einem möglichen
Einsatz die materielle Verfassungsmäßigkeit hinreichend präzise beurteilen, da

---

[640] Vgl. *Riedel,* Der Einsatz deutscher Streitkräfte, S. 175.

insofern die relevanten Faktoren noch unbekannt sind. Diese praktische Konsequenz widerstrebt dem Rechtsstaatsprinzip des GG. Ein autonomes Handeln der Exekutive in Kernbereichen des GG ohne hinreichende gerichtliche Überprüfbarkeit stellt einen Fremdkörper im verfassungsrechtlichen Gefüge der Bundesrepublik dar. Die Schutzpflicht als mittelbares Element der Konkretisierung des Verteidigungsbegriffs reicht allein nicht aus, denn auch dann würde die Verfassung nicht klären, in welchem Umfang ein solcher Einsatz verfassungsrechtlich zulässig wäre. Daneben darf auch nicht der - oft gewaltige - Druck der Öffentlichkeit vernachlässigt werden und unberücksichtigt bleiben, was darin resultieren kann, dass die Bundesregierung weniger anhand rechtlicher Kriterien den Verteidigungsbegriff definieren würde, sondern aus Rücksichtnahme auf politische Konsequenzen und Auswirkungen eher eine realpolitische Entscheidung trifft, da schlicht auf die ja unzweifelhaft bestehende Schutzpflicht verwiesen werden könnte, um jeglichen militärischen Einsatz zu rechtfertigen, bei dem deutsche Staatsangehörige in beliebiger Art und Weise betroffen sind und nach Meinung der Bundesregierung gerettet werden müssen. Um dem vorzubeugen und dadurch Missbrauch durch politische Willkürentscheidung von vorneherein abzuwenden, spricht viel dafür, der Bundesregierung nicht abschließend die Auslegung des Verteidigungsbegriffs zu überlassen. Insofern überzeugt es nicht restlos, den Verteidigungsbegriff durch das Konzept der „Personalverteidigung" zu konkretisieren[642].

(3) Reaktionen aus der Literatur

Neben den positiven Stimmen aus der Literatur, die weitestgehend begründungslos das inhaltliche Konzept der „Personalverteidigung" übernommen haben[643] und entsprechend pauschal Evakuierungsoperationen als Verteidigungseinsätze

---

[641] Vgl. oben 2. Teil A. VII. 3. b) bb) (2) (b) (bb).
[642] Zur Klarstellung sei an dieser Stelle hervorgehoben, dass keineswegs intendiert wird, Evakuierungsoperationen als verfassungsrechtlich unzulässig darzutun. Die zu beantwortende Frage lautet schlicht, ob die Theorie der „Personalverteidigung" geeignet ist, die Ungereimtheiten und Schwierigkeiten bei dem Versuch, Evakuierungsoperationen unter den Verteidigungsbegriff des Art. 87a Abs. 2 GG zu fassen, zu beseitigen oder eben weitere Fragen aufwirft und daher nicht die gewünschte Klarheit erreicht.
[643] Vgl. die Nachweise oben 2. Teil A. VII. 3. b) bb) (1).

im Rahmen des Art. 87a Abs. 2 GG bezeichnen, hat sich auch Kritik im juristischen Schrifttum an der Einbeziehung der „Personalverteidigung" in den Verteidigungsbegriff geregt[644].

(a) Beiziehung völkerrechtlicher Wertungen

So wird unter anderem im Hinblick auf die erweiternde Auslegung des Verteidigungsbegriffs durch die „Personalverteidigung" kritisch angemerkt, ein derart weitreichender Verteidigungsauftrag sei der Verfassung nicht zu entnehmen, da der verfassungsrechtliche Verteidigungsauftrag schon im Ansatz an völkerrechtliche Grundsätze und Grenzen eines Militäreinsatzes gebunden sei[645]. Allenfalls Einsätze wie die militärische Evakuierungsoperation in Albanien 1997 seien vom Verteidigungsauftrag gedeckt, wenn die Intervention überhaupt völkerrechtlich zulässig sei, wodurch jedoch der völkerrechtliche Verteidigungsbegriff überschritten werde[646]. Diese Ansicht verlagert den Fokus bei der Bestimmung des Verteidigungsbegriffs ersichtlich auf das Völkerrecht und stellt dabei im Ergebnis auf die völkerrechtliche Zulässigkeit der Intervention ab[647]. Die obigen Ausführungen zur völkerrechtlichen Bestimmung des Verteidigungsbegriffs[648] haben die Problematik der Inhaltsbestimmung des Verteidigungsbegriffs durch Art. 51 VN-Charta[649] in Verbindung mit Art. 25 GG deutlich gemacht und entsprechend eine derartige Vorgehensweise abgelehnt. Zwar spielen auch völkerrechtliche Normen bei der Präzisierung des Terminus „Verteidigung" eine wichtige Rolle, indem deutsche Streitkräfte in jedem Falle über Art. 25 GG nur im Rahmen kollektiver Selbstverteidigung gem. Art. 51 VN-Charta eingesetzt

---

[644] Besonders hervorzuheben sind hierbei *Baldus*, Extraterritoriale Interventionen, S. 259 ff.; *Epping*, AöR 124 (1999), 423 ff.; *Gramm*, NZWehrr 2005, 133 (139 f.); *Heun*, in: Dreier, GG, Art. 87a Rdnr. 17; *Riedel*, Der Einsatz deutscher Streitkräfte, S. 174 f; *Schopohl*, Der Außeneinsatz, S. 189 f.; *Wiefelspütz*, AöR 132 (2007), 45 (61 f.).

[645] *Heun*, in: Dreier, GG, Art. 87a Rdnr. 17.

[646] *Heun*, in: Dreier, GG, Art. 87a Rdnr. 17. Eine derartige Rettungsaktion sei ansonsten nur durch die Bundespolizei/BGS möglich.

[647] Ähnlich: *Franzke*, NZWehrr 1996, 189 (193), der jedoch der Schutzpflichtargumentation folgt.

[648] Vgl. oben 2. Teil A. VII. 3. b) aa) (3).

[649] Auf den wohl *Heun* abstellt, indem er auf *Schopohl*, Der Außeneinsatz, S. 190 verweist. Dieser diskutiert an der angegebenen Stelle die mangelnde Einschlägigkeit des Art. 51 VN-Charta, da kein bewaffneter Angriff gegen den Heimatstaat vorliege.

werden dürfen, doch geht eine unmittelbare und nahezu ausschließliche Heranziehung des Völkerrechts, wie es die hier dargestellte Ansicht propagiert, zu
weit. Die völkerrechtlichen Normen stellen eine absolute Grenze dar, die nicht
überschritten werden darf, doch kann das nationale Verfassungsrecht durchaus
Hürden für den Streitkräfte-Einsatz aufstellen, die hinter dem völkerrechtlichen
Dürfen zurückbleiben[650]. Daher ist grundsätzlich primär das GG zur Konkretisierung von Verfassungsbegriffen heranzuziehen und nicht unmittelbar auf völkerrechtliche Normen auszuweichen[651]. Die Behauptung, die „Personalverteidigung" als Verteidigungsauftrag sei der Verfassung nicht zu entnehmen und ergebe sich auch nicht aus dem völkerrechtlichen Verteidigungsbegriff, überzeugt
daher aufgrund ihrer extensiven, völkerrechtlichen Sichtweise nicht. Selbst wenn
man einen solchen Verteidigungsauftrag tatsächlich nicht aus der Verfassung
entnehmen würde, so befriedigt die hier vorgenommene völkerrechtliche Bewertung nicht, was die Behauptung endlich ohne tragfähige Begründung isoliert
im Raume stehen lässt. Diese Kritik wird daher nicht von einer überzeugenden
Argumentation getragen. An diesem Ergebnis ändert sich auch dann nichts,
wenn man Evakuierungsoperationen der vorliegenden Art generell als völkerrechtskonform einstuft - was hier offen gelassen wurde[652] - , da nicht zwangsläufig auch unmittelbar der Verteidigungsbegriff alle Fälle völkerrechtlich zulässiger Gewalt abdeckt, sondern auch engere Grenzen ziehen kann[653].

(b) Konturenlosigkeit der Personalverteidigung

Eine weitere, neuere Ansicht wirft dem Konzept der „Personalverteidigung" vor,
weitgehend konturenlos zu sein und mit dem ursprünglichen Begriffsverständnis

---

[650] Zutreffend *Schopohl,* Der Außeneinsatz, S. 190.
[651] Dies ist auch der Grund, weshalb *Franzke,* NZWehrr 1996, 189 (193) bei seinem Verweis auf das
Völkerrecht in dieser Form nicht zu folgen ist.
[652] *Kreß,* ZaöRV 57 (1997), 329 (349/352) bezeichnet die völkerrechtlichen Erkenntnisse diesbezüglich dabei zu Recht als „anfechtbar" und „nicht sicher", was treffend den Meinungsstand widerspiegelt
und daher umso mehr gegen eine ausschließlich völkerrechtliche Bewertung, wie sie oben vorgeschlagen,
spricht.
[653] *Baldus,* in: von Mangoldt/Klein/Starck, GG, Art. 87a Rdnr. 51; *Coridass,* Der Auslandseinsatz, S.
124; *Riedel,* Der Einsatz deutscher Streitkräfte, S. 174 f.

der Verfassungsväter nicht mehr viel gemein zu haben[654]. Zwar solle keine begriffliche Erstarrung angenommen werden, doch gebe es Grenzen eines zulässigen Begriffswandels, die jedenfalls dann überschritten seien, wenn sich nur ein bedrohter deutscher Staatsangehöriger finde und das Völkerrecht einem Verteidigungseinsatz nicht entgegenstünde, da insofern das konstitutive Begriffsmerkmal des Angriffs von außen bei der Verteidigung im Bündnis durch die Personalisierung des Verteidigungsbegriffs de facto aufgelöst werde[655]. Diese Ansicht wirft zu Recht weitere Fragen auf, die bisher überwiegend kaum diskutiert wurden. So ist dieser Meinung sicherlich darin zuzustimmen, dass sich die politische und damit auch verfassungsrechtliche Wirklichkeit seit der Implementierung des GG im Jahre 1949 erheblich, bezüglich der Streitkräfte geradezu radikal, verändert hat. Inwiefern der Verteidigungsbegriff auch einem solchen Wertewandel unterliegt und entsprechend seinen Sinngehalt neu justieren kann, ist eine erörterungswürdige Thematik[656]. Der Vorwurf, die „Personalverteidigung" habe mit dem ursprünglichen Verfassungsverständnis nicht mehr viel gemein, ist beachtenswert, aufgrund mangelnder bzw. nicht eindeutiger historischer Anhaltspunkte für oder gegen diese Annahme aber schlicht nicht mit der erforderlichen Sicherheit nachweisbar[657]. Es bleibt insofern offen, von welchem Begriffsverständnis die Verfassungsväter tatsächlich ausgingen und vor allem wann die „Grenzen eines zulässigen Begriffswandels" vorliegen. Eine vertiefte Befassung mit dem Verfassungswandel ist daher mangels Bezugs zu der Beurteilung der „Personalverteidigung" an dieser Stelle entbehrlich.

Schwerer wiegt allerdings die Bezeichnung dieses Konzepts als konturenlos sowie die Behauptung, das Merkmal des Angriffs von außen werde de facto aufgelöst. Soweit sich die unterstellte Konturenlosigkeit allein auf die Schutzpflicht bezieht, kann dieser Ansicht nicht beigepflichtet werden. Die Auslandsschutzverpflichtung des Staates präzisiert hinreichend die Schutzbegünstigten und ist

---

[654] *Gramm*, NZWehrr 2005, 133 (139).

[655] *Gramm*, NZWehrr 2005, 133 (139 f.).

[656] *Depenheuer*, DVBl. 1997, 685 (686) geht z.B. von einer „Offenheit des Verteidigungsbegriffs bezüglich des Schutzgutes, das verteidigt werden soll […]" aus, woraus in der Praxis eine „beliebige Funktionalisierung" folge.

[657] Es besteht ja sogar Streit darüber, ob sich der Verfassungsgesetzgeber 1949 überhaupt einen Auslandseinsatz vorstellen konnte, von einer personellen Auslandsverteidigung im Speziellen ganz zu schweigen; vgl. dazu nur *Arndt*, DÖV 1992, 618 ff; oben 2. Teil A. VII. 2. c) aa) (1).

daher weitgehend nachvollziehbar[658]. Eine gewisse Unschärfe ist lediglich hinsichtlich des Umfangs der Schutzpflicht und des damit einhergehenden Anspruchs auf fehlerfreie Ermessensausübung zu erkennen[659], weil hierdurch die Entscheidung der Bundesregierung über den jeweiligen potentiellen Evakuierungseinsatz nicht präjudiziert werden kann. Inwiefern hierdurch tatsächlich eine Konturenlosigkeit des ganzen juristischen Konzepts der „Personalverteidigung" eintritt, darüber mag man geteilter Ansicht sein. Konturen im Sinne eines grundlegenden Gerüsts der Argumentation dürften aber sicherlich vorliegen, als Gegenargument taugt der Vorwurf der Konturenlosigkeit daher jedenfalls nur bedingt. An der Kritik der Auflösung des konstitutiven Begriffsmerkmals des Angriffs von außen durch die „Personalverteidigung" ist zunächst wahr, dass die Streitkräfte primär zur militärischen Abwehr eines von außen kommenden Angreifers - auch auf das Bündnisgebiet (vgl. Art. V NATO-Vertrag) - dienen[660]. In der Tat könnte diese klassische und allgemein anerkannte Grundvoraussetzung durch die Einführung der „Personalverteidigung" zumindest aufgeweicht werden, weil - analog dem Ergebnis zu Art. 51 VN-Charta[661] - der Angriff auf einen deutschen Staatsbürger im Ausland kaum als Angriff von außen im herkömmlichen, territorial bezogenen, Verständnis zu deuten ist. Dennoch ist die hieraus folgende Konsequenz nicht per se eine „de facto" Auflösung des konstitutiven Begriffsmerkmals des Angriffs von außen. Zum einen wäre es aufgrund des zutreffenden Arguments der staatlichen Schutzpflicht auch im Ausland durchaus erwägenswert, einen von außen - dies liegt unzweifelhaft in einer solchen Konstellation vor - geführten Angriff[662] in der Bedrohung deutscher Staatsangehöriger oder auch deutscher Soldaten zu sehen und damit indirekt auch einen Angriff auf

---

[658] Vgl. dazu oben 2. Teil A. VII. 3. b) bb) (2) (a).

[659] Vgl. dazu oben 2. Teil A. VII. 3. b) bb) (2) (b).

[660] Siehe nur *Wiefelspütz*, NWVBl. 2006, 41 (42); *Hernekamp*, in: von Münch/Kunig, GG, Art. 87a Rdnr. 4; *Schmidt-Jortzig*, DÖV 2002, 773 (775). Die in diesem Zusammenhang aktuelle Diskussion bezieht sich lediglich auf das Angreifersubjekt, also inwiefern der Angriff von Staaten oder auch von nichtstaatlichen Gruppen durchgeführt werden muss, um die Bündnisverteidigung zu aktivieren; vgl. *Wiefelspütz*, ZaöRV 65 (2005), 819 (827) m.w.N.

[661] Das Gewaltverbot der VN-Charta sowie die VN-Aggressionsdefinition sind gebietsbezogen und stehen daher einem Selbstverteidigungsrecht gem. Art. 51 VN-Charta nach herrschender Meinung entgegen; *Kreß*, ZaöRV 57 (1997), 329 (344 f.); *Riedel*, Der Einsatz deutscher Streitkräfte, S. 168.

[662] Wobei es dabei auf die oben dargestellte Diskussionsfrage ankäme, ob hierunter auch nichtstaatliche Angriffe beispielsweise von Aufständischen oder Rebellen fallen.

die Bundesrepublik bzw. das jeweilige Bündnis anzunehmen[663]. Dies ließe sich mit der Drei-Elementen-Lehre und dem darin enthaltenen Element des Staatsvolkes begründen[664], erfordert aber im Ergebnis auch eine gewisse Loslösung von der rein territorialen Sichtweise, wie sie bis heute vorherrscht und angesichts der Entwicklungen durch den internationalen Terrorismus gewiss singulär nicht mehr vollkommen zufrieden stellende Optionen zur Verfügung stellt. Zum anderen erscheint es fraglich, ob tatsächlich die befürchtete de-facto-Auflösung überhaupt eintreten muss, oder ob nicht vielmehr eine Art Koexistenz der Begriffsmerkmale territoriale und personale Verteidigung anzunehmen sein könnte. Die Addition der Personalverteidigung zu dem Merkmal des Angriffs von außen ergäbe als Paket einen umfassenden Verteidigungsauftrag, den die Vertreter des Konzepts der „Personalverteidigung" für folgerichtig halten und auch nicht als Ersatz für die Territorialverteidigung, sondern als Ergänzung ansehen[665]. Folgt man der Theorie der „Personalverteidigung", so ist auch keine Intention dahingehend erkennbar, das Begriffsmerkmal des Angriffs von außen, als das entscheidende Merkmal zur Begründung des Verteidigungseinsatzes, vollständig aufzulösen oder in seinem Bedeutungsinhalt abzulehnen. Vielmehr lässt sich der Theorie eine reine Ergänzung in Form einer inhaltlichen Erweiterung des Verteidigungsbegriffs entnehmen, die nicht notwendigerweise andere Voraussetzungen beschränken will. Inwiefern man diese Erweiterung für erforderlich oder sinnvoll hält, kann hier dahinstehen; die befürchtete de-facto-Auflösung tradierter Begriffsmerkmale überzeugt jedenfalls im Ergebnis nicht als Argument gegen die Annahme eines Konzepts der „Personalverteidigung".

---

[663] Diesen Gedanken bezüglich der Soldaten als „staatliche Außenposten" für das Völkerrecht aufgreifend und gleichzeitig im Ergebnis ablehnend *Kreß*, ZaöRV 57 (1997), 329 (345). Einen Angriff auf die Bundesrepublik in diesem Falle verneint auch *Wiefelspütz*, AöR 132 (2007), 45 (62) und lehnt deshalb eine „Verteidigung" ab.
[664] Vgl. hierzu auch schon oben 2. Teil A. VII. 3. b) bb) (1).
[665] Vgl. *Depenheuer*, DVBl. 1997, 685 (687), der explizit die Territorialverteidigung als „Kernelement" bezeichnet und gleichzeitig hervorhebt, diese umfasse „nicht nur" den Schutz des Territoriums, sondern auch dessen Bevölkerung.

(c) Unvereinbarkeit mit der Drei-Elementen-Lehre

Im Zusammenhang mit der Drei-Elementen-Lehre und dem soeben erwähnten Staatsvolk als einem Bestandteil dieser Lehre, wird in der Literatur ferner teilweise das auf die Drei-Elementen-Lehre bezogene dogmatische Gerüst der „Personalverteidigung" als keineswegs zwingend kritisiert[666]. Grundsätzlich wird dabei die Einbeziehung des Staatsgebietes und des Staatsvolkes als Landes- bzw. Personalverteidigung im Sinne eines Schutzgutes des Verteidigungsbegriffes bei Art. 87a Abs. 2 GG nicht in Frage gestellt[667]. Schwer nachzuvollziehen sei aber, dass auch Deutsche im Ausland von der umschriebenen und mit der Territorialverteidigung verbundenen Personalverteidigung erfasst sein sollten[668]. Als Begründung für die Skepsis führt diese Ansicht die besondere Situation der sich im Ausland befindlichen Deutschen an und postuliert, diese Staatsbürger seien in dieser Lage und in diesem Moment nicht Element staatlicher Existenz, sondern das Staatsvolk an sich[669]. Allein das Staatsvolk, das sich in aller Regel auf dem jeweiligen Staatsterritorium befinde, lasse sich als elementares Staatsattribut ausmachen und damit als Element der staatlichen Existenz im Sinne der Drei-Elementen-Lehre begreifen. Die propagierte Schutzpflicht sei nicht geeignet, diesen Argumentationsbruch zu schließen. Als Antwort auf die ersten Begründungsversuche dieser Theorie und der dabei unterbliebenen Heranziehung der Staatsgewalt als drittes Element[670], rügt diese Ansicht das Fehlen dieses Elements und behauptet, die Staatsgewalt sei ein elementares Staatsattribut und könne deshalb nicht aus der Betrachtung ausgespart bleiben[671].

---

[666] *Epping*, AöR 124 (1999), 423 (440 Fn. 87).
[667] *Epping*, AöR 124 (1999), 423 (440 Fn. 87). *Epping* fragt in diesem Zusammenhang kritisch, warum bei *Depenheuer*, DVBl. 1997, 685 (687) nicht auch die Staatsgewalt als drittes Element mit einbezogen wird.
[668] In diesem Sinne auch *Wiefelspütz*, AöR 132 (2007), 45 (62).
[669] *Epping*, AöR 124 (1999), 423 (440 Fn. 87).
[670] So bei *Depenheuer*, DVBl. 1997, 685 (687). Siehe auch die Fn. oben.
[671] *Epping*, AöR 124 (1999), 423 (440 Fn. 87). Im Einzelnen bezeichnet er die Ansicht von *Depenheuer*, DVBl. 1997, 685 (687), Einsätze zur nationalen Verteidigung könnten nicht allgemein auf die Zwecke von Sicherheit, Frieden, Wohlstand, Demokratie oder Menschenrechte rekurrieren, sondern nähmen lediglich Bezug auf das Staatsgebiet und das Staatsvolk, jedenfalls hinsichtlich der Demokratie als „zumindest problematisch", da auch die Staatsgewalt ein elementares Staatsattribut sei, welches nicht verschwiegen werden dürfe.

Anknüpfend an letzteren Vorwurf der (fahrlässigen) Nichtbeachtung des dritten Elements, der Staatsgewalt, lässt sich hieraus eine verwertbare Argumentation kaum konstruieren. Der Grund für die nicht erfolgte Erwähnung der Staatsgewalt dürfte in der mangelnden Notwendigkeit dieser Einbeziehung zu sehen sein, da der Aspekt der Staatsgewalt im Rahmen der Begründungsversuche für eine „Personalverteidigung" und angesichts des Votums für eine territoriale und eine personale Betrachtungsweise, irrelevant war. Auch bei Heranziehung der Staatsgewalt als drittes, elementares Kriterium, würde sich das dogmatische Gerüst der „Personalverteidigung" in keinster Weise ändern, zumal es keine unterschiedlichen Ansichten hinsichtlich der Verteidigungsqualität der Staatsgewalt geben dürfte. Der dabei vorgebrachte Hinweis der Gegenansicht auf eine weitere Meinung in der Literatur, die alle drei Elemente in ihr Argumentationsmuster der Schutzpflicht mit einbezieht und von der Notwehrfähigkeit - im Sinne von Verteidigungsfähigkeit - jener drei Elemente ausgeht[672], verfängt nicht. Die fragliche Ansicht sieht im Ergebnis deutsche Staatsangehörige im Ausland als einen notwehrfähigen Teil der Bundesrepublik an und subsumiert deren Verteidigung schlussendlich unter die Begrifflichkeiten der „Verteidigung der Bundesrepublik Deutschland" gem. Art. 79 Abs. 1 Satz 2 GG[673]. Inwiefern hierbei indirekt auf das Element der Staatsgewalt abgestellt wird, bleibt offen. Näher liegt es angesichts des Verweises auf die territoriale Regelung des Art. 79 Abs. 1 Satz 2 GG jedoch, das Element des Staatsgebietes heranzuziehen, was im Ergebnis ebenfalls das fehlende Bedürfnis einer Einbeziehung dieses dritten Elements belegt. Die Staatsgewalt stellt kein für die Begründung der Theorie der „Personalverteidigung" erforderliches Element dar, mithin kann auch nicht das Fehlen jenes Elements bemängelt werden[674].

---

[672] *Franzke*, NZWehrr 1996, 189 (192), auf den *Epping*, AöR 124 (1999), 423 (440) Fn. 87 verweist.

[673] *Franzke*, NZWehrr 1996, 189 (192), der unmittelbar nach dieser Feststellung aber die Frage aufwirft (und im Ergebnis verneint), ob Art. 87a Abs. 2 GG überhaupt mit Hilfe des Art. 79 Abs. 1 Satz 2 GG ausgelegt werden dürfe.

[674] Die bei *Epping*, AöR 124 (1999), 423 (440) Fn. 87 geäußerte und oben dargestellte Kritik an der Wortwahl von *Depenheuer* („Demokratie") mag einen richtigen Kern beinhalten, führt an dieser Stelle jedoch nicht weiter und kann daher auf sich beruhen.

(aa) Das Staatsvolkattribut

Einen weitaus dogmatischeren Ansatzpunkt stellt die Behauptung, Deutsche im Ausland seien nur das Staatsvolk an sich und nicht Element staatlicher Existenz, dar. Hieran wird zunächst - wohl unbestritten - der Einordnung des Staatsvolkes an sich als ein fundamentales Attribut jeder Staatlichkeit zuzustimmen sein. Das Staatsvolk ist konstitutives und damit bedeutungsvolles Merkmal eines Staates, weshalb beispielsweise internationale Organisationen keinen Staat im Sinne der Drei-Elementen-Lehre darstellen[675]. Die staatliche Existenz basiert daher ausnahmslos auf dem Vorhandensein eines Staatsvolkes, wobei sich als ein verknüpfendes Band im 19. Jahrhundert die Staatsangehörigkeit etablierte[676]. Nun bildet also das Volk des jeweiligen Staates eine der Existenzgrundlagen der Staatlichkeit, womit zunächst unzweifelhaft einem geographischen Kriterium die entscheidende Abgrenzungsfunktion zukommt und im Ergebnis primär die Bewohner des dem jeweiligen Staat zugrunde liegenden Staatsgebiets den Grundpfeiler eines Staates im völkerrechtlichen Sinne repräsentieren. Dieses, sich auf dem Staatsterritorium befindliche, Volk lässt sich also - hierin ist dieser kritischen Ansicht zu folgen - als elementares Staatsattribut ausmachen und begründet als eines von drei Elementen die staatliche Existenz.

(bb) Das Staatsvolkattribut bei deutschen Staatsbürgern im Ausland

Fraglich ist nunmehr, ob dies auch für diejenigen Deutschen gilt, die sich mindestens vorübergehend nicht auf dem deutschen Staatsterritorium aufhalten. Diese Bürger bleiben aufgrund ihrer Staatsangehörigkeit jedenfalls Teil des jeweiligen Staatsvolkes, unabhängig von ihrem tatsächlichen Aufenthaltsort, da ihr Heimatstaat auch über im Ausland befindliche Staatsbürger die Personalhoheit ausübt[677]. Diesen Staatsbürgern auch eine für den Gesamtstaat existentielle Funk-

---

[675] Vgl. auch Art. 1 der sog. „Montevideo-Konvention" aus dem Jahre 1933 (LNTS Bd. CLXV, 19, 25), in der unter anderem „a permanent population" einen Staat auszeichne.
[676] *Hailbronner*, in: Graf Vitzthum, Völkerrecht, Rdnr. 78; auch *Epping*, in: Ipsen, Völkerrecht, § 5 Rdnr. 5; *Epping/Gloria*, in: Ipsen, Völkerrecht, § 24 Rdnr. 3.
[677] Vgl. *Epping/Gloria*, in: Ipsen, Völkerrecht, § 24 Rdnr. 1.

tion im Sinne eines elementaren Staatsattributs zuzuweisen, würde im Ergebnis aber sicherlich die klassische Drei-Elementen-Lehre zu extensiv ausdehnen. Allerdings ist bereits fraglich, ob der Ansatzpunkt der Literaturansicht, zwischen dem Staatsvolk an sich und dem Staatsvolk als Element staatlicher Existenz gerade in der vorliegenden Fallgestaltung zu differenzieren, in einer globalisierten Welt noch überzeugen kann. Das heutige Staatsvolk ist zunehmend von dem heimischen Staatsgebiet losgelöst und hat sich vielfach schon ganz von diesem gelöst, wie die hohen Auswandererzahlen belegen. Hieran wird bereits deutlich, dass die über hundert Jahre alte Drei-Elementen-Lehre jedenfalls in Bezug auf das Staatsvolk heute kaum in ihrer ursprünglichen Form und wortgetreu angewendet werden kann. In Zeiten der weltweiten Vernetzung wächst die Präsenz des deutschen Staatsvolkes auch außerhalb des deutschen Staatsgebiets weiter und verringert die Bedeutung des territorialen Gedankens. Das BVerfG setzt dabei die Begriffe „Deutsches Volk" (Präambel, Art. 56, 146 GG) und „Volk" (Art. 20 Abs. 2 GG) mit dem „Staatsvolk" gleich[678], welches wiederum durch die Staatsangehörigkeit bestimmt wird. Entscheidend ist daher der rechtliche Status, nicht die faktische Zugehörigkeit zu einem Volk. Insofern ist es angesichts der soeben festgestellten staatlichen Schutzpflicht nur konsequent, dass der einzelne Staatsbürger im Ausland aufgrund seines rechtlichen Status und der korrespondierenden Schutzpflicht als wichtiger Bestandteil des Staatsvolkes gesehen wird. Das Heranziehen des Staatsvolk-Kriteriums und die damit verbundene Differenzierung überzeugt daher im Ergebnis nicht.

Als denkbaren Ausweg böte sich möglicherweise an, das Konzept der „Personalverteidigung" nicht streng akzessorisch mit der Drei-Elementen-Lehre zu verknüpfen[679]. Das fragliche Element staatlicher Existenz bei Deutschen im Ausland würde bei einer weniger strengen oder gar unterbliebenen Heranziehung der Drei-Elementen-Lehre überflüssig werden und damit gegebenenfalls die oben beschriebenen, dogmatischen Schwierigkeiten umgehen.

---

[678] BVerfGE 83, 37 (50 f.).

[679] Die von *Epping*, AöR 124 (1999), 423 (440 Fn. 87) geäußerte Kritik an dem dogmatischen Gerüst von *Depenheuer* bezieht sich ausschließlich auf die von letzterem im Zusammenhang mit der Schutzpflicht herangezogenen Drei-Elementen-Lehre.

Dem stehen aber zweierlei Bedenken entgegen: Zum einen erscheint es dogmatisch schwierig, auf das Staatsvolk abzustellen, ohne dabei dieses als Staatsattribut im Sinne der Drei-Elementen-Lehre aufzufassen, zumal im Ausland befindliche Deutsche aufgrund ihrer Staatsangehörigkeit stets und ausnahmslos Teil des Staatsvolkes sind. Zum anderen stellen selbst die Begründer und Hauptvertreter der Theorie der „Personalverteidigung" in ihren Vorüberlegungen auf die Verteidigung der staatlichen Existenz, mithin unverkennbar auf die Merkmale der Drei-Elementen-Lehre, ab[680]. Ergo bieten sich kaum noch gangbare Möglichkeiten, die Drei-Elementen-Lehre zu umgehen, da insbesondere auch die Staatsangehörigkeit nicht ausreichend zu substituieren vermag. Als Fazit kann daher festgehalten werden, dass die hier dargestellte Literaturansicht mit ihrer Argumentation die weltweiten Migrationsbewegungen ignoriert und wenig überzeugend zwischen Staatsvolk und Staatsvolk als Element staatlicher Existenz differenziert. Die Einbeziehung dieser Bürger in die „Personalverteidigung" ist somit aus diesem Grund nicht zu kritisieren[681].

(d) Systematische Bedenken

Einige kritische Autoren haben zudem systematische Bedenken gegen die Schutzpflichtargumentation geäußert: Um Evakuierungsoperationen im Ausland systematisch als „Verteidigung" auffassen zu können, müsse man zunächst konkrete, ausreichend bestimmte Vorschriften zur Auslegung heranziehen können, entsprechend bedürfe es einer Anerkennung der grundrechtlichen Schutzpflichten als Norm der Verfassung[682]. Dies sei deshalb schwierig, weil Grundrechte grundsätzlich als Abwehrrechte formuliert seien und ihnen deshalb in einem ersten Schritt zunächst eine objektiv-rechtliche Dimension abgewonnen werden müsse, um in einem zweiten Schritt den objektiven-rechtlichen Charakter als Fundament mehrerer Grundrechtsfunktionen auszuweisen, auf dem dann unter

---

[680] Siehe beispielsweise bei *Depenheuer*, DVBl. 1997, 685 (687): „ […] der autonome Einsatz deutscher Streitkräfte [ist] auf den Zweck der *Verteidigung der staatlichen Existenz* festgelegt". „[…] die militärische Staatsgewalt [dient] der Verteidigung elementarer Staatsattribute […]". Hervorhebung hier.
[681] A. A. im Ergebnis *Epping*, AöR 124 (1999), 423 (440 Fn. 87).
[682] Vgl. *Baldus*, Extraterritoriale Interventionen, S. 259 (282).

anderem auch die grundrechtlichen[683] Schutzpflichten stünden. Zur Erfüllung dieser Schutzpflichten komme den staatlichen Organe dann aber ein weiter Einschätzungs- und Ermessensraum zu, der sich nur in ganz besonderen Fällen auf eine Maßnahme konkretisiere[684]. Dies bedeute in letzter Konsequenz, dass kompetenzrechtliche Begrenzungen durch Normfunktionen aufgeweicht würden, die nur durch mehrfache Vermittlungen gewonnen würden und sich nur in äußerst seltenen Fällen zu einer konkreten Rechtsfolge verdichteten[685]. Am Ende stünde eine unentwirrbare Gemengelage grund- und kompetenzrechtlicher Aussagen, beliebiger und unkontrollierbarer Verwendbarkeit dienend[686].

Dieser Kritik ist zunächst zuzugeben, wenn sie von „mehrfacher Vermittlung" spricht. Die staatliche Schutzpflicht bzw. der Auslandsschutz durch die Bundesrepublik ist dogmatisch auf mehrere Erweiterungen der ursprünglichen, abwehrrechtlichen Funktion der Grundrechte zurückzuführen und insoweit tatsächlich mehrfach vermittelt. Allerdings bestehen an der Existenz der grundrechtlichen Schutzpflichten und damit auch an dem ersten Schritt der „Vermittlung" im juristischen Schrifttum - wie festgestellt - kaum noch Bedenken[687], was wiederum Kritik an einer mehrstufigen Begründung im Wesentlichen als unbegründet erscheinen lässt. Dabei ist die verschiedentlich vorgetragene Behauptung, die kompetenzrechtlich-begrenzende Vorschrift des Art. 87a Abs. 2 GG könne nicht durch kompetenzbegründende staatliche Schutzpflichten ersetzt werden, da letztere nur im Rahmen bestehender verfassungsrechtlicher Kompetenzen und Aufgaben wahrgenommen werden könnten[688], keineswegs zwingend. Der Verfassungsauftrag des Art. 87a Abs. 2 GG begrenzt richtigerweise den Einsatz der Streitkräfte auf solche zur „Verteidigung". Darunter fällt jedenfalls unstreitig zum Beispiel die Personalverteidigung der deutschen Staatsangehörigen auf

---

[683] Diese Kritik geht dabei von einer rein grundrechtlichen Fundierung der Schutzpflicht zugunsten Deutscher im Ausland aus, dazu bereits oben 2. Teil A. VII. 3. b) bb) (2) (a) (aa).

[684] *Baldus*, Extraterritoriale Interventionen, S. 259 (283).

[685] *Baldus*, in: von Mangoldt/Klein/Starck, GG, Art. 87a Rdnr. 51; *ders.*, Extraterritoriale Interventionen, S. 259 (283); *Gramm*, NZWehr 2005, 133 (140); ähnlich *Oldiges*, Wehrrecht und Zivilverteidigungsrecht, § 23 Rdnr. 19.

[686] So *Baldus*, Extraterritoriale Interventionen, S. 259 (283).

[687] Vgl. oben 2. Teil A. VII. 3. b) bb) (2) (a) (aa).

[688] *Baldus*, in: von Mangoldt/Klein/Starck, GG, Art. 87a Rdnr. 51; *Gramm*, NZWehrr 2005, 133 (140).

deutschem Territorium. Interpretiert man nun die Schutzpflicht in einem weiten Sinne, so dass auch der Auslandsschutz als „Verteidigung" angesehen wird, begründet man gedanklich gerade nicht neue Kompetenzen der Streitkräfte, sondern setzt diese im Rahmen des bestehenden - zu denen eben auch „Auslands-Personalverteidigung" gehört - Verfassungsauftrags in Art. 87a Abs. 2 GG ein.

Die Vertreter der Theorie der „Personalverteidigung" intendieren keine kompetenzerweiternde Ausdehnung der staatlichen Schutzpflichten; sie gehen vielmehr von der Erstreckung des Verteidigungsauftrages per se auch auf die ausländische Personalverteidigung aus. Es ist allerdings zuzugeben, dass die Theorie der „Personalverteidigung" auf den ersten Blick durchaus den Eindruck erweckt, als solle über die staatlichen Schutzpflichten die kompetenzbegrenzende Funktion des Art. 87a Abs. 2 GG aufgeweicht werden. Die befürchtete „unentwirrbare Gemengelage grund- und kompetenzrechtlicher Aussagen"[689] ist jedenfalls ohne weitere Begründung nicht erkennbar. Soweit diese kritische Ansicht neben der „mehrfachen Vermittlung" auch die fehlende konkrete Rechtsfolge aufgrund der Ermessensspielräume der Exekutive rügt, deckt sich diese Kritik mit den oben dargestellten Bedenken bezüglich der Reichweite der Schutzpflicht und ihrer Bindungswirkung für die Bundesregierung[690]. Die oben festgestellte Gefahr schwer zu kontrollierender Beschlüsse der staatlichen Organe aufgrund der bestehenden Entscheidungsspielräume sehen in diesem Zusammenhang auch andere Autoren[691]. Insoweit ist die dargestellte kritische Ansicht richtig und nachvollziehbar, während die methodische Beanstandung der „mehrfachen Vermittlung" und die Befürchtung einer „Gemengelage" in dieser Form nicht vollends überzeugen.

---

[689] *Baldus*, Extraterritoriale Interventionen, S. 259 (283).
[690] Vgl. oben 2. Teil A. VII. 3. b) bb) (2) (c).
[691] *Baldus*, Extraterritoriale Interventionen, S. 259 (283); *Oldiges*, Wehrrecht und Zivilverteidigungsrecht, § 23 Rdnr. 19 erkennt zwar den Schutzpflichtcharakter der Grundrecht als Verpflichtung der Bundesrepublik an, weist jedoch zu Recht darauf hin, dass die Schutzpflicht nichts über die hierbei zu verwendenden Mittel besagt.

(e) Ermessen als Kritikpunkt

Das Ermessenselement wird zudem auch zur weiteren Begründung gegen ein zu weites Verständnis des Verteidigungsbegriffs herangezogen. Es gebe nämlich kein freies, sondern nur ein rechtlich gebundenes Ermessen und zwar auch bei der Erfüllung grundrechtlicher und damit verfassungsrechtlicher Schutzpflichten durch die Verwaltung[692]. Das Verfassungsrecht selbst und damit auch die Kompetenzordnung des GG setzten diesem Ermessen Grenzen, wobei die kompetenziellen Grundlagen der Verfassung Schranken bei der Erfüllung grundrechtlicher Schutzpflichten errichteten, nicht aber hätten umgekehrt die Schutzpflichten eine kompetenzerweiternde Funktion[693]. Dem ist uneingeschränkt zuzustimmen. Allerdings gilt an dieser Stelle das bereits soeben Dargestellte uneingeschränkt fort. Den Schutzpflichten sollen auch im Konzept der „Personalverteidigung" keine kompetenzerweiternden Funktionen zukommen, sondern lediglich verfassungsimmanente Kompetenzen angewendet werden. Dass die Ermessenserwägungen dabei nicht frei von rechtlicher Bindung sind, bedarf keiner weiteren Erläuterung, ändert aber auch nichts an der beschränkten Justiziabilität der Entscheidung[694].

(f) Die Gefahr der Ausweitung der Verteidigungsobjekte

An die, als Folge der Schutzpflichtargumentation entstandene, Ausdehnung der von dem Verfassungsauftrag des Art. 87a Abs. 2 GG umfassten Schutzgüter knüpft auch ein weiterer Einwand an. So bestehe die Gefahr, dass mit dieser Argumentation vielfältige, auch verfassungsrechtlich geschützte Güter zum Verteidigungsobjekt des Art. 87a Abs. 1 und 2 GG stilisiert würden, namentlich bei Betrachtung der nicht auf Art. 2 Abs. 2 GG beschränkten Schutzpflichtrechtsprechung des BVerfG[695]. Es ließe sich dabei nicht nur das Eigentum eigener

[692] *Baldus*, Extraterritoriale Interventionen, S. 259 (283).
[693] *Baldus*, Extraterritoriale Interventionen, S. 259 (283).
[694] Nur beschränkte Kontrolle auf Ermessensfehler; vgl. BVerfGE 55, 349 (364 f.).
[695] *Epping*, AöR 124 (1999), 423 (440). Beispiele bei *Pieroth/Schlink*, Grundrechte, Rdnr. 95 ff. Die Gefahr extensiver Auslegung sieht allgemein auch *Wild*, DÖV 2000, 622 (625).

Staatsangehöriger im Ausland zum Verteidigungsobjekt erheben, sondern letztlich die gesamte Rechtsordnung[696]. Das von der Politik aufgestellte Einsatzspektrum der Krisenreaktionskräfte[697] eröffne beispielsweise einen breiten Auslegungsrahmen, wodurch im Ergebnis der Ausnahmecharakter des Art. 87a Abs. 2 unterlaufen werde und die durch das Erfordernis der „ausdrücklichen" Zulassung in Art. 87a Abs. 2 GG konstruierte Einsatzsperre letztlich leer laufen würde[698]. Diese möglichen Folgen sind nicht von der Hand zu weisen. Insbesondere der weite Ermessensspielraum der staatlichen Organe verdeutlicht die Gefahr der extensiven Auslegung der Schutzpflichten, bei der eine Berufung auf die Schutzpflichtrechtsprechung des BVerfG der jeweiligen Bundesregierung die weite Handhabe erleichtern würde. Im Hinblick auf politische Entwicklungen wie die stetige Intensivierung und geographische Ausweitung von Bundeswehr-Einsätzen, die Zunahmen des internationalen Terrorismus sowie die wachsende Sensibilität der Bevölkerung für beispielsweise deutsche Entführungsopfer im Ausland[699], wächst auch zunehmend die Gefahr des schleichenden politischen Missbrauchs, der insbesondere in manchen parlamentarischen Konstellationen durchaus denkbar ist. Nun stellt sich die Frage, ob diese potentiellen Gefahren es rechtfertigen, just den Schutz Deutscher im Ausland im Wege der „Personalverteidigung" abzulehnen. Aufgrund der Existenz eines subjektiv-öffentlichen Abwehrrechts bei Art. 14 GG und der verfassungsrechtlichen Bestandsgarantie zur Sicherung der konkreten eigentumsrechtlichen Position des Eigentümers[700] erscheint es angesichts der Parallele zu Art. 2 Abs. 2 GG durchaus nicht ausgeschlossen, dass eines Tages ein Einsatz auch im Ausland zur Eigentumssiche-

[696] *Epping*, AöR 124 (1999), 423 (440), der auf den Fall „Godewind" hinweist, bei dem die deutsche Marine ein deutsches, mit Kampfpanzer beladenes Frachtschiff auf dem Weg nach Syrien wegen eines Verstoßes gegen das KWKG zur Umkehr nach Deutschland zwang. Vgl. zu diesem Fall *Epping*, NZWehr 1993, 103 ff.
[697] Siehe dazu BT-Drs. 13/6924, S. 3 f sowie oben 1. Teil D. II.
[698] *Epping*, AöR 124 (1999), 423 (440, 442).
[699] Man erinnere sich nur an die 2006 im Irak entführten Deutschen, zu deren Rettung, gleich welcher Art, von den Medien, den Angehörigen und der Bevölkerung starker öffentlicher Druck auf die Bundesregierung ausgeübt wurde. Ein Einsatz deutscher Streitkräfte zur gewaltsamen Rettung der Deutschen schied aus verschiedenen Gründen aus, doch lassen sich solche Situationen weltweit jederzeit vorstellen.
[700] BVerfGE 35, 263 (276); 58, 300 (336); *Depenheuer*, in: von Mangoldt/Klein/Starck, GG, Art. 14 Rdnr. 86.

rung erfolgen könnte, zumal § 1 Konsulargesetz[701] allgemein von „Rat und Beistand" spricht und die staatliche Hilfe nicht auf lebensbedrohliche Lagen verkürzt. Der Anspruch auf diplomatischen Schutz ist ebenfalls nicht per se auf den Schutz des Lebens beschränkt. Gründe, weshalb ausschließlich die von Art. 2 Abs. 2 GG umfassten Verfassungsgüter geschützt sein sollen, nicht aber andere Grundrechte, sind nicht ersichtlich und in Anbetracht der Rechtsprechung des BVerfG auch kaum denkbar. Der Mangel an „ausdrücklichen" Zulassungen im Sinne des Art. 87a Abs. 2 GG und die nicht erfolgten Verfassungsänderungen führen seit Jahrzehnten zu den hier diskutierten Interpretationsversuchen von „Verteidigung", so dass diese Einsatzsperre bereits heute extensiv interpretiert und verstanden wird. Angesichts der heutigen verfassungspolitischen Lage sowie der Gefahr der Einbeziehung weiterer Schutzgüter, sind den Bedenken dieser Ansicht daher durchaus positive Aspekte abzugewinnen; sie nähern jedenfalls ernsthafte Zweifel an der Schutzpflichtargumentation im Rahmen der „Personalverteidigung".

(g) Die fehlende Berücksichtigung fremder Staatsangehöriger

Eine weitere kritische, aber eher beiläufig vorgebrachte Gegenargumentation sieht einen (zusätzlichen) Nachteil der „Personalverteidigung" in der angeblich fehlenden Berücksichtigung fremder Staatsangehöriger, d.h. Rettungsaktionen zugunsten von Ausländern, wie sie insbesondere auch 1997 in Albanien praktiziert wurde, seien damit bei Heranziehung der „Personalverteidigung" aufgrund der divergierenden Staatsangehörigkeit im Ergebnis nicht als „Verteidigung" zu bezeichnen[702]. Bereits die Operation Libelle 1997 habe in der Mehrzahl ausländische Staatsbürger zum Ziel gehabt und es stelle sich die Frage, wie dies erst zu bewerten sei, wenn mal nur nichtdeutsche Staatsbürger zu retten seien[703]. Streng genommen wäre daher nach dieser Ansicht bereits bei der Rettung eines einzelnen Ausländers die Theorie der „Personalverteidigung" unergiebig.

---

[701] BGBl. I 1974 S. 2317.
[702] *Baldus*, Extraterritoriale Interventionen, S. 259 (282); *Gramm*, NZWehrr 2005, 133 (140).
[703] Diese Frage stellt *Gramm*, NZWehrr 2005, 133 (140).

Wie bereits oben festgestellt, bezieht sich das Konzept der „Personalverteidigung" dogmatisch wegen der ihr zugrunde liegenden deutschen Staatsangehörigkeit nur auf Deutsche, nicht aber auf Ausländer; sofern aber insbesondere Staatsangehörige von Bündnispartnern mitunter doch als Teil der „Personalverteidigung" angesehen werden, so geht dies eher auf das personale Element des Verteidigungsbegriffes zurück und soll auch an jener Stelle behandelt werden[704]. Diese kritische Ansicht trifft damit zwar den Punkt, führt aber aufgrund der der „Personalverteidigung" sowieso inhärenten Beschränkung auf deutsche Staatsbürger in diesem Zusammenhang nicht weiter.

(h) Die Vernachlässigung der Genese des Art. 87a Abs. 2 GG

Endlich wird den Vertretern des Konzepts der „Personalverteidigung" vorgeworfen, bei der Begründung ihrer Theorie die Genese des Art. 87a Abs. 2 GG außer Acht zu lassen und die Frage der Zulässigkeit von Evakuierungsoperationen im Ausland allein anhand des Schutzpflichtarguments zu beantworten[705]. In diesem Falle ist ein Heranziehen der Genese für den konkreten Einsatz einer Rettung Deutscher im Ausland jedoch unergiebig und daher auch nicht als Gegenargument verwendbar. Aus der Entstehungsgeschichte lassen sich keine Hinweise für Rettungseinsätze deutscher Streitkräfte entnehmen, was angesichts der politischen Umstände und der weitaus schwierigeren, damals zu entscheidenden Grundsatzfragen nicht weiter verwundert[706]. Aus der Genese allein können daher keine konkreten und vor allem zielführende Hinweise gewonnen werden.

---

[704] Zum Ganzen vgl. oben 2. Teil A. VII. 3. b) bb) (2) (b) (cc).
[705] *Baldus*, Extraterritoriale Interventionen, S. 259 (282 Fn. 96), der diesen Vorwurf insbesondere an *Depenheuer* richtet und sich „überrascht" zeigt, dass bei diesem die Genese außen vor gelassen wurde, obwohl zuvor *Depenheuer*, DVBl. 1987, 809 (812); *ders.*, Wortlaut als Grenze, S. 53 ff. die Entstehungsgeschichte als Moment der Verfassungsauslegung für besonders berücksichtigenswert gehalten hat.
[706] Bezeichnenderweise stellt dies auch *Baldus*, Extraterritoriale Interventionen, S. 259 (281) dar, indem er dem Verfassungsgesetzgeber im Jahre 1968 zuschreibt, nur an die Landesverteidigung und Bündnisverteidigung gedacht zu haben, nicht aber an die Möglichkeiten weltweiter Interventionen.

(4) Ergebnis: Wenig überzeugender Begründungsversuch

Die „Personalverteidigung" als Verteidigungsobjekt im Sinne des Art. 87a Abs. 2 GG und das damit zusammenhängende Konzept der staatlichen Schutzpflicht auch zugunsten von Deutschen im Ausland stellen einen durchaus erwägenswerten Ansatz zur Beseitigung der zahlreichen Streitfragen rund um den Begriff der „Verteidigung" dar und haben dem juristischem Schrifttum wieder den Auslandsschutz deutscher Staatsangehöriger in Form des diplomatischen und konsularischen[707] Schutz in Erinnerung gerufen. Trotz alledem haben die obigen Ausführungen einige Schwachpunkte der Argumentation aufgedeckt und damit im Ergebnis auch Zweifel an der Geeignetheit der Theorie zur Interpretation des Verteidigungsbegriffs geweckt. Die inhaltliche Bestimmung des Verteidigungsbegriffs mittels des Konzeptes der „Personalverteidigung" gelingt nach hier vertretener Auffassung daher nicht überzeugend, wie sich aus den soeben dargelegten Gegenargumenten und Kritikpunkten ergibt. Insgesamt vermag daher auch das Konzept der „Personalverteidigung" nicht Evakuierungsoperationen als verfassungsrechtlich zulässigen Verteidigungseinsatz gem. Art. 87a Abs. 2 GG herauszustellen.

cc) Die Bestimmung anhand des Präzedenzfalles Albanien 1997

Angesichts der bisherigen Resultate herkömmlicher Interpretationsversuche des Verteidigungsbegriffs und deren potentielle Erstreckung auch auf Evakuierungsoperationen, löst sich eine weitere Ansicht von den dogmatischen Fesseln der klassischen Auslegungsmethoden und wendet sich einem weitaus pragmatischeren Versuch der Inhaltsbestimmung zu, der den Präzedenzfall Albanien 1997 als Ausgangspunkt heranzieht. Demnach solle die Auslegung des Verteidigungsbegriffs in Art. 87a Abs. 2 GG nunmehr auch im Lichte dieses Präzedenzfalles erfolgen und die damalige Organpraxis in der Form berücksichtigt werden, dass

---

[707] Zur Klarstellung sei hervorgehoben, dass es sich bei der einer Evakuierungsoperation zugrunde liegenden Notlage im Allgemeinen um die Gewährung von konsularischem Schutz handeln wird, da diplomatischer Schutz eine Fremdenrechtsverletzung seitens des Zielstaates voraussetzt und daher nicht Bürgerkriege oder Rebellenangriffe hierunter fallen.

den Verfassungsorganen Bundesregierung und Bundestag im Rahmen des möglichen Wortsinnes eine „Konkretisierungsprärogative" zukommen müsse[708]. Dieser Ansatz führe keineswegs zu einer Erweiterung der sicherheitspolitischen Handlungsspielräume der Bundesrepublik, da für den Bereich derjenigen kollektiven Selbstverteidigung, die sich außerhalb des Rahmens kollektiver Sicherheitssysteme gemäß Art. 24 Abs. 2 GG bewege, eine restriktive Organpraxis festzustellen sei[709]. Bei unilateralem Handeln wie im Falle Albanien 1997 sei die Lage hingegen etwas anders: Hier beschränke sich die militärische Aktion nicht auf die Verteidigung von Angriffen von außen auf das Heimat- bzw. Bündnisgebiet, sondern orientiere sich mehr an einer völkerrechtlichen Auslegung des Verteidigungsbegriffs. Die streng völkerrechtsakzessorische Bestimmung des Verteidigungsbegriffs überzeuge jedoch aufgrund ambivalenter Ergebnisse nicht vollständig, weshalb es wenig sachgerecht erscheine, die Verfassungsmäßigkeit der Streitkräfteeinsätze von der völkerrechtlichen Zuordnung abhängig zu machen[710]. Im Zusammenhang mit individueller Verteidigung spreche daher mehr für einen offenen, allgemein auf den Schutz deutscher Rechtspositionen abstellenden verfassungsrechtlichen Verteidigungsbegriff[711]. Das enge Korsett der herrschenden Völkerrechtslehre zu Art. 51 VN-Charta solle dem grundgesetzlichen Verteidigungsbegriff nicht angelegt werden, womit jedenfalls Einsätze wie in Albanien 1997 verfassungsrechtlich als „Verteidigung deutscher Staatsangehöriger mit Zustimmung des Aufenthaltsstaates" zulässig wären. Durch diese individuelle Begriffsbestimmung ließe sich die praktische Bedeutung des Grundsatzstreits über den Anwendungsbereich des Art. 87a Abs. 2 GG eindämmen[712]. Die Verfassungsorganpraxis werde daher im Sinne eines offenen, individuellen Verteidigungsbegriffs berücksichtigt[713].

---

[708] *Kreß*, ZaöRV 57 (1997), 329 (352 ff.); ähnlich *Beckert*, NZWehrr 1984, 9 (22); *Kirchhof*, in: Isensee/Kirchhof, HdbStR, § 84 Rdnr. 49 ff. Zu den Möglichkeiten und Grenzen der Berücksichtigung der Verfassungsorganpraxis im Bereich auswärtigen militärischen Handelns *Kreß*, ICLQ 44 (1995), 414 (421).
[709] *Kreß*, ZaöRV 57 (1997), 329 (353). Dazu auch *Giegerich*, ZaöRV 49 (1989), 1 (28).
[710] *Kreß*, ZaöRV 57 (1997), 329 (353 f.).
[711] *Kreß*, ZaöRV 57 (1997), 329 (354). Vgl. dazu *Blumenwitz*, NZWehrr 1988, 134 ff.
[712] *Kreß*, ZaöRV 57 (1997), 329 (354).
[713] *Kreß*, ZaöRV 57 (1997), 329 (355).

(1) Kritische Bewertung

Zuzustimmen ist dieser Ansicht jedenfalls, wie die obigen Ausführungen belegt haben[714], in ihrer Ablehnung der direkten Verweisung auf das Völkerrecht bei dem Versuch, den Verteidigungsbegriff inhaltlich zu bestimmen. Das Völkerrecht spielt zwar eine wichtige Rolle zur Klärung der Frage, welche Einsätze noch „zur Verteidigung" erfolgen, doch eignen sich weder das Völkerrecht im Allgemeinen noch Art. 51 VN-Charta im Speziellen für eine exakte begriffliche Definition des Verteidigungsbegriffs in Art. 87a Abs. 2 GG. Auch deckt der Verteidigungsbegriff des GG nicht automatisch alle Fälle völkerrechtlich zulässiger militärischer Gewalt ab[715]. Zweifelhaft ist jedoch, ob das vorgeschlagene Konzept der individuellen Verteidigung in Verbindung mit einem offeneren, allgemein auf den Schutz deutscher Rechtspositionen ausgelegten Verteidigungsbegriff inhaltlich stimmig und überzeugend ist. Bereits die der Exekutive zugebilligte „Konkretisierungsprärogative" sowie die Berücksichtigung der Organpraxis bieten eine große Angriffsfläche für Kritik. Zunächst handelt es sich bei der Hinzuziehung der Organpraxis schwerlich um ein rechtliches Argument, welches sich aus verfassungsrechtlichen Grundsätzen herleiten könnte. Es sind keine rechtlichen Normen erkennbar, anhand derer die Organpraxis der Exekutive in ein dogmatisch überzeugendes Gerüst eingeflochten werden könnte. Dies erfordern aber Art. 20 Abs. 3, Art. 28 GG und das darin verkörperte Rechtsstaatsprinzip[716], da auch die vollziehende Gewalt an Gesetz und Recht gebunden ist und somit die Organpraxis nur auf rechtlicher Grundlage beruhen darf. Würde man nun den Präzedenzfall Albanien 1997 und die dadurch entstandene Organpraxis (sofern überhaupt von einer „Praxis" gesprochen werden kann) als entscheidendes Auslegungskriterium heranziehen, entstünde ein mehr oder weniger rechtsfreier Raum[717], in dem die Bundesregierung bzw. die Exekutive im Allgemeinen die Deutungshoheit über den Begriff der „Verteidigung"

---

[714] Vgl. oben 2. Teil A. VII. 3. b) aa) (3) (a).

[715] *Baldus,* in: von Mangoldt/Klein/Starck, GG, Art. 87a Rdnr. 51; *Coridass,* Der Auslandseinsatz, S. 124; *Riedel,* Der Einsatz deutscher Streitkräfte, S. 174.

[716] Vgl. zum Rechtsstaatsprinzip BVerfGE 2, 280 (403); 45, 187 (246).

[717] Nach Ansicht der Abgeordneten *Gysi* fand die „Operation Libelle" in einem solchen rechtsfreien Raum statt, vgl. Sten. Protokoll der 166. Sitzung des BT, 13. WP, S. 14979.

erlangen (Konkretisierungsprärogative) und somit gewissermaßen als entscheidende Instanz die Interpretation verfassungsrechtlicher Normen übernehmen würde. Die verbindliche Auslegung der Verfassung obliegt aber in keinem Falle der Exekutive, sondern allein und exklusiv gem. Art. 93, 100 GG dem BVerfG als judizierendem Organ der Bundesrepublik. Dies ist auch der Grund dafür, weshalb die Einräumung einer Konkretisierungsprärogative zugunsten der Exekutive kaum Beifall finden kann, zumal dadurch die Kompetenzzuweisungen des GG auf den Kopf gestellt würden[718]. Die Zubilligung einer solchen Interpretationshoheit birgt die Gefahr der extensiven Anwendung dieser Befugnisse, womit letztlich der Ausnahmecharakter des Art. 87a Abs. 2 GG unterlaufen würde[719]. Sofern nun, gewissermaßen zur Beschwichtigung kommender Kritiken, eine restriktive Organpraxis der Exekutive unterstellt wird[720], vermag dies kaum zu überzeugen. Das kollektive Vorgehen außerhalb von Sicherheitssystemen im Sinne des Art. 24 Abs. 2 GG mag relativ selten erfolgen[721], doch ist insofern fraglich und ungewiss, ob es angesichts der neuartigen Bedrohungen durch den internationalen Terrorismus auch bei dieser Feststellung bleibt. Die „Operation Libelle" 1997 hat bereits gezeigt, dass mit solchen Operationen zu rechnen ist, insbesondere im Hinblick auf die meist zeitnah zu treffenden Entscheidungen, die ggf. nicht mehr im Rahmen von NATO, EU oder VN getroffen werden könnten. Trotz einer möglicherweise zutreffenden restriktiven Organpraxis erscheint die Annahme einer Konkretisierungsprärogative im Ergebnis als nicht zutreffend. Ob man durch die rechtlich fragwürdige Konstruktion eines individuellen Verteidigungsbegriffs, der sich allgemein auf den Schutz deutscher Rechtspositionen beziehen soll, den Fall der unilateralen Einsätze in verfassungskonformer Weise als zulässig bezeichnen kann, erscheint doch äußerst zweifelhaft. Es drängt sich in diesem Zusammenhang unweigerlich der Eindruck auf, dass mit Hilfe dieser Argumentation rein zweckorientiert die Verfassungsmäßigkeit von Evakuierungsoperationen begründet werden soll, damit nicht als

---

[718] Zutreffend *Baldus*, Extraterritoriale Interventionen, S. 259 (286 Fn. 111).

[719] *Epping*, AöR 124 (1999), 423 (440 f.).

[720] *Kreß*, ZaöRV 57 (1997), 329 (353).

[721] Hierzu könnte man aber auch prominente Einsätze wie im Kosovo 1999 oder die Invasion im Irak 2003 zählen, wenn man diese als unabhängig von Resolutionen und Beschlüssen internationaler Sicherungssysteme durchgeführte militärische Operationen ansieht.

ultima ratio auf die Bundespolizei zurückgegriffen werden muss[722] - unabhängig von der Frage der Verfassungsmäßigkeit eines solchen polizeilichen Einsatzes - und die Streitkräfte im Ergebnis ohne verfassungsrechtliche Rechtsgrundlage tätig werden[723]. Anzeichen hierfür sind jedenfalls insofern ersichtlich, als ein solches Ergebnis - die Übertragung auf die Bundespolizei - einer rein völkerrechtsakzessorischen Bestimmung des Verteidigungszwecks verschiedentlich als nicht sinnvoll angesehen wird[724]. Bedenken bestehen zudem hinsichtlich des Rückgriffs auf eine singuläre Militäroperation, die sich zudem bis zum heutigen Tage nicht in genau dieser Situation wiederholt hat, um dadurch einen „individuellen" Verteidigungsbegriff begründen zu können. Weder lässt sich hieraus in irgendeiner Form Verfassungsgewohnheitsrecht herleiten, noch aus einem politischen Vorgang (verfassungs-)rechtliche Auswirkungen konstruieren. Ansonsten würde die Exekutive durch jene Organpraxis, quasi als politisches Pendant eines „obiter dictum" des BVerfG, Richtlinien zur Verfassungsauslegung vorgegeben und diese gleichzeitig auch umsetzen. Die Gewaltenteilung würde dadurch in ihrem Gleichgewicht gestört werden. Schwierigkeiten dürfte auch die inhaltliche, fast grenzenlose Weite des so verstandenen offenen und individuellen Verteidigungsbegriffs aufwerfen, weil die allgemeine Bezeichnung deutscher Rechtspositionen als Verteidigungszwecke doch erhebliche Bestimmtheitsbedenken hervorruft[725]. Es wird dabei weder konkretisiert, um welche Rechtspositionen der Bundesrepublik es sich dabei handeln soll (völkerrechtliche? Verfassungsrechtliche?) noch worin diese zu sehen sein könnten. Ein derart weiter Verteidigungsbegriff, wie er im Zusammenhang mit der Forderung nach einer Konkretisierungsprärogative vorgebracht wird, kann mangels fehlender Bestimmtheit schlechthin zum Lichten des Dunkelns in der Frage der inhaltlichen Bestimmung des Verteidigungsbegriffs nicht beitragen.

---

[722] So aber *Baldus*, in: von Mangoldt/Klein/Starck, GG, Art. 87a Rdnr. 51; *Heun*, in: Dreier, GG, Art. 87a Rdnr. 17; *Riedel*, Der Einsatz deutscher Streitkräfte, S. 175.
[723] Vgl. *Epping*, AöR 124 (1999), 423 (441 Fn. 88).
[724] Den Rückgriff auf die Bundespolizei/den BGS nennt *Kreß*, ZaöRV 57 (1997), 329 (354) „wenig befriedigend" bzw. „ wenig sinnvoll":
[725] Kritisch auch *Epping*, AöR 124 (1999), 423 (441 Fn. 88).

(2) Ergebnis: Keine Bestimmung anhand des Präzedenzfalles

Die Interpretation des Verteidigungsbegriffs in Art. 87a Abs. 2 GG mittels des Präzedenzfalles Albanien 1997 und der damit zusammenhängenden Organpraxis begegnet vielen Widersprüchen und ist daher abzulehnen.

dd) Fremde Staatsangehörige als Teil der „Verteidigung"?

Die bereits mehrfach[726] offen gelassene, gleichzeitig aber angesichts der politischen und militärischen Realität ebenso wichtige Problematik der Verfassungsmäßigkeit von Rettungsaktionen zugunsten von fremden Staatsangehörigen, ist bei dogmatisch korrekter Verortung, nur als personales Element einer Territorial- bzw. Bündnisverteidigung aufzufassen, da das Grundkonzept der „Personalverteidigung" entscheidend auf der Staatsangehörigkeit basiert und sich die Schutzpflichten des Staates im Ausland durch die Gewährleistung von diplomatischem und konsularischem Schutz auf deutsche Staatsangehörige beschränken[727]. Auch die grundsätzliche Geltung von Schutzpflichten gegenüber Ausländern aus den Grundrechten[728] bezieht sich nicht auf den diplomatischen Schutz im Ausland. Einen möglichen Ausweg bietet diejenige Ansicht, welche den Verteidigungsbegriff weit auslegt und hierunter den Weltfrieden sowie ggf. die Menschenrechte versteht[729]. Diese Meinung kann, wie bereits oben festgestellt, auch im Hinblick auf die Missbrauchsgefahr aufgrund ihrer Weite nicht überzeugen und vermag daher auch nicht die Rettung von Ausländern unter „Verteidigung" i.S.v. Art. 87a Abs. 2 GG zu subsumieren.

---

[726] Vgl. oben 2. Teil A. VII. 3. b) bb) (2) (b) (cc) sowie 2. Teil A. VII. 3. b) dd).
[727] Vgl. oben 2. Teil A. VII. 3. b) bb) (2) (b) (cc). *Sigloch*, Auslandseinsätze, S. 139 vermisst einen „sicherheitsspezifischen Bezug" zur Bundesrepublik bei der Rettung fremder Staatsangehöriger.
[728] Vgl. oben 2. Teil A. VIII. 3. b) bb) (2) (a).
[729] Vgl. oben 2. Teil A. VIII. 3. b) aa) (4).

(1) Notwendigkeit der Differenzierung

Blickt man auf obige Analyse des Verteidigungsbegriffs, wonach neben der Territorial- und Bündnisverteidigung auch die Nothilfe zugunsten Dritter verfassungsrechtlich erlaubt ist[730], so ergibt sich hieraus eine notwendige Differenzierung: Die Rettung von Staatsangehörigen verbündeter Staaten unterfällt dem verfassungsrechtlichen Verteidigungsbegriff, da die Streitkräfte in einem solchen Falle zwar mangels Angriffs nicht direkt das Bündnisgebiet verteidigen, indirekt aber die Bündnisverteidigung auch die Personalhoheit des Vertragspartners mit umfasst[731] und auch keine historischen Gründe bekannt sind, die gegen ein solches Ergebnis sprechen würden[732]. Die Beistandsverpflichtung zum Beispiel des Art. 5 NATO-Vertrag ist nicht rein territorial zu verstehen, sondern umfasst auch Hilfeleistungen zum Schutze der Staatsbürger des jeweiligen Vertragsstaates. Eine andere Interpretation und damit eine Differenzierung zwischen Staats- und Staatsvolkverteidigung im Bündnis werden der Bedeutung eines solchen, auf Gegenseitigkeit beruhenden, militärischen Pakts nicht gerecht. Die insofern zur Rettung deutscher Staatsangehöriger unterschiedliche Bewertung rechtfertigt sich aus dem Gedanken, dass die Bundesrepublik eine völkerrechtlich bindende Verpflichtung zum militärischen Beistand eingegangen ist und dieser Vertrag mit sämtlichen Rechten und Pflichten durch die nationale Ratifikation auch in das innerstaatliche Recht übernommen wurde. Entsprechend gilt es hier, anders als bei rein deutschen Evakuierungsoperationen, auch die korrespondierende Vertragsseite zu berücksichtigen, die ebenso wie die Bundesrepublik, zu Recht von der Erwartung getragen wird, dass die Vereinbarung einer Beistandspflicht zum Schutz ihrer Bevölkerung auch eine mögliche Rettung der Staatsbürger in einem anderen Land als dem Heimatland einschließt, zumal es sich hierbei von der Intensität her regelmäßig um äußerst begrenzte und kurzweilige Aktionen handelt, die in keinster Weise die Verteidigungsfähigkeit der Bundesrepublik selbst in irgendeiner Form beeinträchtigen. Zuzugeben, aber kaum vermeidbar, ist an dieser Stelle die enge Verbindung mit rein politischen Erwartungen, die

---

[730] Vgl. oben 2. Teil A. VIII. 3. b) aa) (3).

[731] *Depenheuer*, DVBl. 1997, 685 (688) spricht von „personaler Verteidigung des Bündnispartners".

[732] Im Ergebnis auch *Schultz*, Die Auslandsentsendung, S. 281; *Sigloch*, Auslandseinsätze, S. 139.

nicht notwendigerweise auch rechtlich kompatibel sind, dennoch stellt es sich aufgrund obiger Argumentation als verfassungsrechtlich zulässig dar, der Bündnisverteidigung eine personale Komponente hinzuzufügen, die aber dann auch außerhalb des Staatsgebietes des Bündnispartners greift. Das in der Literatur beklagte außenpolitische Manko im Falle der Verneinung der Zulässigkeit solcher Evakuierungsoperationen[733] stellt zwar kein unmittelbar verfassungsrechtlich verwertbares Argument dar, doch zeigt die Richtigkeit dieser Aussage, dass weder dem Verfassungsgesetzgeber noch der heutigen Verfassungsrechtslehre eine derartige Differenzierung zwischen Personal- und Territorialverteidigung bei der Bündnisverteidigung unterstellt werden kann.

Staatsangehörige von Drittstaaten hingegen können grundsätzlich nur dann in verfassungskonformer Weise evakuiert werden, wenn der betreffende Staat um Nothilfe bittet, da allein dieser Fall noch als völkerrechtliche Konkretisierung des Verteidigungsbegriffs angesehen werden kann[734]. Sofern kein ausdrückliches Nothilfeersuchen des Drittstaates vorliegt, fehlt in diesem Fall jedoch der Bezug zur „Verteidigung" in Art. 87a Abs. 2 GG und damit die verfassungsrechtliche Grundlage[735].

(2) Paradoxes Ergebnis

Dieses Ergebnis erscheint auf den ersten Blick paradox: Die Auslegung des Verteidigungsbegriffs ergibt nach dem soeben Gesagten eine verfassungsrechtliche Ermächtigung zumindest hinsichtlich der Evakuierung von Staatsbürgern der

---

[733] *Schultz*, Die Auslandsentsendung, S. 281; vgl. auch die Äußerung des Abgeordneten *Glos*, Sten. Prot. der 240. Sitzung des BT vom 22.7.1994, 12. WP, S. 21176 (C/D).

[734] Anders wohl *Oldiges*, Wehrrecht und Zivilverteidigungsrecht, § 23 Rdnr. 19, der einen weiten Verteidigungsbegriff vertritt und zeitlich begrenzte Rettungsaktion auch fremder Staatsangehöriger nicht anders als Einsätze zur Rettung deutscher Staatsangehöriger behandelt sehen will. Gegen die Existenz des Nothilferechts auch *Heuer*, Sten. Protokoll der 166. Sitzung des BT, 13. WP, S. 14988.

[735] *Schultz*, Die Auslandsentsendung, S. 281 stellt nicht auf den Nothilfeaspekt ab, sondern bezeichnet im Ergebnis alle rein deutschen Einsätze zur Rettung fremder, d.h. bündnisfremder, Staatsbürger als verfassungsrechtlich unzulässig. Ebenso *Depenheuer*, DVBl. 1997, 685 (688). Bedenklich ist hingegen die Ansicht von *Sigloch*, Auslandseinsätze, S. 139: Diesem zufolge „spricht nichts dagegen", bei einer Rettung deutscher Staatsangehöriger „en passe" Bürger von anderen Staaten mitzunehmen. Woher die Berechtigung hierzu kommt wird nicht erläutert, was insbesondere überrascht, da *Sigloch* zuvor zwischen Bündnis- und Nicht-Bündnispartnern differenziert.

Bündnispartner, während die obigen Ausführungen zu deutschen Staatsbürgern nach den bisherigen Ergebnissen eine eindeutige verfassungsrechtliche Grundlage gerade nicht erkennen lassen. Doch so unbefriedigend dieses Ergebnis auch sein mag, es ist den bisherigen, rein territorial begründeten, Definitionsversuchen des Verteidigungsbegriffs geschuldet, die, auch mangels Notwendigkeit, Evakuierungseinsätze und die damit eintretende Trennung der üblicherweise verbundenen territorialen und personalen Elemente bei unilateralem Handeln nicht begrifflich in die „Verteidigung" im Sinne des Art. 87a Abs. 2 GG integrieren konnten. Auch dem Konzept der „Personalverteidigung" gelingt dies nicht vollkommen. Es entsteht daher die beschriebene Diskrepanz zwischen fremden und deutschen Staatsangehörigen. Die verfassungsrechtliche Wirklichkeit stimmt eben vielfach mit dem verfassungsrechtlichen Wunschdenken nicht überein, nichtsdestotrotz rechtfertigt dies keine großzügigere Handhabung der Norminterpretation.

(a) Folgen dieses Ergebnisses für den Einsatz

Dieses Paradoxon spiegelt die unterschiedliche Perzeption der Reichweite deutscher Bundeswehr-Einsätze wider. Während über die inhaltliche Begrenzung des Verteidigungsbegriffes bei Auslandseinsätzen zu Gunsten deutscher Interessen intensiv debattiert wird, stand und steht nach überwiegender Ansicht eine militärische Aktion zum Wohle eines Bündnispartners, wie etwa aus der NATO, nie ernsthaft im Zentrum verfassungsrechtlicher Bedenken. Entsprechend widmet sich auch nur eine verschwindend geringe Anzahl von Autoren der Verfassungsmäßigkeit von Rettungsaktionen zugunsten nicht-deutscher Staatsangehöriger[736].

Verlässt man nun einmal die rein theoretische Sichtweise und wirft einen Blick auf die praktischen Folgen dieses Ergebnisses, so kommt man zu einem unbequemen Schluss, welcher anhand eines (hypothetischen) Beispielfalles dargestellt werden soll: Bei einer Abkommandierung einer Bundeswehreinheit nach

---

[736] Zu nennen sind diesbezüglich u.a. *Schultz*, Die Auslandsentsendung, S. 281; *Sigloch*, Aus-landseinsätze, S. 139.

Afrika zur Rettung deutscher und ausländischer Staatsbürger stellt der Truppen-
kommandeur dem Rechtsberater die Frage, ob er überhaupt nach deutschem
Verfassungsrecht die genannten Staatsbürger retten darf. Nach obigen Feststellungen müsste die Auskunft nun lauten, deutsche Staatsangehörige mangels Ermächtigungsgrundlage nein, beispielsweise Franzosen hingegen schon.
So richtig dieses Ergebnis dogmatisch auch sein mag, praktikabel ist eine solche
Lösung nicht. Es würde unzweifelhaft zum wiederholten Verfassungsbruch führen, da es bereits aus humanistischen Gründen kaum vorstellbar sein wird, dass
der Truppenführer vor Ort deutsche Staatsbürger außen vor lässt, Franzosen oder
Belgier hingegen rettet. Daher gilt es zu überlegen, wie ein verfassungsrechtlich
hinnehmbarer Ausweg gefunden werden kann, um der Truppe den, ohnehin
schwierigen, Einsatz zu erleichtern.

(b) Lösungsmöglichkeit

Eine erste, rechtlich unkomplizierte, Möglichkeit wäre der Rückgriff auf die
Bundespolizei als ausführendes Polizeiorgan, ggf. unter Rückgriff auf die logis-
tische Kapazität der Bundeswehr und insbesondere der Luftwaffe für den Lufttransport. Rechtlich abgesichert wäre jener Einsatz zunächst hinsichtlich der
Bundespolizei aufgrund der bereits angesprochenen einfach-gesetzlichen Regelung in § 8 Abs. 2 BPolG[737], der explizit Evakuierungsoperationen erfasst, hinsichtlich einer eventuellen Unterstützungsleistung durch die Bundeswehr im
Wege der Amtshilfe nach Art. 35 GG. Diese ist gerechtfertigt, weil die Bundespolizei die in § 8 BPolG zugewiesene Aufgabe ohne eine (Lufttransport-) Unterstützung der Bundeswehr jedenfalls in weiter entfernten Ländern sonst nicht
adäquat ausführen kann. So wünschenswert und rechtlich begründbar diese Konstruktion auch ist, um so mehr entspricht sie nicht der Einsatzrealität: In aller
Regel werden aus politischen aber auch praktischen Gründen für Evakuierungsoperationen Einheiten der Bundeswehr verwendet, wie die Operation „Libelle"
1997 in Albanien gezeigt hat. Zudem beantwortet eine solche Lösung letztlich

---

[737] Die (formelle) Verfassungsmäßigkeit dieser Regelung hier unterstellt.

nicht die oben genannten Ausgangsfrage, wie die Bundeswehrführung bzw. der einzelne Soldat bei der Differenzierung der Nationalitäten bei der Rettung zu verfahren hat.

Denkbar wäre nun ein *Erst-Recht-Schluss* in der Weise, dass möglicherweise die Rettung deutscher Soldaten verfassungsrechtlich erst recht möglich sein muss, wenn schon ausländische Staatsbürger deutscher Bündnispartner gerettet werden dürfen. Diese Überlegung leuchtet auf den ersten Blick zunächst ein, schließlich besteht auch eine Schutzpflicht des deutschen Staates gegenüber seinen Staatsangehörigen im Ausland, die gewiss prioritär ist gegenüber einer eventuellen Beistandspflicht im Rahmen von Bündnissen hinsichtlich fremder Staatsangehöriger. Doch zwingend ist ein solcher Erst-Recht-Schluss nicht: Denklogisch besteht kein derartiger unmittelbarer Zusammenhang, die Rettung jeder einzelner Staatsangehöriger kann unabhängig von einer Evakuierung der übrigen Staatsbürger erfolgen. Die Annahme eines Erst-Recht-Schlusses scheint die Folge einer ergebnisorientierten Überlegung zu sein, die Rettung deutscher Staatsangehöriger in rechtlich vertretbarer Weise zuzulassen. Solch ein gewolltes Ergebnis kann aber nicht ohne weiteres erzwungen werden, insbesondere fehlt es bei dieser rechtlichen Lösung an dem Bindeglied, das die unmittelbare Verknüpfung erlaubt. Dabei bleibt offen, woher sich der Schluss, man müsse auch deutsche Staatsbürger retten können, wenn schon die Evakuierung ausländischer Staatsangehöriger verfassungsrechtlich möglich sein soll, ergeben soll. Wie die bisherige Untersuchung gezeigt hat, lässt sich dieser Rückschluss nach hier vertretener Ansicht nicht auf den Verteidigungsbegriff des Art. 87a Abs. 2 GG stützen. Eine zwingende Folge im Sinne eines Erst-Recht-Schlusses ist insoweit nicht erkennbar.

Alternativ bietet sich aber eine zweite Möglichkeit an, um diese unbefriedigende Blockade verfassungsrechtlich vertretbar aufzulösen: Unter dem Konzept der *staatlichen Nothilfe*, der auf dem oben genannten Aspekt der staatlichen Schutzpflicht gem. Art. 16 und 2 Abs. 2 GG bei Notlagen einzelner betroffener Bürger im Ausland basiert, dabei aber weder die inhaltliche Bestimmung des Verteidigungsbegriffs im Sinne des Art. 87a Abs. 2 GG berührt noch mit dem (ungeschriebenen) Staatsnotrecht gleichzusetzen ist[738], ließe sich für ganz bestimmte Ausnahmefälle eine Abkehr von dem reinen, engen Wortlautverständnis einzelner Verfassungsnormen rechtfertigen. In etwa vergleichbar mit den §§ 34, 35 StGB muss der Staat in einzelnen, existentiellen Sonderlagen die (einzig verbleibende) Möglichkeit haben, auch die deutschen neben den ausländischen Staatsbürgern zu retten. Eine solche staatliche Nothilfe kommt aber nur dann in Frage, wenn eine unmittelbare Gefahr für Leib oder Leben der deutschen Staatsbürger im Ausland be- oder bevorsteht, jeglicher diplomatischer Schutz ausgeschöpft ist, einheimische Sicherheitskräfte zur Hilfe entweder nicht in der Lage oder nicht willens sind einzugreifen und keine andere Hilfsmöglichkeit besteht. Bei Berücksichtigung und Anwendung dieser strengen Kriterien können im konkreten Einzelfall neben den ausländischen auch deutsche Staatsangehörige als staatliche Nothilfe evakuiert werden. Die durchaus bestehende staatliche Schutzpflicht gegenüber deutschen Staatsbürgern im Ausland würde ansonsten obsolet werden, da zu ihrer praktischen Durchsetzung keine verfassungsrechtlich überzeugende Möglichkeit bereit stünde. Aufgrund der Ausnahmesituation widerspricht dies auch nicht o.g. Ablehnung der Personalverteidigung, weil diese Theorie unter dem juristischen Dach des Art. 87a Abs. 2 GG und damit der Ägide des Verteidigungsbegriffs zur Geltung kommt, während nach der hier aufgezeigten Lösungsmöglichkeit der konkrete Ausnahmefall im Vordergrund steht und an dieser Stelle kein Rückgriff auf den Verteidigungsbegriff erfolgt. Der Vorteil dieses Ansatzes ist darin zu sehen, dass auf der einen Seite die Bundesregierung anhand von klar strukturierten und vorgegebenen Kriterien im Rahmen ihrer exekutivischen Einschätzungsprärogative über einen Einsatz entscheiden kann und auf der anderen Seite eine juristische Beurteilung der Verfassungsmäßigkeit wesentlich einfacher möglich ist als nach dem Konzept der Personalverteidigung, bei der die Bundesregierung einen weiten Beurteilungsspielraum bei der Interpretation des Verfassungsterminus „Verteidigung" geltend machen kann.

---

[738] Dazu später en detail 2. Teil B. Das Staatsnotrecht kann in Betracht gezogen werden, wenn der Staat in seiner Eigenschaft als übergeordnetes Subjekt Ziel eines Angriffes ist.

Der Rückgriff auf staatliche Nothilfe dient nur dazu, für den oben beschriebenen Fall ein praktikables Ergebnis zu erzielen und die Folgen der Unergiebigkeit einer Subsumierung unter „Verteidigung" im Sinne des Art. 87a Abs. 2 GG für den konkreten Einsatz zu mildern. Aufgrund der fehlenden schriftlichen verfassungsrechtlichen Verankerung der staatlichen Nothilfe im GG ersetzt dieses Konzept nicht die grundsätzlich vorrangige und vorzuziehende Subsumierung unter eine explizit normierte Ermächtigungsgrundlage, sofern vorhanden. Es ist aber anzuerkennen, dass auch im Verfassungsleben die juristische, den Wortlaut berücksichtigende Auslegung des GG in gewissen Fällen an ihre Grenzen stößt und für die Praxis unpraktikable Ergebnisse erzielt. Um die Arbeit der Verfassungsorgane nicht zu lähmen, bedarf es einer akzeptablen und pragmatischen Lösung, jedenfalls soweit diese noch mit dem GG in Einklang zu bringen ist. Dabei darf die hier präsentierte Lösung nicht als Allheilmittel für jedwede Rettungsaktion angesehen werden und insbesondere nicht die Problematik der verfassungsrechtlichen Ermächtigungsgrundlage als beendet angesehen werden. Gerade in dem strittigen Fall der unilateralen Evakuierungsoperationen sollte daher, sofern die weitere Untersuchung zu keinem anderen Ergebnis kommt, die Schaffung einer Ermächtigungsgrundlage grundsätzlich der Rechtssicherheit und - klarheit halber absolute Priorität genießen.

(3) Die Subsumierung unter „humanitäre Hilfsaktion/Intervention"

Ein weiterer rechtlicher Begründungsansatz liegt auch nicht in der Charakterisierung der Evakuierungsoperationen zugunsten fremder Staatsangehöriger als humanitäre Hilfsaktion bzw. humanitäre Intervention[739]. Die gewaltsame Befreiung oder Rettung von deutschen und/oder ausländischen Staatsangehörigen stellt einen militärischen Einsatz dar, der mit humanitären Hilfsaktionen im eigentlichen Wortsinne, wie dem Ausfliegen von Verletzten oder der medizinischen Notfallversorgung[740], nichts gemein hat und entsprechend auch nicht unter

---

[739] So z.B. *Coridass,* Der Auslandseinsatz, S. 126 Fn. 3, der auf S. 107 ff. verweist. Zur Abgrenzung der Intervention zum Schutz eigener Staatsangehöriger und humanitärer Interventionen vgl. nur *Baldus,* Extraterritoriale Interventionen, S. 259 (263) m.w.N; *Sigloch,* Auslandseinsätze, S. 122.
[740] Vgl. oben 1. Teil C. IV.

Art. 32 Abs. 1 GG subsumiert werden kann[741]. Die rechtliche Bewertung hat sich danach auch weiterhin an Art. 87a Abs. 2 GG zu orientieren.

Gleiches gilt für die Frage der humanitären Intervention, die aus völkerrechtlicher Sicht viele schwierige und strittige Fragen aufwirft[742], in verfassungsrechtlicher Hinsicht bei unilateralem Handeln aber von dem Verteidigungsbegriff des Art. 87a Abs. 2 GG erfasst sein muss[743]. Die legitimierende Wirkung geht daher auch in diesen Fällen von der inhaltlichen Bestimmung des Verteidigungsbegriffs aus, was zur Folge hat, dass alle Wege wieder zu der zu dieser Kernfrage zurückführen und somit das Konzept der humanitären Intervention mangels eindeutiger Ergebnisse der Begriffsinterpretation vorliegend, zumindest auf verfassungsrechtlicher Ebene, nicht weiterhilft.

(4) Ergebnis: Fremde Staatsangehörige nur teilweise erfasst

Fremde Staatsangehörige sind somit im Ergebnis nicht pauschal als verfassungsrechtlich taugliche Rettungsobjekte einzustufen. Im Einklang mit dem Verteidigungsbegriff des Art. 87a Abs. 2 GG stehen nur Rettungsaktionen zugunsten der Bürger verbündeter Staaten, sowie solcher, deren Staaten explizit um Nothilfe seitens der Bundesrepublik gebeten haben. Allen anderen Staatsbürgern fehlt der Bezug zur „Verteidigung" i.S.d. Art. 87a Abs. 2 GG.

ee) Der Verteidigungsbegriff im 21. Jahrhundert

Der hier dargestellte Verteidigungsbegriff ist ebenso wie seine rechtliche Ausprägung ein Spiegelbild deutscher Geschichte. Über viele Jahrzehnte hinweg,

---

[741] Dies erkennt auch *Coridass,* Der Auslandseinsatz, S. 107 ff. an, doch ist insofern sein Verweis von S. 126 Fn. 3 auf die humanitäre Hilfsaktion zumindest unglücklich, da unklar bleibt, ob nur das Ausfliegen zugunsten von Ausländern gemeint ist und wenn ja, wie die rechtliche Bewertung bei einer gewaltsamen Befreiung aussähe. Zu Art. 32 Abs. 1 GG vgl. auch bereits die obigen Ausführungen unter 2. Teil A. V.
[742] Siehe dazu nur ausführlich *Baldus,* Extraterritoriale Interventionen, S. 259 (264 ff.); *Fischer,* in: Ipsen, Völkerrecht, § 59 Rdnr. 26; *Schultz,* Die Auslandsentsendung, S. 266 ff.
[743] Vgl. dazu auch *Fastenrath,* FAZ vom 19.03.1997, S. 8. Für die verfassungsrechtliche Unzulässigkeit *Günther,* Zum Einsatz der Bundeswehr, S. 329 (361).

vornehmlich aufgrund der nationalsozialistischen deutschen Vergangenheit und der unrühmlichen Rolle der Wehrmacht darin, wurde die erst ein Jahrzehnt nach Ende des Zweiten Weltkrieges neu aufgebaute Bundeswehr aufgrund der Notwendigkeiten des Kalten Krieges eher zur Abschreckung und im Ergebnis damit auch zur Vermeidung eines Militäreinsatzes politisch verwendet[744]. Eine neue Epoche auch für die Streitkräfte begann erst mit der Wiedervereinigung 1989/1990 sowie dem darauf folgenden Kollaps des Warschauer Paktes. Ebenso wie die Exekutive übernahmen nunmehr die Streitkräfte Schritt für Schritt wachsende Verantwortung für die Bündnis- und internationale Sicherheit, was sich primär und am Auffälligsten durch die enorme Zunahme der Anzahl an Auslandseinsätzen der Bundeswehr äußerte[745]. Spätestens seit dem Jahrtausendwechsel und den Terroranschlägen in den vergangenen Jahren sowohl in Europa als auch weltweit sind die Streitkräfte in eine neue, wiederum andersartige, Phase eingetreten. Nunmehr entzünden sich Debatten weniger an dem geographischen Einsatzgebiet und der somit fortgesetzten Auslandsverwendung der Bundeswehr, sondern vielmehr an der Frage des konkreten Einsatzzwecks und der Art und Weise der Operation; Sinn und Zweck der jeweiligen Verwendung werden kritisch hinterfragt und überprüft[746]. Von dieser jahrzehntelangen Wandlung des militärischen Operationsradius und gleichzeitig des politischen Einsatzspektrums blieb allerdings der verfassungsrechtliche Verteidigungsbegriff weitestgehend verschont. Zwar bekam die juristische Diskussion über „out of area"-Einsätze Ende der achtziger und Anfang der neunziger Jahre noch einmal Schwung[747], doch legte sich der Wind und der Ruf nach einer Änderung des GG recht schnell, als das BVerfG sein berühmtes „Streitkräfte-Urteil" 1994 fällte und das, obwohl letztlich keine einzige Streitfrage bezüglich Art. 87a Abs. 2 GG von dem Zweiten Senat geklärt wurde[748]. So darf dann auch heute noch weiter gerätselt werden, was genau unter dem Verteidigungsbegriff zu verstehen sein kann; eine

---

[744] Zum geschichtlichen Hintergrund siehe ferner oben 2. Teil VII. 3. a). aa) (3).

[745] Vgl. nur den Überblick bei *Hermsdörfer*, HuV 2004, 17 ff.

[746] Jüngstes Beispiel hierfür ist der bereits angesprochene Kongo-Einsatz der Bundeswehr im Jahr 2006. Vielfach wurde Kritik auch aus den eigenen Reihen vorgebracht, die FDP sowie die Linkspartei stimmten schließlich gegen den Einsatz. Vgl. dazu auch *Rühl*, FAZ vom 13.5.2006, S. 10.

[747] Vgl. nur die ausführlichen Darstellungen des Meinungsstandes bei *Frowein/Stein*, Rechtliche Aspekte, S. 1 ff.; *Riedel*, Der Einsatz deutscher Streitkräfte, S. 2 ff.

[748] Siehe BVerfGE 90, 286 (355 ff.).

verfassungstextliche Änderung hat es jedenfalls bis zum heutigen Tage nicht gegeben. Die Debatte um den Verteidigungsbegriff wird heute, in Anbetracht der atypischen Bedrohungslage durch den internationalen Terrorismus, meist aus anderen Blickwinkeln geführt, was hinsichtlich der Evakuierungsoperationen im Ausland keine weitere Klärung der verfassungsrechtlichen Situation verspricht. So steht mittlerweile die Frage im Vordergrund, ob die Voraussetzung des Angriffs von außen auf die Bundesrepublik nicht nur staatliche Aktionen kennzeichnet, sondern auch nichtstaatliche Terrorgruppen als Angreifer angesehen werden können und ob sich der Verteidigungsbegriff dazu von der traditionellen Fixierung auf militärische Angriffe lösen muss[749]. Der Fokus verlagert sich auch zunehmend auf die Thematik des Einsatzes der Bundeswehr im Innern[750]. Nichtsdestotrotz sollen im Folgenden die in der Literatur noch relativ überschaubare, von der Intensität her aber durchaus gewaltige Kritik an dem herkömmlichen Verteidigungsbegriff untersucht sowie neue Entwicklungen in der Politik diesbezüglich berücksichtigt werden. Unter Beachtung eines weiteren, erst in diesem Zusammenhang darzustellenden, Ansatzes zur Definition des Verteidigungsbegriffs und jener Kritik soll ein abschließendes Ergebnis zu der Thematik der „Verteidigung" im Sinne von Art. 87a Abs. 2 GG gefunden und insbesondere die verfassungsrechtliche Einordnung von Evakuierungsoperationen vorgenommen werden.

(1) Deutsche (Sicherheits-)Interessen als Verteidigungsobjekt?

Eine, keineswegs neue, Auffassung vertritt ebenfalls die oben bereits erwähnte weite Auslegung des Verteidigungsbegriffs[751], allerdings in einer abgewandelten, im Vergleich zu der These von der Verteidigung des Weltfriedens und der internationalen Sicherheit auf einen nationalen Bezug reduzierten Form: Dabei sei ein Einsatz des Militärs im Rahmen von Systemen kollektiver Sicherheit zur Friedenssicherung gem. Art. 87a Abs. 2 GG grundsätzlich nur dann zulässig,

---

[749] Vgl. *Hernekamp,* in: von Münch/Kunig, GG, Art. 87a, Rdnr. 4; *Oldiges,* Wehrrecht und Zivilverteidigungsrecht, § 23 Rdnr. 18; *Wiefelspütz,* NWVBl. 2006, 41 (42 f.) m.w.N; *ders.,* ZaöRV 65 (2005), 819 (827).
[750] Dazu ausführlichst nur *Fiebig,* Einsatz im Innern, S. 1 ff.

wenn ein bewaffneter Angriff im Sinne des Völkerrechts vorliege, der gleichzeitig existentielle Sicherheitsinteressen der Bundesrepublik bedrohe[752]. Die Inhaltsbestimmung des Verteidigungsbegriffs könne nicht unabhängig von der Sicherheitslage der Bundesrepublik erfolgen, denn nur hieraus sei überhaupt die Aufstellung von Streitkräften legitimiert. Verschiedentlich wird sodann gefordert, sollten Maßnahmen im Rahmen von kollektiven Sicherheitssystemen erfolgen, so müsse der Einsatz neben dem Weltfrieden eben auch der Sicherheit der Bundesrepublik dienen[753].

(a) Die verteidigungspolitischen Richtlinien 2003

Die Politik ist dieser Argumentation bereits ein ganzes Stück voraus. Spätestens seit den Terroranschlägen vom 11.09.2001 gestaltet die Bundesregierung - und das in interfraktioneller Übereinstimmung und Konstanz - die Verwendung der Streitkräfte im Sinne einer weltweiten Verteidigung deutscher Interessen, unabhängig davon, wo auf der Welt dies nötig und geboten ist[754]. Der Begriff „Verteidigung" erhält damit eine Bedeutung, die sich dem soeben dargestellten Begriff der deutschen Sicherheitsinteressen nicht nur annähert, sondern sogar darüber hinaus geht und teilweise der oben referierten, weiten Auslegung des Verteidigungsbegriffs in Form der Verteidigung des Weltfriedens und der internationalen Sicherheit entspricht, allerdings mit einer graduellen Hervorhebung nationaler Schutzgüter. Dieses weite Verständnis des Verteidigungsbegriffs wurde zunächst durch den Erlass der Verteidigungspolitischen Richtlinien (VPR) vom 21.5.2003 öffentlich dokumentiert[755]. Die VPR enthalten einige Hinweise, wie

---

[751] Vgl. oben 2. Teil A. VII. 3. b) aa) (4).

[752] Vgl. *Burkiczak*, ZRP 2003, 82 (83); *Kirchhof*, in: Isensee/Kirchhof, HdbStR, § 84 Rdnr. 49 ff.; *Stein*, Beteiligung an Friedenstruppen, S. 17 (21); *ders.*, Landesverteidigung, S. 935 (940); *Zimmer*, Einsätze der Bundeswehr, S. 88. Ähnlich *Beckert*, NZWehrr 1984, 9 (22); *Blumenwitz,* NZWehrr 1988, 133 (139).

[753] *Zimmer*, Einsätze der Bundeswehr, S. 88.

[754] Erinnert sei an die Aussage des ehemaligen Bundesministers *Struck*: „Die Sicherheit der Bundesrepublik wird auch am Hindukusch verteidigt", Sten. Protokoll der 17. Sitzung des BT, 15. WP, S. 1314 (D).

[755] *Bundesministerium der Verteidigung*, „Verteidigungspolitische Richtlinien für den Geschäftsbereich des Bundesministers der Verteidigung", 2003, abgedruckt u.a. in: Blätter für deutsche und internationale Politik 2003, S. 888 ff.

die Bundesregierung[756] den Verteidigungsbegriff im 21. Jahrhundert interpretiert und welche Rolle dabei den Streitkräften zukommen soll. Bereits in den Vorbemerkungen wird dabei deutlich das Verständnis der Bundesregierung von Sicherheit und Verteidigung im Rahmen des Art. 87a Abs. 2 GG festgelegt: „Verteidigung heute umfasst allerdings mehr als herkömmliche Verteidigung an der Landesgrenze. [...] Die „enge" Auslegung des Begriffs der Verteidigung (keine Einsätze „out of area") ist spätestens mit dem BVerfG-Urteil von 1994 politisch und verfassungsrechtlich überholt"[757]. Damit folgen die VPR der seit jener Entscheidung des BVerfG auch im juristischen Schrifttum dominierenden, allgemeinen Ansicht einer verfassungsrechtlichen Zulässigkeit von multilateralen (Kampf-)Einsätzen der Bundeswehr im Ausland. Insofern ist der Aussage, die „enge" Auslegung sei inzwischen überholt, durchaus beizupflichten. Ebenfalls zutreffend ist die Feststellung, Verteidigung beschränke sich nicht allein auf die Verteidigung der Landesgrenzen und sei geographisch nicht begrenzbar. Eine solche Sichtweise ist mit der heutigen weltpolitischen Lage nicht in Einklang zu bringen und entspricht im Übrigen auch nicht der oben festgestellten Interpretation des Verteidigungsbegriffs. Inwiefern der expressis verbis geäußerten Ansicht, eine Änderung des Art. 87a Abs. 2 GG sei angesichts des Streitkräfte-Urteils nicht erforderlich[758], im Ergebnis zuzustimmen ist, soll an dieser Stelle noch unentschieden bleiben. Die allgemeinen Aussagen in diesem 1. Teil der VPR treffen daher im Ergebnis durchaus den Kern der heutigen verfassungsrechtlichen Diskussion rund um den Verteidigungsbegriff. Die inhaltliche Konkretisierung der recht allgemein gehaltenen „Erläuterungen" zu den VPR folgt in deutlichen Worten im Anschluss daran durch den 2. Teil, den eigentlichen Richtlinien. Nachdem zunächst die Rede ist von einem weiten Verständnis des Verteidigungsbegriffs, das sich in den letzten Jahren herausgebildet habe[759], wird den darauf folgenden „Kernaussagen" explizit ein Verteidigungsbegriff zugrunde

---

[756] Auch wenn dieses Dokument formell lediglich aus der Sicht des zuständigen (Verteidigungs-) Ressorts und damit des Inhabers der Befehls- und Kommandogewalt gem. Art. 65a GG verfasst wurde, somit offiziell nicht die Ansicht der Bundesregierung widerspiegeln muss, bestehen jedoch kaum Bedenken dahingehend, eine zumindest stillschweigende Billigung seitens des Bundeskabinetts anzunehmen, zumal auch kein nennenswerter Widerspruch hierzu bekannt wurde.
[757] Verteidigungspolitische Richtlinien (vgl. oben), S. 12 X.
[758] Verteidigungspolitische Richtlinien (vgl. oben), S. 12 X.
[759] Verteidigungspolitische Richtlinien (vgl. oben), S. 18 Punkt 4.

gelegt, der geographisch nicht mehr eingrenzbar sei und daher „zur Wahrung unserer Sicherheit bei[trägt], wo immer diese gefährdet ist"[760]. Eine geographische Einsatzsperre wird hierdurch faktisch aufgehoben und erstmals in solch allgemeiner Form das Verteidigungsobjekt „Wahrung unserer Sicherheit" der Einsatzbeurteilung zu Grunde gelegt. Die Streitkräfte sollen sich hierdurch von jeglichen territorialen Fesseln der Vergangenheit lösen und, soweit erforderlich, weltweit die deutsche Sicherheit verteidigen können. Besonderen Wert hierbei legen die VPR auf die Multinationalität der internationalen Verwendung der Streitkräfte, indem bewaffnete Einsätze der Bundeswehr im Ausland nur gemeinsam mit Verbündeten und Partnern im Rahmen der VN, NATO oder EU erfolgen sollen, allerdings mit Ausnahme von „Evakuierungs- und Rettungsoperationen"[761]. Angesichts der soeben erwähnten Auflösung der geographischen Einsatzbeschränkung, ergibt sich nach Ansicht der Verfasser der VPR damit für Evakuierungsoperationen ein nahezu unbeschränktes Einsatzfeld, da zum einen Verteidigung weltweit erfolgen kann und zum anderen, als Ausnahmefall, das Gebot des multinationalen Handelns bei Evakuierungsoperationen gerade nicht gilt. Somit könnten Rettungsaktionen nach dem Verständnis der Bundesregierung weltweit, zu jeder Zeit und unilateral durchgeführt werden. Entsprechend werden Rettung und Evakuierung an späterer Stelle explizit als „Aufgaben der Bundeswehr" angesehen und gleichzeitig die Durchführung in nationaler Verantwortung ebenso hervorgehoben wie die fehlende geographische Beschränkung sowie die Erforderlichkeit von Spezialkräften[762]. Darüber hinaus werden die zu verteidigenden deutschen Interessen zwar nicht abschließend im Sinne von Verteidigungsobjekten aufgezählt, doch wird mehrfach die breit gefächerte Interpretation deutscher Sicherheitspolitik, gemäß dem weiten Verständnis von „Verteidigung", herausgehoben. Für eine Auftragsbeschreibung der Streitkräfte mutet es zunächst befremdlich an, beispielsweise einen Bezug zu der Abhängigkeit der deutschen Wirtschaft von dem Außenhandel herzustellen[763], doch wird wenig später die Entschlossenheit der Exekutive an der Sicherung auch solcher

---

[760] Verteidigungspolitische Richtlinien (vgl. oben), S. 18 Punkt 5.
[761] Verteidigungspolitische Richtlinien (vgl. oben), S. 19 Punkt 11.
[762] *Verteidigungspolitische Richtlinien* (vgl. oben), S. 29 Punkt 81, vgl. auch S. 11 IX. und S. 25 Punkt 55; zu den Spezial- bzw. Eingreifkräften siehe auch oben 1. Teil D. II.
[763] Verteidigungspolitische Richtlinien (vgl. oben), S. 21 Punkt 27.

Interessen deutlich, indem die deutsche Sicherheitspolitik als „umfassend angelegt" bezeichnet wird und politische, ökonomische, ökologische, gesellschaftli-
che und kulturelle Bedingungen und Entwicklungen zu berücksichtigen seien[764].
Diese Andeutungen, kombiniert mit den obigen Erwägungen, ergeben daher ein
völlig gewandeltes Bild deutscher Sicherheitspolitik: Es steht nicht mehr die
Landesverteidigung im Vordergrund (auch wenn dieser Primärauftrag stets be-
tont wird), sondern vielmehr die Durchsetzung deutscher Interessen weltweit mit
militärischen Mitteln, sofern diese bedroht oder gar verletzt werden. Der Einsatzort hat somit, nach den Vorstellungen der Exekutive, völlig an Bedeutung
verloren und dürfte nicht mehr für die Einsatzentscheidung, sondern lediglich für
die konkrete Einsatzplanung eine Rolle spielen. Ganz im Sinne des weiten Verteidigungsbegriffs, nur auf einer anderen Ebene, bewegen sich in den VPR dann
die Kriterien, nach welchen die Bundesregierung einen Einsatz durchzuführen
gedenkt: „Der politische Zweck bestimmt Ziel, Ort, Dauer und Art eines Einsatzes"[765]. Der Hinweis auf den politischen Zweck macht bereits die Weite der exekutivischen Entscheidungsmöglichkeiten deutlich und verfestigt den grundlegenden Tenor der ganzen Richtlinien: Es soll der Politik (und letztendlich dem
Parlament aufgrund des Zustimmungsbedürfnisses) ein weiter Spielraum dahingehend eingeräumt werden, wann, wo, wie und warum deutsche Streitkräfte im
Ausland eingesetzt werden. Begründet wird dies mit einer weiten Auslegung des
Verteidigungsbegriffs, die der Exekutive weitgehend freie Hand gewährt und
entsprechende verfassungsrechtliche Diskussionen wie in den vergangenen Jahrzehnten obsolet machen soll. Auch das BVerwG schien im Übrigen einer derartigen Interpretation der Rolle der Streitkräfte und deren Verwendung durch die
Politik nicht sehr abgeneigt zu sein, als es in einem Urteil aus dem Jahre 1996
festhielt: „Verfassungsmäßige Aufgabe der Bundeswehr ist es, im Verteidigungsfall die äußere Sicherheit der Bundesrepublik Deutschland im Zusammenwirken mit den Verbündeten zu garantieren sowie *ihre politische Handlungsfähigkeit in Zeiten politischer Krisen und im Frieden zu gewährleisten*"[766].

---

[764] Verteidigungspolitische Richtlinien (vgl. oben), S. 22 Punkt 36.
[765] Verteidigungspolitische Richtlinien (vgl. oben), S. 25 Punkt 57.
[766] BVerwGE 103, 361 (363). Hervorhebung hier.

(b) Das Weißbuch 2006

Diese verfassungspolitischen Kernthesen wurden sodann nach dem Regierungs-
wechsel im Frühjahr 2006 unter der erneuten Federführung des Verteidigungs-
ressorts, diesmal unter einem neuen Minister, wieder in die öffentliche Diskussion eingeführt, indem der Bundesminister der Verteidigung eine Reihe von
Themen problematisierte und in diesem Zusammenhang ein neues Weißbuch für
die Bundeswehr ankündigte[767]. Erstmals seit langer Zeit wurde wieder laut über
eine Grundgesetzänderung nachgedacht, die sich zunächst im Wesentlichen auf
mögliche Einsätze der Bundeswehr gegen terroristische Bedrohungen aus der
Luft oder von See beziehen sollte, aber gegebenenfalls auch eine neue verfassungsrechtliche Grundlage für Auslandseinsätze schaffen könne[768]. Im Vorfeld
des geplanten Weißbuches wies der Bundesminister der Verteidigung Jung
mehrfach auf eine angeblich erforderliche Verfassungsanpassung an die Einsatzrealität der Bundeswehr hin. Dabei befand sich zumindest das Verteidigungsressort in einem Punkte ganz auf der Linie der drei Jahre zuvor im Rahmen der
Vorgängerregierung erlassenen VPR: Unter den Verteidigungsbegriff falle die
Wahrnehmung deutscher Interessen und völkerrechtlicher Verpflichtungen e-
benso wie der Schutz bzw. die Verfolgung wirtschaftlicher Interessen, Versor-
gungs- und Ressourcensicherung[769]. Zur Zeit des Verfassungsgesetzgebers habe
ein ganz anderes Verständnis von „Verteidigung" vorgelegen, während heute
Terrorgefahr und asymmetrische Bedrohungen es erforderten, den Verteidigungsbegriff neu zu definieren[770].

---

[767] Eine sicherheitspolitische Grundsatzdebatte forderte bereits *Löwenstein*, FAZ vom 6.12.2005, S. 1.
[768] Vgl. *FAZ*, vom 5.4.2006, S. 5. Auch *FAZ*, vom 21.9.2007, S. 2.
[769] So Bundesverteidigungsminister *Jung* in einem Interview, FAZ, vom 2.5.2006, S. 5; kritische Reaktionen darauf in *FAZ*, vom 4.5.2006, S. 5. *Jung* tritt darin für eine klare Wertorientierung der deutschen Sicherheitspolitik ein, mahnt aber, man müsse auch Interessen der Bundesrepublik im Zusammenhang mit dem Sicherheitsbegriff definieren. Ferner bedürfe auch der „Verteidigungsfall" in Art.
115a GG einer Neubestimmung.
[770] *Jung*, in: Kölner Stadt-Anzeiger, 12.5.2006, S. 7. Dabei schlug *Jung* die Änderung bzw. Anpassung
des Art. 24 GG an die Rechtsprechung des BVerfG vor.

In dem am 25.10.2006 veröffentlichten Weißbuch[771] finden sich daher zahlreiche Aussagen, die hinsichtlich der oben beschriebenen VPR durchaus Kontinuität versprechen, teilweise aber auch deutlich darüber hinaus gehen: So soll die Regierung nach dem Weißbuch vor jeder Entscheidung für einen Auslandseinsatz prüfen, inwieweit Interessen Deutschlands den Einsatz erfordern und rechtfertigen[772]. Die Interessen Deutschlands orientierten sich dabei an sicherheitspolitischen Zielen, welche wiederum nicht statisch und ein für alle Mal festgelegt, sondern abhängig von internationalen Konstellationen und Entwicklungen seien. Deutsche Sicherheitspolitik beruhe dabei auf einem „umfassenden Sicherheitsbegriff"[773]. Als eine der vorrangigen Interessen neben der transatlantischen Sicherheit und Stabilität wird in dem Weißbuch auch der Wohlstand des Landes durch „einen freien und ungehinderten Welthandel" bezeichnet[774]. Der Auftrag und die Ziele deutscher Sicherheits- und Verteidigungspolitik stellen demnach den Ansatzpunkt für den Auftrag der Bundeswehr dar[775]. Das Weißbuch hebt zudem hervor, auch die „Rettung und Evakuierung von Staatsbürgerinnen und -bürgern" liege „grundsätzlich in nationaler Verantwortung"[776]. Diese Aufgabe müsse weltweit „eigenständig", aber auch mit Beteiligung von Partnern und Verbündeten verfolgt werden können, was Spezialkräfte erfordere. Der Abschnitt über die verfassungsrechtlichen Vorgaben enthält zunächst das Bekenntnis zu den Streitkräften als Primat demokratisch legitimierter Politik, wobei GG und Völkerrecht die Grundlage für alle Einsätze bildeten[777]. Auffallend ist dabei, dass entsprechend den Äußerungen des Ministers (s.o.) der erste vom Verteidigungsministerium fertig gestellte Entwurf noch die Feststellung enthielt, das GG sei nicht auf die heutige Sicherheitslage zugeschnitten, stelle aber gleichwohl einen weiten Rahmen bereit, der auch unter veränderten Bedingungen sicher-

---

[771] „*Weißbuch 2006 zur Sicherheitspolitik Deutschlands und zur Zukunft der Bundeswehr*", abrufbar unter http://www.weissbuch.de (Stand: November 2007). Das Weißbuch unterscheidet sich in formeller Hinsicht von den VPR insofern, als ersteres von dem Bundeskabinett verabschiedet wurde und daher ein offizielles Dokument der Bundesregierung darstellt, während die VPR vom Verteidigungsressort erlassen wurden.
[772] *Weißbuch 2006*, Punkt 1.3 (S. 29).
[773] *Weißbuch 2006*, Punkt 1.3 (S. 29).
[774] *Weißbuch 2006*, Punkt 1.3 (S. 28).
[775] *Weißbuch 2006*, Punkt 3.2 (S. 72).
[776] *Weißbuch 2006*, Punkt 3.2 (S. 73).
[777] *Weißbuch 2006*, Punkt 3.3 (S. 75).

heitspolitischen Gestaltungsspielraum eröffne[778]. Im verabschiedeten, ressortabgestimmten Weißbuch wird nur der zweite Teil der Aussage wiederholt und somit eine Bestimmung der Reichweite des GG vermieden. Lediglich hinsichtlich der Thematik eines Einsatzes im Innern erfolgt die Mitteilung, die Bundesregierung sehe diesbezüglich die „Notwendigkeit einer Erweiterung des verfassungsrechtlichen Rahmens für den Einsatz der Streitkräfte"[779]. Der sog. „weite Rahmen" stellt mit anderen Worten nichts anderes als die weite Auslegung des Verteidigungsbegriffs dar.

(c) Die Neuausrichtung deutscher Sicherheitspolitik

Aus den insgesamt wenig zufrieden stellenden Ausführungen zum Verteidigungsbegriff und den umfangreicheren Anmerkungen zur deutschen Sicherheitspolitik lässt sich eindeutig die Verfolgung deutscher Interessenpolitik als Richtschnur für zukünftiges Handeln der Bundesregierung ausmachen. Mit diesem Ergebnis geht die Ansicht der Politik auch über die eingangs erwähnte Auslegung der deutschen Sicherheitsinteressen als „Verteidigung" weit hinaus, da bei letzteren eine existentielle Bedrohung gefordert wird, während nach dem politischen Verständnis von Verteidigung der Begriff der Interessen extensiver ausgelegt wird und die Sicherheitslage der Bundesrepublik nicht zwangsläufig entscheidend ist. Demnach wahrt das Weißbuch im Vergleich zu den VPR jedenfalls in der Hinsicht die Kontinuität, als erneut die politische Entscheidung anhand der Interessenverteidigung in den Vordergrund rückt. Auf das traditionelle Verständnis bzw. die herkömmliche Auslegung des Verteidigungsbegriffs wird dabei vollkommen verzichtet und stattdessen ein Epochenwandel bei der Inhaltsbestimmung von „Verteidigung" im Sinne von Art. 87a Abs. 2 GG vollzogen. Unabhängig von der politischen Akzeptanz bzw. der öffentlichen Rezeption und den wissenschaftlichen Kommentaren rund um das Weißbuch, kann der Inhalt der VPR und des Weißbuches ohne weiteres als stellvertretend für die Auslegung des Verteidigungsbegriffs aus der Sicht der Bundesregierung be-

---

[778] Der Entwurf des BMVg ist unter http://www.geopowers.com (Stand November 2007) zu finden.
[779] *Weißbuch 2006*, Punkt 3.3 (S. 75, 76).

zeichnet werden. Diese Auslegung wird daher auch ohne vertieftes juristisches Fundament für die zukünftige Interpretation des Verteidigungsbegriffs von nicht zu unterschätzender Bedeutung sein, unabhängig auch davon, ob dieser Ansicht zugestimmt wird oder nicht. Legt man diese Sichtweise zugrunde, bestünden überhaupt keine Zweifel an der Verfassungsmäßigkeit von Evakuierungsoperationen im Ausland. Die Theorie der deutschen Sicherheitsinteressen der Literatur dürfte wohl kaum die einer Rettungsaktion zugrunde liegende Situation als für die Sicherheit Deutschlands existenzbedrohend bezeichnen und könnte daher die Zulässigkeit von Evakuierungsoperationen schwerlich begründen.

(2) Kritik an der interessengeleiteten Auslegung

Diese extrem weite, interessengeleitete Auslegung wurde bereits vor den jüngsten politischen Äußerungen und Aktivitäten aus Teilen der Literatur kritisiert, während die überwiegenden Stimmen im Schrifttum noch die herkömmlichen Auslegungsergebnisse referieren und sich der einen oder anderen Meinung anschließen, ohne weiter auf die durch die Politik vorgenommene Ausdehnung des Verteidigungsbegriffs einzugehen oder diese zu problematisieren. Auch wenn über die Genese des Art. 87a Abs. 2 GG keine Einigkeit herrscht[780] und somit der exakte Wille des Verfassungsgesetzgebers nicht mehr bis ins letzte Detail unzweifelhaft rekonstruiert werden kann, so ist doch heute nahezu unwidersprochen, dass sich der Auftrag der Streitkräfte und die damit einhergehende Bestimmung des Verteidigungsbegriffs wesentlich von der ursprünglichen Auftragszuteilung und dem Begriffsverständnis zur damaligen Zeit unterscheiden[781]. Die heutigen Bedrohungsszenarien haben wenig bis nichts mit der sicherheitspolitischen Lage einige Jahre nach dem Ende des Zweiten Weltkrieges gemein und konzentrieren sich auf andere Aggressoren, darunter größtenteils nicht mehr Staaten als Urheber der Aggression, sondern vielmehr terroristische Gruppierun-

---

[780] Zur genetischen Betrachtung vgl. nur *Schultz,* Die Auslandsentsendung, S. 189 ff.; auch *Arndt,* DÖV 1992, 618 ff.
[781] Vgl. *Verteidigungspolitische Richtlinien* (vgl. oben), S. 12 X.; *Jung,* in: Kölner Stadt-Anzeiger, 12.5.2006, S. 7. Für einen offenen Verteidigungsbegriff auch *Baldus,* in: von Mangoldt/Klein/Starck, GG, Art. 87a Rdnr. 40; *Depenheuer,* DVBl. 1997, 685 (686).

gen oder vergleichbare Gefahrenpotenziale[782]. An die Stelle der Landes- und Bündnisverteidigung tritt zunehmend die Krisenintervention ohne räumliche Begrenzung im Sinne einer globalen Sicherheitsgewähr[783]. Insofern konsequent, setzen die VPR und das Weißbuch lediglich diese Entwicklung fort und kreieren schließlich dadurch die modernste und politischste Definition von „Verteidigung": Doch auch unter Berücksichtigung der weltpolitischen Entwicklungen im 20. und 21. Jahrhundert und der Strukturanpassungen der Streitkräfte - die im Übrigen nicht auf Deutschland begrenzt sind[784] - hin zu weltweit operierenden Interventionskräften, drängt sich die Frage auf, ob und wenn ja, wie weit, der Verteidigungsbegriff diese Veränderungen ebenfalls nachvollziehen kann und darf, ohne dabei an Kontur zu verlieren und gleichzeitig den Anforderungen an die verfassungsrechtliche Bestimmtheit einer Norm gerecht zu werden. Insbesondere die von der Exekutive vorgenommene massive Erweiterung des Verteidigungsbegriffs durch eine interessengeleitete Sicherheitspolitik ist diskussionswürdig und - pflichtig.

(a) Die fehlende tatbestandliche Eingrenzung als Problem

Die häufigen Verwendungen der Bundeswehr zu Kriseninterventionen und im Ergebnis nunmehr auch das Heranziehen deutscher (Sicherheits-) Interessen als Anknüpfungspunkt zur Bestimmung des Verteidigungsbegriffs haben verschiedentlich schon den Eindruck erweckt, dass jedenfalls in Bezug auf die äußere Sicherheit das Recht seine steuernde Funktion zu einem erheblichen Teil verloren habe und ein Rückfall auf den Stand der verfassungsrechtlichen Dogmatik des Kaiserreichs zu befürchten sei, wenn das Militär als ein Teil der Staatsgewalt behandelt würde, der keiner demokratisch-rechtsstaatlichen Umhegung be-

---

[782] Entsprechend heißt es auch in den *Verteidigungspolitischen Richtlinien* (vgl. oben), S. 21 Punkt 31: „Eine Gefährdung des deutschen Staatsgebiets durch konventionelle Streitkräfte ist derzeit und auf absehbare Zeit nicht zu erkennen". Siehe auch S. 20 Punkt 19.

[783] *Wieland*, Äußere Sicherheit, S. 81 (84); vgl. auch den Überblick über die Einsätze der Bundeswehr auf http://einsatz.bundeswehr.de.

[784] Zu den militärischen Entwicklungen im Rahmen von NATO und EU siehe bereits oben 1. Teil D. II.; auch die USA verändern ihre militärische Struktur, vgl. *National Security Strategy of the United States of America* (NSS) vom September 2002, Kapitel IX.

dürfte[785]. Dieser Eindruck täuscht nicht, sondern hat sich angesichts der augenfälligen politischen Interpretation des Verteidigungsbegriffs verstetigt und damit bewahrheitet. Die Folgen einer Einbeziehung deutscher Interessen weltweit sind unabschätzbar und entfernen sich immer mehr von einer rechtlichen Bestimmung hin zu einer rein politischen Gestaltungsfreiheit der Exekutive. So ist bereits fraglich, welche Interessen überhaupt schützenswert sind und wer hierüber entscheidet. Aus der Sicht der Bundesregierung ist die Antwort auf letzteres klar: Sie selbst. Dieses Ergebnis befriedigt nicht, denn die Verteidigung der Bundesrepublik würde sich in diesem Falle auf alle militärischen Einsätze beziehen, die von der Exekutive sicherheitspolitisch und zum Schutze deutscher Interessen als erforderlich eingestuft werden[786]. Bei dieser Lesart verliert der verfassungsrechtliche Begriff der Verteidigung jegliche tatbestandlich eingrenzende Wirkung für das Handeln der Exekutive, da Konfliktverhütung und Krisenprävention weltweit geboten sein können und somit die Grenzen der Einsatzmöglichkeiten der Bundeswehr völlig aufgehoben werden[787]. Der Rechtsbegriff der „Verteidigung" würde dadurch zu einem politischen Begriff degradiert, der jegliche verfassungsrechtliche Kontur verlöre und nur noch nach Gusto der Politik interpretiert werden würde[788].

---

[785] Diese Befürchtung äußert *Wieland*, Äußere Sicherheit, S. 81 (82). Ähnlich *Gramm*, NZWehrr 2005, 133 (135). *Van Ooyen*, IPG 1/2002, 90 (109) meint gar, der jeweilige „out of area" Einsatz werde verfassungsrechtlich von Fall zu Fall „zurechtgebastelt".

[786] *Gramm*, NZWehrr 2005, 133 (135). Gegen diese „beliebige Funktionalisierung" auch schon *Depenheuer*, DVBl. 1997, 685 (686).

[787] Vgl. *Kutscha*, KJ 2004, 228 (233); *ders.*, NVwZ 2004, 801 (804). Kritik auch bei *Böttcher*, FR vom 12.1.2004; *Müller*, FR-Dokumentation vom 6.10.2003; *Simon*, FR vom 6.1.2004.

[788] *Kutscha*, KJ 2004, 228 (233); siehe die *Verteidigungspolitische Richtlinien* (vgl. oben), S. 25 Punkt 57: „Der politische Zweck bestimmt Ziel, Ort, Dauer und Art eines Einsatzes". *Gramm*, NZWehrr 2005, 133 (135) meint zu Recht, zwischen Verteidigungspolitik und weltweiter Sicherheitspolitik mit militärischen Mitteln gäbe es dann von Verfassungs wegen keinen rechtlich greifbaren Unterschied mehr. Nach *van Ooyen*, IPG 1/2002, 90 (109) befremdet die Tatsache, dass ausgerechnet die Frage von Krieg und Frieden der Normierung entzogen sei und einer „schöpferischen" Staatsräson überlassen bleibe.

(b) Die Gefahr der zunehmenden Verwässerung von „Verteidigung"

Die Entscheidung je nach politischer Intention würde auch den Weg frei machen zur selbständigen Interpretation der schützenswürdigen Interessen, die je nach außenpolitischen Erwägungen nahezu jedes denkbares Rechtsgut beinhalten könnten. Der Verteidigungsbegriff verlöre dadurch nicht nur die rechtliche Bestimmtheit, sondern entfernte sich mehr und mehr von der klassischen und historischen Definition als „Abwehr eines Angriffs" hin zu einer von der verfassungsrechtlichen Diktion vollkommen abweichenden neuen begrifflichen Interpretation, die mit dem Terminus der „Verteidigung" nach heutigem, sprachlichem Verständnis nichts mehr gemein hat. Nicht von ungefähr bezeichnete der Bundesminister der Verteidigung in einem Interview 2006 wirtschaftliche Interessen, Versorgungs- und Ressourcensicherung als Bestandteile der neuen sicherheitspolitischen Strategie der Bundesregierung[789]. Diese Beispiele illustrieren in vorzüglicher Weise die außerordentliche Weite dieser Auslegung, so sie denn in dieser Form auch durchgesetzt würde. Die Sicherung der Energieversorgung oder von natürlichen Ressourcen wie Öl etc. mag sicher billigenswert oder gar notwendig sein, doch ist dies eine Thematik, welche im Rahmen einer Verfassungsänderung diskutiert werden muss und nicht über den Umweg der deutschen Interessen noch in den Verfassungsbegriff des Art. 87a Abs. 2 GG hineingezwängt werden darf, nur weil ansonsten keine andere Ermächtigungsgrundlage existiert[790]. Die angeführten Beispiele sind möglicherweise zurzeit noch Zukunftsmusik, doch wird damit die Weite der interessengeleiteten Interpretation des Verteidigungsbegriffs hinreichend deutlich. Die Bestimmung der Interessen wie auch die Einsatzentscheidung würden sich im Ergebnis eher an außenpolitischen Erwägungen zur internationalen Konfliktbeilegung als an deutschem Verfassungsrecht orientieren, was einem Rechtsstaat wie der Bundesrepublik zuwiderläuft und daher nicht Unterstützung verdient. Die deutsche Sicherheitspolitik mittels militärischer Intervention ist im Rahmen der politisch-

---

[789] *Jung*, in: FAZ, vom 2.5.2006, S. 5. Als mögliche zukünftige Einsätze werden dabei auch Aktionen zur Sicherung von Energielieferungen genannt.

en Erwägungen aus Sicht der Exekutive inzwischen zu einem legitimen Bestandteil der Außenpolitik geworden, während zunehmend die Frage der (verfassungsrechtlichen) Legalität aufgrund der fragwürdigen Heranziehung eines weiten Verteidigungsbegriffs in den Hintergrund rückt, gleichwohl aber keineswegs
als geklärt gelten kann[791].

(c) Begrenzungen durch die Rechtsprechung

Berücksichtigt werden sollte auch der Hinweis des BVerfG im „Streitkräfte-
Urteil", die verfassungsrechtliche Begrenzung des Einsatzes der Streitkräfte
müsse im Sinne einer „strikten Texttreue" interpretiert werden[792], womit nur Einsätze „zur Verteidigung" (da keine ausdrückliche Ermächtigung existiert) als
verfassungsrechtlich zulässige Verwendungen angesehen werden können und
jede andere erweiternde Umdeutung schwer begründbar wird. Diese „strikte
Texttreue" sollte daher auch als Restriktion einer unbeschränkten Einsatzermächtigung ernst genommen werden[793] und dementsprechend auch im politischen Entscheidungsprozess wieder stärker beachtet werden. Unerwarteten Beistand bekommt die Kritik an der extensiven Auslegung des Verteidigungsbegriffs neuerdings vom BVerwG, dessen Wehrdienstsenat im Rahmen der Untersuchung von Art. 87a Abs. 2 GG judizierte: „Der Einsatz der Bundeswehr „zur
Verteidigung" ist mithin stets nur als Abwehr gegen einen „militärischen Angriff" erlaubt, *jedoch nicht zur Verfolgung, Durchsetzung und Sicherung öko-
nomischer und politischer Interessen*"[794]. Damit wird klar, dass auch das höchste
deutsche Verwaltungsgericht einer Gleichstellung von „Verteidigung" mit deut-

---

[790] Für eine Verfassungsänderung aufgrund neuer Sicherheitsaufgaben auch *Rühl*, FAZ vom
13.5.2006, S. 10. Die Ressourcensicherung als deutsche Interessen sieht *Löwenstein*, loyal 6/2006, S. 5
als eine „Selbstverständlichkeit" an.
[791] Vgl. *Wieland*, Äußere Sicherheit, S. 81 (85).
[792] BVerfGE 90, 286 (357). An der maßgeblichen Stelle in dem Urteil bezieht der Senat dieses Text-
treue-Gebot zwar auf die Begrenzung der Einsätze im Innern, doch wird an derselben Stelle auf die
BT-Drs. V/2873, S. 13 verwiesen, nach der Befugnisse der Bundeswehr eindeutig im „Wortzusammenhang mit der Verteidigungskompetenz" stehen sollen.
[793] So *Depenheuer*, DVBl. 1997, 685 (686), der treffend bemerkt: „Allein im diffusen Nebel eines
nach Zwecken changierenden Verteidigungsbegriffs ist die notwendige begriffliche Klarheit nicht zu
erlangen [...]".
[794] *BVerwG*, NJW 2006, 77 (81). Hervorhebungen hier. Eine weitere Begründung oder Erläuterung erfolgte nicht.

schen Interessen weltweit wohl kaum folgen würde, sollte jemals diese Frage beim BVerwG entscheidungserheblich werden. Sicherlich entfaltet diese Ansicht keine Bindungswirkung bei der verfassungsrechtlichen Auslegung[795], doch macht die Entscheidung deutlich, dass neben den kritischen Stimmen im juristischen Schrifttum auch die Justiz die von einer exzessiven Anwendung interessengeleiteter Verteidigungspolitik ausgehende Gefahr im Grundsatz erkannt hat. Es bleibt zu hoffen, dass auch das BVerfG Gelegenheit bekommt, diese politische Praxis als nicht kompatibel mit der jetzigen Formulierung von „Verteidigung" in Art. 87a Abs. 2 GG einzustufen. Dabei ist auch die Signalwirkung einer eventuellen Duldung dieser Auslegungsweise in der juristischen Lehre für die Politik nicht zu unterschätzen, zumal der Heranziehung deutscher Interessen bei der Evaluierung deutscher Sicherheitspolitik nicht etwa bloße Absichtserklärungen oder politische Programme zugrunde liegen, sondern bereits gängige Praxis im politischen Alltag darstellt[796]. Die VPR und das Weißbuch spiegeln die tatsächliche deutsche Sicherheitspolitik seit nunmehr vielen Jahren wider und sind nicht nur bloße, zukunftsgerichtete Programme. Wenn das juristische Schrifttum zudem nicht deutliche Kritik an dieser interessengeleiteten Politik äußert, besteht zudem die Gefahr der Bildung von Gewohnheitsrecht[797], was wiederum die Neigung der Politik zu einer Verfassungsklarstellung weiter sinken ließe. Für Evakuierungsoperationen gilt dies aufgrund der häufig hohen politischen und gesellschaftlichen Zustimmung zu solchen Einsätzen in besonderem Maße.

(d) Ergebnis: Erhebliche Bedenken bei dieser Auslegung

Die Interpretation des Verteidigungsbegriffs in Art. 87a Abs. 2 GG durch die Heranziehung deutscher (Sicherheits-) Interessen als Verteidigungsobjekte kann

---

[795] Diese Verbindlichkeit besteht gem. § 31 Abs. 1 BVerfGG nur bei Entscheidungen des BVerfG.

[796] Hingewiesen sei erneut auf den Überblick über die Einsätze der Bundeswehr in den letzten Jahrzehnten auf http.//einsatz.bundeswehr.de. Hierbei wird begrüßenswerterweise die steigende Bedeutung von multilateralem Handeln deutlich, was aber die Gefahr von unilateralen Einsätzen jenseits des verfassungsrechtlichen Verteidigungsbegriffs, insbesondere mit Blick auf die Verfolgung deutscher Interessen, nicht bannt.

[797] Zum Verfassungsgewohnheitsrecht und dessen Voraussetzungen siehe auch unten 2. Teil C.

aufgrund ihrer Weite und Auswirkungen nicht überzeugen. Die Verfassungsmäßigkeit von Evakuierungsoperationen kann somit auch nicht anhand eines interessengeleiteten Verteidigungsbegriffs beurteilt werden.

(3) Anpassung durch Verfassungsänderung

Die heutige internationale Sicherheitslage hat, wie bereits hervorgehoben, ein ganz anderes Gesicht als zu Zeiten der Implementierung des GG bzw. der Wehrverfassung und beeinflusst umso mehr die Verfassungsauslegung, wie die heutige interessengeleitete deutsche Sicherheitspolitik eindrucksvoll belegt. Den Streitkräfte werden von der Bundesregierung kontinuierlich neue Aufgaben zugewiesen[798], die nur durch eine Neuausrichtung und Strukturreform der Bundeswehr gemeistert werden können[799]. Dabei wird geflissentlich der Verfassungsvorbehalt des Art. 87a Abs. 2 GG übersehen, wonach es für Einsätze, die nicht „zur Verteidigung" erfolgen, einer ausdrücklichen Ermächtigungsgrundlage im GG bedarf. Eine solche wurde für Auslandseinsätze, welcher Art auch immer, nicht geschaffen, sondern stattdessen - erfolgreich aus Sicht der Exekutive - die Variante der extensiven Auslegung des Verteidigungsbegriffs vorgezogen. Das BVerfG hat zwar neben der Ermächtigung des Art. 87a Abs. 2 GG durch eine kreative Auslegung des Art. 24 Abs. 2 GG in seinem „Streitkräfte-Urteil" eine Art zweites Standbein jedenfalls für Einsätze im Rahmen von kollektiven Sicherheitssystemen etabliert[800] und dadurch die verfassungsrechtliche Diskussion etwas erlahmt, doch bietet Art. 24 Abs. 2 GG Entwicklungspotential nur für multilaterales Handeln[801], während unilaterale Einsätze nur über Art. 87a Abs. 2 GG zulässig sein können. Eine Ermächtigungsgrundlage für unilaterales Handeln ist der Entscheidung des BVerfG nicht zu entnehmen, vielmehr dürfte ihr eine grundsätzliche Präferenz der organisierten, kollektiven Einsätze gegenüber einzelstaatlichem Handeln, wenn nicht gar eine vollständige Absage an nationale

---

[798] Man vergleiche nur die Aufführungen im *Weißbuch 2006*, Punkt 4 (S. 96 ff.).

[799] Deutlich wird dies u.a. auch durch die bereits seit Jahren bewerkstelligte Reform der Streitkräfte und der Aufstellung von Spezialkräften.

[800] Vgl. *Gramm*, NZWehr 2005, 133 (137). Zu Art. 24 Abs. 2 GG als Rechtsgrundlage siehe auch *Franzke*, NJW 1992, 3075 ff.

[801] Vgl. dazu auch oben 2. Teil A. I. Kritisch *Kutscha*, KJ 2004, 228 (232 f.).

Alleingänge[802], zu entnehmen sein. Die Rechtsprechung des BVerfG in diesem Punkte bedeutet im Übrigen, entgegen den Feststellungen in den VPR[803], nicht, dass nun weder eine Änderung noch eine Klarstellung des Verteidigungsbegriffs in Art. 87a Abs. 2 GG erforderlich sei: Das BVerfG begründet möglicherweise im Rahmen der ihm abschließend obliegenden Verfassungsinterpretation neue Akzente, die auch zu einer allgemeinen Ansicht in Rechtsprechung und Literatur führen könnten, doch ersetzt dies keineswegs die der Exekutive und Legislative zugewiesene Anpassung der Gesetzeslage, hier des GG, im Falle einer veränderten sicherheitspolitischen Lage oder einer Reform der Aufgabenzuweisung an die Streitkräfte[804]. In diesem Zusammenhang wird bereits verschiedentlich konstatiert, der verfassungsändernde Gesetzgeber gebe seine Kompetenzen im Rahmen der Wehrhoheit zu einem nicht unwesentlichen Teil an das BVerfG zur Verfassungsinterpretation der gewandelten Einsatzrealität der Bundeswehr ab, mit der Folge eines „wehrverfassungsrechtlichen Case Law"[805]. Durch die Rechtsprechung des BVerfG entsteht mit der Zeit ohne die erforderliche parlamentarische Anpassung des GG in der Tat eine schleichende Eingrenzung des rechtsstaatlichen Prinzips des Vorrangs der Verfassung, wenn hierdurch ein Tätigwerden des Parlaments quasi stillschweigend vermieden wird[806]. Im Interesse der Rechtssicherheit und der verfassungspolitischen Klarheit sollte daher eine transparente und vor allem verfassungsrechtlich begründbare Anpassung des GG an die heutige Sicherheitslage erfolgen und nicht weiterhin auf wenig zufrieden stellende Rechtskonstruktionen ausgewichen werden, da das zitierte Urteil des BVerfG gerade nicht eine allgemeingültige Entscheidung zu allen denkbaren, insbesondere unilateralen, Einsätzen der Streitkräfte getroffen hat[807]. Der Weg der Verfassungsänderung ist insbesondere einem weiteren Versuch der inhaltli-

---

[802] So *Gramm*, NZWehrr 2005, 133 (138).

[803] Siehe Verteidigungspolitische Richtlinien (vgl. oben), S. 12 X.

[804] Vgl. *Wieland*, Äußere Sicherheit, S. 81 (87 Fn. 18).

[805] *Wieland*, NZWehrr 2006, 133 (138).

[806] Zutreffend daher *Wieland.*, NZWehrr 2006, 133 (139).

[807] Für eine Verfassungsänderung insbesondere *Baldus*, Extraterritoriale Interventionen, S. 259 (295); *ders.*, NZWehrr 2007, 133 (135); *Epping*, AöR 124 (1999), 423 (444); *Gramm*, NZWehrr 2005, 133 (143 f.); *Jung*, FAZ vom 2.5.2006, S. 5; *Rühl*, FAZ vom 13.5.2006, S. 10; *van Ooyen*, IPG 2002, 90 (109); *Wieland*, Äußere Sicherheit, S. 81 (87 ff.); *ders.*, NZWehrr 2006, 133 (138). Für eine Regelung unilateraler Evakuierungsoperationen im Rahmen eines einfach-gesetzlichen „Bundeswehraufgabengesetz" hingegen *Voss*, ZRP 2007, 78 (81).

chen Begriffsbestimmung an dieser Stelle vorzuziehen, da zum einen angesichts der Vielzahl der bisherigen Ansätze eine eigenständige, neue Definition des Verteidigungsbegriffs kaum solch überzeugende Kraft besitzen könnte, dass damit sämtliche kritische Meinungen verstummen würden[808], zum anderen nun endgültig die Zeit der Legislative gekommen ist, endlich eine verfassungsrechtliche Klarstellung des Verteidigungsbegriffs vorzunehmen. Angemerkt dazu sei lediglich, dass der im Jahr 2006 nach dem Willen des Bundesministers der Verteidigung geplanten Verfassungsreform deshalb grundsätzlich zuzustimmen ist, inhaltlich aber die oben beschriebenen deutschen Interessen als Präzisierung des Verteidigungsbegriffs nicht Eingang in das GG finden sollten, da in diesem Falle der Rechtsbegriff der „Verteidigung" eher noch unbestimmter als präziser wird.

Zudem bleibt abzuwarten, welche konkreten Normen reformiert werden sollen und ob dies überhaupt Auswirkungen auf die vorliegende Fallkonstellation der Evakuierungsoperationen hat, da gewiss auch Verfassungsänderungen denkbar sind, die lediglich den Einsatz im Innern betreffen, dabei beispielsweise die Regelung des Art. 115a GG überarbeitet wird und unilaterale Einsätze daher keinerlei Berücksichtigung finden[809]. Dies wäre ein unbefriedigendes Ergebnis angesichts der oben beschriebenen verfassungsrechtlichen Beurteilung der Rechtmäßigkeit von Evakuierungsoperationen und sollte vermieden werden. Die Verfassungsänderung wird nämlich seit Jahrzehnten im Bundestag, vielfach wegen der fehlenden Mehrheit, vermieden und stößt dabei auch heute noch/wieder auf Ablehnung[810]. Vorstöße zur Änderung des GG und Vorschläge zur Reformierung des Art. 87a Abs. 2 GG existieren viele, doch scheiterten sie stets aus verschiedensten Gründen[811]. Die heutigen grundgesetzlichen Normierungen entsprechen hinsichtlich der Wehrverfassung nicht mehr den Erfordernissen an eine verfassungsrechtlich zeitgemäße Einsatzgrundlage für die Bundeswehr und führen da-

---

[808] Vgl. bereits die umfangreichen Versuche der Erarbeitung des „korrekten" Verteidigungsbegriffs bei *Schopohl*, Der Außeneinsatz, S. 68 ff.; *Schultz*, Die Auslandsentsendung, S. 180 ff; aus neuerer Zeit *Fiebig*, Einsatz im Innern, S. 210 ff.

[809] Vgl. dazu die Reaktionen auf den Vorstoß von Minister *Jung*, in: FAZ, vom 19.5.2006, S. 4.

[810] Siehe nur beispielhaft *FAZ*, vom 4.5.2006, S. 5, wonach die SPD-Fraktion einer Verfassungsänderung kritisch gegenüber steht; auch *Welt am Sonntag*, 15.10.2006, S. 4, nach der ein neuer Absatz 5 des Art. 87a GG Auslandseinsätze regeln soll, die SPD dies aber ablehnt.

zu, dass die Bundeswehr vielfach unter einem verfassungsrechtlichen Legiti-
mationsdefizit operiert[812]. Eine - nachvollziehbare - Verfassungsanpassung ist
daher heute mehr denn je dringend angeraten[813]. Zu Recht wird in der Literatur
auch verschiedentlich nicht nur die Überbeanspruchung der einzelnen Einsatz-
grundlagen wie Art. 87a GG beklagt, sondern auch darauf hingewiesen, dass der
Verteidigungsauftrag des Art. 87a Abs. 1, 2 GG kaum noch strukturbildend im
Vordergrund steht, sondern vielmehr durch einen Auftrag der Bundeswehr zur
Friedenssicherung in der ganzen Welt überlagert wird[814]. Dass diese Interpretation des Verteidigungsbegriffs ebenso zu weit geht wie das Abstellen auf deutsche Sicherheitsinteressen wurde bereits dargelegt[815]. Der Gesetzgeber hat im
Jahre 2005 das Verfahren bei Auslandseinsätzen im Hinblick auf die Beteiligung
des Bundestages nunmehr auf einfach-rechtlicher Ebene durch die Verabschiedung des Parlamentsbeteiligungsgesetzes gesetzlich normiert. Dieser Vorstoß war angesichts der Forderung des BVerfG im „Streitkräfte-Urteil" unent-
behrlich und im Ergebnis auch positiv, doch fehlte dieser Druck lange Zeit, um
auch eine Verfassungsänderung mit ihren höheren formell-parlamentarischen
Hürden anzugehen. Ob sich nun eine parlamentarische Mehrheit für die Änderung des GG findet, bleibt zu hoffen. Im Hinblick auf die hier fragliche Thematik der Evakuierungsoperationen im Ausland böte es sich an, solche Operationen
im Rahmen einer Neudefinition des Verteidigungsbegriffs mit einzuschließen
oder, als simpelste Lösung, lediglich als neuen Satz 2 zu Art. 87a Abs. 2 Satz 1
GG einzufügen. Unter Berücksichtigung der oben festgestellten Ergebnisse zum
Verteidigungsbegriff[816] könnte Art. 87a Abs. 2 GG daher lauten: *„Die Streitkräfte dürfen nur zur Landes- und Bündnisverteidigung, im Rahmen von Systemen gegenseitiger kollektiver Sicherheitssysteme sowie im Falle eines Nothilfe-
ersuchens eines Drittstaates im Ausland eingesetzt werden. Nationale Evakuierungsoperationen zugunsten von deutschen Staatsangehörigen sind zulässig".*

---

[811] Vgl. die Zusammenfassung bei *Limpert*, Auslandseinsatz der Bundeswehr, S. 16 ff.; darüber hinaus
bei *Gramm*, NZWehrr 2005, 133 (142 Fn. 52); vgl. auch die Formulierungsvorschläge zu Art. 87a
Abs. 2 GG bei *Bötsch*, in: Schwarz/Steinkamm, Rechtliche und politische Probleme, S. 213 ff.
[812] *Gramm*, NZWehrr 2005, 133 (143).
[813] So auch *Baldus*, NZWehrr 2007, 133 (137).
[814] *Gramm*, NZWehrr 2005, 133 (143 f.).
[815] Vgl. oben 2. Teil A. VII. 3. b) aa) (4).
[816] Vgl. oben 2. Teil A. VII. 3. b) aa) (1)-(5).

Dabei wäre die Rettung fremder Staatsangehöriger schon von Satz 1 mit umfasst. Als zweite Variante könnte es schlicht heißen: *„Außer zur Verteidigung dürfen die Streitkräfte nur eingesetzt werden, soweit dieses Grundgesetz es ausdrücklich zulässt. Nationale Evakuierungsoperationen zugunsten von deutschen Staats- und ausländischen Bündnisangehörigen gelten als Verteidigung im Sinne von Satz 1".* Letzterer Vorschlag wäre insbesondere dann möglicherweise konsensfähig, wenn keine allgemeine Neudefinition des Verteidigungsbegriffs erfolgen sollte[817], da so das rechtliche Vakuum der Verfassungsmäßigkeit von Evakuierungsoperationen effektiv gelöst werden könnte und die verfassungsrechtliche Grauzone in eine klare gesetzliche Regelung überführt werden würde.

ff) Ergebnis: Keine „Verteidigung"

Die vorgenommene Untersuchung der Frage, ob Evakuierungsoperationen auch als „Verteidigung" im Sinne des Art. 87a Abs. 2 GG bezeichnet werden können, hat ein zwiespältiges, insgesamt aber verneinendes Resultat ergeben. Zwar lässt sich durchaus eine sinnvolle Interpretation des Verteidigungsbegriffs mit Hilfe der traditionellen Auslegungsmethoden und unter Berücksichtigung der im juristischen Schrifttum etablierten und vertretbaren Thesen vornehmen, doch gelingt es diesen nicht, unilaterale Evakuierungsoperationen im Ausland als inhaltlich von der „Verteidigung" umfasst zu begründen. Auch die neuere Theorie der Personalverteidigung leidet unter dogmatischen Brüchen sowie Unzulänglichkeiten und überzeugt nicht. Die Inhaltsbestimmung des Verteidigungsbegriffs im Sinne der Heranziehung deutscher (Sicherheits-) Interessen ist weniger verfassungsrechtlicher, als politischer Art und aufgrund ihrer Weite und Privilegierung der exekutivischen Entscheidungsfreiheit abzulehnen. Es bedarf vielmehr einer Verfassungsänderung im Wege einer Anpassung an die politische Einsatzrealität

---

[817] Insbesondere für den Fall der Normierung ausschließlich der Inneneinsätze der Bundeswehr, in Folge dessen der Verteidigungsbegriff eventuell unverändert bliebe.

der Streitkräfte, um unilaterale Evakuierungsoperationen im Ausland als verfassungskonform anzusehen bzw. diese als „Verteidigung" im Sinne von Art. 87a Abs. 2 GG zu bezeichnen.

4. Ergebnis: Keine Ermächtigungsgrundlage für Evakuierungen

Art. 87a Abs. 2 GG stellt im Ergebnis nach dem jetzigen Normwortlaut mangels Vorliegens der Voraussetzungen keine Ermächtigungsgrundlage für unilaterale Evakuierungsoperationen im Ausland dar. Zwar handelt es sich in einem solchen Falle um einen „Einsatz", nicht aber „zur Verteidigung" im Sinne des Art. 87a Abs. 2 GG. Nur eine - erforderliche und begrüßenswerte - Verfassungsklarstellung im Rahmen des Art. 87a Abs. 2 GG könnte diese Norm zu einer wirksamen und nachvollziehbaren Ermächtigungsgrundlage machen.

VIII. Gesamtergebnis

Dem GG sind mithin keine expliziten, geschriebenen Ermächtigungsgrundlagen für den unilateralen Einsatz der Streitkräfte zur Evakuierung deutscher Staatsangehöriger im Ausland inhärent. Die obige verfassungsrechtliche Analyse konnte insbesondere den Normen der Wehrverfassung (Art. 87a Abs. 1 und 2 GG) keine für diesen spezifischen Fall geeigneten und überzeugenden Rechtsgrundlagen entnehmen, während rein humanitären Hilfsaktionen durch die Streitkräfte ohne das Gewaltelement aufgrund der Regelung des Art. 32 GG das Plazet der Verfassungsmäßigkeit zugeteilt werden konnte[818]. Evakuierungsoperationen im multilateralen Rahmen sind gem. Art. 24 Abs. 2 GG ebenfalls zulässig[819], wohingegen alle anderen fraglichen Normen im GG im Ergebnis keine Ermächtigungsgrundlage im Sinne des Verfassungsrechts darstellen[820]. Die zurzeit existente Fassung des GG hält daher nach dem hier gefundenen Ergebnis keine zufrieden stellende Möglichkeit der verfassungsrechtlichen Beurteilung von unilateralen

---

[818] Vgl. oben 2. Teil A. V.
[819] Vgl. oben 2. Teil A. I. Siehe auch BVerfGE 90, 286 ff.
[820] Gemeint sind die Normierungen in Art. 25, 26, 73 Nr. 1 GG; vgl. oben 2. Teil A. II.-IV.

Evakuierungsoperationen im Ausland bereit und sollte zeitnah im Sinne einer eindeutigen Verankerung im GG überarbeitet werden.

Um der Einsatzrealität und den politischen Verhältnissen bezüglich Evakuierungsoperationen gerecht zu werden, lässt sich für ganz bestimmte und eng begrenzte Ausnahmefälle unter dem rechtlichen Konzept der staatlichen Nothilfe im konkreten Einzelfall neben einer Rettung ausländischer auch die Evakuierung deutscher Staatsangehöriger hinreichend begründen und rechtfertigen. Dieser Lösungsansatz ist rein der Praktikabilität geschuldet und ändert nichts an dem dringenden Erfordernis einer Überarbeitung des Art. 87a Abs. 2 GG, um eine explizite Regelung für derartige Fälle zu etablieren[821].

B. Ungeschriebenes Staatsnotrecht

In Anbetracht der oben dargelegten rechtlichen Situation, in der sich der Mangel an einer überzeugenden verfassungsrechtlichen Ermächtigungsgrundlage für nationale Rettungsaktionen im Ausland offenbart, und der gleichzeitig allgemein gebilligten Praxis solcher Evakuierungsoperationen, richten sich die Blicke stets auch auf weitere Begründungsansätze, die möglicherweise die Verfassungsmäßigkeit solcher Einsätze bejahen könnten. Nachdem das GG in seiner jetzigen Fassung keinen hinreichenden Ansatz bietet, käme grundsätzlich die Heranziehung von ungeschriebenem Verfassungsrecht, sofern existent, in Frage: Aufgrund der Charakteristika der Situation, die zu einer Rettungsaktion des Staates führen könnten - Bedrohung von Leib und Leben der deutschen Staatsangehörigen bei gleichzeitiger unklarer rechtlicher Lage - ist dabei in erster Linie an Rechtsgrundsätze des ungeschriebenen Staatsnotrechts zu denken. Dass es sich bei diesen Überlegungen nicht um abwegige Begründungsversuche handelt, sondern um auch in der Praxis postulierte Versuche der verfassungsrechtlichen Legitimation von Evakuierungsoperationen, verdeutlicht die Stellungnahme des mitberatenden Rechtsausschusses des Bundestages zum Tirana-Einsatz der Bundeswehr 1997: In seiner Sitzung vom 19.3.1997 hatte dieser Ausschuss den

---

[821] Genauer dazu 2. Teil A. VII. 3. b) dd) (2) (b).

Einsatz unter dem Gesichtspunkt der „staatlichen Nothilfe" für gerechtfertigt gehalten[822]. Offenbar ging selbst der Rechtsausschuss von der fehlenden Einschlägigkeit des Art. 87a GG und damit des Verteidigungsbegriffs aus, gleichzeitig wurde vom Grundsatz her auch ungeschriebenes Recht als potentielle Ermächtigungsgrundlage anerkannt und im konkreten Fall des Tirana-Einsatzes auch angewendet[823]. Die Wortwahl „staatliche Nothilfe" ist in diesem Zusammenhang nicht identisch mit dem weiter oben bereits beschriebenen staatlichen Nothilferecht zugunsten von Drittstaaten als Konkretisierung des Verteidigungsbegriffs[824], da dieses einen militärischen Hilfseinsatz für bedrohte Staaten bezeichnet, bei dem sich die Bundesrepublik selbst in keinerlei Gefahrenlage befindet. In der hier fraglichen Lage waren deutsche Staatsangehörige bedroht und der Staat somit in seiner Personalhoheit und Schutzpflicht eingeschränkt bzw. gestört, während der Einsatz nicht zur Befreiung des Fremdstaates aus einer Notlage diente. Der Terminus „staatliche Nothilfe" kann daher nur mit einem ungeschriebenen Staatsnothilferecht gleichgesetzt werden, bei dem staatliche Behörden dem geltenden Recht keine geeignete Rechtsgrundlage entnehmen konnten und daher auf ein dem Staat inhärentes Nothilferecht zurückgriffen[825]. Dies wird auch daran deutlich, dass nicht etwa Art. 87a Abs. 2 GG herangezogen wurde - unter dieser Prämisse steht aber die staatliche Nothilfe zugunsten von Drittstaaten als Bestandteil des Verteidigungsbegriffs - sondern ein darüber hinaus existierendes, ungeschriebenes Recht des Staates zur Nothilfe zugunsten seiner Staatsbürger die Ermächtigungsgrundlage bilde. Es stellt sich somit die Frage, ob die Stellungnahme des Rechtsausschusses und dessen Hinweis auf ungeschriebenes Staatsnotrecht auch rechtlich zu überzeugen vermag. Es gilt mit anderen Worten zu klären, ob ein solcher Rechtsgrundsatz geeignet

---

[822] Vgl. BT-Drs. 13/7265, S. 2. Bei dieser Drucksache handelt es sich um ein Dokument des Auswärtigen Ausschusses vom selben Tag, doch billigt dieser den Tirana-Einsatz ohne eine eigene rechtliche Wertung anzustellen und referiert die Rechtsansicht des Rechtsausschusses, wobei aber nicht deutlich wird, ob dieser Ansicht zugestimmt wird.

[823] Im Übrigen ist aus der Heranziehung der „staatlichen Nothilfe" als materielle Rechtsgrundlage die Präferenz des Ausschusses zu einer auch auslandsbezogenen Reichweite des Art. 87a Abs. 2 GG - vgl. dazu oben 2. Teil A. VII. 2. c) - herauszulesen, da angesichts des eingreifenden Verfassungsvorbehalts der Norm nur bei einem solchen Verständnis ein Rekurrieren auf „staatliche Nothilfe" vonnöten war; s. *Epping*, AöR 124 (1999), 423 (442).

[824] Vgl. dazu oben 2. Teil A. VII. 3. b) aa) (3) (a).

[825] So auch *Epping*, AöR 124 (1999), 423 (442).

ist, Evakuierungsoperationen aus ihrem verfassungsrechtlichen Vakuum zu befreien und ihnen den Makel der Verfassungswidrigkeit zu nehmen.

I. Historische Entwicklung

Bevor überhaupt die speziellere Frage nach der Zulassung von ungeschriebenem Staatsnotrecht auch im Rahmen von Art. 87a Abs. 2 GG beantwortet werden kann, bedarf es zunächst allgemein der Klärung, ob ein solches ungeschriebenes Staatsnotrecht außerhalb des GG und insbesondere der Notstandsverfassung desselben überhaupt anzuerkennen ist oder ob nicht die Kreierung außerverfassungsrechtlichen Sonderrechts untere anderem gegen das Rechtsstaatsprinzip des Art. 20 Abs. 3, Art. 28 GG verstößt[826]. Das fundamentale Dilemma des Konzepts des Staatsnotrechts besteht in der Schaffung einer angemessenen Balance zwischen der Abwendung von Bedrohungslagen gegenüber dem deutschen Staat oder der Verfassung und der Bewahrung des Rechtsstaats vor missbräuchlichen Eingriffen in eventuelle staatliche Notrechte[827]. Die Staatsnotrechtsdiskussion ist keineswegs eine neumodische Erscheinung, sondern fußt bereits auf staatsrechtlichen Überlegungen aus den Anfängen des 20. Jahrhunderts und einer intensiven Diskussion in der Weimarer Zeit[828]. Diese Diskussion wurde nach 1945 mit im Wesentlichen gleichen Argumenten wie in der Weimarer Zeit weitergeführt[829]. Als einer der ersten Begründungsversuche für die Möglichkeit des rechtmäßigen Staatshandelns im Rahmen einer ungeschriebenen Notstandslage dienten naturrechtliche Ansätze, nach denen überpositive Fundamente der Rechtsordnung existierten, die ein ungeschriebenes und gewissermaßen aus dem Naturrecht herzuleitendes Notstandsrecht des Staates begründeten[830]. Zu dieser Zeit lag der Fokus eher auf der höheren Bewertung des rechtlichen Gemeinwohls,

---

[826] Zum Rechtsstaatprinzip vgl. BVerfGE 2, 380 (403); 45, 187 (246); *Sachs*, in: Sachs, GG, Art. 20 Rdnr. 74 ff.
[827] *Jakab*, GLJ 7 (2006), 453 (476).
[828] Zu den historischen Wurzeln des ungeschriebenen Notrechts vgl. *Stern*, Staatsrecht, Bd. II, § 52 V. 2. a) (S. 1328 f.); vertiefend zu der Diskussion in der Weimarer Zeit *Krenzler*, Grenzen der Notstandsverfassung, S. 50 ff.
[829] Vgl. dazu *Folz*, Staatsnotstand und Notstandrecht, S. 159 ff.; *Krenzler*, Grenzen der Notstandsverfassung, S. 59 ff.; *Scheuner*, Verfassungsschutz, S. 313 (318 f.).
[830] Siehe im Einzelnen *Siegers*, Staatsnotrecht, S. 99 f.

das als höherwertiges Prinzip stets den Vorzug vor Individualrechten erhielt, sofern letztere überhaupt schon anerkannt waren, und dadurch den Erhalt des Staates als Selbstzweck sogar vor die geschriebene Verfassung stellte[831]. Eine weitere, historische Ansicht mit Wurzeln insbesondere in der Zeit vor der Ausbildung des modernen Verfassungsstaates, zog die „Staatsräson" als Rechtsgrundlage heran, indem bei der Bewältigung von bedrohlichen Situationen für die Existenz des Staates ausreichende Rechtsgrundlagen nicht attestiert und das staatliche Interesse an der Selbstbehauptung der Rechtsbindung vorgeordnet wurden, womit sich ein Legitimationsprinzip zur Bewältigung außergewöhnlicher Lagen entwickelte[832]. Die Staatsräson spielte in den letzten Jahrzehnten allerdings als Begründungsstrang keine Rolle mehr, da die klassische Staatsräson dem modernen Rechtsstaat widerspricht, in dem das Interesse an der Selbstbehauptung der staatlichen Existenz in einem auf Rechtsbindung angelegten Verfassungsstaat nicht die zu seiner Durchsetzung erforder-lichen Rechtsgrundlagen zu ersetzen vermag, sondern nur als eine Art Entscheidungsziel Legitimität für sich in Anspruch nehmen kann[833]. Die herkömmliche Staatsräson ist mittlerweile in der Verfassung aufgegangen und das Staats- und Gemeindewohl nunmehr verfassungsrechtlich verankert, wodurch die Staatsräson zur „Verfassungsräson" geworden ist und allenfalls hinsichtlich der inneren und äußeren Staatszwecke noch anklingt[834]. Eine positive Regelung eines wenig begrenzten Notstandsrechts enthielt bereits Art. 48 Abs. 2 WRV, der dem Reichspräsidenten die zeitweise außer Kraft Setzung von Grundrechten sowie den Einsatz bewaffneter Mächte hierzu erlaubte[835]. An diese Vorschrift wurde zu Beginn der Diskussion nach 1945 angeknüpft, indem verschiedentlich die Notwendigkeit eines Notstandsartikels nach Muster des Art. 48 WRV auch in der Bundesrepublik bzw.

---

[831] Vgl. die Argumentation namhafter Vertreter bei *Siegers*, Staatsnotrecht, S. 100. Ähnlich die Darstellung bei *Fiebig*, Einsatz im Innern, S. 407.
[832] Zur Staatsräson siehe insbesondere *Schröder*, AöR 103 (1978), 121 (129 ff.).
[833] Vgl. *Schröder*, AöR 103 (1978), 121 (131 f.), der zudem richtig feststellt, die Rechtsgrundlagen der zu treffenden Entscheidung müssten auf andere, mit dem Verfassungsstaat kompatible Weise gewonnen und begründet werden.
[834] *Schröder*, AöR 103 (1978), 121 (130) m.w.N.
[835] Art. 48 Abs. 2 WRV lautete: „Der Reichspräsident kann, wenn im Deutschen Reiche die öffentliche Sicherheit und Ordnung erheblich gestört oder gefährdet wird, die zur Wiederherstellung der öffentlichen Sicherheit und Ordnung nötigen Maßnahmen treffen, erforderlichenfalls mit Hilfe der bewaff-

im GG bejaht wurde[836]. Aufgrund dieser verfassungsrechtlichen Normierung in der WRV standen daher bis zur Implementierung der Notstandsverfassung 1968 nicht mehr die älteren, inzwischen realitätsfernen Ansichten im Vordergrund, sondern vielmehr die Frage, ob die bereits bestehenden Notstandsbestimmungen des GG vor 1968 ausreichende Mittel zur Verfügung stellten, um allen Notfällen erfolgreich begegnen zu können[837]. Durch die Änderung des GG 1968 und der darin erfolgten expliziten Regelung der Notstandsbefugnisse in der Bundesrepublik sollte „der Rückgriff auf ungeschriebene Verfassungsgrundsätze durch ausdrückliche Regelungen" vermieden werden[838], was zur Folge hatte, dass die verfassungsrechtliche Diskussion hinsichtlich eines ungeschriebenen Staatsnotrechts zunächst ob der Intention des Gesetzgebers erlahmte[839]. Erst in Folge von terroristischen Gewalttaten und darauf folgenden staatlichen Gegenmaßnahmen zwischen 1975 und 1977[840] bekam die Idee des ungeschriebenen Staatsnotrechts erneuten Auftrieb und führte zu zahlreichen Veröffentlichungen[841]. Zu einer weiteren GG-Novelle kam es trotz der kontrovers geführten Debatte nicht, so dass rechtliche Argumente vergleichbar dem Konzept des ungeschriebenen Staatsnotrechts erst in jüngster Zeit, ausgelöst zum einen durch die Terroranschläge in den USA und Europa zwischen 2001-2004 sowie zum anderen durch die zunehmende Diskussion um Einsätze der Bundeswehr im Innern und dabei insbesondere potentiellen Angriffen aus der Luft auf deutsches Territorium[842],

---

neten Macht einschreiten. Zu diesem Zwecke darf er vorübergehend die in den Artikeln 114, 115, 117, 118, 123, 124 und 153 festgesetzten Grundrechte ganz oder zum Teil außer Kraft setzen".

[836] Siehe z.B. *Flor*, DVBl. 1958, 149 ff.; *Hesse*, DÖV 1955, 741 ff. Dagegen: *Hamann*, DVBl. 1958, 405 ff.

[837] Vgl. *Krenzler*, Grenzen der Notstandsverfassung, S. 60.

[838] Siehe den schriftlichen Bericht des Rechtsauschusses, BT-Drs. V/2873, S. 13; vgl. auch BT-Drs. V/1879, S. 15 (unter IX.): „[...] sieht der vorliegende Entwurf... davon ab...eine Generalklausel vorzuschlagen"; weitere historische Fundstellen bei *Fiebig*, Einsatz im Innern, S. 409 Fn. 21; auch *Böckenförde*, NJW 1978, 1881.

[839] Vgl. *Stern*, Staatsrecht, Bd. II, § 52 V. 2. b) (S. 1330) mit weiteren Nachweisen zu den vereinzelt in dieser Zeit erschienen Publikationen.

[840] Siehe dazu die Aufzählung bei *Böckenförde*, NJW 1978, 1881 (1882) sowie *Stern*, Staatsrecht, Bd. II, § 52 V. 2. b) (S. 1330).

[841] Vgl. nur alle bisher erwähnten Fundstellen, sowie darüber hinaus aus der darauf folgenden Zeit *Böckenförde*, Ausnahmerecht, S. 259 ff.; *Hase*, in: Alternativkommentar, Art. 91 Rdnr. 38 f.

[842] Zu dem Einsatz im Innern siehe nur die ausführliche Bearbeitung von *Fiebig*, Einsatz im Innern, S. 1 ff.; zur Frage der Reaktionsmöglichkeiten auf terroristische Angriffe aus der Luft vgl. das Luftsicherheitsgesetz (LuftSiG) vom 11.1.2005 (BGBl. I S. 78) sowie zu § 14 Abs. 3 LuftSiG die Nichtig-

wieder etwas mehr Raum in der juristischen Debatte erhielten[843]. Die Thematik der Zulässigkeit von staatlichem Notstandsrecht ist damit eine lang diskutierte, keineswegs aber abschließend geklärte Frage[844].

II. Die heutige Diskussion im juristischen Schrifttum

Die Ansichten zur Existenz eines staatlichen, teils auch überverfassungsrechtlichen oder auch extrakonstitutionellen genannten, Staatsnotrechts lassen sich insgesamt in 4 Untergliederungen, mit jeweils zwei Strängen pro und contra, systematisieren[845]. Unter den Befürwortern eines staatlichen Notstandsrechts, die dem Staat ein außerverfassungsrechtliches oder jedenfalls nicht-positivistisches (Natur-) Recht zur Selbsterhaltung bzw. Selbstverteidigung zuerkennen wollen, existiert zum einen die Gruppe der klassischen staatsbezogenen Ansicht sowie eine restriktivere Ansicht, welche eine eingeschränkte staatsbezogene Ansicht proklamieren. Die Gegner des staatlichen Notstandsrechts formieren sich zum einen hinter einer verfassungsbezogenen Sichtweise, während andere zwar auch verfassungsbezogen argumentieren, dabei aber die Verfassung offener interpretieren. Betrachtet man nun überblicksartig die Argumente der Vertreter einer klassischen staatsbezogenen Ansicht, so wird schnell klar, worauf sich diese Meinung im Wesentlichen bezieht: Demnach habe der Staat stets ein ungeschriebenes, überverfassungsrechtliches Notstandsrecht, welches durch das positive Recht nicht beschränkt werden könne, da die Regelungskraft der Normen stets Normalität voraussetze, mithin zwischen der Norm und der in ihr voraus-

---

keitserklärung des *BVerfG*, NJW 2006, 751 ff.; vgl. dazu *Kersten*, NVwZ 2005, 661 ff.; *Sattler*, NVwZ 2004, 1286 ff.; *Winkler*, NVwZ 2006, 536 ff.

[843] Die in diesem Zusammenhang vielfach problematisierte Thematik betrifft allerdings im Wesentlichen die eventuell mögliche strafrechtliche Rechtfertigung gem. § 34, 35 StGB bei der Kollision zweier gleichwertiger Rechtsgüter und erst in einem zweiten Schritt die Frage, ob die auf Straftaten gerichtete Regelungen der §§ 34 f. StGB auch dem Staat in außergewöhnlichen Lagen Handlungsmöglichkeiten verschafft, vgl. dazu *Hochhuth*, NZWehrr 2002, 154 (159 ff.); *Linke*, AöR 129 (2004), 489 (534 f.); *Wilkesmann*, NVwZ 2002, 1316 (1322); *Zippelius/Würtenberger*, Deutsches Staatsrecht, 31. Auflage, § 52 I. (S. 499). Diese Frage ist allerdings bereits seit vielen Jahrzehnten Gegenstand der juristischen Debatte, siehe die zahlreichen Nachweise bei *Schröder*, AöR 103 (1978), 121 (135 ff.) insbesondere Fn. 64; auch *Siegers*, Staatsnotrecht, S. 125 ff. Zu § 34 StGB auch später.

[844] Einen kurzen Überblick über die unterschiedlichen Regelungen der ausländischen Rechtsordnungen bietet *Stern*, Staatsrecht, Bd. II, § 52 V. 2. b) α) (S. 1331 ff.).

gesetzten Situation der sozialen Wirklichkeit ein korrelativer Zusammenhang in der Form bestehe, dass der normale Allgemeinzustand der Geltung der Norm quasi vorgeschaltet sei[846]. Normen könnten daher den Staat nicht in außergewöhnlichen Situationen an die Verfassung binden, ihm komme vielmehr ein vorrangiges Recht zur Selbsterhaltung zu, wenn nur so die den Verfassungsstaat tragenden Fundamente erhalten werden könnten. Im Ergebnis findet dabei nach Ansicht dieser Vertreter eine Güterabwägung statt, die aber letztlich bei Notlagen zu Gunsten der Handlungsmöglichkeiten des Staates ausfällt[847]. Dieses extrakonstitutionelle Recht des Staates basiert im Grunde genommen auf den naturrechtlichen Gedanken der Existenz von nicht-positivem Recht und dem alten „ius eminens", dessen Inhalt es einem staatlichen Organ erlaubte, bei extremen unvorhergesehenen Fällen voranzugehen, um die Existenz des Staates sicherzustellen. Das ungeschriebene Staatsnotrecht greift diese Lehre auf und schiebt in diesen außergewöhnlichen Situationen das geltende Recht beiseite[848]. Während verschiedentlich deshalb sogar der Versuch der Institutionalisierung der Notkompetenzen als unmöglich zurückgewiesen wurde[849], haben andere Vertreter den Vorwurf der „offenen Generalermächtigung"[850] eines ungeschriebenen Staatsnotstandsrechts durch Aufstellen von Schranken zu entkräften versucht[851].

Die zweite Gruppe der Befürworter eines ungeschriebenen Staatsnotrechts vertreten eine eingeschränkte staatsbezogene Ansicht, indem sie das außerverfassungsrechtliche Notstandsrecht als durchaus im Wege von positiviertem und da-

---

[845] Die hier zugrunde gelegte Systematik geht auf *Jakab*, GLJ 7 (2006), 453 (467 ff.) zurück, dessen Einteilung am überzeugendsten und übersichtlichsten erscheint.

[846] So *Böckenförde*, NJW 1978, 1881 (1884), der aber im Ergebnis die eingeschränkte staatsbezogene Ansicht vertritt; *Krüger*, Allgemeine Staatslehre, S. 31; weitere Vertreter dieser Ansicht sind z.B. *Flor*, DVBl. 1958, 149 ff.; *Scheuner*, Verfassungsschutz, S. 313 (318 f.); *Schröder*, AöR 103 (1978), 121 (134); *Stern*, Staatsrecht, Bd. II, § 52 V. 2. b) (S. 1336 f.).

[847] Vgl. *Stern*, Staatsrecht, Bd. II, § 52 V. 2. b) δ) (S. 1336).

[848] Hierzu genauer *Schröder*, AöR 103 (1978), 121 (132 f.) mit weiteren Ausführungen und Nachweisen zum „ius eminens".

[849] Vgl. *Krüger*, Allgemeine Staatslehre, S. 31.

[850] Diese Charakterisierung geht auf *Böckenförde*, NJW 1978, 1881 (1883) zurück.

[851] Vgl. insbesondere *Stern*, Staatsrecht, Bd. II, § 52 V. 2. b) ζ) (S. 1337 ff.), der die folgenden Voraussetzungen aufstellt: 1. Schutz essentieller Verfassungsgüter, 2. Handeln als ultima ratio, 3. Abwägung der Rechtsgüter, 4. Verhältnismäßigkeit der Notstandsmaßnahme und 5. Absicht, zur Normallage zurückzukehren. Ähnlich *Klein,* in: Isensee/Kirchhof, HdbStR, § 169 Rdnr. 64.; abweichend *Siegers*, Staatsnotrecht, S. 37.

bei detailliertem Verfassungsrecht einschränkbar ansehen[852]. Ausgehend von der oben bereits erwähnten „offenen Generalermächtigung" durch die Anwendung von ungeschriebenem Staatsrecht, wird darin ein Verstoß gegen die Grundstruktur einer rechtsstaatlichen Verfassung konstatiert und als einzig sinnvolle Lösung eine hinreichend präzise Regelung in der Verfassung gefordert[853]. Diese Regelung sei aber im geltenden deutschen Verfassungsrecht, genauer in der Notstandsverfassung, durch die Fokussierung auf eine Einbeziehung lediglich bestimmter Notstandsfälle und nicht in Form von umschriebenen Generalklauseln unzureichend implementiert worden, weshalb im Ergebnis gerade aufgrund der fehlenden allgemeinen Kodifizierung ein überverfassungsrechtliches Notstandsrecht in Kraft sei, bis ein ausreichend detailliertes Regelwerk existiere, welches dieses Recht dann ersetze[854]. Zum Teil wird aber auch im Gegensatz zu dieser Ansicht vertreten, der Gesetzgeber sei durch die Implementierung der Notstandsverfassung 1968 der gegebenen Möglichkeit der Einschränkung hinreichend nachgekommen, wodurch ein ungeschriebenes Staatsnotrecht zwar denklogisch existieren, im Falle des GG aber keine Bedeutung mehr beanspruchen könne, da es ansonsten im Hintergrund existieren würde[855].

Das überwiegende und insbesondere neuere Schrifttum bestreitet jedoch die Existenz eines ungeschriebenen Staatsnotrechts bereits vom Ansatz her und verweist auf die geschriebenen Normen des GG, welche als positiviertes Recht grundsätzlich akzeptiert werden müssten. Auch bei den Gegnern lassen sich zwei dogmatische Untergruppen feststellen, deren herrschende Meinung einen klassischen verfassungsbezogenen Ansatz vertritt, während andere wiederum eine offenere Variante befürworten. Der klassischen verfassungsbezogenen Ansicht zufolge, sind die staatlichen Notrechte allein begrenzt auf die im GG geregelten Fälle und darüber hinaus keine weiteren, insbesondere ungeschriebenen

---

[852] Zu dieser Gruppe gehören u.a. *Böckenförde*, NJW 1978, 1881 (1883 ff.); *Doehring*, Staatsrecht, S. 270; *Maunz/Zippelius*, Deutsches Staatsrecht, 30. Auflage, S. 415 (nur Bezug auf die theoretische Situation der fehlenden Regelungen), anders aber die Neubearbeitung *Zippelius/Würtenberger*, Deutsches Staatsrecht, 31. Auflage, § 52 I. (S. 499).
[853] Vgl. die Argumentation bei *Böckenförde*, NJW 1978, 1881 (1883 f.).
[854] Zu Vorschlägen für eine verfassungsrechtliche Regelung *de lege ferenda* siehe *Böckenförde*, Ausnahmerecht, 259 (264 ff.); *ders.*, NJW 1978, 1881 (1888 ff.).

oder überverfassungsrechtlichen, Notkompetenzen des Staates anzuerkennen[856].
Häufigste Kritikpunkte sind dabei die von ungeschriebenem Recht ausgehende potentielle Missbrauchsgefahr sowie die anders lautende Intention des verfassungsändernden Gesetzgebers im Jahre 1968, dem einfachen Gesetzgeber die Berufung auf ungeschriebene Notrechte des Staates zu nehmen[857]. Aus dogmatischer Sicht sei das geschriebene Verfassungsrecht nicht dem Recht des Staates zur Selbsterhaltung zu opfern bzw. zu unterstellen, da auch der Staat gem. Art. 20 Abs. 3 GG an Recht und Gesetz gebunden ist und der Verfassungsstaat keine andere „Raison" als seine eigene Verfassung habe[858]. Der Staat bleibe mithin selbst bei ganz erheblichen Gefährdungen der (inneren) Sicherheit an die rechtsstaatlichen Prinzipien gebunden, allenfalls könne man die Fortentwicklung rechtsstaatlicher Grundsätze für die Bewältigung von Ausnahmesituationen erwägen[859]. Kritisiert wird zudem an der Argumentation, im GG sei das Recht des inneren Notstandes nur lückenhaft geregelt[860], dass das Recht keine normativen Maßstäbe zur Beurteilung einer „Lücke" oder einer „geschlossenen Regelung" enthalte und es sich zudem bei der Notstandsverfassung um Ausnahmevorschriften handele, deren Makel dann darin läge, dass das geltende Recht nicht mit genügend Lücken versehen sei, die die Notstandsvorschriften durchbrechen könnten[861].

---

[855] Als Beleg für diese Ansicht wird sodann die bereits oben erwähnte BT-Drs. V/2873 angeführt, da insofern der gesetzgeberische Wille zu berücksichtigen sei und damit ein ungeschriebenes Staatsnotrecht nicht existieren solle.
[856] Vgl. *Arndt*, NJW 1961, 897 (900); *Baldus*, in: von Mangoldt/Klein/Starck, GG, Art. 87a Rdnr. 54; *Fiebig*, Einsatz im Innern, S. 408 ff.; *Hamann*, DVBl. 1958, 405 ff.; *Hase*, in: Alternativkommentar, Art. 91 Rdnr. 38 f.; *Isensee*, Bundeswehr als Krisenfeuerwehr, S. 210 (214); *Krenzler*, Grenzen der Notstandsverfassung, S. 74; *Linke*, NZWehrr 2004, 115 (120); *Oberreuter*, Notstand und Demokratie, S. 89 ff.; *Riedel*, Der Einsatz deutscher Streitkräfte, S. 162; *Zippelius/Würtenberger*, Deutsches Staatsrecht, 31. Auflage, § 52 I. (S. 499).
[857] Vgl. *Baldus*, in: von Mangoldt/Klein/Starck, GG, Art. 87a Rdnr. 54; *Epping*, NZWehrr 1993, 103 (112 f.); *Riedel*, Der Einsatz deutscher Streitkräfte, S. 162.
[858] *Arndt*, NJW 1961, 897 (899 f.).
[859] *Zippelius/Würtenberger*, Deutsches Staatsrecht, 31. Auflage, § 52 I. (S. 499). Diese Fortentwicklung bezieht *Würtenberger* auf die Diskussion um das Verbot von Folter.
[860] So insbesondere *Schröder*, AöR 103 (1978), 121 (134); *Stern*, Staatsrecht, Bd. II, § 52 V. 2. b) γ) (S. 1335).
[861] So *Hase*, in: Alternativkommentar, Art. 91 Rdnr. 38 f.

Endlich knüpft auch eine in diesem Zusammenhang offenere Ansicht an die grundsätzliche Ablehnung des überpositiven, außerverfassungsrechtlichen Notstandsrechts an, ebnet aber gleichzeitig den Weg für eine, im Vergleich zu der strikten Ablehnung der herrschenden Meinung offenere, gleichwohl an der Verfassung orientierte Interpretation: Dabei wird auf einen „der Verfassung immanenten Grundsatz" verwiesen, nach dem der Staat auch bei nicht explizit schriftlich verankerten Befugnissen, „das Erforderliche" zum Schutz „höchstwertiger Güter" tun dürfe, wozu im Ergebnis die Schutzpflicht des Rechtsstaates gegenüber seinen Bürgern ermächtige[862]. Aufgrund der verfassungsrechtlichen Rückgebundenheit der staatlichen Handlungen sei auch nicht eine Beliebigkeit bei der Entscheidung zu befürchten bzw. gar ausgeschlossen.

III. Bewertung

Welche dieser Ansichten im Ergebnis zu befürworten ist bzw. welche Argumentation überzeugender erscheint, stellt sich schon allein deshalb als schwierig heraus, weil nicht nur juristische Fragestellungen eine entscheidende Rolle spielen, sondern insbesondere auch das jeweilige staatstheoretische Verständnis des Beurteilenden von den Pflichten des Staates in extremen Notlagen einer Bewertung zugrunde liegt[863]. Sicher dürfte hierbei aber jedenfalls die Ungeeignetheit des naturrechtlichen Ansatzes als Begründung für ein ungeschriebenes Staatsnotrecht festzustellen sein. Nicht nur gelingt es der naturrechtlichen Lehre kaum, das „Richtige" der jeweiligen Norm inhaltlich zu bestimmen, sie ist zudem nicht in der Lage, eine schlüssige und nachvollziehbare Erkenntnismethode zu entwickeln, anhand derer die inhaltliche Bestimmung der „Natur" einer Norm oder eines Rechtsgrundsatzes erfolgen kann, womit dann im Ergebnis, unter Berufung auf ein ominöses Naturrecht, der Rechtsordnung gewisse Rechte und Pflichten zugestanden bzw. auferlegt werden[864]. Dieser Ansatz ist nicht mit dem heutigen

---

[862] *Klein*, in: Isensee/Kirchhof, HdbStR, § 169 Rdnr. 64. *Klein* zieht zur Konkretisierung ebenfalls die von *Stern*, Staatsrecht, Bd. II, § 52 V. 2. b) ζ) (S. 1337 ff.) - vgl. oben - aufgestellten Voraussetzungen des überverfassungsrechtlichen Notstandsrechts heran.

[863] Siehe auch die rechtsphilosophischen Ansätze bei *Böckenförde*, NJW 1978, 1881 (1884 ff.).

[864] Dazu *Krenzler*, Grenzen der Notstandsverfassung, S. 66. Auch *Stern*, Staatsrecht, Bd. II, § 52 V. 2. b) β) (S. 1334) meint, wegen Art. 20 Abs. 3 GG hätten staatliche Organe nach Maßgabe des Rechts,

Verständnis von Recht und Gesetz in Einklang zu bringen, da ein an sich bereits inhaltlich schwer zu bestimmender Begründungsversuch schwerlich in einem weiteren Schritt den ebenfalls nicht kodifizierten Topos des ungeschriebenen Ausnahmerechts zu begründen vermag. Gelingt schon die inhaltliche Konkretisierung der „Natur" einer Norm kaum, so überzeugt es umso weniger, hieraus Befugnisse des Staates im Rahmen eines ungeschriebenen Notstandsrechts abzuleiten.

Auch die eingeschränkten - staatsbezogenen und verfassungsbezogenen - Ansichten, die den lobenswerten Versuch unternehmen, die Effektivität des Staates mit der Missbrauchsgefahr sinnvoll zu verknüpfen, scheitern letztendlich. Die soeben als letzte Meinung dargelegte offenere Variante der verfassungsbezogenen Ansicht verweigert auf der einen Seite einem ungeschriebenen Staatsnotrecht die Anerkennung, fühlt sich aber trotzdem nicht an den Text des GG gebunden und stellt ein dem GG „immanentes" Recht zur Bewahrung der staatlichen Integrität auf[865]. Dieser Ansatz ist viel zu vage, um zu überzeugen: Der Verweis auf die Schutzpflicht des Staates gegenüber dem Bürger als Argument für einen der Verfassung immanenten Grundsatz, das Erforderliche tun zu dürfen, öffnet der Beliebigkeit der Handlungen gerade Tür und Tor, wobei unklar bleibt worin die verfassungsrechtliche „Rückgebundenheit" besteht. Abzustellen auf in der Literatur aufgestellte Kriterien dürfte dabei kaum ausreichen. Die vom GG aufgestellten verfassungsrechtlichen Beschränkungen der Handlungen in Notlagen werden dabei weitgehend aufgelöst bzw. missachtet, es scheint vielmehr, als ob die Heranziehung von ungenannten und unbewiesenen „immanenten Grundsätzen" lediglich einen Kompromiss zur Erhaltung der staatlichen Effektivität darstellen sollen[866]. Widersprüchlich ist diese Ansicht auch insofern, als durch die Annahme von „immanenten Grundsätzen" der (wohl unbestrittene)

---

insbesondere der Verfassung, zu handeln, wodurch kein Raum mehr bleibe für die Annahme von Naturrecht als Ermächtigungsgrundlage.
[865] Vgl. *Klein,* in: Isensee/Kirchhof, HdbStR, § 169 Rdnr. 64.
[866] Ähnlich *Jakab,* GLJ 7 (2006), 453 (474).

Wille des verfassungsändernden Gesetzgebers, dem Staat gerade keine weiteren ungeschriebenen Kompetenzen zuzugestehen, konterkariert wird[867].

Aber auch die entsprechende Ansicht der Befürworter eines ungeschriebenen Notrechts, die zwar ein solches grundsätzlich anerkennen, auf Grund der erfolgten Regelung im GG aber als zurzeit nicht existent betrachten, überzeugt nicht. Dieser Theorie fehlt bereits der praktische Bezug. Hält man die Normierung des GG für ausreichend bzw. fügt man sich der expliziten Einzelfallregelungen der Notstandsverfassung, so käme diese Ansicht erst bei einer Abschaffung der Notstandsnormen zur Geltung, was derzeit nicht abzusehen ist. Somit ist die Bejahung eines ungeschriebenen Notstandsrechts im Rahmen dieser Meinung rein dogmatischer Natur und im Ergebnis praktisch wenig ergiebig.

Der klassischen staatsbezogenen Ansicht und ihrer Bejahung eines ungeschriebenen Staatsnotrechts lassen sich einige Argumente entgegensetzen. Neben dem historischen Argument der gesetzgeberischen Beschränkung der Handlungsbefugnisse der Exekutive auf die im GG geregelten Fälle und der expliziten Ablehnung einer Generalklausel[868], spricht auch gegen ein ungeschriebenes Notstandsrecht, dass hierdurch fundamentale rechtstaatliche Garantien wie beispielsweise der Vorbehalt des Gesetzes missachtet würden. Zu Recht wird diesbezüglich darauf hingewiesen, dass der Vorbehalt des Gesetzes nicht überpositivistische Rechtsnormen erfassen soll, sondern gerade förmliche Gesetze und damit auch Normen des GG die Grundlage für staatliches Handeln bilden[869]. Verschiedentlich wird im juristischen Schrifttum postuliert, jedes staatliche Handeln müsse auf eine positiv aus der Verfassung, wenn auch in mehreren Schritten, ableitbare Rechtsgrundlage zurückführbar sein[870]. Als Folge hiervon stelle das GG eine abschließende und verbindliche Regelung der Handlungsbefugnisse staatlicher Organe dar, weil ansonsten staatliches Handeln unter Umständen im (verfas-

---

[867] Auch wenn der historische Wille nicht das entscheidende Auslegungskriterium darstellt, so ist er doch an dieser Stelle unzweideutig und entsprechend zu berücksichtigen. Zur Bedeutung subjektiv-historischer Auslegungselemente auch *Depenheuer*, DVBl. 1987, 809 (812).

[868] Vgl. dazu BT-Drs. V/2873, S. 13; BT-Drs. V/1879, S. 15; siehe auch oben.

[869] So *Böckenförde*, Ausnahmerecht, 259 (264).

[870] *Fiebig*, Einsatz im Innern, S. 408 f. m.w.N.; vgl. auch *Böckenförde*, NJW 1978, 1881 (1883).

sungs-) rechtsfreien Raum stattfinden würde und somit keine geschriebene Ermächtigungsgrundlage mehr zur Verfügung stünde[871]. Diese These ist nicht unproblematisch, unterstellt sie doch die Rechtswidrigkeit staatlichen Handelns für solche Fälle, in denen keine (geschriebene) Rechtsgrundlage existiert und umgeht die Frage nach der Existenz eines ungeschriebenen Staatsnotrechts durch das pauschale Aufstellen einer, zumindest angreifbaren, Hypothese. Doch auch wenn man diese Ansicht ablehnt, führt die Bejahung eines Ausnahmerechts inhaltlich zu einer Einschränkung rechtsstaatlicher Prinzipien und die Staatsorgane könnten unter Missachtung der Kompetenzordnung des GG und des Grundsatzes des Vorbehalts des Gesetzes die herrschende Verfassungsordnung durchbrechen, was im Ergebnis die Integrität der rechtsstaatlichen Verfassung negativ beeinflussen und zugleich das heutige Konzept des Verfassungsstaates beeinträchtigen würde[872].

Die Bejahung eines ungeschriebenen Staatsnotrechts eröffnet nach alledem den Weg zum einem potentiellen Fehlgebrauch der damit zusammenhängenden Befugnisse und vermindert gleichzeitig die normative Geltung des GG durch die überpositive Implementierung eines ungeschriebenen Rechts. Die verschiedentlich als entscheidend bezeichnete Frage, inwiefern das GG „lückenhaft" sei und deshalb Raum für ungeschriebenes Staatsnotrecht bleibe[873], ist nur auf den ersten Blick bedeutend. Zum einen können nämlich das GG und die Regelungen der Notstandsverfassung aufgrund des absichtlichen Verzichts auf Generalklauseln selbstverständlich nicht alle denkbaren Fälle normieren, dies würde den dem GG zur Verfügung stehenden Rahmen sprengen und unterläge zudem einem steten Wandel (man bedenke nur den internationalen Terrorismus als neue Erscheinungsform). Lücken im GG sind daher unvermeidbar, da das Unberechenbare nur begrenzt normativ antizipierbar ist, aber eben auch Teil des politischen Wil-

[871] Vgl. *Böckenförde*, Ausnahmerecht, 259 (263); *Epping*, AöR 124 (1999), 423 (443); auch *Klein*, in: Isensee/Kirchhof, HdbStR, § 169 Rdnr. 64 ist der Ansicht, der Staat handele nie im rechtsfreien Raum.
[872] *Böckenförde*, NJW 1978, 1881 (1883 f.), siehe auch den Hinweis in Fn. 27; *Epping*, AöR 124 (1999), 423 (443).
[873] Bejahend insbesondere *Schröder*, AöR 103 (1978), 121 (134); *Stern*, Staatsrecht, Bd. II, § 52 V. 2. b) γ) (S. 1335), der ein Gebot zum Handeln aus einer rechtlichen „Zwangslage" ableitet.

lens[874]. Diese Lücken können im Übrigen auch nicht sinnvoll durch die entsprechende Anwendung von § 34 StGB im Verfassungsrecht, durch Indemnitäts- und/oder Immunitätsbeschlüsse ex post durch den Bundestag geschlossen werden[875]. Zum anderen entbindet auch diese Feststellung grundsätzlich nicht von einer Antwort auf die Frage nach den Grenzen eines solchen ungeschriebenen Rechts. Eine überzeugende Antwort existiert bis heute nicht und dürfte mangels rechtlicher Anhaltspunkte auch kaum zu finden sein, da in der Regel der Exekutive aufgrund der fehlenden verfassungsrechtlichen Vorgaben stets ein unverhältnismäßig großer Handlungsspielraum bliebe. Die fünf einschränkenden Elemente, die in der Literatur aufgestellt wurden[876], tragen indes kaum zur Erhellung bei, da sie zum einen nicht weiter erläutert werden und zum anderen der Begriff der „essentiellen Verfassungsgüter" derart beliebig ausgelegt werden kann, dass hierdurch eine detaillierte Regelung gerade nicht obsolet wird[877]. Für die Fälle der Evakuierungsoperationen würde im Übrigen auch nach dieser Ansicht keineswegs ein ungeschriebenes Staatsnotrecht gegeben sein, weil bereits fraglich ist, ob Deutsche im Ausland überhaupt zu den „essentiellen Verfassungsgütern" zu zählen sind[878], eine Abwägung der betroffenen Interessen auch zugunsten des Staates ausfallen würde, sowie keine Absicht besteht, zu einer Normallage zurückzukehren, weil die Bundesrepublik bei Rettungsaktionen im Ausland keinerlei Bedrohung im Inland ausgesetzt ist und somit der dem Staatsnotrecht zugrunde liegende Gedanke des Ausnahmezustands nicht besteht[879]. Darüber

---

[874] Dies anerkennend *Stern*, Staatsrecht, Bd. II, § 52 V. 2. b) γ) (S. 1335). A.A. *Hamann*, DVBl. 1958, 405 ff.

[875] Dazu ausführlich *Schröder*, AöR 103 (1978), 121 (135 ff.). Kritisch bezüglich der Indemnität auch *Böckenförde*, Ausnahmerecht, 259 (262). Zu § 34 StGB vgl. auch *Isensee*, in: Isensee/Kirchhof, HdbStR, § 162 Rdnr. 97; *Siegers*, Staatsnotrecht, S. 125 ff.

[876] Vgl. *Stern*, Staatsrecht, Bd. II, § 52 V. 2. b) ζ) (S. 1338). Siehe auch weiter oben. Ähnliche Kriterien bei *Scheuner*, Verfassungsschutz, S. 313 (319).

[877] Wenn *Stern*, Staatsrecht, Bd. II, § 52 V. 2. b) ζ) (S. 1338) in Art. 91 GG und in Art. 115m eines Entwurfs(!) „hinreichende Anhaltspunkte" erkennt, so ist dem angesichts der Weite dieser Vorschläge nicht beizupflichten. Kritisch auch *Fiebig*, Einsatz im Innern, S. 408.

[878] Die zu schützenden Rechtsgüter Art. 91 GG, auf die *Stern* u.a als Anhaltspunkt verweist, sind jedenfalls nicht betroffen. Vgl. aber auch die Parallel-Problematik bei der Frage, ob Deutsche im Ausland als „Staatsvolk" angesehen werden können, oben 2. Teil VII. 3. b) bb) (3) (c).

[879] Diese fünfte Voraussetzung führt bereits deutlich vor Augen, dass das Konzept des ungeschriebenen Staatsnotrechts völlig andere Konstellationen als die der Evakuierungsoperationen im Ausland im Sinn hat. Insofern bestünden schon Bedenken an der Einhaltung des Verhältnismäßigkeitserfordernisses, wenn sich die Bundesrepublik, ohne substantiell bedroht zu sein, bei einem singulären Einsatz im Ausland auf Staatsnotrecht beruft.

hinaus steht auch das Erfordernis einer ausdrücklichen grundgesetzlichen Zulassung für den Einsatz der Streitkräfte außerhalb des Verteidigungsauftrages in Art 87a Abs. 2 GG der Anwendung von ungeschriebenen Staatsnotrecht entgegen, da der bewusste Ausschluss von ungeschriebenen Handlungskompetenzen zugunsten der Staatsorgane im Rahmen der Grundgesetzänderung 1968, worauf schon mehrfach verwiesen wurde, mit dem insofern eindeutigen Wortlaut des Art. 87a Abs. 2 GG korrespondiert. Der verfassungsändernde Gesetzgeber hat sich expressis verbis für eine „verfassungsrechtlich positivierte Lösung" entschieden, was durch den Ausdrücklichkeitsvorbehalt in Art. 87a Abs. 2 GG auch deutlich illustriert wird[880].

IV. Schlussfolgerung und Ergebnis: Keine Rechtfertigung durch Staatsnotrecht

Solange sich keine präzisen Grenzen finden, die allgemein anerkannt werden könnten, überzeugt das Konzept eines ungeschriebenen Staatsrechts allein schon wegen der nicht ausreichenden inhaltlichen Begrenzung kaum. Es sprechen zudem erhebliche rechtliche Bedenken im Übrigen gegen die grundsätzliche Annahme eines solchen außer- oder gar überverfassungsrechtlichen Rechtsgrundsatzes. Einer abschließenden Entscheidung bedarf es an dieser Stelle aber nicht zwingend, weil Evakuierungsoperationen, zumindest gemessen an den Kriterien der Befürworter, bereits nicht ein potentiell existierendes ungeschriebenes Staatsnotrecht auslösen könnten[881]. Die staatlichen Handlungsmöglichkeiten im Falle eines tatsächlichen und rechtlichen Notstandes sind hierdurch nicht geklärt und werfen schwierige Fragen auf[882], brauchen aber an dieser Stelle nicht vertieft werden, weil eine derart massive - die Heranziehung des Staatsnotrechts rechtfertigende - Gefahrenlage nicht durch die den Evakuierungsope-

---

[880] Vgl. *Stern*, Staatsrecht, Bd. II, § 52 V. 2. b) β) (S. 1334); siehe auch *Epping*, AöR 124 (1999), 423 (442 f.); *Fiebig*, Einsatz im Innern, S. 409.

[881] Ebenso *Epping*, AöR 124 (1999), 423 (443 f.); vgl. auch *Riedel*, Der Einsatz deutscher Streitkräfte, S. 162.

[882] Vgl. nur die resignierend klingende Darstellung bei *Epping*, AöR 124 (1999), 423 (444), der im Ergebnis auch keine Lösung bietet, sondern ganz pragmatisch fragt, ob „man in einer konkreten Situation Mut zum Nichthandeln um des Prinzips willen aufbringen kann".

rationen zugrunde liegenden Situationen entstehen. Die durch den Rechtsausschuss des Bundestages verwendete Rechtsgrundlage „staatliche Nothilfe" erfüllt daher auch nicht die rechtsstaatlichen Kriterien an eine verfassungskonforme Ermächtigungsgrundlage. Die Existenz eines ungeschriebenen Staatsnotrechts wird mit Recht bezweifelt, würde aber selbst bei Existenzbejahung vorliegend aufgrund der zugeordneten strengen Grenzen nicht zur Anwendung kommen. Evakuierungsoperationen können daher auch nicht durch die Annahme von ungeschriebenem Staatsnotrechts rechtfertigt werden.

C. Verfassungsgewohnheitsrecht

Eine letzte Möglichkeit, die Verfassungsmäßigkeit von Evakuierungsoperationen zu begründen, könnte nun die Annahme eines möglicherweise bestehenden Verfassungsgewohnheitsrechts sein und zwar dergestalt, dass sich, entsprechend der zahlreichen ausländischen Beispiele[883], mittlerweile auch in der Bundesrepublik die gewohnheitsrechtliche Zulässigkeit solcher Rettungsaktionen im Ausland herausgebildet hätte. Anknüpfungspunkt ist hierbei die weitgehende Billigung des Präzedenzfalles Albanien 1997 durch Politik und Gesellschaft als zumindest ethisch gerechtfertigt und moralisch vertretbar, zumeist aber auch als rechtlich zulässig[884]. Bestätigung fand diese Art von militärischem Einsatz nämlich auch durch die Verteidigungspolitik der vergangenen Bundesregierungen[885], durch die Abwesenheit von kritischen Stimmen in der allgemeinen Politik[886] sowie die Vielzahl der positiven bzw. zustimmenden Stellungnahmen in der juristischen Literatur. Doch hat sich wirklich ein Verfassungsgewohnheitsrecht mit dem soeben beschriebenen Inhalt gebildet? Konstitutive Voraussetzungen des allgemeinen Gewohnheitsrechts sind zum einen *consuetudo*, also die langdauernde Staatspraxis, und zum anderen eine entsprechende *opinio iuris*, mithin die

---

[883] Vgl. genauer oben 1. Teil C. III.

[884] Insofern besteht an dieser Stelle eine gemeinsame Schnittmenge mit der Auslegung des Verteidigungsbegriffes „im Lichte des Präzedenzfalles" durch *Kreß*, ZaöRV 57 (1997), 329 (352).

[885] Siehe bereits die Ausführungen zum Verteidigungsbegriff im 21. Jahrhundert oben 2. Teil VII. 3. b) ee); *Zimmer*, Einsätze der Bundeswehr, S. 123 ff.

[886] Nahezu ungehört verhallten die wenigen kritischen Stimmen bei der Debatte über die nachträgliche parlamentarische Billigung des Albanien-Einsatzes durch den Bundestag, vgl. Sten. Prot. der 166. Sitzung des BT vom 20.3.1997, 13. WP, S. 14979 [Abg. *Gysi*, PDS], S. 14988 [Abg. *Heuer*, PDS].

bestehende Rechtsüberzeugung der hier beteiligten Staatsorgane[887]. Im juristischen Schrifttum wird in einem nächsten Schritt sodann streitig diskutiert, ob das allgemeine Gewohnheitsrecht auch zu einem Verfassungsgewohnheitsrecht werden kann, mit anderen Worten, ob überhaupt Verfassungsgewohnheitsrecht angesichts des eine Verfassungsänderung voraussetzenden Art. 79 Abs. 1 und 2 GG anzuerkennen ist[888]. Blickt man primär auf die zweite Voraussetzung, *opinio iuris*, so ließen sich durchaus die politischen Aktivitäten der vergangenen Jahre als eine feste Rechtsüberzeugung der Bundesregierung bzw. der Exekutive und möglicherweise auch der Lehre dahingehend interpretieren, dass Evakuierungsoperationen im Ausland - gleich auf welcher Rechtsgrundlage - verfassungsrechtlich zulässig sind. Dafür sprechen auch die regelmäßig juristisch begründeten Einsätze, wie zum Beispiel die Billigung durch den Verteidigungsausschuss des Bundestages nach dem Albanien-Einsatz 1997. Fraglich ist aber, ob auch die erste Voraussetzung des *consuetudo* erfüllt ist. Bereits die relativ kurze Zeitspanne von unter 10 Jahren, gerechnet seit dem erstmaligen unilateralen Vorgehen 1997, dürfte dabei für die Annahme einer langandauernden Übung nicht ausreichen. Zudem dürfen die zahlreichen Einsätze der Streitkräfte in den vergangenen Jahren nicht darüber hinweg täuschen, dass es sich dabei in aller Regel um multilaterale Einsätze handelte, es also an aus- und hinreichender Anzahl unilateraler Aktionen seitens der Bundeswehr mangelt, um tatsächlich eine Staatspraxis allein schon quantitativ bestimmen zu können. Die „Operation Libelle" ist bis heute in dieser Form einzigartig geblieben und wird angesichts der regelmäßigen rechtlichen Absicherung durch (VN-/EU-/NATO-) mandatiertes Handeln sicherlich den Ausnahmefall bilden. Dies als langandauernde Staatspraxis anzusehen, träfe nicht die Einsatzrealität der Streitkräfte. Mangels *consuetudo* ist von der Entwicklung eines solchen rechtfertigenden Gewohnheitsrechts daher nicht auszugehen[889] und die Frage der möglichen Existenz eines Gewohnheitsrechts auf Verfassungsebene daher nicht erörterungsbedürftig. Im Übrigen bejahen die Befürworter eines Verfassungsgewohnheitsrechts dessen

---

[887] Vgl. *Herzog*, in: Maunz/Dürig, GG, Art. 20 Rdnr. 79; *Raue*, AöR 131 (2006), 79 (113).
[888] Dazu *Isensee*, in: Isensee/Kirchhof, HdbStR; § 162 Rdnr. 64; *Raue*, AöR 131 (2006), 79 (113); *Sachs*, GG, Einf. Rdnr. 11; offen *Maunz*/Dürig, GG, Art. 70 Rdnr. 52.
[889] Ebenso *Zimmer*, Einsätze der Bundeswehr, S. 127.

Anwendbarkeit wegen Art. 79 GG nur bei Bestehen einer echten Regelungslücke[890], die aber aufgrund der abschließenden Regelung des Art. 87a Abs. 2 GG für den Einsatz der Streitkräfte auch für Evakuierungsoperationen nicht existiert, weil der Verfassungsgesetzgeber mit dieser Norm ausschließlich Einsätze zur Verteidigung zulassen wollte; nur weil Evakuierungsoperationen nicht darunter subsumiert werden können (vgl. oben) begründet dies noch keine Regelungslücke[891].

D. Gesamtergebnis

Evakuierungsoperationen der Bundeswehr im Ausland finden eine Ermächtigungsgrundlage weder im GG, dort insbesondere Art. 87a Abs. 2 GG, noch in ungeschriebenem Staatsnotrecht noch im Verfassungsgewohnheitsrecht. Lediglich in eng begrenzten Ausnahmefällen können aufgrund des Konzepts der staatlichen Nothilfe neben ausländischen Bürgern verbündeter Staaten auch deutsche Staatsangehörige evakuiert werden, was allein der Sicherung der Einsatzrealität dient und keinesfalls als generelle Ermächtigungsgrundlage fehlinterpretiert werden darf. Die Verfassungsmäßigkeit dieser Operationen müsste daher - zur Beseitigung eines rechtlichen Vakuums - schnellstmöglich mittels einer gesetzlichen Regelung sichergestellt werden, wozu sich eine Änderung des Art. 87a Abs. 2 GG anbietet. Es bleibt zu hoffen, dass die geplante Überarbeitung der Wehrverfassung durch die Bundesregierung auch Evakuierungsoperationen mit einschließt.

---

[890] *Fibich*, ZRP 1993, 5 (9); *Raue*, AöR 131 (2006), 79 (113).
[891] Mit derselben Begründung und zusätzlich der der gewandelten Staatspraxis bestand und besteht auch kein Verfassungsgewohnheitsrecht, nach dem Einsätze out-of-area unzulässig sind, weil die Bun-

3. Teil:

Zusammenfassung und Ausblick

A. Zusammenfassung der Ergebnisse in Thesen

1. Teil:

1. Im Rahmen der globalisierten Welt und der zunehmenden Migrationsbewegungen der Völker geraten auch vermehrt deutsche Staatsangehörige im Ausland aus unterschiedlichsten Gründen in Not und erwarten die Hilfe des deutschen Staates. Die Bundesregierung hat dabei in jedem Einzelfall zu eruieren, ob und ggf. wie sie die bedrohten Staatsbürger mit militärischer Hilfe rettet bzw. zurückholt und dabei die Verfassungsmäßigkeit eines solchen Einsatzes zu überprüfen.

2. Eine solche Evakuierungsoperation unilateraler Art seitens der Bundeswehr fand erstmals in der deutschen Geschichte im März 1997 in Albanien statt und wirft dabei aus verfassungsrechtlicher Sicht zahlreiche Fragen zur Rechtmäßigkeit der Aktion auf. Diese Fragen gilt es zu beantworten, da Rettungsaktionen von Polizei und Militär zur allgemeinen Staatenpraxis gehören und angesichts der zunehmenden Bereitstellung von polizeilichen und militärischen Spezialkräften in Deutschland für Sondereinsätze im Ausland eine ähnliche unilaterale Aktion in der Zukunft durchaus vorstellbar ist.

---

desrepublik jahrzehntelang erklärte hatte, solche Einsätze seien verfassungsrechtlich nicht möglich. vgl. dazu *Fibich*, ZRP 1993, 5 (8 f.).

2. Teil:

Die Rechtsgrundlage für den Einsatz

3. Art. 24 Abs. 2 GG ist nur geeignet, die Verfassungsmäßigkeit von militärischen Evakuierungsoperationen im multilateralen Rahmen wie beispielsweise NATO oder VN zu begründen. Auch die Artt. 25, 26, 32, 73 Nr. 1 GG können aufgrund ihrer anderweitigen Regelungsbereiche nicht für Evakuierungsoperationen im Ausland herangezogen werden.

4. Einzig Art. 87a Abs. 2 GG stellt eine grundsätzlich denkbare verfassungsrechtliche Ermächtigungsgrundlage für Einsätze der Bundeswehr zur Rettung deutscher Staatsbürger im Ausland dar. Art. 87a Abs. 1 GG hingegen kann nicht als Befugnisnorm interpretiert werden, da insoweit der Wortlaut und die Systematik der jeweiligen Absätze ebenso wie die historische Ausgestaltung als lex specialis seit der Verfassungsänderung 1968 gegen eine solche Annahme sprechen.

5. Art. 87a Abs. 2 GG erfasst in seinem Regelungsbereich auch Einsätze der Bundeswehr im Ausland, stellt diese unter den Vorbehalt der ausdrücklichen Zulassung im GG soweit nicht eine „Verteidigung" anzunehmen sein kann und ist daher nicht auf militärische Aktionen im Innern beschränkt. Würde man einen reinen Innenbezug annehmen, so wären die Streitkräfte bezüglich Auslandseinsätze allein an die Schranken der Art. 25 und 26 GG verfassungsrechtlich gebunden, was mit der rein defensiv ausgestalteten Aufgabenzuweisung an die Bundeswehr nicht in Einklang zu bringen ist.

Die Voraussetzungen des Art. 87a Abs. 2 GG

6. Der Einsatzbegriff des Art. 87a Abs. 2 GG ist Gegenstand vielfältiger Definitionsversuche im juristischen Schrifttum und findet nunmehr ein einfach-rechtlich geregeltes Pendant in § 2 Abs. 1 ParlBetG.

Auch die deutsche Staatspraxis und das BVerfG haben sich zu dem „Einsatz" im Sinne des Art. 87a Abs. 2 GG geäußert.

7. Eine Entscheidung bezüglich der streitigen Ansichten ist vorliegend bei den Evakuierungsoperationen deshalb im Ergebnis entbehrlich, weil sowohl nach den unterschiedlichen Darstellungen in der Literatur, der Normierung in § 2 Abs. 1 ParlBetG, der Rechtsprechung des BVerfG als auch der Staatspraxis Rettungsaktionen im Ausland stets einen „Einsatz" im Sinne des Art. 87a Abs. 2 GG darstellen. Dabei werden als Evakuierungsoperationen im Sinne dieser Arbeit solche militärischen Aktionen verstanden, bei denen die teilnehmenden Soldaten Waffen tragen, um hiermit ggf. sich selbst zu verteidigen oder die Bürger sicher zu evakuieren, ähnlich dem Musterbeispiel Albanien 1997.

8. Der Verteidigungsbegriff des Art. 87a Abs. 2 GG ist nicht inhaltlich kongruent mit dem Wort „Verteidigungsfall" in Art. 115a GG und daher auch geographisch nicht auf das Bundesgebiet allein als Verteidigungsobjekt beschränkt. Bereits der abweichende Wortlaut sowie die unterschiedlichen Regelungszwecke der Normen bestätigen dies.

9. Hingegen erfasst die „Verteidigung" im Sinne des Art. 87a Abs. 2 GG sowohl die territoriale Verteidigung des deutschen Bundesgebietes als auch den Beistand bei der Bündnisverteidigung im Rahmen von NATO und WEU. Die Bündnisorientierung der Bundesrepublik lässt sich historisch belegen und entspricht dem Willen des Verfassungsgesetzgebers zurzeit der Wehrnovellen, was insbesondere auch in Art. 80a Abs. 3 GG deutlich zum Ausdruck kommt.

10. Die darüber hinausgehende inhaltliche Bestimmung des Verteidigungsbegriffs mittels völkerrechtlicher Termini und dem Völkerrecht im Allgemeinen begegnet methodischen Bedenken, weil dabei die nationale Rechtsordnung und das Völkerrecht als zwei selbständige Rechtsquellen ohne Grund vermengt werden und die aus dem Völkerrecht stammenden Normen über Art. 25 GG nicht ohne weitere Begründung eine Regelung des GG inhaltlich konkretisieren sollen.

11. Ungeachtet dessen sprechen insbesondere entstehungsgeschichtliche Aspekte dafür, den Einsatz der Streitkräfte auch zur Nothilfe zugunsten von Drittstaaten als verfassungsrechtlich zulässig und vom Verfassungsgesetzgeber gewollt anzusehen, ohne dabei aber den Inhalt des Art. 87a Abs. 2 GG unmittelbar aus dem Völkerrecht zu bestimmen.

12. Der Weltfrieden und die internationale Sicherheit sind aufgrund ihrer erheblichen Weite nicht geeignet, den Verteidigungsbegriff inhaltlich auszufüllen. Art. 26 Abs. 1 GG ist als reine Verbotsnorm ausgestaltet und ermächtigt weder die Streitkräfte noch die Exekutive dazu, entgegen dem Defensivcharakter der Bundeswehr den Weltfrieden unilateral sicherzustellen.

13. Eine unilaterale Evakuierungsoperation im Ausland durch die Streitkräfte stellt keine „Verteidigung" im Sinne der soeben genannten Theorien dar. Entweder lässt sich schon eine solche Rettungsaktion nicht unter den Voraussetzungen der Theorien subsumieren oder aber der Begründungsversuch überzeugt im Ergebnis nicht.

Die Personalverteidigung als neuer Begründungsansatz

14. Eine neuere „Theorie der Personalverteidigung" versucht die Verfassungsmäßigkeit von unilateralen Evakuierungsoperationen damit zu begründen, dass den Staat hinsichtlich seiner Staatsbürger im Ausland eine Schutzpflicht gem. Art. 2 Abs. 2 Satz 1 GG treffe, da die deutschen Staatsangehörigen im Ausland auch Teil des Staatsvolkes der Bundesrepublik seien und in diesem Falle neben der sonst ausreichenden Territorialverteidigung das personale Element eigenständige Bedeutung erlange.

15. Neben dem Inlandsschutz, den eine staatliche Schutzpflicht gem. Art. 2 Abs. 2 GG garantiert, ist dem GG auch ein Auslandsschutz in der Form zu entnehmen, dass die Bundesrepublik im Wege des diplomatischen und konsularischen Schutzes deutschen Staatsbürgern im Ausland und in Not Beistand zu leisten

hat. Diese objektive Schutzpflicht lässt sich am überzeugendsten kumulativ auf Art. 16 Abs. 1 und Art. 2 Abs. 2 GG stützen.

16. Ein unmittelbarer subjektiv-öffentlicher Anspruch des Einzelnen im Ausland auf eine bestimmte Handlung des deutschen Staates besteht nicht. Die Exekutive hat aber gemäß ihrer objektiv-rechtlichen Schutzverpflichtung dem Bürger in Not gegenüber ermessensfehlerfrei über eine mögliche Rettungshandlung zu entscheiden.

17. Die These der „Personalverteidigung" und die Argumentation über die Schutzpflicht des Staates fußt auf einem grundsätzlich begrüßenswerten Grundgedanken. Im Ergebnis aber begegnet auch diese Theorie einigen methodischen Bedenken und ist daher nicht geeignet, die Verfassungsmäßigkeit einer Evakuierungsoperation zu begründen.

18. So obliegt dabei allein der Exekutive die Entscheidung über einen Einsatz, wodurch diese in einem solchen Fall den Verfassungsbegriff „Verteidigung" selbständig interpretieren kann und ihre Entscheidung aufgrund der damit einhergehenden Beurteilungsspielräume einer erfolgreichen gerichtlichen Überprüfung nur schwer zugänglich wäre. Die dadurch entstehende Gefahr schwer zu kontrollierender Beschlüsse der staatlichen Organe und der möglichen Ausweitung der Verteidigungsobjekte wie beispielsweise auf das Eigentum, widerspricht dem Rechtsstaatsprinzip des GG und sollte nicht zur herrschenden Rechtsauffassung werden.

Fremde Staatsangehörige mitumfasst?

19. Fremde Staatsangehörige sind nicht pauschal als verfassungsrechtlich taugliche Rettungsobjekte einzustufen. Im Einklang mit dem Verteidigungsbegriff des Art. 87a Abs. 2 GG stehen nur Rettungsaktionen zugunsten der Bürger verbündeter Staaten, sowie solcher, deren Staaten explizit um Nothilfe seitens der Bundesrepublik gebeten haben, während allen anderen Staatsbürgern der Bezug zur „Verteidigung" i.S.d. Art. 87a Abs. 2 GG fehlt.

Der Verteidigungsbegriff im 21. Jahrhundert

20. In der Politik wird seit mehreren Jahren durch die Neufassung der Verteidigungspolitischen Richtlinien und des Weißbuches versucht, den Verteidigungsbegriff den zeitgenössischen Gegebenheiten anzupassen und dabei vermehrt auf deutsche Sicherheitsinteressen abgestellt. Demnach müsse die Bundesregierung deutsche Interessen weltweit im Blick haben, wozu unter anderem auch Aspekte der Versorgungssicherheit, der wirtschaftlichen Entwicklung und eben auch die Rettung deutscher Staatsbürger im Ausland gehöre.

21. Diese interessengeleitete Auslegung des Verteidigungsbegriffs lässt sich schwerlich mit dem GG in Einklang bringen, da bereits die fehlende tatbestandliche Eingrenzungsmöglichkeit von deutschen Sicherheitsinteressen überall in der Welt die Auslegung von „Verteidigung" erschwert und zu einer Verwässerung des Begriffs führen wird. Die Verfassungsmäßigkeit von Evakuierungsoperationen lässt sich demnach mit dieser Meinung auch nicht in verfassungskonformer Weise begründen.

Verfassungsänderung

22. Nachdem alle Begründungsversuche an teils erheblichen verfassungsrechtlichen Bedenken gescheitert sind und die Verfassungsmäßigkeit der unilateralen Evakuierungsoperationen sichergestellt werden sollte, bietet es sich an, die aktuelle politische Konstellation für eine Änderung des Art. 87a Abs. 2 GG zu nutzen und eine Verfassungsänderung anzustoßen. Darin könnten durch verschiedene Formulierungen auch die Rechtmäßigkeit von unilateralen Evakuierungsoperationen niedergelegt werden.

23. Diese dringend nötige Anpassung des Art. 87a Abs. 2 GG wird auch nicht durch die hier aufgezeigte Möglichkeit der Rettung deutscher Staatsbürger neben ausländischen Staatsangehörigen mittels des rechtlichen Konzepts der staatlichen Nothilfe in ganz besonderen, eng begrenzten Ausnahmefällen obsolet.

Diese Bewertung dient nur der Praktikabilität eines beschlossenen Einsatzes, damit die teilnehmenden Soldaten nicht in einem verfassungsrechtlich völlig freien Raum agieren und deutsche Staatsanghehörige ggf. nicht retten dürften, ausländische aber schon.

Weitere ungeschriebene Rechtsinstitute

24. Eine Rechtfertigung der Evakuierungsoperationen durch ungeschriebenes Staatsnotrecht scheidet aus, da zum einen bereits erhebliche rechtliche Bedenken an der Existenz eines solchen Rechts bestehen und zum anderen jedenfalls aber auch bei Bejahung der Existenz im Falle von bedrohten Staatsbürgern im Ausland keine staatsbedrohende Lage vorläge, welche ein ungeschriebenes Ausnahmerecht auslösen würde.

25. Auch ein Verfassungsgewohnheitsrecht hinsichtlich der Billigung solcher Evakuierungsoperationen wie in Albanien existiert nicht. Hierfür mangelt es bereits an *consuetudo*, zumal die Aktion in Albanien in der Form bis heute einmalig geblieben ist; des weiteren besteht angesichts der Normierung in Art. 87a Abs. 2 GG auch keine Regelungslücke im GG.

B. Ausblick

Evakuierungsoperationen stellen nach den obigen Ausführungen in den weitaus überwiegenden Fällen eine militärische Aufgabe dar, welche von unterschiedlichen Einsatzkräften je nach Fallkonstellation ausgeführt werden. Die Gründe hierfür sind im Wesentlichen bei der vorteilhaften militärischen Ausrüstung zu sehen und führen im Ergebnis zu einem praktisch erheblich sinnvolleren Einsatz von Bundeswehr-Spezialkräften wie etwa dem KSK im Vergleich zu der GSG 9 der Bundespolizei. Nichtsdestotrotz erscheint die vorrangige Verwendung der Bundeswehr für solche Evakuierungsoperationen sowohl angesichts der oben geschilderten verfassungsrechtlichen Problematik als auch im Hinblick auf die mindestens ebenbürtige, wenn nicht gar effizientere, Ausbildung von Sondereinheiten der Bundespolizei für Evakuierungsoperationen im Ausland, wenig überzeugend und wünschenswert. Aus rein rechtlicher Sicht dürfte ein Einsatz von Bundeswehr-Soldaten im Rahmen von Rettungsaktionen aufgrund mangelnder verfassungsrechtlicher Grundlage nach der hier vertretenen Auffassung bereits nicht angeordnet werden und daher nicht stattfinden. Diesbezüglich bietet § 8 Abs. 2 BPolG zunächst eine explizite einfach-gesetzliche Regelung, deren Verfassungsmäßigkeit weitaus weniger umstritten ist und dabei im Ergebnis auch eher unter formellen Gesichtspunkt bestritten wird[892]. Insofern böte sich an dieser Stelle an, den Vorteil einer ausdrücklich für solche Rettungsaktionen geschaffenen Regelung auszuschöpfen und in Zukunft die Sonderkräfte der Bundespolizei vermehrt einzusetzen. Diese Kräfte sind speziell für Geiselnahmen ausgebildet und können daher gleich effektiv wie das Militär eine Befreiungsaktion durchführen. Um alle denkbaren Einsatzoptionen abzudecken, wäre es sicherlich erforderlich, vereinzelt militärische Unterstützungskräfte, wie etwa hinsichtlich der Transportkapazitäten, hinzuziehen. In Anbetracht des hier dargelegten verfassungsrechtlichen Ergebnisses böte diese Lösung den Vorteil, dass der Einsatz der Bundespolizei seine rechtliche Grundlage in § 8 Abs. 2 BPolG fände, während die militärische Unterstützung mangels Bewaffnung keinen „Einsatz" i.S.d. Art. 87a Abs. 2 GG darstellen würde und somit die Aktion der Bundeswehr in einem verfassungsrechtlich gebilligten Rahmen stattfände. Einen Schritt in diese Richtung hat die Bundesregierung bereits vollzogen, indem nunmehr eine spezielle Hundertschaft der Bundespolizei aufgebaut wurde, die allerdings zunächst nur für geschlossene Einsätze, mithin rein polizeilich, im Rahmen von Mandaten der EU und VN verwendet werden soll[893].

Die hier vorgeschlagene Verknüpfung von Einheiten der Bundespolizei und der Bundeswehr für einen verfassungskonformen, aber auch effektiven Rettungseinsatz im Sinne einer Evakuierungsoperation, berührt gewiss die heute wieder aktuelle Debatte um die Aufrechterhaltung der Trennung von Polizei und Mili-

---

[892] Siehe dazu oben 1. Teil E. am Ende sowie *Fischer-Lescano*, AöR 2003, 52 (72 ff.).
[893] Vgl. *FAZ*, vom 20.6.2005, S. 4.

tär, insbesondere bei der Verwendung im Innern[894]. Diese Frage wird jedoch im Falle von Evakuierungsoperationen im Ausland weniger zu diskutieren sein, weil sie vom Ansatz her primär die schwierige Thematik des Bundeswehreinsatzes im Inland erfasst, während Auslandseinsätze dem nicht entgegenstehen. Jedenfalls aber sollte die bisherige einseitige Ausrichtung auf die Bundeswehr hinsichtlich der Evakuierungsoperationen überdacht und dabei nicht auf die Frage der Trennung von Polizei und Militär abgestellt werden. Wie die Normierung des § 8 Abs. 2 BPolG und die Aufstellung einer Hundertschaft der Bundespolizei für spezielle Auslandseinsätze zeigen, können kaum mehr gewichtige Argumente gegen einen Polizeieinsatz auch bei Evakuierungsoperationen angeführt werden. In dieser Hinsicht sollte also an dem Grundsatz der Trennung polizeilicher und militärischer Kräfte im Interesse der Schutzbedürftigkeit der deutschen Staatsangehörigen und angesichts einer notwendigen verfassungsrechtlichen Grundlage nicht festgehalten werden.

Die stets wiederkehrende Frage nach einer Grundgesetzänderung wurde vorliegend in Bezug auf Evakuierungsoperationen bejaht. Angesichts der zahlreichen Interpretationsversuche im juristischen Schrifttum, welche nach hiesiger Auffassung die Verfassungsmäßigkeit von unilateralen Evakuierungsoperationen der Bundeswehr nicht hinreichend überzeugend begründen vermögen, erscheint eine Überarbeitung des Art. 87a Abs. 2 GG oder der Wehrverfassung insgesamt als die sinnvollste und rechtstechnisch klarste Lösung zur Beurteilung der hier gegenständlichen Thematik. Da eine singuläre Verfassungsänderung nur bezüglich Evakuierungsoperationen kaum konsensfähig sein dürfte, sollte gleichzeitig der Auslandseinsatz der Bundeswehr im Allgemeinen klarstellend in Art. 87a Abs. 2 GG eingefügt werden und im Zuge dieser Überarbeitung die Frage der unilateralen Rettungsaktionen nicht unberücksichtigt bleiben. Die politischen Voraussetzungen für eine Verfassungsänderung sind in der 16. Wahlperiode des Deutschen Bundestages durch das Erreichen des notwendigen Quorums so günstig

---

[894] Verteidigungsminister *Jung*, Interview in: FAZ vom 2.5.2006, S. 5 meint beispielsweise, die strikte Trennung zwischen Polizei und Bundeswehr könne nicht mehr vorgenommen werden; Kritik dazu in *FAZ*, vom 4.5.2006, S. 5. Auch der ehemalige Bundesinnenminister *Schily* sieht diese Problematik, hält aber allgemein an der Abgrenzung polizeilicher und militärischer Aufgaben fest, *FAZ* vom 25.5.2005, S. 4.

wie lange nicht mehr. Erste, teils konkrete, Äußerungen und Vorschläge der beteiligten Politiker sind bereits publik geworden; ebenso aber auch ablehnende Stellungnahmen. Eine ausschließlich den Inneneinsatz normierende GG-Änderung, wie sie möglicherweise in der Koalition konsensfähig sein könnte, brächte hingegen nicht die erforderliche Klarheit für Auslandseinsätze und daher im Speziellen auch nicht für unilaterale Evakuierungsoperationen. Auch wenn die Notwendigkeit einer expliziten Regelung von Rettungsaktionen im Ausland auf politischer Ebene aufgrund der breiten generellen Zustimmung und Billigung solcher Einsätze kaum gesehen wird, so darf nicht übersehen werden, dass vielfach die formelle Zustimmung des Bundestages im Rahmen des Parlamentsvorbehalts (vgl. daher die Verabschiedung des ParlBetG) als ausreichend angesehen wird und dabei die materielle Verfassungsmäßigkeit und ihre Prüfung nicht (mehr) im Vordergrund steht. Die grundsätzliche, formelle Billigung einer bestimmten Einsatzform darf aber nicht materiell-verfassungsrechtliche Bedenken überflüssig machen.

Literaturverzeichnis

Ader, Werner	Gewaltsame Rettungsaktionen zum Schutz eigener Staatsangehöriger im Ausland München 1988 (Zit.: *Ader*, Gewaltsame Rettungsaktionen)
Alternativkommentar zum GG	Bd. 2: Art. 11-53, darin: *Frank*, Götz zu Art. 26; Bd. 3: ab Art. 53a, darin: *Frank*, Götz nach Art. 87a; *Hase*, Friedhelm zu Art. 91 3. Auflage, Neuwied 2001 (Zit.: *Bearbeiter*, in: Alternativkommentar)
Arndt, Claus	Der Rechtsstaat und sein polizeilicher Verfassungsschutz In: Neue Juristische Wochenschrift 1961, 897 (Zit.: *Arndt*, NJW 1961)
Ders.	Bundeswehreinsatz für die UNO In: Die Öffentliche Verwaltung 1992, 618 (Zit.: *Arndt*, DÖV 1992)
Ders.	Verfassungsrechtliche Anforderungen an internationale Bundeswehreinsätze In: Neue Juristische Wochenschrift 1994, 2197 (Zit.: *Arndt*, NJW 1994)
Ders.	Das Grundgesetz und das Parlamentsbeteiligungsgesetz In: Die Öffentliche Verwaltung 2005, 908 (Zit.: *Arndt*, DÖV 2005)

Bachmann, Ulrich

Die Verfassungsmäßigkeit von Bundeswehreinsätzen im Ausland
In: Monatsschrift für Deutsches Recht 1993, 397
(Zit.: *Bachmann*, MDR 1993)

Bähr, Biner Kurt Wenkholm

Verfassungsmäßigkeit des Einsatzes der Bundeswehr im Rahmen der Vereinten Nationen
Frankfurt a.M. 1994
(Zit.: *Bähr*, Verfassungsmäßigkeit des Einsatzes)

Ders.

Verfassungsmäßigkeit des Einsatzes der Bundeswehr im Rahmen der Vereinten Nationen
In: Zeitschrift für Rechtspolitik 1994, 97
(Zit.: *Bähr*, ZRP 1994)

Ders.

Auslandseinsätze der Bundeswehr - Erste Anmerkungen zum Urteil des BVerfG vom 12. Juli 1994
In: Monatsschrift für Deutsches Recht 1994, 882
(Zit.: *Bähr*, MDR 1994)

Baldus, Manfred

Extraterritoriale Interventionen der Bundeswehr zur Rettung von fremden und deutschen Staatsangehörigen
In: Erberich, Ingo, u.a. [Hrsg.], Frieden und Recht
Münster 1998, 259
(Zit.: *Baldus*, Extraterritoriale Interventionen)

Ders.

Braucht Deutschland eine neue Wehrverfassung?
In: Neue Zeitschrift für Wehrrecht 2007, 133
(Zit.: *Baldus*, NZWehrr 2007)

Bartke, Matthias	Verteidigungsauftrag der Bundeswehr. Eine verfassungsrechtliche Analyse Baden-Baden 1991 (Zit.: *Bartke*, Verteidigungsauftrag)
Beckert, Erwin	Rechtsstaat und Einsatz der Streitkräfte In: Neue Zeitschrift für Wehrrecht 1984, 9 (Zit.: *Beckert*, NZWehrr 1984)
Beyerlin, Ulrich	Die israelische Befreiungsaktion von Entebbe in völkerrechtlicher Sicht In: Zeitschrift für ausländisches öffentliches Recht und Völkerrecht 37 (1977), 213 (Zit.: *Beyerlin*, ZaöRV 37 (1977))
Biermann, Rafael	Der Deutsche Bundestag und die Auslandseinsätze der Bundeswehr - Zur Gratwanderung zwischen exekutiver Prärogative und legislativer Mitwirkung In: Zeitschrift für Parlamentsfragen 2004, 607 (Zit.: *Biermann*, ZParl 2004)
Bleckmann, Albert	Der Grundsatz der Völkerrechtsfreundlichkeit der deutschen Rechtsordnung In: Die Öffentliche Verwaltung 1996, 137 (Zit.: *Bleckmann*, DÖV 1996)
Blumenwitz, Dieter	Die deutsche Staatsangehörigkeit und die Schutzpflicht der Bundesrepublik Deutschland In: Heldrich, Andreas, u.a. [Hrsg.], Konflikt und Ordnung, Festschrift für Murad Ferid zum 70. Geburtstag

München 1978, 439
(Zit.: *Blumenwitz*, Staatsangehörigkeit und Schutzpflicht)

Ders.
Der nach außen wirkende Einsatz deutscher Streitkräfte nach Staats- und Völkerrecht
In: Neue Zeitschrift für Wehrrecht 1988, 133
(Zit.: *Blumenwitz*, NZWehrr 1988)

Ders.
Der Einsatz deutscher Streitkräfte nach der Entscheidung des BVerfG vom 12. Juli 1994
In: Bayerische Verwaltungsblätter 1994, 641/678
(Zit.: *Blumenwitz*, BayVBl. 1994)

Ders.
Einsatzmöglichkeiten der Bundeswehr im Kampf gegen den Terrorismus
In: Zeitschrift für Rechtspolitik 2002, 102
(Zit.: *Blumenwitz*, ZRP 2002)

Böckenförde,
Ernst-Wolfgang
Der verdrängte Ausnahmezustand. Zum Handeln der Staatsgewalt in außergewöhnlichen Lagen
In: Neue Juristische Wochenschrift 1978, 1881
(Zit.: *Böckenförde*, NJW 1978)

Ders.
Ausnahmerecht und demokratischer Rechtsstaat
In: Vogel, Hans-Jochen [Hrsg.], Die Freiheit des Anderen, Festschrift für Martin Hirsch
Baden-Baden 1981, 259
(Zit.: *Böckenförde*, Ausnahmerecht)

Boldt, Hans
Einsatz der Bundeswehr im Ausland?
In: Zeitschrift für Rechtspolitik 1992, 218
(Zit.: *Boldt*, ZRP 1992)

Bonner Kommentar zum Grundgesetz	Darin: *Ipsen*, Knut zu Art. 87a, 22. Lieferung, Stand Januar 1969
	Kämmerer, Jörn Axel zu Art. 16, 118. Lieferung, Stand August 2005
	Tomuschat, Christian zu Art. 24, 50. Lieferung, Zweitbearbeitung Stand Juli 1985
	Heidelberg (Zit.: *Bearbeiter*, in: Bonner Kommentar)
Bowett, Derek W.	Protection of Nationals Abroad In: *Cassese*, Antonio [Hrsg.], The Current Legal Regulation of the Use of Force, Dordrecht 1986, 39 (Zit.: *Bowett*, Protection of Nationals Abroad)
Brockhaus	Enzyklopädie in zwanzig Bänden, 17. völlig neu bearbeitete Auflage des Großen Brockhaus Wiesbaden 1973
Brunkow, Wolfgang	Rechtliche Probleme des Einsatzes der Bundeswehr auf dem Territorium der Bundesrepublik Deutschland nach Art. 87a GG Bonn 1971 (Zit.: *Brunkow*, Rechtliche Probleme)
Brunner, Stefan	Die internationale Verwendung der Bundeswehr In: Zeitschrift für Rechtspolitik 1991, 133 (Zit.: *Brunner*, ZRP 1991)

Brunner, Stefan

Deutsche Soldaten im Ausland
München 1993
(Zit.: *Brunner*, Deutsche Soldaten im Ausland)

Bülow, Christoph von

Der Einsatz der Streitkräfte zur Verteidigung
Frankfurt a.M. 1984
(Zit.: *von Bülow*, Der Einsatz der Streitkräfte)

Ders.

Der Verteidigungsauftrag der Streitkräfte
In: Neue Zeitschrift für Wehrrecht 1984, 237
(Zit.: *von Bülow*, NZWehrr 1984)

Bundesministerium
der Verteidigung

Verteidigungspolitische Richtlinien für den Geschäftsbereich des Bundesministers der Verteidigung vom 21. Mai 2003.
Abgedruckt in: Blätter für deutsche und internationale Politik 2003, 888
Broschüre   zum   download   unter
http://www.bundeswehr.de

Einsätze der Bundeswehr im Ausland, Stand August 2005
Broschüre   zum   download   unter
http://einsatz.bundeswehr.de

Weißbuch zur Sicherheitspolitik Deutschlands
und zur Zukunft der Bundeswehr Oktober 2006
Broschüre   zum   download   unter
http://www.weissbuch.de

Burkiczak, Christian

Ein Entsendegesetz für die Bundeswehr?
In: Zeitschrift für Rechtspolitik 2003, 82
(Zit.: *Burkiczak*, ZRP 2003)

Burmester, Gabriele   Verfassungsrechtliche Grundlagen beim Einsatz
                        der Bundeswehr zur Verteidigung
                        In: Neue Zeitschrift für Wehrrecht 1993, 133
                        (Zit.: *Burmester*, NZWehrr 1993)

Busse, Nikolas   „Weder schnell noch eine Truppe"
                        In: Frankfurter Allgemeine Zeitung vom
                        8.12.2003, 8
                        (Zit.: *Busse*, FAZ vom 8.12.2003, 8)

Coridass, Alexander   Der Auslandseinsatz der Bundeswehr und Natio-
                        naler Volksarmee
                        Frankfurt a.M. 1985
                        (Zit.: *Coridass*, Der Auslandseinsatz)

Dau, Klaus   Die militärische Evakuierungsoperation „Libelle"
                        - ein Paradigma der Verteidigung?
                        In: Neue Zeitschrift für Wehrrecht 1998, 89
                        (Zit.: *Dau*. NZWehrr 1998)

Dau, Klaus/   Der Auslandseinsatz deutscher Streitkräfte. Eine
Wöhrmann, Gotthard   Dokumentation des AWACS-, des Somalia- und
                        des Adria-Verfahrens vor dem Bundesverfas-
                        sungsgericht
                        Heidelberg 1996

                        Darin: *Arndt*, Claus, Antwort in der mündlichen
                        Verhandlung, 722

                        Becker, Peter, Antragsschrift der Bundesländer
                        Hessen, Niedersachsen, Nordrhein-Westfalen,
                        Schleswig-Holstein und des Saarlandes, 405

Blumenwitz, Dieter, Gegenäußerung der Bundesregierung, 45

Bothe, Michael, Antragsschriften der SPD-Fraktion, 14, 377, 558, 623

Isensee, Josef/*Randelzhofer*, Albrecht, Gegenäußerung CDU/CSU-Fraktion im Adria-Verfah-
ren, 524

Schmidt-Jortzig, Edzard, Antragsschrift der FDP-
Fraktion im AWACS-Verfahren, 19

(Zit.: *Bearbeiter*, in: Dau/Wöhrmann, Dokumentation)

Dauster, Manfred	Übungshausarbeit Öffentliches Recht - Der An-
spruch des Staatsangehörigen auf Schutz gegen-
über dem Ausland
In: Juristische Ausbildung 1990, 262
(Zit.: *Dauster*, Jura 1990)
Deiseroth, Dieter	Die Beteiligung Deutschlands am kollektiven
Sicherheitssystem der Vereinten Nationen aus
verfassungsrechtlicher Sicht
In: Neue Justiz 1993, 145
(Zit.: *Deiseroth*, NJ 1993)
Depenheuer, Otto	Politischer Wille und Verfassungsänderung
In: Deutsches Verwaltungsblatt 1987, 809
(Zit.: *Depenheuer*, DVBl. 1987)

Depenheuer, Otto

Der Wortlaut als Grenze
Heidelberg 1988
(Zit.: *Depenheuer*, Wortlaut als Grenze)

Ders.

Der verfassungsrechtliche Verteidigungsauftrag
der Bundeswehr
In: Deutsches Verwaltungsblatt 1997, 685
(Zit.: *Depenheuer*, DVBl. 1997)

Dietlein, Johannes

Die Lehre von den grundrechtlichen Schutz-
pflichten
Berlin 1992
(Zit.: *Dietlein*, Grundrechtliche Schutzpflichten)

Dietrich, Sascha

Die rechtlichen Grundlagen der Verteidigungs-
politik der Europäischen Union
In: Zeitschrift für ausländisches öffentliches
Recht und Völkerrecht 66 (2006), 663
(Zit.: *Dietrich*, ZaöRV 66 (2006))

Doehring, Karl

Die Pflicht des Staates zur Gewährung diplomati-
schen Schutzes
Berlin u.a. 1959
(Zit.: *Doehring*, Die Pflicht des Staates)

Dörr, Oliver

Gewalt und Gewaltverbot im modernen Völkerrecht
In: Das Parlament, Beilage Aus Politik und Zeitgeschichte 43 (2004)
(Zit.: *Dörr*, Aus Politik und Zeitgeschichte 43
(2004))

Dreier, Horst [Hrsg.]   Grundgesetz Kommentar

Bd. I Art. 1-19, 2. Auflage Tübingen 2004, darin:
Masing, Johannes zu Art. 16; *Schulze-Fielitz*,
Helmuth zu Art. 2

Bd. II Art. 20-82, 2. Auflage Tübingen 2006,
darin: *Pernice*, Ingolf zu Art. 25

Bd. III Art. 83-146, darin: *Heun*, Werner zu Art.
87a
Tübingen 2000
(Zit.: *Bearbeiter*, in: Dreier, GG)

Dreist, Peter   Terroristenbekämpfung als Streitkräfteauftrag -
zu den verfassungsrechtlichen Grenzen des poli-
zeilichen Handelns der Bundeswehr im Innern
In: Neue Zeitschrift für Wehrrecht 2004, 89
(Zit.: *Dreist*, NZWehrr 2004)

Ders.   Offene Rechtsfragen des Einsatzes bewaffneter
deutscher Streitkräfte
In: Neue Zeitschrift für Wehrrecht 2002, 133
(Zit.: *Dreist*, NZWehrr 2002)

Ders.   Der Bundestag zwischen „Vorratsbeschluss" und
Rückholrecht - Plädoyer für ein wirkungsvolles
Parlamentsbeteiligungsgesetz
In: Kritische Vierteljahresschrift für Gesetzge-
bung und Rechtswissenschaft 2004, 79
(Zit.: *Dreist*, KritV 2004)

Dtv-Wörterbuch der deutschen Sprache	Herausgegeben von *Wahrig*, Gerhard 6. Auflage München 1984

Dtv-Wörterbuch
der deutschen Sprache

Herausgegeben von *Wahrig*, Gerhard
6. Auflage München 1984

Duden

Deutsches Universalwörterbuch
6. Auflage Mannheim 2006

Eitelhuber, Norbert

Die NATO Response Force
In: Stiftung Wissenschaft und Politik [Hrsg.],
SWP-Aktuell, Ausgabe 52, November 2002
(Zit.: *Eitelhuber*, SWP-Aktuell 52 November
2002)

Emde, Raimond

Voraussetzungen für die Zulässigkeit eines Bundeswehreinsatzes innerhalb und außerhalb der
NATO
In: Neue Zeitschrift für Wehrrecht 1992, 133
(Zit.: *Emde*, NZWehrr 1992)

Epping, Volker

Der Fall „Godewind"
In: Neue Zeitschrift für Wehrrecht 1993, 103
(Zit.: *Epping*, NZWehrr 1993)

Ders.

Die Evakuierung deutscher Staatsbürger im Ausland als neues Kapitel der Bundeswehrgeschichte
ohne rechtliche Grundlage? - Der Tirana-Einsatz
der Bundeswehr auf dem rechtlichen Prüfstand -
In: Archiv des öffentlichen Rechts 124 (1999),
423
(Zit.: *Epping*, AöR 124 (1999))

Ders.

Rechtliche Rahmenbedingungen der Gemeinsamen Außen- und Sicherheitspolitik der Europäischen Union

In: Neue Zeitschrift für Wehrrecht 2002, 90
(Zit.: *Epping*, NZWehrr 2002)

Fastenrath, Ulrich — Was ist der Bundeswehr nach dem Karlsruher Spruch erlaubt?
In: Frankfurter Allgemeine Zeitung vom 22.7. 1994, 8
(Zit.: *Fastenrath*, FAZ vom 22.7.1994)

Ders. — Neues Kapitel der Bundeswehrgeschichte ohne rechtliche Grundlage?
In: Frankfurter Allgemeine Zeitung vom 19.3. 1997, 8
(Zit.: *Fastenrath*, FAZ vom 19.3.1997)

Fehn, Karsten/ Fehn, Bernd Josef — Die verfassungsrechtliche Zulässigkeit von Blauhelmeinsätzen der Bundeswehr
In: Juristische Ausbildung 1997, 621
(Zit.: *Fehn/Fehn*, Jura 1997)

Feldmeyer, Karl — In Tirana musste die Regierung handeln. Der Segen des Bundestages kommt später.
In: Frankfurter Allgemeine Zeitung vom 17.3.1997, 2
(Zit.: *Fastenrath*, FAZ vom 17.3.1997)

Feser, Andreas — Die Bundeswehr im Ausland - eine offene Verfassungsfrage?
In: Zeitschrift für Rechtspolitik 1993, 351
(Zit.: *Feser*, ZRP 1993)

Fibich, Holger

Auslandseinsätze der Bundeswehr
In: Zeitschrift für Rechtspolitik 1993, 5
(Zit.: *Fibich*, ZRP 1993)

Fiebig, Jan-Peter

Der Einsatz der Bundeswehr im Innern
Berlin 2004
(Zit.: *Fiebig*, Einsatz im Innern)

Fink, Udo

Verfassungsrechtliche und verfassungsprozess-
rechtliche Fragen im Zusammenhang mit dem
Kosovo-Einsatz der Bundeswehr
In: Juristenzeitung 1999, 1016
(Zit.: *Fink*, JZ 1999)

Fischer, Mattias

Terrorismusbekämpfung durch die Bundeswehr
im Inneren Deutschlands
In: Juristenzeitung 2004, 376
(Zit.: *Fischer*, JZ 2004)

Fischer-Lescano, Andreas

Verfassungsrechtliche Fragen der Auslandsentsendung des BGS
In: Archiv des öffentlichen Rechts 128 (2003),
52
(Zit.: *Fischer-Lescano*, AöR 128 (2003))

Flor, Georg

Staatsnotstand und rechtliche Bindung
In: Deutsches Verwaltungsblatt 1958, 149
(Zit.: *Flor*, DVBl. 1958)

Folz, Hans-Ernst

Staatsnotstand und Notstandsrecht
Köln 1962
(Zit.: *Folz*, Staatsnotstand und Notstandsrecht)

Frantz, Konstantin	Die Naturlehre des Staates als Grundlage aller Staatswissenschaft Neudruck der Ausgabe Leipzig 1870 Aalen 1964 (Zit.: *Frantz*, Die Naturlehre des Staates)
Franzke, Hans-Georg	Schutzaktionen zugunsten der Staatsangehörigen im Ausland als Ausfluß des Rechts auf Selbstverteidigung der Staaten Bonn 1965 (Zit.: *Franzke*, Schutzaktionen)
Ders.	Art. 24 II GG als Rechtsgrundlage für den Außeneinsatz der Bundeswehr? In: Neue Juristische Wochenschrift 1992, 3075 (Zit.: *Franzke*, NJW 1992)
Ders.	Schutz von deutschen Staatsbürgern im Ausland durch die Bundeswehr? In: Neue Zeitschrift für Wehrrecht 1996, 189 (Zit.: *Franzke*, NZWehrr 1996)
Friauf, Karl-Heinrich/ Höfling, Wolfram [Hrsg.]	Berliner Kommentar zum Grundgesetz München Bd. 3: Art. 38-146, darin: *Grzeszick*, Bernd zu Art. 87a. (Stand: VIII/06) (Zit.: *Grzeszick*, in: Friauf/Höfling, Berliner Kommentar)

Fuchs, Rainer

Die Entscheidung über Krieg und Frieden, Friedensordnung und Kriegsrecht nach dem Bonner Grundgesetz
Bonn 1981
(Zit.: *Fuchs*, Die Entscheidung)

Geck, Wilhelm Karl

Der Anspruch des Staatsbürgers auf Schutz gegenüber dem Ausland nach deutschem Recht
In: Zeitschrift für ausländisches öffentliches Recht und Völkerrecht 17 (1956/1957), 476
(Zit.: *Geck*, ZaöRV 17 (1956/1957))

Giegerich, Thomas

The German Contribution to the Protection of Shipping in the Persian Gulf: Staying out for Political or Constitutional Reasons?
In: Zeitschrift für ausländisches öffentliches Recht und Völkerrecht 49 (1989), 1
(Zit.: *Giegerich*, ZaöRV 49 (1989))

Gloria, Christian

Das steuerliche Verständigungsverfahren und das Recht auf diplomatischen Schutz
Berlin 1988
(Zit.: *Gloria*, Diplomatischer Schutz)

Gornig, Gilbert

Die Verfassungsmäßigkeit der Entsendung von Bundeswehrsoldaten zu „Blauhelm"-Einsätzen
In: Juristenzeitung 1993, 123
(Zit.: *Gornig*, JZ 1993)

Gramm, Christoph

Die Aufgaben der Bundeswehr und ihre Grenzen in der Verfassung
In: Neue Zeitschrift für Wehrrecht 2005, 133
(Zit.: *Gramm*, NZWehrr 2005)

Günther, Thomas	Zum Einsatz der Bundeswehr im Ausland In: *Thiel*, Markus [Hrsg.], Wehrhafte Demokratie, Tübingen 2003, 329 (Zit.: *Günther*, Zum Einsatz der Bundeswehr)
Habermas, Jürgen/ Derrida, Jacques	Philosophie in Zeiten des Terrors Berlin 2004 (Zit.: *Derrida*, in: Habermas/Derrida, Philosophie in Zeiten des Terrors)
Haenel, Albert	Deutsches Staatsrecht 1. Band Leipzig 1892 (Zit.: *Hänel*, Deutsches Staatsrecht)
Hamann, Andreas	Zur Frage eines Ausnahme- oder Staatsnotstandsrechts In: Deutsches Verwaltungsblatt 1958, 405 (Zit.: *Hamann*, DVBl. 1958)
Hanschel, Dirk	Staatliche Hilfspflichten bei Geiselnahmen im Ausland In: Zeitschrift für ausländisches öffentliches Recht und Völkerrecht 66 (2006), 789 (Zit.: *Hanschel*, ZaöRV 66 (2006))
Hautmann, Gerhard	Die verfassungsrechtlichen Grundlagen von Wehrverfassung und Wehrordnung der Bundesrepublik Deutschland Würzburg 1975 (Zit.: *Hautmann*, Wehrverfassung und Wehrordnung)

Heesen, Dietrich [Hrsg.]   Bundesgrenzschutzgesetz - Verwaltungs-Voll-
streckungsgesetz - Gesetz über den unmittelbaren
Zwang: Kommentar
4. Auflage Hilden 2002
(Zit.: *Heesen*, BGSG)

Hermes, Georg   Das Grundrecht auf Schutz von Leben und Ge-
sundheit
Karlsruhe u.a. 1987
(Zit.: *Hermes*, Grundrecht auf Schutz)

Hermsdörfer, Willibald   Einsatz deutscher Streitkräfte zur Evakuierung
deutscher Staatsbürger aus Albanien
In: Bayerische Verwaltungsblätter 1998, 652
(Zit.: *Hermsdörfer*, BayVBl. 1998)

Ders.   Die Auslandseinsätze der Bundeswehr
In: Humanitäres Völkerrecht Informationsschrif-
ten 2004, 17
(Zit.: *Hermsdörfer*, HuV 2004)

Ders.   Parlamentsvorbehalt zum Einsatz bewaffneter
Streitkräfte im Ausland
In. Deutsche Verwaltungspraxis 2004, 183
(Zit.: *Hermsdörfer*, DVP 2004)

Hesse, Konrad   Ausnahmezustand und Grundgesetz
In: Die Öffentliche Verwaltung 1955, 741
(Zit.: *Hesse*, DÖV 1955)

Heun, Werner   Anmerkung zum Urteil des BVerfG vom
12.7.1994

In: Juristenzeitung 1994, 1073
(Zit.: *Heun*, JZ 1994)

Hirsch, Burkhard — Zur Entstehung des Art. 87a II GG
In: Zeitschrift für Rechtspolitik 1994, 120
(Zit.: *Hirsch*, ZRP 1994)

Ders. — Einsatz der Bundeswehr in inneren Krisen
In: Zeitschrift für Rechtspolitik 2003, 378
(Zit.: *Hirsch*, ZRP 2003)

Hochhuth, Martin — Militärische Bundesintervention bei inländisch-
em Terrorakt
In: Neue Zeitschrift für Wehrrecht 2002, 154
(Zit.: *Hochhuth,* NZWehrr 2002)

Hömig, Dieter [Hrsg.] — Grundgesetz
8. Auflage Baden-Baden 2007
Darin: *Hömig*, Dieter zu Art. 87a
(Zit.: *Hömig*, in: Seifert/Hömig, GG)

Hörchens, Angela — Der Einsatz der Bundeswehr im Rahmen der Ver-
einten Nationen
Frankfurt a.M. 1994
(Zit.: *Hörchens*, Der Einsatz der Bundeswehr)

Hopfauf, Axel — Zur Entstehungsgeschichte des Art. 87a II GG
In: Zeitschrift für Rechtspolitik 1993, 321
(Zit.: *Hopfauf,* ZRP 2003)

Ipsen, Knut — Bündnisfall und Verteidigungsfall
In: Die Öffentliche Verwaltung 1971, 583
(Zit.: *Ipsen*, DÖV 1971)

Ipsen, Knut

Der Einsatz der Bundeswehr zur Verteidigung, im Spannungs- und Verteidigungsfall sowie im internen bewaffneten Konflikt
In: *Schwarz*, Klaus-Dieter [Hrsg.], Sicherheitspolitik, 3. Auflage Bad Honnef 1978, 615
(Zit.: *Ipsen*, Einsatz der Bundeswehr)

Ders. [Hrsg.]

Völkerrecht
5. Auflage München 2004

Darin: *Epping*, Volker: § 5, Der Staat als die „Normalperson" des Völkerrechts, 59; *ders./Gloria*, Christian: § 24, Die Personalhoheit, 325; *Fischer*, Horst: § 59, Gewaltverbot, Selbstverteidigungsrecht und Intervention im gegenwärtigen Völkerrecht, 1067.
(Zit.: *Bearbeiter*, in: Ipsen, Völkerrecht)

Isensee, Josef

Das Grundrecht auf Sicherheit
Berlin 1983
(Zit.: *Isensee*, Grundrecht auf Sicherheit)

Ders.

Bundeswehr als internationale Krisenfeuerwehr und Friedenstruppe
In: *Wellershoff*, Dieter [Hrsg.], Frieden ohne Macht?, Bonn 1991, 210
(Zit.: *Isensee*, Bundeswehr als Krisenfeuerwehr)

Isensee, Josef/
Kirchhof, Paul [Hrsg.]

Handbuch des Staatsrechts der Bundesrepublik Deutschland

Bd. IV: Aufgaben des Staates, 3. Auflage

Heidelberg 2006, darin: *Kirchhof,* Ferdinand: §
84, Verteidigung und Bundeswehr, 633

Bd. V: Allgemeine Grundrechtslehren, 2. Auflage Heidelberg 2000, darin: *Isensee,* Josef: § 111,
Das Grundrecht als Abwehrrecht und als staatliche Schutzpflicht, 143; *ders.,* § 115, Grund-
rechtsvoraussetzungen und Verfassungserwartun-
gen an die Grundrechtsausübung, 353

Bd. VI: Freiheitsrechte, 2. Auflage Heidelberg
2001, darin *Lorenz,* Dieter: § 128, Recht auf Leben und körperliche Unversehrtheit, 3

Bd. VII: Normativität und Schutz der Verfassung
- Internationale Beziehungen, Heidelberg 1992;
darin: *Doehring,* Karl: § 177, Systeme kollektiver Sicherheit, 669; *Isensee,* Josef: § 162, Verfassungsrecht als „politisches Recht", 103; *Klein,*
Eckart: § 169, Der innere Notstand, 387; *Tomu-*
schat, Christian: § 172, Die staatsrechtliche Entscheidung für die internationale Offenheit, 483.
(Zit.: *Bearbeiter,* in: Isensee/Kirchhof, HdbStR)

Jakab, András

German Constitutional Law And Doctrine on
State of Emergency - Paradigms and Dilemmas
of a Traditional (Continental) Discourse
In: German Law Journal 7 (2006), 453
(Zit.: *Jakab,* GLJ 7 (2006))

Jarass, Hans/
Pieroth, Bodo

Grundgesetz für die Bundesrepublik Deutschland
9. Auflage München 2007
(Zit.: *Bearbeiter,* in: Jarass/Pieroth, GG)

Jochum, Heike

Der Einsatz der Streitkräfte im Innern
In: Juristische Schulung 2006, 511
(Zit.: *Jochum*, JuS 2006)

Kamp, Karl-Heinz

Europäische „Battle Groups" - Ein neuer Schub
für die ESVP?
In: Konrad-Adenauer-Stiftung [Hrsg.], KAS-
Analyse 15/2004
(Zit.: *Kamp*, KAS-Analysen 15/2004)

Kersten, Jens

Die Tötung von Unbeteiligten
In: Neue Zeitschrift für Verwaltungsrecht 2005,
661
(Zit.: *Kersten*, NVwZ 2005)

Kersting, Klaus

Kollektive Sicherheit durch peace keeping operations - Insbesondere zur Beteiligung der Bundeswehr an UN-Aktionen
In: Neue Zeitschrift für Wehrrecht 1983, 64
(Zit.: *Kersting*, NZWehrr 1983)

Kind, Hansgeorg

Einsatz der Streitkräfte zur Verteidigung - Ein
Beitrag zur entstehungsgeschichtlichen Inter-pre-
tation des Art. 87a GG-
In: Die Öffentliche Verwaltung 1993, 139
(Zit.: *Kind*, DÖV 1993)

Kirchhof, Paul

Der Verteidigungsauftrag der deutschen Streitkräfte
In: *Beyerlin*, Ulrich u.a. [Hrsg.], Recht zwischen
Umbruch und Bewahrung: Völkerrecht, Europarecht, Staatsrecht,

Festschrift für Rudolf Bernhardt, Berlin 1995, 797

(Zit.: *Kirchhof,* Verteidigungsauftrag)

Klein, Eckart	Rechtsprobleme einer deutschen Beteiligung an der Aufstellung von Streitkräften der Vereinten Nationen In: Zeitschrift für ausländisches öffentliches Recht und Völkerrecht 34 (1974), 429 (Zit.: *Klein,* ZaöRV 34 (1974))
Ders.	Diplomatischer Schutz und grundrechtliche Schutzpflicht unter besonderer Berücksichtigung des Ostvertragsbeschlusses des Bundesverfassungsgerichts In: Die Öffentliche Verwaltung 1977, 704 (Zit.: *Klein,* DÖV 1977)
Ders.	Anspruch auf diplomatischen Schutz? In: *Ress,* Georg/*Stein,* Torsten [Hrsg.], Der diplomatische Schutz im Völker- und Europarecht, Baden-Baden 1996, 125 (Zit.: *Klein,* Anspruch auf Schutz)
Ders.	Keine innere Angelegenheit. Warum die NATO-Aktion im Kosovo aus völkerrechtlicher Sicht zulässig war In: Frankfurter Allgemeine Zeitung vom 21.6.1999, 15 (Zit.: *Klein,* FAZ vom 21.6.1999)

Koellreutter, Otto	Staatslehre im Umriss Göttingen 1955 (Zit.: *Koellreutter*, Staatslehre im Umriss)
Krajewski, Markus	Das „Parlamentsheer" als Kollateralschaden des Irak-Kriegs? In: Archiv des Völkerrechts 41 (2003), 419 (Zit.: *Krajewski*, AVR 41 (2003))
Krenzler, Michael	An den Grenzen der Notstandsverfassung Berlin 1974 (Zit.: *Krenzler*, Grenzen der Notstandsverfassung)
Kreß, Claus	The External Use of German Armed Forces - The 1994 Judgement of the Bundesverfassungsgericht In: International and Comparative Law Quarterly 44 (1995), 414 (Zit.: *Kreß*, ICLQ 44 (1995))
Ders.	Die Rettungsoperation der Bundeswehr in Albanien am 14. März 1997 aus völker- und verfassungsrechtlicher Sicht In: Zeitschrift für ausländisches öffentliches Recht und Völkerrecht 57 (1997), 329 (Zit.: *Kreß*, ZaöRV 57 (1997))
Kriele, Martin	Nochmals: Auslandseinsätze der Bundeswehr In: Zeitschrift für Rechtspolitik 1994, 103 (Zit.: *Kriele*, ZRP 1994)

Krings, Günter/ Burkiczak, Christian	Bedingt abwehrbereit? In: Die Öffentliche Verwaltung 2002, 501 (Zit.: *Krings/Burkiczak*, DÖV 2002)
Krüger, Herbert	Allgemeine Staatslehre 2. Auflage Stuttgart 1966 (Zit.: *Krüger*, Allgemeine Staatslehre)
Kutscha, Martin	„Verteidigung" - Vom Wandel eines Verfassungsbegriffs In: Kritische Justiz 2004, 228 (Zit.: *Kutscha*, KJ 2004)
Ders.	Das Grundrecht auf Leben unter Gesetzesvorbehalt - ein verdrängtes Problem In: Neue Zeitschrift für Verwaltungsrecht 2004, 801 (Zit.: *Kutscha*, NVwZ 2004)
Lang, Stefan J.	Internationale Einsätze der Bundeswehr unter rechtlichen, politischen und militärischen Aspekten Augsburg 1997 (Zit.: *Lang*, Internationale Einsätze)
Ders.	Wege zu einer europäischen Armee In: Zeitschrift für Rechtspolitik 2000, 268 (Zit.: *Lang*, ZRP 2000)
Lersner, York Freiherr von	Der Einsatz von Bundeswehrsoldaten in Albanien zur Rettung deutscher Staats-angehöriger

In: Humanitäres Völkerrecht - Informations-
schriften 1999, 156
(Zit.: *von Lersner*, HuV 1999)

Limpert, Martin

Auslandseinsatz der Bundeswehr
Berlin 2002
(Zit.: *Limpert*, Auslandseinsatz der Bundeswehr)

Linke, Tobias

Zur Rolle des Art. 35 GG in dem Entwurf eines
Gesetzes zur Neuregelung von Luftsicherheits-
aufgaben
In: Neue Zeitschrift für Wehrrecht 2004, 115
(Zit.: *Linke*, NZWehrr 2004)

Ders.

Innere Sicherheit durch die Bundeswehr?
In: Archiv des öffentlichen Rechts 129 (2004),
489
(Zit.: *Linke*, AöR 129 (2004))

Lisken, Hans/
Denninger, Erhard [Hrsg.]

Handbuch des Polizeirechts
4. Auflage München 2007
Darin: *Lisken*, Hans / Denninger, Erhard, C. Die
Polizei im Verfassungsgefüge, 55
(Zit.: *Bearbeiter*, in: Lisken/Denninger, Hdb
PolizeiR)

Löwenstein, Stephan

In aller Welt
In: Frankfurter Allgemeine Zeitung vom
21.6.2005, 12
(Zit.: *Löwenstein*, FAZ vom 21.6.2005)

Ders.

Was heute Verteidigung heißt
In: Frankfurter Allgemeine Zeitung vom
6.12.2005, 1
(Zit.: *Löwenstein*, FAZ vom 6.12.2005)

Löwenstein, Stephan

Der Kongo und das Weißbuch
In: loyal - Das deutsche Wehrmagazin 6/2006, 5
(Zit.: *Löwenstein*, loyal 6/2006)

Lutze, Christian

Bewachung der Euro-Geldtransporter durch die
Bundeswehr?
In: Neue Zeitschrift für Wehrrecht 2001, 117
(Zit.: *Lutze*, NZWehrr 2001)

Ders.

Abwehr terroristischer Angriffe als Verteidi-
gungsauftrag der Bundeswehr?
In: Neue Zeitschrift für Wehrrecht 2003, 101
(Zit.: *Lutze*, NZWehrr 2003)

Mangoldt, Hermann von/
Klein, Friedrich/
Starck, Christian [Hrsg.]

Kommentar zum Grundgesetz: GG
5. Auflage München 2005

Bd. 1: Art. 1-19, darin: *Becker*, Ulrich zu Art. 16;
Depenheuer, Otto zu Art. 14; *Starck*, Christian zu
Art. 2.

Bd. 3: Art. 83-146, darin: *Baldus*, Manfred zu
Art. 87a.
(Zit.: *Bearbeiter*, in: von Mangoldt/Klein/Starck,
GG)

Maunz, Theodor/ Dürig, Günter [Hrsg.]	Grundgesetz - Kommentar München

Bd. II: Art. 6-16a, darin: *Randelzhofer*, Albrecht zu Art. 16 (Stand 1983)

Bd. III: Art. 17-27, darin: *Herzog*, Roman zu Art. 20 (Stand 1980); *Randelzhofer*, Albrecht zu Art. 24 Abs. 2 (Stand 1992);

Bd. V: Art. 70-99, darin: *Maunz*, Theodor zu Art. 70 (Stand 1982); *Dürig*, Günter zu Art. 87a (Stand 1971);

Bd. VI: Art. 100-146, darin: *Herzog*, Roman zu Art. 115a (Stand 1969)

(Zit.: *Bearbeiter*, in: Maunz/Dürig, GG)

Maunz, Theodor/ Zippelius,Reinhold [Bearb.]	Deutsches Staatsrecht 30. Auflage München 1998 (Zit.: *Maunz/Zippelius*, Deutsches Staatsrecht, 30. Auflage)

Meyers Enzyklo- pädisches Lexikon	In 25 Bänden 9. Auflage Mannheim u.a. Band 2: Alv-Atz, 1973 Band 24: Tup-Wap, 1979

Mössner, Jörg Manfred	Bundeswehr in blauen Helmen In: *von Münch*, Ingo [Hrsg.], Staatsrecht - Völkerrecht - Europarecht, Festschrift für Hans-Jürgen Schlochauer zum 75. Geburtstag am 28. März 1981

Berlin 1981, 97

(Zit.: *Mössner*, Bundeswehr in blauen Helmen)

Müller-Kraenner, Sascha

Europas neue Sicherheitsstrategie im Vergleich zu den Plänen der US-Regierung George W. Bush.

In: Frankfurter Rundschau vom 10.11.2003, Dokumentationsseite

(Zit.: *Müller-Kraenner*, FR vom 10.11.2003)

Münch, Ingo von/
Kunig, Philip [Hrsg.]

Grundgesetz-Kommentar

München

Bd. 1: Präambel-Art. 19, 5. Auflage 2000, darin: *Kunig*, Philip zu Art. 2.

Bd. 2: Art. 21-69, 4./5. Auflage 2001, darin: *Hernekamp*, Karl-Andreas zu Art. 26; *Rojahn*, Ondolf zu Art. 25, 32.

Bd. 3: Art. 70-146, 4./5. Auflage 2003, darin: *Bryde*, Brun-Otto zu Art. 79; *Hernekamp*, Karl-Andreas zu Art. 87a; *Versteyl*, Ludger-Anselm zu Art. 115a.

(Zit.: *Bearbeiter*, in: von Münch/Kunig, GG)

Nölle, Bernd

Die Verwendung des deutschen Soldaten im Ausland

Bonn 1973

(Zit.: *Nölle*, Verwendung im Ausland)

Nolte, Georg

Bundeswehreinsätze in kollektiven Sicherheitssystemen

In: Zeitschrift für ausländisches öffentliches
Recht und Völkerrecht 54 (1994), 652
(Zit.: *Nolte*, ZaöRV 54 (1994))

Nowrot, Karsten

Einsatzmöglichkeiten der Bundeswehr im Kampf
gegen den internationalen Terrorismus
In: Zeitschrift für Rechtspolitik 2002, 370
(Zit.: *Nowrot*, ZRP 2002)

Nowrot, Karsten

Verfassungsrechtliche Vorgaben für die Mitwirkung des Deutschen Bundestages bei Auslandseinsätzen der Bundeswehr gegen den internationalen Terrorismus
In: Neue Zeitschrift für Wehrrecht 2003, 65
(Zit.: *Nowrot*, NZWehrr 2003)

Oberreuter, Heinrich

Notstand und Demokratie
München 1978
(Zit.: *Oberreuter*, Notstand und Demokratie)

Oberthür, Karlheinz

Der Anspruch des deutschen Staatsangehörigen
auf diplomatischen und konsularischen Schutz
gegenüber anderen Staaten
Köln 1965
(Zit.: *Oberthür*, Anspruch auf Schutz)

Oeter, Stefan

Einsatzarten der Streitkräfte außer zur Verteidi-
gung
In: Neue Zeitschrift für Wehrrecht 2000, 89
(Zit.: *Oeter*, NZWehrr 2000)

Oldiges, Martin

Wehrrecht und Zivilverteidigungsrecht
In: *Achterberg*, Norbert u.a. [Hrsg.], Besonderes
Verwaltungsrecht, 2. Auflage Heidelberg 2000,

darin § 23.
(Zit.: *Oldiges*, Wehrrecht und Zivilverteidigungsrecht, § 23)

Van Ooyen, Robert Christian	Die neue Welt des Krieges und das Recht. Out-of-area-Einsätze der Bundeswehr im verfassungs-freien Raum In: Internationale Politik und Gesellschaft 1/2002, 90 (Zit.: *van Ooyen*, IPG 1/2002)
Oppermann, Thomas	Europarecht 3. Auflage München 2005 (Zit.: *Oppermann*, Europarecht)
Pechstein, Matthias	Der Golfkrieg In: Juristische Ausbildung 1991, 461 (Zit.: *Pechstein*, Jura 1991)
Peterhoff, Wolf	Schutz Deutscher im Ausland durch die Bundes-wehr In: Bundeswehrverwaltung 2000, 49 (Zit.: *Peterhoff*, BWV 2000)
Philippi, Nina	Bundeswehr-Auslandseinsätze als außen- und sicherheitspolitisches Problem des geeinten Deutschlands Frankfurt a.M. 1997 (Zit.: *Philippi*, Bundeswehr-Auslandseinsätze)
Pieper, Hans Gerd/ Miedeck, Franz	Die Zulässigkeit einer Entsendung deutscher Streitkräfte in Gebiete außerhalb Deutschlands aus verfassungsrechtlicher Sicht

In: Juristische Arbeitsblätter 1992, 244
(Zit.: *Pieper/Miedeck*, JA 1992)

Pieroth, Bodo/   Grundrechte. Staatsrecht II
Schlink, Bernhard   22. Auflage Heidelberg 2006
(Zit.: *Pieroth/Schlink*, Grundrechte)

Raap, Christian   Bundeswehreinsatz und Grundgesetz
In: Deutsche Verwaltungspraxis 2002, 282
(Zit.: *Raap*, DVP 2002)

Raue, Frank   Müssen Grundrechtsbeschränkungen wirklich
verhältnismäßig sein?
In: Archiv des öffentlichen Rechts 131 (2006),
79
(Zit.: *Raue*, AöR 131 (2006))

Reinhard, Hans   Völkerrecht - Die gewaltsame Geiselbefreiung
In: Juristische Schulung 1980, 436
(Zit.: *Reinhard*, JuS 1980)

Riedel, Norbert Karl   Der Einsatz deutscher Streitkräfte im Ausland -
verfassungs- und völkerrechtliche Schranken
Frankfurt a.M. 1989
(Zit.: *Riedel*, Der Einsatz deutscher Streitkräfte)

Ders.   Die Entscheidung des Bundesverfassungsgerichts
zum Bundeswehreinsatz im Rahmen von NATO-
, WEU- bzw. UN-Militäraktionen
In: Die Öffentliche Verwaltung 1995, 135
(Zit.: *Riedel*, DÖV 1995)

Rieder, Bruno	Die Entscheidung über Krieg und Frieden nach deutschem Verfassungsrecht Berlin 1984 (Zit.: *Rieder*, Entscheidung über Krieg und Frieden)
Robbers, Gerhard	Sicherheit als Menschenrecht Baden-Baden 1987 (Zit.: *Robbers*, Sicherheit als Menschenrecht)
Röben, Volker	Der Einsatz der Streitkräfte nach dem Grundgesetz In: Zeitschrift für ausländisches öffentliches Recht und Völkerrecht 63 (2003), 585 (Zit.: *Röben*, ZaöRV 63 (2003))
Roellecke, Gerd	Bewaffnete Auslandseinsätze - Krieg, Aussenpolitik oder Innenpolitik? In: Der Staat 1995, 415 (Zit.: *Roellecke*, Der Staat 1995)
Rühl, Lothar	Dabeisein ist alles? In: Frankfurter Allgemeine Zeitung vom 13.5.2006, 10 (Zit.: *Rühl*, FAZ vom 13.5.2006)
Sachau, Manfred	Wehrhoheit und Auswärtige Gewalt Berlin 1967 (Zit.: *Sachau*, Wehrhoheit und Auswärtige Gewalt)
Sachs, Michael [Hrsg.]	Grundgesetz 4. Auflage München 2007

Darin: *Kokott*, Juliane zu Art. 16, 87a; *Lücke*, Jörg zu Art. 80a; *Murswiek*, Dietrich zu Art. 2; *Sachs*, Michael zu Art. 20, Einführung; *Streinz*, Rudolf zu Art. 26.

(Zit.: *Bearbeiter*, in: Sachs, GG)

Sattler, Henriette

Terrorabwehr durch die Streitkräfte nicht ohne Grundgesetzänderung
In: Neue Zeitschrift für Verwaltungsrecht 2004, 1286
(Zit.: *Sattler*, NVwZ 2004)

Scheidler, Alfred

Der Schutz deutscher Staatsangehöriger gegenüber der Hoheitsgewalt ausländischer Staaten
In: Die Öffentliche Verwaltung 2006, 417
(Zit.: *Scheidler*, DÖV 2006)

Schenke, Wolf-Rüdiger

Polizei- und Ordnungsrecht
4. Auflage Heidelberg 2005
(Zit.: *Schenke*, POR)

Scheuner, Ulrich

Der Verfassungsschutz im Bonner Grundgesetz
In: Um Recht und Gerechtigkeit, Festgabe für Erich Kaufmann zu seinem 70. Geburtstage - 21. September 1950 -, Stuttgart 1950, 313
(Zit.: *Scheuner*, Verfassungsschutz)

Schmid, Ronald

Editorial
In: Neue Juristische Wochenschrift 2002, Heft 21
(Zit.: *Schmid*, NJW 2002)

Schmid, Ronald/
Tonner, Klaus

Der Terror-Anschlag auf Djerba aus rechtlicher und rechtspolitischer Sicht

In: ReiseRecht aktuell 2002, 113
(Zit.: *Schmid/Tonner*, RRa 2002)

Schmidt-Bleibtreu, Bruno/ Klein, Franz [Hrsg.]	Kommentar zum Grundgesetz 10. Auflage Neuwied 2004

Darin: *Henneke*, Hans-Günter/*Ruge*, Kay zu Art.
87a
(Zit.: *Bearbeiter*, in: Schmidt-Bleibtreu/Klein,
GG)

Schmidt-Jortzig, Edzard	Verfassungsänderung für Bundeswehreinsätze im Innern Deutschlands? In: Die Öffentliche Verwaltung 2002, 773 (Zit.: *Schmidt-Jortzig*, DÖV 2002)
Schopohl, Ulrich	Der Außeneinsatz der Streitkräfte im Frieden Hamburg 1991 (Zit.: *Schopohl*, Der Außeneinsatz)
Schröder, Meinhard	Die Geiselbefreiung von Entebbe, ein völker- rechtswidriger Akt Israels? In: Juristenzeitung 1977, 420 (Zit.: *Schröder*, JZ 1977)
Ders.	Staatsrecht an den Grenzen des Rechtsstaates In: Archiv des öffentlichen Rechts 103 (1978), 121 (Zit.: *Schröder*, AöR 103 (1978))
Schroeder, Werner	Verfassungs- und völkerrechtliche Aspekte frie- denssichernder Bundeswehreinsätze - BVerfG NJW 1994, 2207

In: Juristische Schulung 1995, 398
(Zit.: *Schroeder*, JuS 1995)

Schütte, Matthias

Der Bundesgrenzschutz - die Polizei des Bundes
- ein geschichtlicher Überblick
In: Die Polizei 11/2002, 309
(Zit.: *Schütte*, Die Polizei 11/2002)

Schultz, Marcus

Die Auslandsentsendung von Bundeswehr und
Bundesgrenzschutz zum Zwecke der Friedens-
wahrung und Verteidigung
Frankfurt a.M. 1998
(Zit.: *Schultz*, Die Auslandsentsendung)

Schulze, Götz

Deutsche Streitkräfte im Ausland
In: Juristische Rundschau 1995, 98
(Zit.: *Schulze*, JR 1995)

Schwarz, Jürgen H./
Steinkamm, Armin [Hrsg.]

Rechtliche und politische Probleme des Einsatzes
der Bundeswehr „out of area"
Baden-Baden 1993

Darin Diskussionsbeiträge: *Bock*, Michael, 74;
Bötsch, Wolfgang, 213; *Bothe*, Michael, 106;
Heyde, Wolfgang, 90; *Ipsen*, Knut, 61, 79; *Stein-
kamm*, Armin, 97.
(Zit.: *Diskutant*, in: Schwarz/Steinkamm, Recht-
liche und politische Probleme)

Schweisfurth, Theodor

Operations to Rescue Nationals in Third States
Involving the Use of Force in Relation to the
Protection of Human Rights

In: German Yearbook of International Law 23
(1980), 159
(Zit.: *Schweisfurth*, GYIL 23 (1980))

Siegers, Elsbeth

Staatsnotrecht
Köln 1969
(Zit.: *Siegers*, Staatsnotrecht)

Sigloch, Daniel

Auslandseinsätze der deutschen Bundeswehr
Hamburg 2006
(Zit.: *Sigloch*, Auslandseinsätze)

Soria, Jose

Polizeiliche Verwendungen der Streitkräfte
In: Deutsches Verwaltungsblatt 2004, 597
(Zit.: *Soria*, DVBl. 2004)

Stein, Torsten

Landesverteidigung und Streitkräfte im 40. Jahr
des Grundgesetzes
In: *Hailbronner*, Kay u.a. [Hrsg.], Staat und Völkerrechtsordnung, Festschrift für Karl Doehring,
Berlin u.a. 1989, 935
(Zit.: *Stein*, Landesverteidigung)

Ders.

Die verfassungsrechtliche Zulässigkeit einer Beteiligung der Bundesrepublik Deutschland an
Friedenstruppen der Vereinten Nationen
In: *Frowein*, Jochen/*Stein*, Torsten, Rechtliche
Aspekte einer Beteiligung der Bundesrepublik
Deutschland an Friedenstruppen der Vereinten
Nationen, Berlin 1990, 17
(Zit.: *Stein*, Beteiligung an Friedenstruppen)

Stein, Torsten

Völkerrechtliche und verfassungsrechtliche Fragen des Schutzes der deutschen Handelsflotte durch die Bundesmarine
In: *Ipsen*, Jörn u.a. [Hrsg.], Recht - Staat - Gemeinwohl: Festschrift für Dietrich Rauschning, Köln 2001, 487
(Zit.: *Stein*, Schutz der Handelsflotte)

Stern, Klaus

Das Staatsrecht der Bundesrepublik Deutschland

Bd. II: Staatsorgane, Staatsfunktionen, Finanz- und Haushaltsverfassung, Notstandsverfassung, München 1980
Bd. IV/1: Die einzelnen Grundrechte - Der Schutz und die freiheitliche Entfaltung des Individuums, München 2006
(Zit.: *Stern*, Staatsrecht)

Storost, Christian

Diplomatischer Schutz durch EG und EU?
Berlin 2005
(Zit.: *Storost*, Diplomatischer Schutz)

Strebel, Helmut

Nochmals zur Geiselbefreiung in Entebbe
In: Zeitschrift für ausländisches öffentliches Recht und Völkerrecht 37 (1977), 651
(Zit.: *Strebel*, ZaöRV 37 (1977))

Thalmair, Roland

Die Bundeswehr im Ausland - Eine offene Verfassungsfrage?
In: Zeitschrift für Rechtspolitik 1993, 201
(Zit.: *Thalmair*, ZRP 1993)

Tomuschat, Christian

Völkerrechtliche Aspekte des Kosovo-Konflikts
In: Die Friedens-Warte 74 (1999), 33
(Zit.: *Tomuschat*, in: Die Friedens-Warte
74/1999))

Treviranus, Hans

Nochmals - Diplomatischer Schutz und grund-
rechtliche Schutzpflicht
In: Die Öffentliche Verwaltung 1979, 35
(Zit.: *Treviranus*, DÖV 1979)

Umbach, Dieter/
Clemens, Thomas [Hrsg.]

Grundgesetz. Mitarbeiterkommentar
Heidelberg 2002

Darin: *Hillgruber*, Christian zu Art. 87a.
(Zit.: *Bearbeiter*, in: Umbach/Clemens, GG)

Vitzthum, Wolfgang
Graf [Hrsg.]

Völkerrecht
3. Auflage Berlin u.a. 2004

Darin: *Hailbronner*, Kay, III. Der Staat und der
Einzelne als Völkerrechtssubjekte, 149
(Zit.: *Bearbeiter*, in: Graf Vitzthum, Völkerrecht)

Voss, Karl Ulrich

Rechtsstaat ad hoc? - Anwendung von Gesetzes-
vorbehalt und Parlamentsvorbehalt bei Auslandseinsätzen der Bundeswehr
In: Zeitschrift für Rechtspolitik 2007, 78
(Zit.: *Voss*, ZRP 2007)

Weiß, Wolfgang

Die Beteiligung des Bundestags bei Einsätzen
der Bundeswehr im Ausland - eine kritische
Würdigung des Parlamentsbeteiligungsgesetzes -

In: Neue Zeitschrift für Wehrrecht 2005, 100
(Zit.: *Weiß*, NZWehrr 2005)

Werner, Angela

Die Grundrechtsbindung der Bundeswehr bei
Auslandseinsätzen
Frankfurt a.M. 2006
(Zit.: *Werner*, Die Grundrechtsbindung)

Westerdiek, Claudia

Humanitäre Intervention und Maßnahmen zum
Schutz eigener Staatsangehöriger im Ausland
In: Archiv des Völkerrechts 21 (1983), 383
(Zit.: *Westerdiek*, AVR 21 (1983))

Wiefelspütz, Dieter

Sicherheit vor den Gefahren des internationalen
Terrorismus durch den Einsatz der Streitkräfte?
In: Neue Zeitschrift für Wehrrecht 2003, 45
(Zit.: *Wiefelspütz*, NZWehrr 2003)

Ders.

Der Einsatz der Streitkräfte und die konstitutive
Beteiligung des Deutschen Bundestages
In: Neue Zeitschrift für Wehrrecht 2003, 133
(Zit.: *Wiefelspütz*, NZWehrr 2003)

Ders.

Die militärische Integration der Bundeswehr und
der konstitutive Parlamentsvorbehalt
In: Zeitschrift für ausländisches öffentliches
Recht und Völkerrecht 64 (2004), 363
(Zit.: *Wiefelspütz*, ZaöRV 64 (2004))

Ders.

Der Auslandseinsatz der Bundeswehr gegen den
grenzüberschreitenden internationalen Terrorismus
In: Zeitschrift für ausländisches öffentliches

Recht und Völkerrecht 65 (2005), 819
(Zit.: *Wiefelspütz*, ZaöRV 65 (2005))

Ders.

Das Parlamentsbeteiligungsgesetz vom 18.3.2005
In: Neue Zeitschrift für Verwaltungsrecht 2005, 496
(Zit.: *Wiefelspütz*, NVwZ 2005)

Wiefelspütz, Dieter

Bundeswehr und innere Sicherheit
In: Nordrhein-Westfälische Verwaltungsblätter 2006, 41
(Zit.: *Wiefelspütz*, NWVBl. 2006)

Ders.

Der Einsatz bewaffneter deutscher Streitkräfte im Ausland
In: Archiv des öffentlichen Rechts 132 (2007), 44
(Zit.: *Wiefelspütz*, AöR 132 (2007))

Wieland, Joachim

Verfassungsrechtliche Grundlagen und Grenzen für einen Einsatz der Bundeswehr
In: Deutsches Verwaltungsblatt 1991, 1174
(Zit.: *Wieland*, DVBl. 1991)

Ders.

Äußere Sicherheit: Von der Landesverteidigung zur Krisenintervention
In: Adolf-Arndt-Kreis [Hrsg.], Sicherheit durch Recht in Zeiten der Globalisierung, Berlin 2003, 81
(Zit.: *Wieland*, Äußere Sicherheit)

Wieland, Joachim

Die Entwicklung der Wehrverfassung
In: Neue Zeitschrift für Wehrrecht 2006, 133
(Zit.: *Wieland*, NZWehrr 2006)

Wild, Michael

Verfassungsrechtliche Möglichkeiten und Grenzen für Auslandseinsätze der Bundeswehr nach dem Kosovo-Krieg
In: Die Öffentliche Verwaltung 2000, 622
(Zit.: *Wild*, DÖV 2000)

Wilkesmann, Peter

Terroristische Angriffe auf die Sicherheit des Luftverkehrs
In: Neue Zeitschrift für Verwaltungsrecht 2002, 1316
(Zit.: *Wilkesmann*, NVwZ 2002)

Wilms, Heinrich

Der Kosovo-Einsatz und das Völkerrecht
In: Zeitschrift für Rechtspolitik 1999, 227
(Zit.: *Wilms*, ZRP 1999)

Winkeler, Michael

Von der Grenzpolizei zur multifunktionalen Polizei des Bundes?
Frankfurt a.M. 2005
(Zit.: *Winkeler*, Multifunktionale Polizei des Bundes)

Winkler, Daniela

Die Systematik der grundgesetzlichen Normierung des Bundeswehreinsatzes unter Anknüpfung an die Regelung des LuftSiG
In: Die Öffentliche Verwaltung 2006, 149
(Zit.: *Winkler*, DÖV 2006, 149)

Winkler, Daniela

Verfassungsmäßigkeit des Luftsicherheitsgesetzes
In: Die Öffentliche Verwaltung 2006, 536
(Zit.: *Winkler*, DÖV 2006, 536)

Woopen, Herbert

Dürfen die europäischen NATO-Staaten ihre Streitkräfte außerhalb des NATO-Gebietes einsetzen?
In: Neue Zeitschrift für Wehrrecht 1983, 201
(Zit.: *Woopen*, NZWehrr 1983)

Zimmer, Mark

Einsätze der Bundeswehr im Rahmen kollektiver Sicherheit
Frankfurt a.M. 1995
(Zit.: *Zimmer*, Einsätze der Bundeswehr)

Zippelius, Reinhold

Juristische Methodenlehre
10. Auflage München 2006
(Zit.: *Zippelius*, Juristische Methodenlehre)

Zippelius, Reinhold/
Würtenberger, Thomas

Deutsches Staatsrecht
31. Auflage München 2005
(Zit.: *Zippelius/Würtenberger*, Deutsches Staatsrecht, 31. Auflage)

Soweit die verwendeten Abkürzungen nicht ohnehin allgemein gebräuchlich sind, wird verwiesen auf *Kirchner*, Hildebert / *Butz*, Cornelie: Abkürzungsverzeichnis der Rechtssprache, 5. Auflage Berlin 2003.

Aus unserem Verlagsprogramm:

Verfassungsrecht in Forschung und Praxis

Benjamin Munte
**Die Pflicht des Grundeigentümers zur Duldung
der Jagdausübung auf seinem Grundstück**
*im Lichte des Grundgesetzes und der
Europäischen Menschenrechtskonvention*
Hamburg 2008 / 242 Seiten / ISBN 978-3-8300-3559-6

Hanno Pfeil
**Der Abgeordnete und die Fraktion – verfassungsrechtliche Vorgaben
und gesetzliche sowie binnenrechtliche Ausgestaltung**
Hamburg 2008 / 358 Seiten / ISBN 978-3-8300-3404-9

Tobias Schneider
Vermögen und erwerbswirtschaftliche Betätigung politischer Parteien
Schutz und Grenzen durch die Verfassung
Hamburg 2008 / 288 Seiten / ISBN 978-3-8300-3390-5

Marianne Scholten
**Der verfassungsrechtliche Schutz von Ehe und Familie
in den Niederlanden**
Hamburg 2007 / 406 Seiten / ISBN 978-3-8300-2714-0

Christiane Middelschulte
Unbestimmte Rechtsbegriffe und das Bestimmtheitsgebot
*Eine Untersuchung der verfassungsrechtlichen Grenzen
der Verwendung sprachlich offener Gesetzesformulierungen*
Hamburg 2007 / 322 Seiten / ISBN 978-3-8300-2686-0

Robert Schönau
Elektronische Demokratie
Verfassungsrechtliche Zulässigkeit elektronischer Wahlen
Hamburg 2007 / 306 Seiten / ISBN 978-3-8300-2666-2

Günter Drange
Publizität im Verhältnis von Bundesrechnungshof und Bundestag
Hamburg 2007 / 316 Seiten / ISBN 978-3-8300-2844-4

VERLAG DR. KOVAČ

FACHVERLAG FÜR WISSENSCHAFTLICHE LITERATUR

Postfach 57 01 42 · 22770 Hamburg · www.verlagdrkovac.de · info@verlagdrkovac.de

Einfach
Wohlfahrtsmarken
helfen!